NCS 기반 출제기준에 따른

조리기능사
기출문제 필기

국가자격시험연구회 저

도서출판 책과 상상
www.SangSangbooks.co.kr

preface...
머리말

국가기술자격법 시행규칙이 개정됨에 따라 그간 통합되어 운영되어오던 조리기능사 필기시험이 종목별로 나뉘어 치러지고 있습니다. 이에 따라 공통이론에서 한식·양식·중식·일식·복어조리의 종목별 이론으로 필기시험이 진행되고 필기시험의 상호면제 제도는 적용되지 않게 되었습니다.

2020년 부터 시작된 이러한 변화는 각 분야의 조리기능사 시험을 준비하는 수험생은 물론 교육시장에도 많은 변화를 요구하고 있습니다.

일반적으로 조리기능사 시험에 대비하는 대다수 수험생들의 경우 한식 혹은 양식 등 어느 한 분야에 머무르지 않고 모든 분야를 준비하고 있다는 점을 고려한다면 이러한 수험생의 학습을 통합적으로 준비할 수 있는 교재가 필요할 것입니다.

조리기능사 필기시험의 종목별 개편이라는 상황에 대응하여 본 도서의 기획 및 준비단계에서 가졌던 결과는 바로 다음과 같은 내용으로 본 도서에서 반영되었습니다.

> 제1부는 조리기능사 전 종목에 동일하게 적용되는 위생관리, 안전관리, 재료관리, 구매관리 및 기초 조리실무 만을 출제기준에 따라 정리하였습니다. 그 외 각 종목의 특성화된 이론인 종목별 조리실무 부분은 다루지 않고 있어 여러 종목을 동시에 준비하고자 하는 수험생들에게 최적화된 교재입니다.
>
> 제2부는 한국산업인력공단이 주관하고 시행한 20회 분량의 통합 조리기능사 필기시험 기출문제를 상세한 해설과 함께 수록하고 있습니다. 비록 출제기준이 변경되었다 하더라도 공단의 기출문제는 시험에 대비하는 수험생들에게는 놓칠 수 없는 학습자료이기 때문입니다.

책을 쓰는 동안 내용의 오류가 없도록 나름 최선의 노력을 다했지만, 여전히 부족함이 있을 수 있을 것입니다. 이는 이후 독자들의 의견과 개편된 과정에 따른 출제문제를 반영해나감으로써 꾸준히 개선해나가도록 하겠습니다.

끝으로, 이 교재의 발간을 위해 도움을 주신 많은 교육 현장의 선생님들과 ㈜도서출판 책과 상상의 임직원 여러분들에게 감사의 말씀을 드립니다.

저자 일동

 # 기술검정안내

◎ 개요
한식·중식·일식·양식·복어조리부문에 배속되어 제공될 음식에 대한 계획을 세우고 조리할 재료를 신청, 구입, 검수하고 선정된 재료를 적정한 조리기구를 사용하여 조리 업무를 수행하며 음식을 제공하는 장소에서 조리시설 및 기구를 위생적으로 관리, 유지하고, 필요한 각종 재료를 구입, 위생학적, 영양학적으로 저장 관리하면서 제공될 음식을 조리·제공하기 위한 전문인력을 양성하기 위하여 자격제도 제정

◎ 직무내용
한식·중식·일식·양식·복어조리부문에 배속되어 제공될 음식에 대한 계획을 세우고 조리할 재료를 선정, 구입, 검수하고 선정된 재료를 적정한 조리기구를 사용하여 조리업무를 수행함. 또한 음식을 제공하는 장소에서 조리시설 및 기구를 위생적으로 관리, 유지하고, 필요한 각종 재료를 구입, 위생학적, 영양학적으로 저장 관리하면서 제공될 음식을 조리하여 제공하는 직종임

◎ 진로 및 전망
식품접객업 및 집단 급식소 등에서 조리사로 근무하거나 운영이 가능함. 업체간, 지역간의 이동이 많은 편이고 고용과 임금에 있어서 안정적이지는 못한 편이지만, 조리에 대한 전문가로 인정받게 되면 높은 수익과 직업적 안정성을 보장받게 된다.
- 식품위생법상 대통령령이 정하는 식품접객영업자(복어조리,판매영업 등)와 집단급식소의 운영자는 조리사 자격을 취득하고, 시장·군수·구청장의 면허를 받은 조리사를 두어야 한다.
  *관련법 : 식품위생법 제34조, 제36조, 같은법 시행령 제18조, 같은법 시행규칙 제46조

◎ 취득방법
1. 실시기관 : 한국산업인력공단
2. 실시기관 홈페이지 : http://q-net.or.kr
3. 시험과목
   • 필기 : 재료관리, 음식조리 및 위생관리
   • 실기 : 조리작업
4. 검정방법
   • 필기 : 객관식 4지 택일형, 60문항(1시간)
   • 실기 : 작업형(70분 정도)
5. 합격기준 : 100점 만점에 60점 이상
6. 응시자격 : 제한없음

◎ 필기시험 출제기준

시험 과목	주요 항목	세부 항목	
공통이론	1. 위생관리	1. 개인 위생관리	2. 식품 위생관리
		3. 주방 위생관리	4. 식중독 관리
		5. 식품위생 관계 법규	6. 공중 보건
	2. 안전관리	1. 개인안전 관리	2. 장비·도구 안전작업
		3. 작업환경 안전관리	
	3. 재료관리	1. 식품재료의 성분	2. 효소
		3. 식품과 영양	
	4. 구매관리	1. 시장조사 및 구매관리	2. 검수 관리
		3. 원가	
	5. 기초 조리실무	1. 조리 준비	2. 식품의 조리원리
		3. 식생활 문화	

시험 과목	주요 항목	세부 항목	
종목별 실무 이론	한식 조리	1. 한식 밥 조리	2. 한식 죽 조리
		3. 한식 국·탕 조리	4. 한식 찌개 조리
		5. 한식 전·적 조리	6. 한식 생채·회 조리
		7. 한식 조림·초 조리	8. 한식 구이 조리
		9. 한식 숙채 조리	10. 한식 볶음 조리
		11. 김치 조리	
	양식 조리	1. 양식 스톡 조리	2. 양식 전채·샐러드조리
		3. 양식 샌드위치조리	4. 양식 조식조리
		5. 양식 수프조리	6. 양식 육류조리
		7. 양식 파스타조리	8. 양식 소스조리
	일식 조리	1. 양식 스톡 조리	2. 양식 전채·샐러드조리
		3. 양식 샌드위치조리	4. 양식 조식조리
		5. 양식 수프조리	6. 양식 육류조리
		7. 양식 파스타조리	8. 양식 소스조리
	중식 조리	1. 중식 절임·무침조리	2. 중식 육수·소스조리
		3. 중식 튀김조리	4. 중식 조림조리
		5. 중식 밥조리	6. 중식 면조리
		7. 중식 냉채조리	8. 중식 볶음조리
		9. 중식 후식조리	
	복어 조리	1. 중식 절임·무침조리	2. 중식 육수·소스조리
		3. 중식 튀김조리	4. 중식 조림조리
		5. 중식 밥조리	6. 중식 면조리
		7. 중식 냉채조리	8. 중식 볶음조리
		9. 중식 후식조리	

NCS(국가직무능력표준) 안내

◈ NCS(국가직무능력표준)와 NCS 학습모듈

- 국가직무능력표준(NCS, National Competency Standards)이란 산업현장에서 직무를 수행하기 위해 요구되는 지식·기술·소양 등의 내용을 국가가 산업부문별·수준별로 체계화한 것으로 국가적 차원에서 표준화한 것을 의미합니다.
- NCS 학습모듈은 NCS 능력단위를 교육 및 직업훈련 시 활용할 수 있도록 구성한 교수·학습자료입니다. 즉, NCS 학습모듈은 학습자의 직무능력 제고를 위해 요구되는 학습 요소(학습 내용)를 NCS에서 규정한 업무 프로세스나 세부 지식, 기술을 토대로 재구성한 것입니다.

◈ NCS 개념도

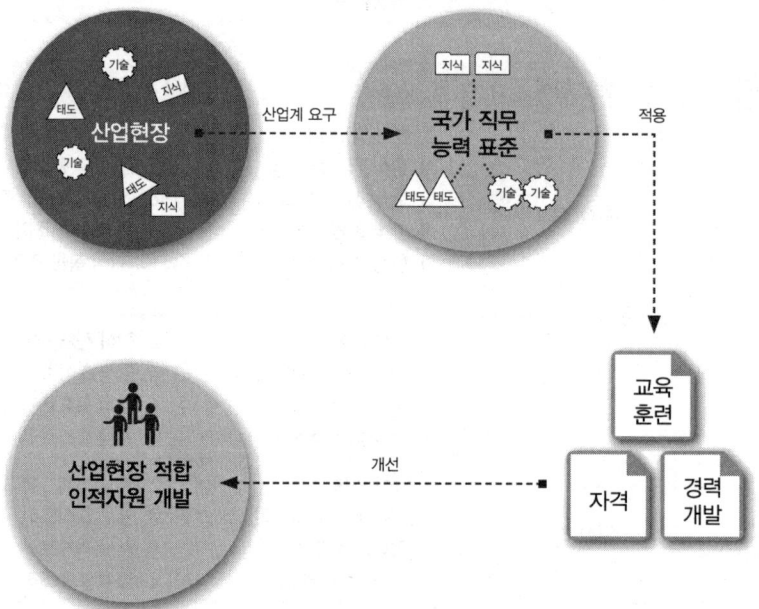

◈ NCS의 활용영역

구분		활용 콘텐츠
산업현장	근로자	평생경력개발경로, 자가진단도구
	기업	현장수요 기반의 인력채용 및 인사관리기준, 직무기술서
교육훈련기관		직업교육 훈련과정 개발, 교수계획 및 매체·교재개발, 훈련기준 개발
자격시험기관		자격종목설계, 출제기준, 시험문항, 시험방법

NCS 학습모듈의 특징

- NCS 학습모듈은 산업계에서 요구하는 직무능력을 교육훈련 현장에 활용할 수 있도록 성취목표와 학습의 방향을 명확히 제시하는 가이드라인의 역할을 합니다.
- NCS 학습모듈은 특성화고, 마이스터고, 전문대학, 4년제 대학교의 교육기관 및 훈련기관, 직장교육기관 등에서 표준교재로 활용할 수 있으며 교육과정 개편 시에도 유용하게 참고할 수 있습니다.

NCS와 NCS 학습모듈의 연결 체제

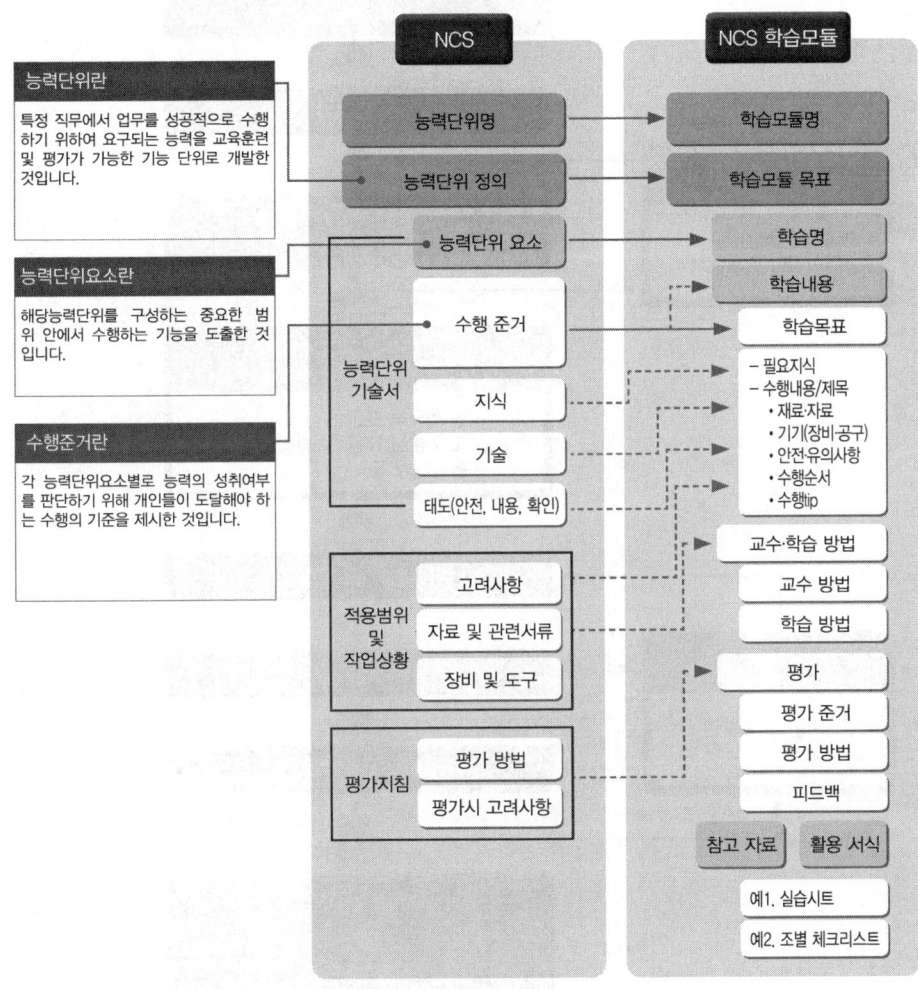

과정평가형 자격취득 안내

◎ 과정평가형 자격

과정평가형 자격은 국가기술자격법에 근거하여 국가직무능력표준(NCS)에 따라 설계된 교육·훈련과정을 체계적으로 이수한 교육·훈련생에게 내·외부 평가를 통해 국가기술자격증을 부여하는 새로운 개념의 국가기술자격 취득 제도로서 2015년부터 시행되고 있다.

◎ 과정평가형 자격 운영 절차

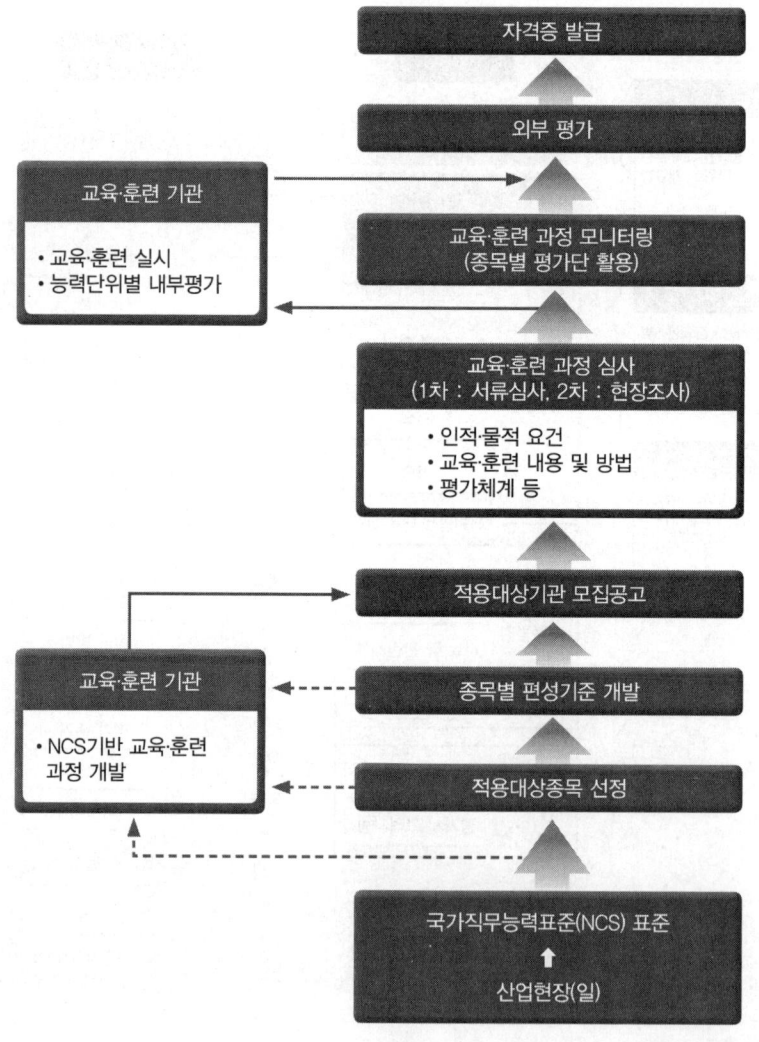

시행 대상

국가기술자격법의 과정평가형 자격 신청자격에 충족한 기관 중 공모를 통하여 지정된 교육·훈련기관의 단위과정별 교육·훈련을 이수하고 내부평가에 합격한 자

교육·훈련생 평가

① 내부평가(지정 교육·훈련기관)
  ㉮ 평가대상 : 능력단위별 교육·훈련과정의 75% 이상 출석한 교육·훈련생
  ㉯ 평가방법
    ㉠ 지정받은 교육·훈련과정의 능력단위별로 평가
    ㉡ 능력단위별 내부평가 계획에 따라 자체 시설·장비를 활용하여 실시
  ㉰ 평가시기
    ㉠ 해당 능력단위에 대한 교육·훈련이 종료된 시점에서 실시하고 공정성과 투명성이 확보되어야 함
    ㉡ 내부평가 결과 평가점수가 일정수준(40%) 미만인 경우에는 교육·훈련기관 자체적으로 재교육 후 능력단위별 1회에 한해 재평가 실시
② 외부평가(한국산업인력공단)
  ㉮ 평가대상 : 단위과정별 모든 능력단위의 내부평가 합격자
  ㉯ 평가방법 : 1차·2차 시험으로 구분 실시
    ㉠ 1차 시험 : 지필평가(주관식 및 객관식 시험)
    ㉡ 2차 시험 : 실무평가(작업형 및 면접 등)

합격자 결정 및 자격증 교부

① 합격자 결정 기준
  내부평가 및 외부평가 결과를 각각 100점을 만점으로 하여 평균 80점 이상 득점한 자
② 자격증 교부
  기업 등 산업현장에서 필요로 하는 능력보유 여부를 판단할 수 있도록 교육·훈련 기관명·기간·시간 및 NCS 능력단위 등을 기재하여 발급

> NCS 및 과정평가형 자격에 대한 내용은 NCS국가직무능력표준 홈페이지(www.ncs.go.kr)에서 보다 자세하게 살펴볼 수 있습니다.

CBT 필기시험제도 안내

CBT 필기시험 개요

CBT(컴퓨터 기반 시험) 필기시험제도는 한국산업인력공단 상설시험장과 외부기관의 시설 및 장비를 임차하여 시행하기 때문에 시험장 사정에 따라 시험일자가 달라질 수 있으며, 수험생들이 선호하는 시험장은 조기 마감될 수 있으므로 주의하여야 합니다.

원서접수 기간 및 접수처

- 한국산업인력공단이 주관 및 시행하는 기능사 정기 CBT 필기시험 및 상시 CBT 필기시험과 관련한 정보는 큐넷 홈페이지(http://www.q-net.or.kr)를 방문하여 확인합니다.
- 기능사 필기시험의 원서접수는 인터넷으로만 가능하며 정기 및 상시시험 모두 큐넷 홈페이지(http://www.q-net.or.kr)에서 접수할 수 있습니다.
- 기능사 상시시험 종목 : 한식조리기능사, 양식조리기능사, 일식조리기능사, 중식조리기능사, 제과기능사, 제빵기능사, 미용사(일반), 미용사(피부), 미용사(네일), 미용사(메이크업), 굴착기운전기능사, 지게차운전기능사, 건축도장기능사, 방수기능사 [14종목]
  ※ 건축도장기능사, 방수기능사 2종목은 정기검정과 병행 시행

CBT 부별 시험시간 안내

구분	입실시간	시험시간	비고
1부	09:30	09:50 ~ 10:50	
2부	10:00	10:20 ~ 11:20	
3부	11:00	11:20 ~ 12:20	
4부	11:30	11:50 ~ 12:50	
5부	13:00	13:20 ~ 14:20	시험실 입실 시간은 시험 시작 20분 전
6부	13:30	13:50 ~ 14:50	
7부	14:30	14:50 ~ 15:50	
8부	15:00	15:20 ~ 16:20	
9부	16:00	16:20 ~ 17:20	
10부	16:30	16:50 ~ 17:50	

※ 시행지역별 접수인원에 따라 일일 시행횟수는 변동될 수 있으며, 지역에 따라 원거리 시험장으로 이동할 수 있습니다.

합격자 발표

종이 시험과 달리 CBT 필기시험은 시험이 종료된 후 시험점수와 함께 합격 여부를 확인할 수 있으며, 이 결과는 시험일정 상의 합격자 발표일에 최종 확인할 수 있습니다.

CBT 필기시험 체험하기

01 CBT 필기시험 응시를 위해 지정된 좌석에 앉으면 해당 컴퓨터 단말기가 시험감독관 서버에 연결되었음을 알리는 연결 성공 메시지가 나타납니다.

02 수험자 접속 대기 화면에서 좌석번호를 확인합니다. 좌석번호 확인이 끝나면 시험감독관의 지시에 따라 시험 안내 화면으로 자동으로 이동합니다.

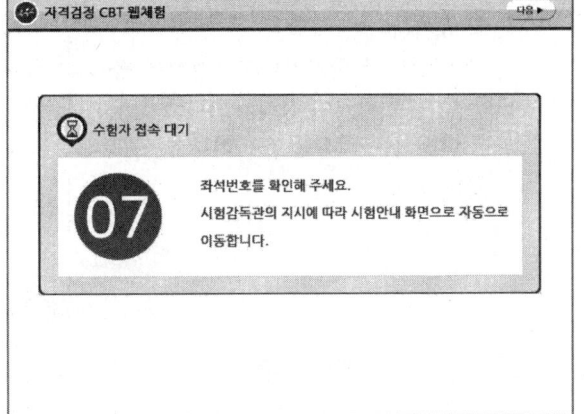

03 수험자 정보를 확인합니다. 감독관의 신분 확인 절차가 진행됩니다. 신분 확인이 모두 끝나면 시험을 시작할 수 있습니다.

04 CBT 필기시험에 대한 안내사항이 나타납니다. 화면은 예제이며, 실제 기능사 필기시험은 총 60문제로 구성되며, 60분간 진행됩니다.

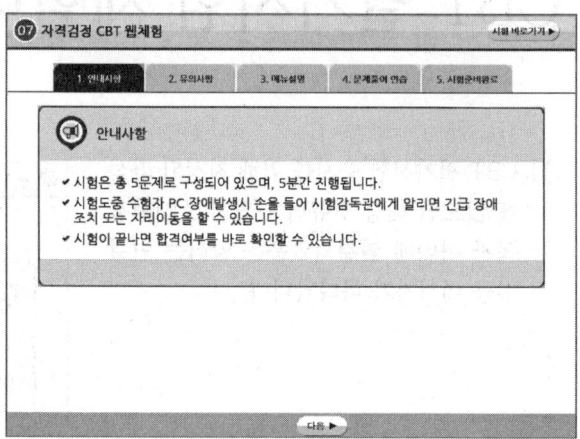

05 다음 항목에서 시험과 관련된 유의사항을 확인합니다. 특히, 시험과 관련한 부정행위 적발 시 퇴실과 함께 해당 시험은 무효처리되어 불합격 될 뿐만 아니라, 이후 3년간 국가기술자격검정에 응시할 수 있는 자격이 정지되므로 부정행위로 인정되는 내용을 꼼꼼히 확인하도록 합니다.

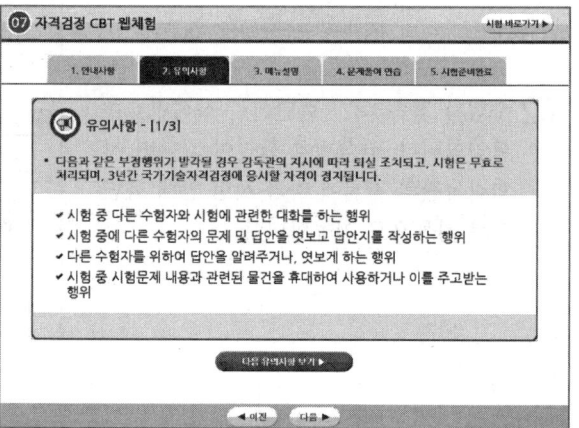

06 메뉴설명 항목에서는 문제풀이와 관련된 메뉴에 대한 설명을 확인할 수 있습니다. CBT 화면에서는 글자 크기를 크게 하거나 작게 할 수 있을 뿐 아니라, 화면 배치를 1단 또는 2단 화면 보기 혹은 한 문제씩 보기로 선택할 수 있습니다.

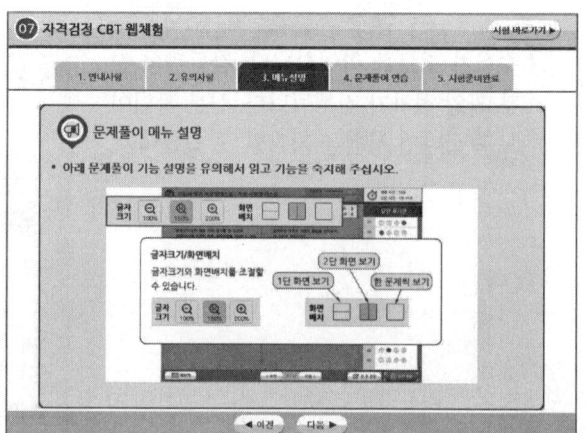

07 문제풀이 연습 항목에서는 실제 문제를 풀어보는 과정을 연습할 수 있습니다. 실제 시험에서 실수하지 않도록 하기 위해 [자격검정 CBT 문제풀이 연습] 버튼을 클릭합니다.

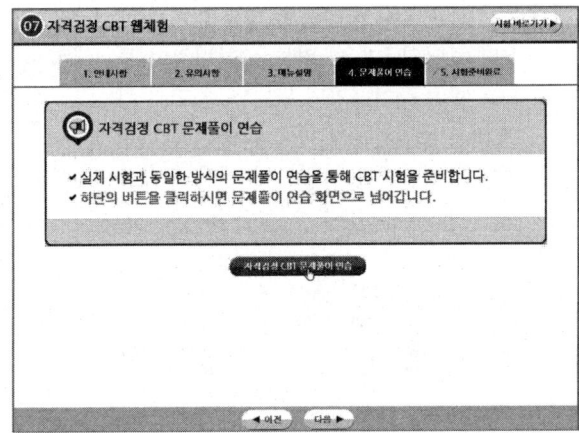

08 보기의 연습 문제는 국가기술자격시험의 정부 위탁기관인 한국산업인력공단의 본부 청사 소재지를 묻는 것입니다. 현재 한국산업인력공단 본부는 울산광역시에 소재하고 있습니다. 문제 아래의 보기에서 번호 항목을 클릭하거나 답안 표기란의 번호 항목에서 해당 답안을 클릭하여 답안을 체크합니다.

09 문제 아래의 보기를 클릭하거나 오른쪽 답안 표기란의 답안 항목을 클릭하면 화면과 같이 선택한 답안이 OMR 카드에 색칠한 것과 같이 색이 채워집니다.

> 답안을 수정할 때는 마찬가지 방법으로 수정하고자 하는 문제의 보기 항목이나 답안 표기란의 보기 항목에서 수정하고자 하는 답안을 클릭합니다.

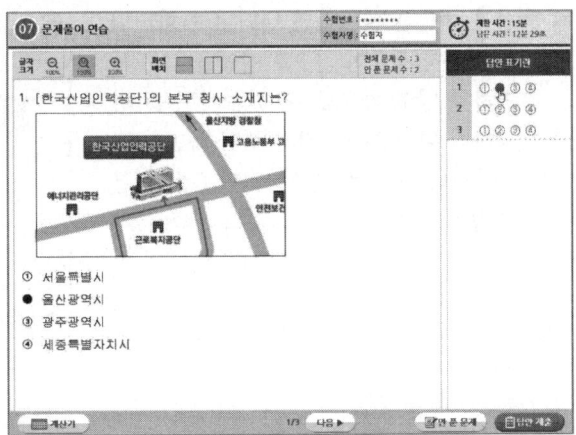

Intro CBT 필기시험제도 안내 013

10 문제를 풀고 나면 다음 문제를 풀기 위해 화면 하단의 [다음] 버튼을 클릭하여 문제를 계속 풀어나가면 됩니다. 참고로 하단 버튼 중 [계산기]를 클릭하면 간단한 공학용 계산기를 사용하여 계산 문제를 푸는 데 도움을 받을 수 있습니다.

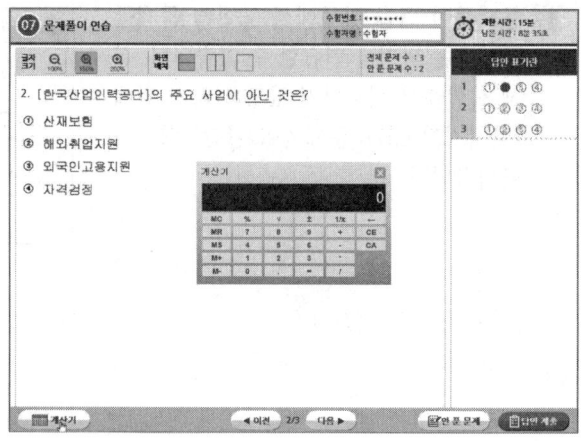

> 계산이 끝나고 계산기를 화면에서 사라지게 하려면 계산기 창의 오른쪽 상단에 있는 닫기 ❌ 버튼을 클릭합니다.

11 문제 풀이 연습이 끝나면 하단의 [답안 제출] 버튼을 클릭하여 답안을 제출합니다.

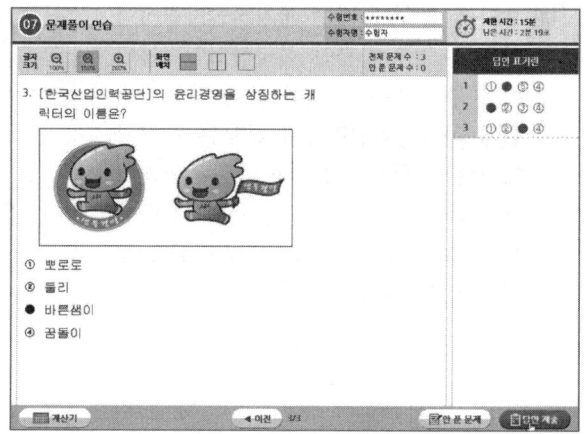

> 어려운 문제의 경우 하단의 [다음] 버튼을 클릭하여 다음 문제를 풀 수도 있습니다. 단, 이러한 경우 답안을 제출하기 전에 하단의 [안 푼 문제] 버튼을 클릭하여 혹시 풀지 않은 문제가 있는 지 최종적으로 확인하도록 합니다.

12 답안 제출을 클릭하면 나타나는 화면입니다. 수험생들이 실수로 답안을 모두 체크하지 않고 제출할 수 있는 실수를 방지하기 위해 2회에 걸쳐 주의 화면이 나타납니다. 답안을 제출하려면 [예] 버튼을 누릅니다.

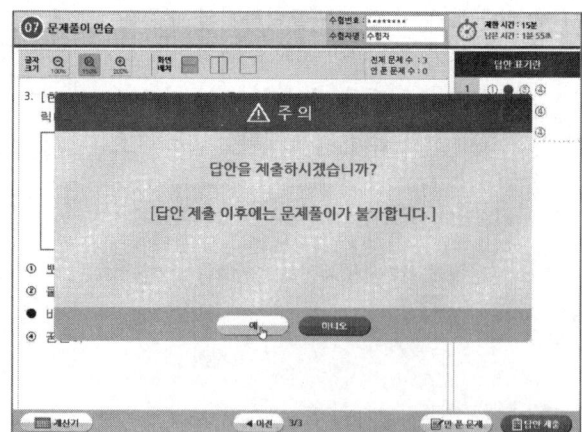

13 문제풀이 연습을 모두 마치면 나타나는 화면에서 [시험 준비 완료] 버튼을 클릭합니다. 이후 시험 시간이 되면 시험감독관의 지시에 따라 시험이 자동으로 시작됩니다.

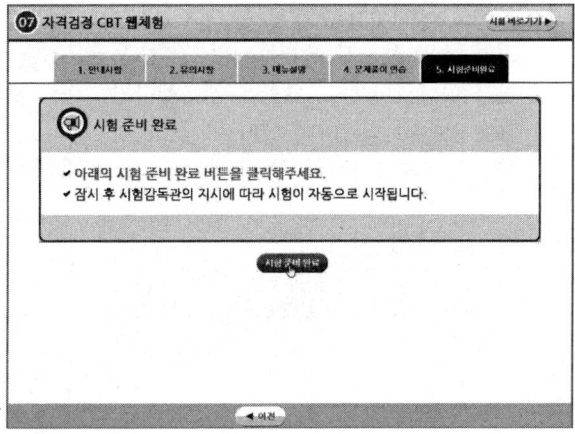

14 본 시험이 시작되면 첫 번째 문제가 화면에 나타납니다. 앞서 문제풀이 연습 때와 마찬가지 방법으로 문제의 보기에서 정답을 클릭하거나 답안 표기란에 해당 문제의 정답 항목을 클릭하여 답을 선택합니다.

15 화면 하단의 [다음] 버튼을 클릭하면 다음 문제를 풀 수 있습니다. 앞서와 마찬가지 방법으로 답안에 체크하고 모든 문제를 풀었다면 [답안 제출] 버튼을 클릭합니다.

> 화면의 상단 오른쪽에 제한 시간과 남은 시간이 표시됩니다. 본 예제는 체험을 위한 것으로 실제 시험시간은 60분이며, 이에 따라 남은 시간도 표시됩니다.

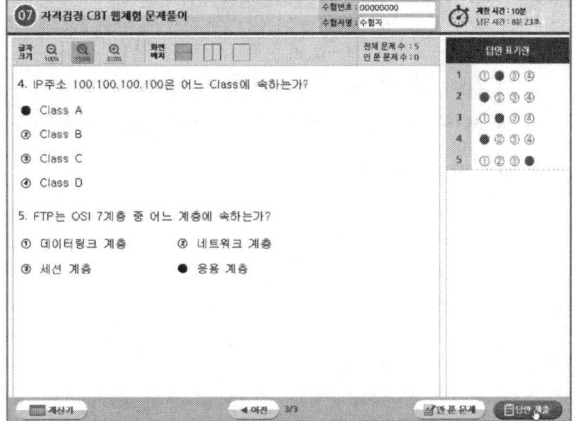

16 수험생의 실수를 방지하기 위해 2회에 걸쳐 주의 문구가 출력됩니다. 모든 문제를 이상없이 풀고 답안에 체크했다면 [예] 버튼을 클릭하여 답안을 제출하고 시험을 마무리합니다.

> 문제 화면으로 다시 돌아가고자 한다면 [아니오] 버튼을 클릭하여 이미 푼 문제들을 다시 확인하고 필요한 경우 답안을 수정할 수 있습니다.

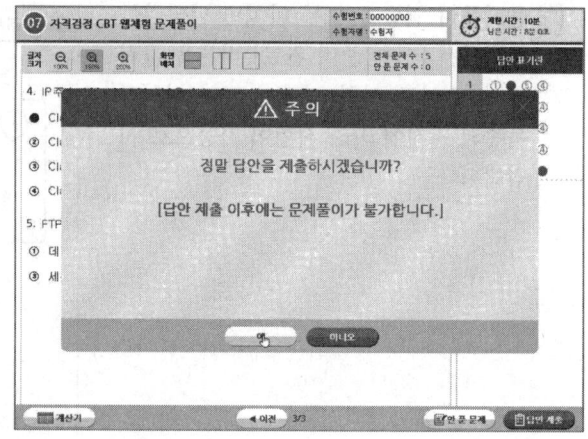

17 답안 제출 화면이 나타납니다. 잠시 기다립니다.

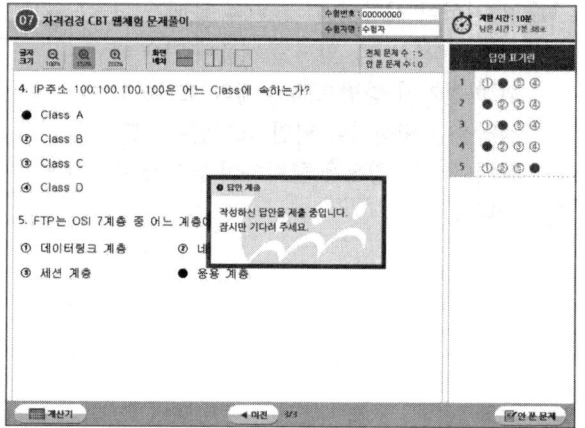

18 CBT 필기시험을 모두 끝내고 답안을 제출하면 곧바로 합격, 불합격 여부를 화면과 같이 확인할 수 있습니다. 독자분들은 꼭 화면과 같은 합격 축하 문구를 볼 수 있기를 기원합니다.

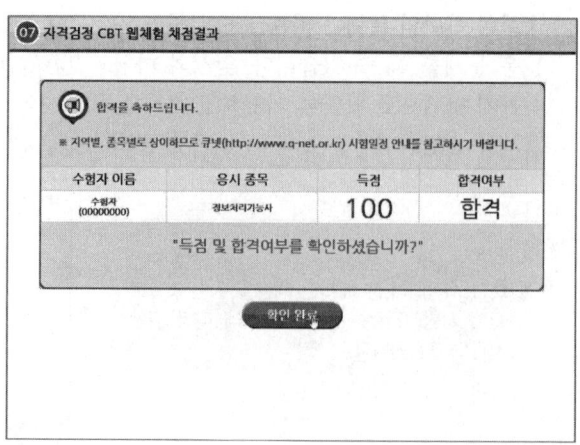

19 앞서의 합격 여부 화면에서 [확인 완료] 버튼을 클릭하면 CBT 필기시험이 종료됩니다. 고생하셨습니다.

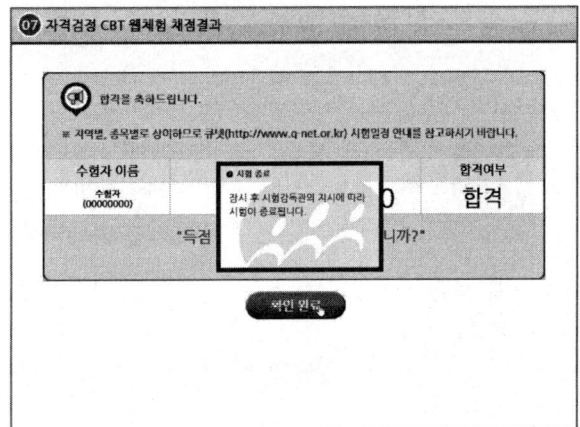

본 도서에 수록된 CBT 필기시험 체험하기 내용은 한국산업인력공단의 CBT 체험하기 과정을 인용하여 구성 및 정리한 것입니다. 직접 한국산업인력공단에서 제공하는 CBT 필기시험을 체험하고자 하는 독자께서는 한국산업인력공단이 운영하는 큐넷 홈페이지(www.q-net.or.kr)를 방문하시기 바랍니다.

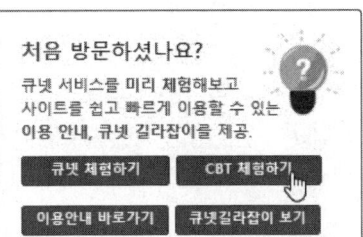

Intro CBT 필기시험제도 안내 017

Contents_차례

INTRO 00

머리말
기술검정안내
NCS(국가직무능력표준) 안내
CBT 필기시험제도 안내

PART 01 조리 기능사 공통이론

CHAPTER 01 위생관리
- 01 개인 위생관리 ··· 22
- 02 식품 위생관리 ··· 24
- 03 주방 위생관리 ··· 36
- 04 식중독 관리 ·· 41
- 05 식품위생 관계 법규 ································· 49
- 06 공중보건 ··· 58

CHAPTER 02 안전관리
- 01 개인안전 관리 ··· 65
- 02 장비·도구 안전작업 ······························· 68
- 03 작업환경 안전관리 ································· 71

CHAPTER 03 재료관리
- 01 식품재료의 성분 ····································· 75
- 02 효소 ··· 89
- 03 식품과 영양 ·· 92

CHAPTER 04 구매관리
- 01 시장조사 및 구매관리 ···························· 96
- 02 검수관리 ··· 102
- 03 원가 ·· 109

CHAPTER 05 기초 조리실무
- 01 조리 준비 ·· 113
- 02 식품의 조리원리 ··································· 125

PART 02 공단 기출문제

01회	공단 기출문제	142
02회	공단 기출문제	152
03회	공단 기출문제	162
04회	공단 기출문제	172
05회	공단 기출문제	182
06회	공단 기출문제	192
07회	공단 기출문제	202
08회	공단 기출문제	212
09회	공단 기출문제	222
10회	공단 기출문제	232
11회	공단 기출문제	241
12회	공단 기출문제	251
13회	공단 기출문제	260
14회	공단 기출문제	270
15회	공단 기출문제	279
16회	공단 기출문제	289
17회	공단 기출문제	299
18회	공단 기출문제	308
19회	공단 기출문제	318
20회	공단 기출문제	328

PART 01

조리기능사 필기 공통이론

CHAPTER

- 01. 위생관리
- 02. 안전관리
- 03. 재료관리
- 04. 구매관리
- 05. 기초 조리실무

CHAPTER 01 위생관리

Lesson 01 개인 위생관리

1 위생관리기준

(1) 위생관리의 필요성
① 식중독 위생사고 예방
② 식품위생법 및 행정처분 강화
③ 상품의 가치가 상승함(안전한 먹거리)
④ 점포의 이미지 개선(청결한 이미지)
⑤ 고객 만족(매출 증진)
⑥ 대외적 브랜드 이미지 관리

(2) 식품 취급 시의 위생관리
① 식품은 항상 청결하고 위생적으로 취급하여 병원미생물, 먼지, 유해물질 등에 의하여 오염되지 않도록 하여야 한다.
② 식품종사자의 손에 의하여 식품이 오염 또는 부주의로 병원균을 식품에 부착시키거나, 유독물질을 혼입시키는 일이 없도록 최선의 주의를 기울여야 한다.
③ 조리된 식품은 조리 후 사람의 손, 파리, 바퀴벌레, 쥐, 먼지 등에 의하여 오염되는 일이 없도록 적절히 보관하여야 한다.
④ 살충제, 살균제, 기타 유독약품류는 보관을 철저히 하여 식품첨가물로 오용하는 일이 없도록 주의하여야 한다.

(3) 개인 위생관리 방법
① 작업자는 음식조리 및 기타 관련 업무 수행을 위해 질병이 있어서는 안 된다. 감염성 질환을 보유하고 있는 작업자와 보균자 및 노출 부위에 염증 및 피부질환을 앓고 있는 작업자는 모든 조리공정에 투입되어서는 안 된다.

② 작업자는 정기적인 진단 이외에도 수시로 감염병 예방접종을 받아야 하고 작업 중 발생하는 건강 이상에 대해서는 즉시 진료를 받아야 한다.
③ 작업자는 주기적으로 위생교육을 받아야 하며 교육에 대한 효과를 확인받아야 한다.
④ 음식에 혼입될 가능성이 있는 반지, 목걸이, 귀걸이 등의 장신구는 착용을 금지한다.
⑤ 머리, 손톱 등의 용모는 단정해야 하며 항상 청결을 유지한다.
⑥ 조리장 내에는 지갑, 핸드백 등 개인 휴대품을 반입해서는 안 된다.
⑦ 작업 전에 규정된 위생복, 위생모, 위생화, 위생장갑 및 위생마스크를 착용한다.
⑧ 위생모 착용 시에는 머리가 외부로 노출이 되어서는 안 된다.
⑨ 상의 착용 시에는 소매 끝이 외부로 노출되지 않도록 한다.
⑩ 위생장갑 착용 시에는 소매 끝에서 피부가 노출되어서는 안 된다.

(4) 복장 위생관리

① 조리실(주방) 내에서 근무하는 모든 종업원은 위생모를 착용한다. 위생모는 외부에 모발이 노출되지 않도록 정확히 착용한다.
② 조리 시에는 항상 청결한 위생복을 착용한다.
③ 앞치마는 조리용, 서빙용, 세척용으로 용도에 따라 색상을 달리하거나 구분하여 사용한다.
④ 조리실(주방) 종사자는 시계, 반지, 목걸이, 귀걸이, 팔찌 등 장신구를 착용해서는 안 되며, 손톱은 짧게 깎고 청결을 유지해야 한다.
⑤ 손톱에 매니큐어나 광택제를 칠해서는 안 되며, 인조손톱을 부착해서는 안 된다.
⑥ 종업원은 매장 내에서 슬리퍼를 신고 다녀서는 안 되며 조리실(주방) 내에서는 전용 위생화(작업화)를 신는다.
⑦ 외부 출입 시에는 반드시 소독발판에 작업화를 소독하고 들어온다.
⑧ 조리사의 손이 직접 음식이나 식재료에 접촉되지 않도록 장갑을 위생장갑을 착용한다. 위생장갑은 용도에 전처리용, 조리용, 설거지용, 청소용 등으로 용도에 따라 색상별로 구분 관리할 수 있다.

2 식품위생에 관련된 질병

(1) 영업에 종사하지 못하는 질병의 종류

① **감염병** : 콜레라, 장티푸스, 파라티푸스, 세균성이질, 장출혈성대장균감염증, A형간염
② **결핵** : 비감염성인 경우 제외
③ **피부병 또는 그 밖의 화농성질환**
④ **후천성면역결핍증** : 성병에 관한 건강진단을 받아야 하는 영업에 종사하는 자에 한함

(2) 건강진단
① **대상자** : 식품 또는 식품첨가물(화학적 합성품 또는 기구등의 살균·소독제는 제외)을 채취·제조·가공·조리·저장·운반 또는 판매하는 일에 직접 종사하는 영업자 및 종업원. 다만, 완전포장된 식품 또는 식품첨가물을 운반하거나 판매하는 일에 종사하는 사람은 제외
② **받아야 하는 시기** : 영업 시작 전 또는 영업에 종사하기 전에 미리
③ **기타 사항**
㉮ 건강진단을 받은 결과 타인에게 위해를 끼칠 우려가 있는 질병이 있다고 인정된 자는 그 영업에 종사하지 못한다.
㉯ 영업자는 건강진단을 받지 아니한 자나 건강진단 결과 타인에게 위해를 끼칠 우려가 있는 질병이 있는 자를 그 영업에 종사시키지 못한다.

Lesson 02 식품 위생관리

1 미생물의 종류와 특성

(1) 식품과 미생물
① **미생물** : 일반적으로 광학현미경을 통해서 확인할 수 있는 생물체이다.
② **미생물의 구분**
㉮ 병원성 미생물 : 인간에게 질병을 유발하는 미생물
㉯ 비병원성 미생물 : 인간에게 질병을 유발하지 않는 미생물로 식품의 부패나 변패의 원인이 되는 유해한 것과 발효 또는 양조, 숙성 등 식품에 유익하게 이용되는 미생물을 포함

(2) 미생물의 종류
① **곰팡이(Filamentous fungi)**
㉮ 발효식품이나 항생물질에 유익하게 이용(생육최적온도 0~25℃)
㉯ 곰팡이의 종류와 식품
㉠ 누룩곰팡이 : 약주, 탁주, 간장, 된장 등의 제조에 이용
㉡ 푸른곰팡이 : 과실이나 치즈를 변패시키고 황변미를 만듦
㉢ 털곰팡이 : 식품의 변질에 관여하며, 식품제조에 이용
㉣ 거미줄곰팡이 : 빵에 잘 번식하여 빵곰팡이라고 불림
② **효모(Yeast)**
㉮ 구형, 타원형의 형태로 존재하는 단세포 생물(생육최적온도 25~30℃)
㉯ 포도주, 메주 등의 발효식품과 제빵에 이용
㉰ 세균과 공존하여 식품을 변패시킴

③ 리케차(Rickettsia)
  ㉮ 세균과 바이러스의 중간에 속하는 미생물
  ㉯ 운동성이 없으며, 감염병(발진티푸스, 발진열) 등의 원인
  ㉰ 원형 또는 타원형, 2분법으로 증식하며 세균과 바이러스의 중간에 속함
④ 바이러스(Virus)
  ㉮ 미생물 중에서 가장 작아 세균여과기로도 분리할 수 없으며, 생체 세포에서만 증식
  ㉯ 생존에 필요한 물질로 핵산과 소수의 단백질만을 가지고 있어 숙주에 전적으로 의존
⑤ 균류(Bacteria)
  ㉮ 구균, 간균, 나선균, 대장균 등이 있으며 2분법으로 증식
  ㉯ 대장균은 식품의 위생 지표균 및 분변오염의 지표균으로 사용
⑥ 원생동물(원충류, Protozoa)
  ㉮ 가장 간단한 단세포 동물로 1개의 세포로 구성(이질, 아메바, 말라리아의 병원충)되어 있으며, 운동성이 있음
  ㉯ 분열 또는 출아에 의한 무성생식, 접합(接合)이나 배우자에 의한 유성 생식을 통해 증식

(3) 미생물 발육에 필요한 조건
① 수분
  ㉮ 미생물의 몸체를 구성하고 생리기능을 조절하는 성분으로 필요량은 종류에 따라 다르나 보통 40% 이상
  ㉯ 미생물 증식에 필요한 수분활성도(미생물 생육에 필요한 수분량, Aw)
    ㉠ 세균 : Aw 0.94
    ㉡ 효모 : Aw 0.88
    ㉢ 곰팡이 : Aw 0.80
② 온도

구분	종류	발육가능온도	최적온도
저온균	부패균의 일부, 곰팡이의 일부, 수생균	0~25℃	15~20℃
중온균	곰팡이, 효모, 일반세균, 대부분의 병원균	15~55℃	25~37℃
고온균	바실러스(Bacillus)속, 클로스트리디움(Clostridium)속 일부	40~70℃	50~60℃

③ 영양소
  ㉮ 미생물의 발육·증식에 필요
  ㉯ 탄소원, 질소원(무기질소 및 아미노산), 무기염류, 생육소(발육소) 등이 필요
④ 수소이온농도(pH)
  ㉮ 곰팡이, 효모 : 주로 약산성에서 잘 자라며 최적 pH는 4.0~6.0
  ㉯ 세균 : 주로 중성 또는 약알칼리성에서 잘 자라며 최적 pH는 6.5~7.5

⑤ 산소
  ㉮ 호기성균 : 산소를 필요로 하는 균(곰팡이, 효모, 식초산균)
  ㉯ 혐기성균 : 산소를 필요로 하지 않는 균
    ㉠ 통성혐기성균 : 산소가 있더라도 이용되지 않는 균(젖산균)
    ㉡ 편성혐기성균 : 산소가 있으면 생육에 지장을 받는 균(보툴리누스균, 파상풍균)

> **미생물의 크기**
> 곰팡이 > 효모 > 스피로헤타 > 세균 > 리케차 > 바이러스
>
> **식품의 위생 지표**
> 식품위생상의 식품 또는 음용수가 병원성 미생물에 오염된 여부와 그 정도를 판정할 때 대장균의 수를 측정하며, 식품의 초기 부패는 식품 1g당 세균수가 $10^7 \sim 10^8$ 마리일 때 식품의 오염으로 판정한다.

2. 식품과 기생충병

(1) 채소류 매개 기생충 및 질환
① 회충
  ㉮ 감염경로 : 분변으로 오염된 야채, 불결한 손, 파리의 매개에 의한 음식물의 오염으로 인하여 회충의 수정란이 침입, 경구감염되며 회충란은 소장에서 약 75일이면 성충이 되어 산란
  ㉯ 감염증상 : 복통, 간담 증세가 있고 구토, 소화장애, 발열 등의 전신증상
  ㉰ 예방대책
    ㉠ 생분뇨를 완전 부숙 후 처리, 분뇨처리장 증설
    ㉡ 청정채소의 장려
    ㉢ 파리구제 및 환경개선
    ㉣ 환자의 정기적인 구충 실시
    ㉤ 위생적인 식생활 : 생야채의 완전 세척, 가열 조리
② 구충(십이지장충)
  ㉮ 감염경로 : 분변으로부터 외계에 나온 구충란이 부화, 탈피한 후 유충이 경피침입 또는 경구 침입하여 소장 상부에 기생
  ㉯ 감염증상 : 경피감염 시 침입 부위에 가려움증, 빈혈, 소화장애, 토식증, 다식증
  ㉰ 예방대책 : 회충의 경우와 같으나 경피침입하므로 인분을 사용한 밭에 맨발로 들어가지 말 것
③ 요충
  ㉮ 감염경로 : 성숙한 충란이 손이나 음식물을 통하여 경구침입, 맹장 내에 이르러 성충이 될 때까지 발육하여 직장 내에서 기생하다가 45일 전후로 항문주위로 나와 산란
  ㉯ 감염증상 : 항문 주변의 가려움증, 수면장애, 두통, 현기증, 긁으면 세균의 2차 감염에 의한

염증 유발
    ㉰ 예방대책 : 집단적 구충 실시 및 침구류와 내의류 청결상태 유지
④ **편충**
    ㉮ 감염경로 : 생야채 등을 통하여 경구감염, 맹장 부위에 기생하며 감염률이 높음
    ㉯ 예방대책 : 집단적 구충 실시 및 침구류와 내의류 청결상태 유지
⑤ **동양모양선충**
    ㉮ 감염 경로 : 구충과의 기생충으로 경구감염 또는 경피감염
    ㉯ 감염증상 : 십이지장충과 비슷하나 더 미약함
    ㉰ 예방대책 : 회충의 경우와 같으나 경피침입하므로 인분을 사용한 밭에 맨발로 들어가지 말 것

(2) 어패류 매개 기생충 및 질환

① **간디스토마(간흡충)**
    ㉮ 감염경로 : 왜우렁이 → 민물고기 → 사람
    ㉯ 예방대책 : 피라미, 붕어, 잉어 등의 민물고기 생식을 금지
② **폐디스토마(폐흡충)**
    ㉮ 감염경로 : 다슬기 → 민물 게, 가재 → 사람
    ㉯ 예방대책 : 게, 가재, 다슬기의 가열섭취, 조리기구 소독
③ **요꼬가와흡충(횡천흡충)**
    ㉮ 감염경로 : 다슬기류 → 민물고기 → 사람
    ㉯ 예방대책 : 붕어, 은어, 잉어 등 민물고기 생식 금지
④ **유극악구충**
    ㉮ 감염경로 : 물벼룩 → 민물고기 → 사람
    ㉯ 예방대책 : 메기, 가물치, 뱀장어, 미꾸라지 등 생식 금지
⑤ **광절열두조충(긴촌충)**
    ㉮ 감염경로 : 물벼룩 → 반 민물고기 → 사람
    ㉯ 예방대책 : 농어, 연어 등 생식 금지
⑥ **아니사키스**
    ㉮ 감염경로 : 바다 갑각류 → 해산어류 → 사람
    ㉯ 예방대책 : 생선회(오징어·고래·생태) 섭취 시 주의, 조리 시 내장(복강) 제거

(3) 육류 매개 기생충 및 질환

① **무구조충(민촌충)**
    ㉮ 감염경로 : 소 → 사람
    ㉯ 예방대책 : 쇠고기 생식 금지, 오염방지
② **유구조충(갈고리촌충)**

㉮ 감염경로 : 돼지 → 사람
㉯ 예방대책 : 돼지고기 생식 또는 불완전 가열한 것의 섭취 금지, 분변에 의한 오염 방지

③ **선모충**
㉮ 감염경로 : 돼지, 개 → 사람
㉯ 예방대책 : 돼지고기 생식 금지

④ **톡소 플라스마**
㉮ 감염경로 : 돼지, 개, 고양이, 사람(낭충을 보유한 돼지고기 섭취로 경구감염)에 감염
㉯ 예방대책 : 돼지고기 생식 또는 불완전 가열한 것의 섭취 금지, 고양이의 배설물에 의한 식품 오염 방지

> **중간숙주와 기생충**
> - 중간숙주가 없는 기생충 : 회충, 구충, 요충, 편충 등(매개식품은 주로 채소)
> - 중간숙주가 하나인 기생충 : 무구조충(소), 유구조충(돼지), 선모충(돼지), 만소니열두조충(닭)
> - 중간숙주가 둘인 기생충
>
> | 기생충 | 제1중간숙주 | 제2중간숙주 |
> | --- | --- | --- |
> | 간흡충(간디스토마) | 왜우렁이 | 민물고기(잉어, 붕어) |
> | 폐흡충(폐디스토마) | 다슬기류 | 가재, 게 |
> | 요꼬가와흡충(횡천흡충) | 다슬기류 | 민물고기(은어) |
> | 유극악구충 | 물벼룩 | 민물고기(미꾸라지, 가물치) |
> | 긴촌충(광절열두조충) | 물벼룩 | 반 민물고기(연어, 송어, 농어) |
> | 아니사키스 | 크릴새우 등 바다갑각류 | 해산어류(대구, 오징어, 고래) |
>
> - 사람이 중간숙주 구실을 하는 기생충 : 말라리아병원충

3 살균 및 소독의 종류와 방법

(1) 용어의 정의

① **소독** : 병원미생물을 죽이거나 병원성을 약화시켜 감염 및 증식력을 없애는 조작
② **멸균** : 강한 살균력을 작용시켜 병원균, 비병원균, 아포 등 모든 미생물을 완전 사멸시키는 것
③ **방부** : 미생물의 발육을 저지 또는 정지시켜 부패나 발효를 방지하는 방법

(2) 대상물에 따른 소독법

① **음료수 소독법**
㉮ 물리적 소독법 : 자비소독(100℃에서 10~5분, 중조를 넣으면 절반의 시간 단축), 자외선 소독

㈏ 화학적 소독법
  ㉠ 염소 : 상수도 소독에 이용(급수전의 잔류염소는 0.2ppm 유지)
  ㉡ 표백분(클로르석회) : 우물물 소독에 이용
  ㉢ 오존소독

② 조리기구 소독법
  ㉮ 물리적 소독법 : 자비소독(100℃에서 30분), 증기소독, 일광소독
  ㉯ 화학적 소독법 : 차아염소산나트륨(4~6% 용액), 역성비누소독

③ 야채, 과일 소독법
  ㉮ 물리적 소독법 : 자외선 소독
  ㉯ 화학적 소독법 : 클로르석회(5% 수용액), 차아염소산나트륨 소독

④ 수건, 행주, 식기소독
  ㉮ 물리적 소독법 : 자비소독, 고압증기소독(15파운드 121℃에서 20분), 일광소독법
  ㉯ 화학적 소독법 : 역성비누, 염소계 소독약품 소독

⑤ 감염병 환자가 사용한 것의 소독법
  ㉮ 물리적 소독법 : 일광소독(결핵환자 침구는 3시간 이상), 증기소독(의류, 침구, 식기류), 소각(수건, 휴지, 식품잔여물)
  ㉯ 화학적 소독법
    ㉠ 의류·침구 : 석탄산, 크레졸, 포르말린수(35%) 등에 2시간 이상
    ㉡ 비단·모직물·면직물·털침구 : 포름알데히드가스 소독
    ㉢ 초자기·철재·목재 : 석탄산수, 크레졸수, 석회수, 포르말린수에 침전시켜 소독(단, 철제 소독에 승홍수 사용 금지)

⑥ 조리장, 식품창고 소독법
  ㉮ 물리적 소독법 : 자외선 소독, 증기발생 장치를 이용한 증기소독, 오존소독
  ㉯ 화학적 소독법 : 역성비누액, 차아염소산나트륨 소독, 표백분 분무 소독

⑦ 기타 소독법
  ㉮ 손 소독 : 알코올, 승홍수, 역성비누액, 크레졸수(1~2% 용액) 소독
  ㉯ 상처소독 : 과산화수소 소독
  ㉰ 변소, 하수구 소독법 : 석탄산수, 크레졸수, 포르말린액 등을 분무 살포하거나 표백분, 생석회 분말을 가하여 소독

(3) 물리적 소독법

① 무가열 멸균법
  ㉮ 자외선 멸균법 : 살균력이 가장 큰 2600Å 부근
  ㉯ 초음파 멸균법
  ㉰ 방사선 살균법
  ㉱ 세균 여과법

② **가열 멸균법**
- ㉮ 건열 멸균법
  - ㉠ 화염 및 소각 : 재생가치가 없는 물건을 태워버리는 방법(가장 강력한 멸균법)
  - ㉡ 건열 멸균법 : 150~160℃에서 30분 이상 가열. 유리기구, 사기그릇 및 금속제품 등의 소독
- ㉯ 습열 멸균법
  - ㉠ 유통증기 소독법 : 100℃의 유통하는 증기 중에서 30~60분 가열
  - ㉡ 고압증기 멸균법 : 고압증기 멸균솥을 이용하여 121℃에서 15~29분간 살균(아포를 포함한 모든 균을 사멸)
  - ㉢ 간헐멸균법 : 100℃의 유통증기 중에서 24시간마다 15~20분간씩 3회 계속하는 방법(아포까지 사멸)
  - ㉣ 화염 멸균법 : 분젠, 천연가스, 알코올램프 등을 이용하여 금속류, 유리병, 백금, 도자기류 등의 소독을 위하여 불꽃 속에 20초 이상 접속시키는 방법
  - ㉤ 자비소독법 : 100℃의 끓는 물에서 30분간 처리
- ㉰ 우유의 살균법
  - ㉠ 저온(장시간)살균법 : 61~65℃에서 30분간 살균
  - ㉡ 초고온 순간살균법 : 130~150℃에서 0.5~5초간 살균
  - ㉢ 초고온 단시간 살균법 : 70~75℃에서 15~20초간 살균

(4) **화학적 소독법**
① **소독약의 구비조건**
- ㉮ 살균력이 강할 것
- ㉯ 부식성·표백성이 없고 용해성이 높으며 안정성이 있을 것
- ㉰ 불쾌한 냄새가 나지 않은 것
- ㉱ 경제적이고 사용방법이 간편할 것

② **종류 및 용도**
- ㉮ 염소(Cl_2)
  - ㉠ 채소, 식기, 과일, 음료수 등의 소독에 사용
  - ㉡ 수돗물 소독 시 잔류염소 0.2ppm
  - ㉢ 채소·식기·과일 소독 시 농도 50~100ppm
- ㉯ 석탄산(Phenol, 페놀)
  - ㉠ 3~5%의 수용액을 사용
  - ㉡ 냄새가 독하며, 금속 부식성
  - ㉢ 기구, 용기, 의류 및 오물 등의 소독에 사용
  - ㉣ 석탄산 계수(Phenol Coefficient, 소독약의 살균력 지표)
    $$= \frac{소독약의\ 희석배수}{석탄산의\ 희석배수}$$

④ 크레졸(Cresol) 비누액
  ㉠ 3~5%의 수용액 사용
  ㉡ 석탄산의 약 2배의 소독력
  ㉢ 변소(분뇨), 하수도, 진개 등의 오물 소독, 손 소독에 사용
④ 역성비누(양성비누)
  ㉠ 0.01~0.1%액 사용
  ㉡ 무미, 무해하며 식품소독, 피부소독에 사용
  ㉢ 손 소독은 10% 수용액 사용
⑤ 승홍
  ㉠ 자극성과 금속부식성이 강하고 맹독성이다.
  ㉡ 수은용액, 비금속기구에 사용
  ㉢ 피부소독에는 0.1% 수용액 사용
⑥ 과산화수소
  ㉠ 3% 수용액 사용
  ㉡ 무아포균에 유효, 구내염, 상처에 사용
⑦ 알코올(Alcohol)
  ㉠ 70%의 에탄올(에틸알코올) 사용
  ㉡ 피부 및 기구소독에 사용
⑧ 기타 소독약
  ㉠ 표백분(클로르칼키, 클로르석회) : 우물, 수영장 소독 및 야채, 식기 소독에 사용
  ㉡ 오존 : 발생기 산소에 의해서 살균되며, 수중에서 살균력을 갖는다.
  ㉢ 생석회 : 하수도·진개 등의 오물 소독에 가장 우선적으로 사용
  ㉣ 포름알데히드(기체) : 병원, 도서관, 거실, 영안실 등의 소독에 사용
  ㉤ 포르말린 : 포름알데히드를 물에 녹여서 35~37.5%의 수용액으로 만든 것으로 변소(분뇨), 하수도, 진개 등의 오물 소독에 사용

> **소독방법 선택 시 고려할 점**
> • 질병의 인체 침입 방법에 따라 달리 실시
> • 질병의 전염 방법에 따라 달리 실시
> • 병원체의 저항력에 따라 달리 실시
> • 소독대상물의 성질에 따라 달리 실시

4　식품의 위생적 취급기준

(1) 식품위생의 의의

① **식품위생의 정의**
  ㉮ 세계보건기구(WHO)의 정의 : 식품원료의 재배, 생산, 제조로부터 유통과정을 거쳐 최종적으로 사람에게 섭취되기까지의 모든 수단에 대한 위생
  ㉯ 우리나라 식품위생법상의 정의 : 식품, 식품첨가물, 기구 또는 용기·포장을 대상으로 하는 음식에 관한 위생

② **식품위생의 목적**
  ㉮ 식품으로 인한 위생상의 위해를 방지
  ㉯ 식품 영양의 질적 향상도모
  ㉰ 식품에 관한 올바른 정보를 제공함으로써 국민보건의 증진에 기여

(2) 식품의 표시

① **식품 유통기한 표시**
  ㉮ 유통기한의 표시는 '○○○년 ○○월 ○○일까지', '○○○○.○○.○○까지' 또는 '○○○○년 ○○월 ○○일까지'로 표시한다.
  ㉯ 유통기한을 일괄표시 장소에 표시하기가 곤란한 경우에는 당해 위치에 유통기한의 표시 위치를 명시한다.
  ㉰ 수입되는 식품 등에 있어서 단순히 수출국의 연, 월, 일의 표시순서가 전단의 표시순서와 다를 경우 소비자가 알아보기 쉽도록 연, 월, 일의 표시순서를 예시하여야 한다.

② **식품 제조일 표시** : '제조일로부터 ○○일까지', '제조일로부터 ○○월까지' 또는 '제조일로부터 ○○년까지'로 표시할 수 있다.

③ **도시락 유통기한 표시** : '○○월 ○○일 ○○시까지' 또는 '○○일 ○○시까지'로 표시하여야 한다.

④ **특별한 조건의 경우 표시**
  ㉮ 자동화 설비 사용 시 : 제품의 제조·가공과 포장과정이 자동화 설비로 일괄 처리되어 제조시간까지 자동표시할 수 있는 경우에는 '○○월 ○○일 ○○시까지'로 표시
  ㉯ 사용 및 보관에 특별한 조건이 필요한 경우 : 유통기한의 표시는 사용 또는 보존에 특별한 조건이 필요한 경우 이를 함께 표시하여야 한다. 이 경우 냉동 또는 냉장보관·유통하여야 하는 제품은 '냉동보관' 또는 '냉장보관'을 표시하여야 하고, 제품의 품질유지에 필요한 냉동 또는 냉장온도를 표시
  ㉰ 유통기한이 서로 다른 여러 가지 제품을 함께 포장하는 경우 : 그 중 가장 짧은 유통기한을 표시

(3) 위생적인 식품보관

① **야채류** : 선입선출(먼저 들어온 물건을 먼저 사용)이 기본이며, 사용하고 남은 경우 랩이나 위생팩으로 포장하거나 신문지를 사용하여 신선도를 유지한다.

② **냉동식품류(냉동육류, 냉동해물류)** : 냉동보관이 원칙이고, 녹인 것은 다시 얼리지 않도록 한다. 냉동식품도 유통기한을 확인하여 잘 지키도록 한다.

③ **냉장식품류** : 냉동식품에 비해 유통기한이 짧으므로 주의하고, 온도의 변화가 심하지 않도록 일정 온도를 유지한다. 개봉한 제품은 당일 소비하는 것이 좋으며, 보관을 해야 할 경우 랩이나 위생팩으로 포장, 보관한다.

④ **과일류** : 바구니 등을 이용하여 과일류는 따로 보관하는 것이 좋다. 사과같이 색이 잘 변하는 과일은 껍질을 벗기거나 남은 경우 레몬을 설탕물에 담가 방지하도록 한다. 바나나는 상온에 보관하고 수박이나 멜론 등은 랩을 사용하여 표면이 마르지 않도록 하며, 딸기 등은 쉽게 뭉그러지고 상하기 쉬우므로 눌리지 않게 보관한다.

⑤ **건어물류** : 냉동보관을 원칙으로 하고 메뉴별 사용량에 따라 위생팩으로 개별 포장, 사용하는 것이 편리하고 위생상으로도 좋다.

⑥ **양념류** : 플라스틱 용기에 보관, 사용하고 습기로 인해 딱딱하게 굳거나 이물질이 섞이지 않도록 뚜껑을 잘 덮어서 보관하도록 한다. 물이 묻은 용기의 사용은 피하도록 한다.

⑦ **소스류** : 적정 재고량을 보유하고 유통기한을 수시로 체크하도록 한다. 사용하기에 편리하도록 물기를 제거한 플라스틱 용기에 적정량의 소스를 담는 것이 좋다.

⑧ **캔류** : 개봉한 캔은 바로 사용하는 것이 원칙이며, 밀폐용기 보관 시 유통기한을 표시하도록 한다.

> **■ 세척제의 종별 용도**
> - 1종 : 야채용 또는 과실용 세척제
> - 2종 : 식기류용 세척제
> - 3종 : 식품의 가공기구용, 조리기구용 세척제

5 식품첨가물과 유해물질

(1) 식품첨가물의 정의 등

① **식품위생법상 식품첨가물의 정의** : 식품을 제조·가공 또는 보존하는 과정에서 식품에 넣거나 섞는 물질 또는 식품을 적시는 등에 사용되는 물질을 말한다. 이 경우 기구(器具)·용기·포장을 살균·소독하는 데에 사용되어 간접적으로 식품으로 옮아갈 수 있는 물질을 포함한다.

② **식품첨가물의 규격과 기준** : 식품의약품안전처장이 지정한 식품첨가물의 종류와 기준, 규격 등이 수록된 식품첨가물공전에 준한다.

③ **식품첨가물의 분류**

종류	설명
천연첨가물	천연의 물질, 원료에서 추출한 것. 단, 유독·유해한 물질이 함유되거나 이물질이 혼입된 것은 판매 및 사용 금지
화학적합성품	화학적 수단에 의하여 원소 또는 화합물에 분해반응 외의 화학반응(산화, 환원, 축합, 중합, 조염 등)을 일으켜 얻은 물질

(3) **식품첨가물의 구비조건**

① 인체에 유해한 영향이 없어야 한다.
② 소량만으로도 사용목적에 따른 효과를 충분히 발휘할 수 있어야 한다.
③ 식품의 제조 및 가공에 필수 불가결한 것이어야 한다.
④ 식품 고유의 영양가를 유지할 수 있어야 한다.
⑤ 식품에 유해한 이화학적 변화를 초래하지 말아야 한다.
⑥ 식품의 화학분석 등에 의해 그 첨가물을 확인할 수 있는 것이어야 한다.
⑦ 식품의 외관을 좋게 하여야 한다.
⑧ 식품을 소비자에게 이롭게 할 수 있는 것이어야 한다.

(4) **식품첨가물의 종류**

① **보존성을 높이는 것**
  ㉮ 보존료(방부제) : 식품 중의 미생물 발육을 억제하여 부패를 방지하고 식품의 선도 유지를 위해 사용
  ㉯ 살균료(소독제) : 식품의 부패원인균이나 병원균을 사멸시키기 위해 사용
  ㉰ 산화방지제(항산화제) : 공기 중의 산소에 의해 일어나는 식품의 변질을 방지하기 위해 사용

② **관능을 만족시키는 것**
  ㉮ 착색료 : 식품의 가공공정에서 상실되는 색을 복원하거나 외관을 보기 좋도록 착색하는 데 사용
  ㉯ 착향료 : 식욕증대와 상품가치를 높이기 위해 향을 보강, 변형 혹은 억제하기 위해 사용
  ㉰ 표백제 : 식품 본래의 색을 제거하거나 퇴색을 방지하기 위해 사용
  ㉱ 발색제 : 식품 중의 색소 성분과 반응하여 색을 고정하거나 선명하게 하는데 사용
  ㉲ 감미료 : 식품에 감미(맛난 맛)을 부여하기 위해 사용
  ㉳ 조미료 : 식품 본래의 맛을 강화하거나 각 개인의 기호에 맞게 조절하여 첨가하는 데 사용
  ㉴ 산미료 : 식품에 산미(신맛)을 부여하기 위해 사용

③ 품질유지 또는 품질개량에 사용되는 것
  ㉮ 피막제 : 과실, 채소 등의 표면에 피막을 형성시킴으로써 호흡작용을 억제하고 수분 증발을 막아 저장 중에 외관을 좋게하고 신선도를 유지시킬 목적으로 사용
  ㉯ 밀가루 개량제 : 제분된 밀가루의 표백과 숙성기간을 단축시키고 제빵효과 저해물질을 파괴시켜 살균 등을 하기위해 사용(소맥분 개량제)
  ㉰ 품질개량제 : 식품의 결착력 증대, 변색 및 변질 방지, 식품의 탄력성·보수성·팽창성을 증대시켜 조직을 개량하여 맛의 조화와 풍미를 향상시키기 위해 사용
  ㉱ 유화제(계면활성제) : 서로 혼합이 잘되지 않는 두 종류의 액체를 분리되지 않도록 하고 안정화하기 위해 사용
  ㉲ 호료(점증제) 식품에 결착성(점착성), 유화안전성을 좋게 하여 교질상 미각을 증진시키기 위해 사용
  ㉳ 이형제 : 빵 제조 시 형태를 손상시키지 않고 빵 틀로부터 빵의 형태를 유지하면서 쉽게 분리하기 위해 사용
  ㉴ 품질유지제(습윤제) : 식품에 습윤성과 신선성을 갖게 하여 품질의 특성을 유지하기 위해 사용
  ㉵ 추출제 : 식용유지를 제조할 때 유지추출을 쉽도록 하기 위해 사용
  ㉶ 용제(솔벤트) : 천연물의 유효성분이나 식품첨가물 등을 식품에 균일하게 혼합되도록 하기 위해 사용
  ㉷ 소포제 : 식품제조 공정에서 농축, 발효 시 생기는 거품을 소멸 또는 억제하기 위해 사용
④ **영양강화제 및 기타 첨가물**
  ㉮ 영양강화제 : 식품의 빛깔이나 풍미를 변화시키지 않고, 부족한 영양소를 보완하기 위해 사용(강화제)
  ㉯ 팽창제 : 빵이나 카스테라 등을 만들기 위해 밀가루를 부풀게 하여 조직을 향상시키고 적당한 형체를 갖추게 하기 위하여 사용

(5) **유해물질**
  ① **공장폐수에 의한 오염**
    ㉮ 수은화합물
      ㉠ 특징 : 유기수은의 축적성(플랑크톤 → 어패류 → 사람) 중독으로 미나마타병을 유발한다.
      ㉡ 증상 : 말초신경의 마비, 보행곤란, 시력감퇴, 손의 감각마비 등을 나타내며 심하면 중추신경 마비와 함께 호흡 마비로 사망할 수 있다.
    ㉯ 카드뮴중독
      ㉠ 특징 : 광산에서 배출된 카드뮴이 하천수에 유입되고 농작물(특히 쌀)에 흡수됨으로써 사람이 이를 장기간 섭취하였을 때 만성중독을 일으키게 되는데 이를 이타이이타이병이라 한다.
      ㉡ 증상 : 심한 요통, 복통, 보행곤란, 사지골과 늑골의 병적골절, 신장장애 등을 유발한다.

- ㈐ PCB중독(미강유중독, 가내미유증)
  - ㉠ 특징 : 미강유는 쌀겨로부터 착유하여 정제한 기름으로, 정제과정에서 PCB가 유입되어 오염, 중독된다.
  - ㉡ 증상 : 손발 및 손톱이 변색하고 피부의 모공이 흑색으로 착색되며 관절통, 구기, 마비감 등을 유발한다.
- ② **농약에 의한 식품오염**
  - ㉮ 농작물에 사용하는 농약이 환경을 오염시킴으로써 그 환경 속에서 재배된 식품을 사람이 섭취하였을 때 건강장해를 유발한다.
  - ㉯ 유기인제 농약의 경우 분해가 빠르지만, 유기염소제와 유기수은제 농약은 토양에 오랫동안 잔류하여 농작물이나 어패류에 흡수되고 고등동물에 잔류 축적됨으로써 암이나 기형 등을 유발한다.
- ③ **방사능에 의한 식품오염**
  - ㉮ 핵폭발 실험, 원자로, 핵연료 공장 등에서 배출되는 방사선 물질을 함유한 폐기물로부터 농작물 등에 흡수되어 축적된다.
  - ㉯ 증상으로는 탈모, 눈의 자극, 궤양의 암변, 생식불능, 유전자의 변이 등이 있다.

(6) 유해물질 대책

① **공장폐수** : 적절한 폐수처리시설을 하여 배출허용기준에 맞게 방류 처리하여야 한다.
② **농약** : 수확 전 일정기간 내에 농약의 사용을 금지하거나 최종 수확물에 잔존하는 농약의 양을 제한하여야 한다.
③ **합성세제** : 분해가 잘되지 않는 경성세제(ABS) 사용을 금하고 분해가 되기 쉬운 연성세제(LAS)를 사용하도록 한다.
④ **방사능** : 오염원을 격리시키고 오염의 감시를 철저히 한다.
⑤ **기타** : 유해물질의 사용을 가급적 억제하고 방류되는 폐수의 유해물질 함량에 대한 허용기준을 정하여 철저히 감시하도록 한다.

Lesson 03 주방 위생관리

1 주방위생 위해요소

(1) 식품조리기구의 위생관리

① **칼**
  - ㉮ 업무 종료 후 매일 갈고 클린저나 전용 행주로 물기를 닦아 건조하여 보관한다.
  - ㉯ 조리 중 또는 일하는 중에는 칼을 갈지 않는다.

② 도마
- ㉮ 매일 사용 후 중성세제로 씻고, 살균 소독하여 보관한다.
- ㉯ 영업 중에는 조리할 때마다 물로 씻어 사용한다.
- ㉰ 환절기에는 열탕소독을 필수적으로 시행한다.

③ 식기
- ㉮ 세정은 중성세제로 한다.
- ㉯ 용기의 모퉁이는 주의 깊게 닦고, 세정 후 쓰레기, 먼지, 곤충으로부터 오염을 막기 위해 지정장소에 수납하도록 한다.

④ 행주와 쓰레기통
- ㉮ 행주는 사용 후 세제 세척을 하고, 삶은 후 건조하여 사용한다.
- ㉯ 오염이 심한 쓰레기통은 가성소다로 씻어 건조시키고, 일반적으로는 세제 청소 후 락스로 헹군 뒤 건조한다.

⑤ 가스레인지와 주변
- ㉮ 버너 출구가 막혀 있으면 철사로 찌르거나 막혀 있는 버너의 가스를 잠그고 막혀 있는 버너를 뺀 다음 큰 버너에 거꾸로 올려 가열하고, 막힌 버너가 붉은색으로 변하면 집게로 들어 찬물에 식힌다.
- ㉯ 가스레인지 위는 항상 청결을 유지하고, 쓰레받기는 폐점 후에 청결하게 청소한다.
- ㉰ 가스레인지 표면은 매일 전문세제 등을 사용하여 금속수세미로 세척한다.

⑥ 식기 선반
- ㉮ 월 2회 식기를 놓는 선반을 세제로 세정하고 행주로 닦은 뒤 건조하여 사용한다.
- ㉯ 선반에 깔려있는 행주 등도 꺼내서 주 1회 정도 새것으로 교환한다.

⑦ 닥트와 환기팬
- ㉮ 월 2회 가성소다를 이용하여 기름때를 청소한다.
- ㉯ 닥트에서 기름 등이 떨어져 요리에 들어가는 것을 예방하도록 한다.
- ㉰ 필터는 싱크대에 따뜻한 물을 담고 180cc 정도의 가성소다를 넣고 1일 담근 뒤 중성세제로 세정한다.

(2) 주방시설 및 설비 위생

① 바닥
- ㉮ 바닥재는 흡수성과 미끄러짐이 없어야 한다.
- ㉯ 바닥에는 이은 자국, 틈, 깨진 곳이 없어야 한다.
- ㉰ 바닥과 벽 사이의 각진 코너 부분이나 틈은 굴곡지게 하고 틈새를 막아 청소하기 쉽게 한다.

② 벽과 천장
- ㉮ 청소하기 쉬워야 한다.
- ㉯ 소음을 줄일 수 있어야 한다.
- ㉰ 색상이 밝아야 한다.
- ㉱ 열을 받는 구역은 내열성이 있어야 한다.

㉺ 습기나 충격으로 벽이 헐거나 금이 가기 쉬운 곳은 스테인리스 스틸을 부분적으로 사용한다.
③ **출입구**
㉮ 조리 종사자와 식재료 반입을 위한 출입구는 별도로 구분 설치한다.
㉯ 위생해충의 진입을 방지하기 위한 방충·방서 시설 또는 에어커튼 등이 설치되어야 한다.
㉰ 조리장 전용 신발로 갈아 신기 위한 신발장 및 발판 소독조와 수세시설을 갖추어야 한다
④ **하수**
㉮ 배수량이 충분하고 배수관이 천장 위로 지나가지 않아야 한다.
㉯ 바닥 청소용 물과 장비에서 나오는 오수가 주방 바닥으로 쏟아지지 않도록 한다.
㉰ 배수로의 거름망은 크게 설계하고 자주 이물질을 제거한다.
⑤ **조명**
㉮ 조리실 220 lux 이상, 검수 구역 540 lux 이상, 식품 수납장 및 창고는 200 lux 이상의 조도가 권장된다.
㉯ 작업대에 그림자가 생기지 않도록 한다.
㉰ 전구를 보호할 수 있는 커버를 씌운다.
⑥ **환기**
㉮ 조리장 내에서 발생하는 가스, 매연, 증기, 습기, 먼지 등을 바깥으로 배출할 수 있는 충분한 시설을 갖추어야 한다.
㉯ 팬을 이용하여 환기시키며, 공기의 흐름은 청결작업구역에서 일반작업구역 방향으로 흘러가도록 한다.
㉰ 기름을 많이 사용하는 구역에는 후드 필터를 설치한다.

2 식품 및 축산물 안전관리인증기준(HACCP)

(1) 용어의 정의

① **식품 및 축산물 안전관리인증기준(HACCP)** : 식품(건강기능식품을 포함)·축산물의 원료 관리, 제조·가공·조리·선별·처리·포장·소분·보관·유통·판매의 모든 과정에서 위해한 물질이 식품 또는 축산물에 섞이거나 식품 또는 축산물이 오염되는 것을 방지하기 위하여 각 과정의 위해요소를 확인·평가하여 중점적으로 관리하는 기준을 말한다.
② **위해요소(Hazard)** : 인체의 건강을 해할 우려가 있는 생물학적, 화학적 또는 물리적 인자나 조건을 말한다.
③ **위해요소분석(Hazard Analysis)** : 식품·축산물 안전에 영향을 줄 수 있는 위해요소와 이를 유발할 수 있는 조건이 존재하는지 여부를 판별하기 위하여 필요한 정보를 수집하고 평가하는 일련의 과정을 말한다.
④ **중요관리점(Critical Control Point, CCP)** : 안전관리인증기준(HACCP)을 적용하여 식품·축산물의 위해요소를 예방·제어하거나 허용 수준 이하로 감소시켜 당해 식품·축산물의 안전성을 확보할 수 있는 중요한 단계·과정 또는 공정을 말한다.
⑤ **한계기준(Critical Limit)** : 중요관리점에서의 위해요소 관리가 허용범위 이내로 충분히 이루어지고

있는지 여부를 판단할 수 있는 기준이나 기준치를 말한다.
⑥ **모니터링(Monitoring)** : 중요관리점에 설정된 한계기준을 적절히 관리하고 있는지 여부를 확인하기 위하여 수행하는 일련의 계획된 관찰이나 측정하는 행위 등을 말한다.
⑦ **개선조치(Corrective Action)** : 모니터링 결과 중요관리점의 한계기준을 이탈할 경우에 취하는 일련의 조치를 말한다.
⑧ **선행요건(Pre-requisite Program)** : 안전관리인증기준(HACCP)을 적용하기 위한 위생관리프로그램을 말한다.
⑨ **안전관리인증기준 관리계획(HACCP Plan)** : 식품·축산물의 원료 구입에서부터 최종 판매에 이르는 전 과정에서 위해가 발생할 우려가 있는 요소를 사전에 확인하여 허용 수준 이하로 감소시키거나 제어 또는 예방할 목적으로 안전관리인증기준(HACCP)에 따라 작성한 제조·가공·조리·선별·처리·포장·소분·보관·유통·판매 공정 관리문서나 도표 또는 계획을 말한다.
⑩ **검증(Verification)** : 안전관리인증기준 관리계획의 유효성과 실행 여부를 정기적으로 평가하는 일련의 활동(적용 방법과 절차, 확인 및 기타 평가 등을 수행하는 행위를 포함)을 말한다.

(2) HACCP 제도의 필요성

① 최근 세계적으로 대규모화되고 있는 식중독 사고 발생에 대한 위해미생물과 화학물질 등의 제어에 대한 중요성 대두
② 새로운 위해미생물의 출현
③ 환경오염에 의한 원료의 이화학적·미생물학적 오염 증대
④ 새로운 기술에 의해 제조되는 식품의 안전성 미확보
⑤ 국제화에 대응한 식품의 안전대책 강화요구(규제기준 조화)
⑥ 규제완화에 의한 사후관리 강화
⑦ 정부의 효율적 식품위생 감시 및 자율관리체제 구축에 의한 안전식품 공급
⑧ 식품의 회수제도, 제조물배상제도 등 소비자 보호정책에 적극적인 대처
⑨ 제조공정에서 위해예방과 관련되는 중요 관리점을 실시간 감시하는 시스템으로 발전

(3) HACCP의 도입 효과

① 안전한 식품을 생산하기 위해 논리적이고 명확하며 체계적인 과학성을 바탕으로 제품을 생산함으로써 식품의 안전성에 높은 신뢰성을 줄 수 있다.
② 위해를 사전에 예방할 수 있다.
③ 문제의 근본원인을 정확하고 신속하게 밝힘으로써 책임소재를 분명히 할 수 있다.
④ 원료에서 제조, 가공 등의 식품공정별로 모두 적용되므로 종합인 위생대책 시스템이다.
⑤ 일단 설정된 이후에도 계속 수정, 보완이 가능하므로 안전하고 더 좋은 품질의 식품개발에도 이용할 수 있다.

(4) HACCP 적용 순서
① 위해요소 분석(HA)
② 중요관리점(CCP) 결정
③ 한계기준 설정
④ 모니터링 체계 확립
⑤ 개선조치 방법 수립
⑥ 검증 절차 및 방법 수립
⑦ 문서화 및 기록 유지

(5) 식품안전관리인증기준 대상 식품
① 수산가공식품류의 어육가공품류 중 어묵ㆍ어육소시지
② 기타수산물가공품 중 냉동 어류ㆍ연체류ㆍ조미가공품
③ 냉동식품 중 피자류ㆍ만두류ㆍ면류
④ 과자류, 빵류 또는 떡류 중 과자ㆍ캔디류ㆍ빵류ㆍ떡류
⑤ 빙과류 중 빙과
⑥ 음료류(다류 및 커피류는 제외)
⑦ 레토르트식품
⑧ 절임류 또는 조림류의 김치류 중 김치(배추를 주원료로 하여 절임, 양념혼합과정 등을 거쳐 이를 발효시킨 것이거나 발효시키지 아니한 것 또는 이를 가공한 것에 한함)
⑨ 코코아가공품 또는 초콜릿류 중 초콜릿류
⑩ 면류 중 유탕면 또는 곡분, 전분, 전분질원료 등을 주원료로 반죽하여 손이나 기계 따위로 면을 뽑아내거나 자른 국수로서 생면ㆍ숙면ㆍ건면
⑪ 특수용도식품
⑫ 즉석섭취ㆍ편의식품류 중 즉석섭취식품
⑬ 즉석섭취ㆍ편의식품류의 즉석조리식품 중 순대
⑭ 식품제조ㆍ가공업의 영업소 중 전년도 총 매출액이 100억원 이상인 영업소에서 제조ㆍ가공하는 식품

3 작업장 교차오염 발생요소

(1) 교차오염의 개요
① 교차오염이란 오염되지 않은 식재료나 음식이 오염된 식재료 및 기구, 종사자와의 접촉으로 인해 미생물이 혼입되어 오염된 것을 말한다.

② 식품을 다루는 종사자의 위생이 좋지 못하고 건강하지 않을 경우 이들에 의해 질병의 원인이 되는 미생물이 교차오염될 수 있다.

③ 식품과 직접적으로 접촉하게 되는 조리 종사자와 영양사는 물론이고 간접적인 접촉이 빈번히 일어나는 식품 납품업자에게도 중요한 사안이다. 따라서 급식의 안전성 확보를 위해서는 식품을 취급하는 종사원들의 개인위생 관리가 철저히 이루어져야 한다.

(2) 교차오염 방지요령

① 일반작업구역과 청결작업구역으로 구역을 설정하여 전처리, 조리, 기구세척 등을 별도의 구역에서 한다.

② 칼, 도마 등의 기구나 용기는 용도별(조리 전·후)로 구분하여 각각 전용으로 준비하여 사용한다.

③ 세척용기(또는 세정대)는 어·육류, 채소류로 구분 사용하고 사용 전후에는 충분히 세척·소독한 후 사용한다

④ 식품 취급 등의 작업은 바닥으로부터 60cm 이상에서 실시하여 바닥의 오염된 물이 튀어 들어가지 않게 한다.

⑤ 식품 취급 작업은 반드시 손을 세척·소독한 후에 하며, 고무장갑을 착용하고 작업을 하는 경우는 장갑을 손에 준하여 관리한다.

⑥ 전처리하지 않은 식품과 전처리된 식품은 분리·보관한다.

⑦ 전처리에 사용하는 용수는 반드시 먹는 물을 사용한다.

> **작업구역과 작업내용**
> - 일반작업구역 : 검수구역, 전처리구역, 식재료 저장구역, 세정구역, 식품절단구역(가열·소독 전)
> - 청결작업구역 : 식품절단구역(가열·소독 후), 조리 구역(가열·비가열 처리), 정량 및 배선구역, 식기 보관구역

Lesson 04 식중독 관리

1 식중독 개요

(1) 식중독

① **식중독** : 식품의 섭취로 인하여 인체에 유해한 미생물 또는 유독물질에 의하여 발생하였거나 발생한 것으로 판단되는 감염성 또는 독소형 질환을 말한다.

② **집단식중독** : 식품 섭취로 인하여 2인 이상의 사람이 감염성 또는 독소형 질환을 일으킨 경우를 말한다.

③ **식중독의 발생** : 식중독은 주로 5월을 기점으로 9월에 이르면 급격히 증가하며, 90% 이상이 고온 다습한 6월~9월 사이에 발생한다.

(2) 식중독의 분류

분류	종류		원인균 및 물질
미생물 식중독	세균성	감염형	살모넬라, 장염비브리오, 콜레라, 비브리오 불니피쿠스, 리스테리아 모노사이토제네스, 병원성대장균(EPEC, EHEC, EIEC, ETEC, EAEC), 바실러스 세레우스, 쉬겔라, 여시니아 엔테로콜리티카, 캠필로박터 제주니, 캠필로박터 콜리
		독소형	황색포도상구균, 클로스트리디움 퍼프린젠스, 클로스트리디움 보툴리눔
	바이러스성	–	노로, 로타, 아스트로, 장관아데노, A형간염, E형간염, 사포바이러스
	원충성	–	이질아메바, 람블편모충, 작은와포자충, 원포자충, 쿠도아
자연독 식중독	동물성		복어독, 시가테라독
	식물성		감자독, 원추리, 여로 등
	곰팡이		황변미독, 맥각독, 아플라톡신 등
화학적 식중독	고의 또는 오용으로 첨가되는 유해물질		식품첨가물
	본의 아니게 잔류, 혼입되는 오염물질		잔류농약, 유해성 금속화합물
	제조·가공·저장 중에 생성되는 유해물질		지질의 산화생성물, 니트로아민
	기타 물질에 의한 중독		메탄올 등
	조리기구·포장에 의한 중독		녹청(구리), 납, 비소 등

(3) 경구 감염병과 세균성 식중독의 비교

구분	경구 감염병	세균성 식중독
필요한 균수	소량의 균이라도 발병된다.	대량의 균에 의해서 발병된다.
감염	원인병원균에 의해 오염된 물질에 의한 2차 감염이다.	원인식품에 의해서만 감염되며, 2차감염이 없다.
잠복기	일반적으로 길다.	경구 감염병에 비해 짧다.
면역	면역이 성립되는 것이 많다.	면역성이 없다.

2 세균성 식중독

(1) 감염형 식중독

① **살모넬라균 식중독**
  ㉮ 병원소 및 감염원 : 쥐, 파리, 바퀴, 가축, 닭, 오리
  ㉯ 원인식품 : 식육류나 그 가공품, 어패류, 달걀, 우유 및 유제품
  ㉰ 잠복기 : 8~48시간(균종에 따라 다양)
  ㉱ 증상 : 구토, 복통, 설사, 두통, 급격한 발열(38~40℃)
  ㉲ 예방대책
    ㉠ 조리 후 식품을 가능한 신속히 섭취하며 남은 음식은 5℃ 이하 저온 보관
    ㉡ 식품을 75℃에서 1분 이상 가열 조리 후 섭취
    ㉢ 원료 및 칼, 도마 등 조리기구의 철저한 위생관리(2차 오염 방지)

② **장염비브리오균 식중독**
  ㉮ 원인세균 : 해수세균으로 2~4%의 식염농도에서 잘 생육하며, 해수온도가 15℃ 이상에서 급격하게 증식
  ㉯ 원인식품 : 어패류, 생선회, 수산식품(게장, 오징어무침, 꼬막무침 등)
  ㉰ 잠복기 : 평균 12시간
  ㉱ 증상 : 복통, 설사, 발열, 구토
  ㉲ 예방대책
    ㉠ 어패류는 수돗물로 잘 씻고, 횟감용 칼과 도마는 구분하여 사용
    ㉡ 오염된 조리기구는 세정, 열탕 처리하여 2차 오염 예방
    ㉢ 가능한 생식을 피하고, 60℃에서 5분, 55℃에서 10분의 가열로 쉽게 사멸하므로 반드시 식품을 가열하여 섭취

③ **캠필로박터균 식중독**
  ㉮ 원인세균 : 대기 중의 산소농도 21%보다 낮은 3~15%이나, 5% 정도가 최적 농도이며, 최저 발육온도는 약 30℃~46℃
  ㉯ 원인식품 : 육류의 생식이나 불충분한 가열, 동물(조류 등)의 분변에 의한 오염
  ㉰ 잠복기 : 평균 2~3일
  ㉱ 증상 : 복통, 설사, 발열, 구토, 근육통
  ㉲ 예방대책
    ㉠ 생육을 만진 경우 손을 깨끗하게 씻고 소독하여 2차 오염 방지
    ㉡ 생균에 의한 감염형이므로 식품을 충분히 가열하여 균을 사멸시키도록 하며, 마시는 물도 끓여 먹음
    ㉢ 식육(특히 닭고기)의 생식을 피하고, 조리기구는 열탕 소독 후 건조

④ **바실러스 세레우스균 식중독**
  ㉮ 원인균 : 토양세균의 일종으로 발생빈도는 낮으나, 자연계에서 대부분 135℃에서 4시간의 가열에도 견디는 내열성아포를 형성

㉯ 원인식품 : 곡류(구토형), 식육제품이나 스프(설사형)
　　　㉰ 잠복기 : 1~5시간(구토형), 8~15시간(설사형)
　　　㉱ 증상
　　　　　㉠ 구토형 : 메스꺼움, 구토, 복통, 설사
　　　　　㉡ 설사형 : 설사 및 복통
　　　㉲ 예방대책
　　　　　㉠ 곡류, 채소류는 세척하여 사용
　　　　　㉡ 조리된 음식은 장시간 실온방치를 금하고, 5℃ 이하에 냉장보관
　　　　　㉢ 저온보존이 적당하지 않은 김밥 등의 식품은 조리 후 바로 섭취
　　⑤ **병원성 대장균 식중독**
　　　㉮ 원인균 : 유당을 분해하여 산과 가스를 생산하는 통성혐기성균으로 대표적인 균은 O157:H7
　　　㉯ 원인식품 : 우유 및 환자, 보균자, 동물의 분변에 의해 직접, 간접으로 오염된 조리식품
　　　㉰ 잠복기 : 12~72시간(균종에 따라 다양)
　　　㉱ 증상 : 설사, 복통, 발열, 구토이며 심한 경우 출혈성 대장염 등을 유발
　　　㉲ 예방대책
　　　　　㉠ 조리기구(칼, 도마 등) 구분 사용으로 2차 오염 방지
　　　　　㉡ 생육과 조리된 음식을 구분하여 보관
　　　　　㉢ 다진 고기는 중심부 온도가 75℃ 1분 이상 가열

(2) **독소형 식중독**
　　① **황색포도상구균 식중독**
　　　㉮ 원인세균 : 동물, 사람, 환경 등 주위에 널리 분포하고 있으며, 건강한 피부에도 존재. 균이 생성하는 장독소는 엔테로톡신(enterotoxion)에 의한 식중독이며, 황색포도상구균은 열에 약하나 독소인 엔테로톡신은 120℃에서 20분간 처리해도 파괴되지 않음
　　　㉯ 원인식품 : 우유, 유제품, 어육, 곡류 및 가공품, 김밥, 도시락
　　　㉰ 잠복기 : 1~5시간(평균 3시간)으로 가장 짧음
　　　㉱ 증상 : 구토, 설사, 복통, 오심
　　　㉲ 예방대책
　　　　　㉠ 식품취급자의 청결 유지, 상처 발생 시 직접 조리 금지
　　　　　㉡ 조리기구 살균 및 가열 조리 및 저온 보관
　　② **보툴리누스균 식중독**
　　　㉮ 원인균 : 식중독을 일으키는 것은 A, B, E, F 형이 있고 그 중 A형이 가장 치명적이다. 독소는 뉴로톡신(80℃에서 30분 안에 파괴, 신경독소)
　　　㉯ 원인식품 : 통조림 식품, 진공포장된 식품(소시지, 햄 등)
　　　㉰ 잠복기 : 8~36시간
　　　㉱ 증상 : 현기증, 두통, 신경장애 등이며 심한 경우 호흡곤란으로 사망(치사율 30~70%)
　　　㉲ 예방대책

㉠ 통조림 등은 가열 조리하여 섭취하고 4℃ 이하에서 저온 보관
㉡ 식품 원재료에 포자가 있을 가능성이 높으므로 채소와 곡물은 반드시 세척하고 생선 등 어류는 신선한 것으로 조리

③ **클로스트리디움 퍼프린젠스 식중독**
㉮ 원인균 : 사람의 식중독은 A형과 C형이 유발
㉯ 원인식품 : 돼지고기, 닭고기, 칠면조고기 등으로 조리한 식품 및 그 가공품인 동물성 단백질 식품
㉰ 잠복기 : 8~12시간
㉱ 증상 : 설사, 복통, 통상적으로 가벼운 증상 후 회복
㉲ 예방대책
㉠ 혐기성균이므로 식품을 대량으로 큰 용기에 보관하면 혐기조건이 될 수 있으므로 소량씩 용기에 보관
㉡ 따뜻하게 배식하는 음식은 조리 후 배식까지 60℃ 이상 유지, 차갑게 배식하는 음식은 조리 후 식혀 5℃ 이하에 보관

3 자연독 식중독

(1) 동물성 자연독 식중독

① **복어 중독**
㉮ 독소 : 테트로도톡신(복어의 난소, 간, 내장, 피부 순으로 존재하며 독성이 강하여 끓여도 파괴되지 않음, 특히 산란기에 독성이 강함)
㉯ 잠복기 : 30분~5시간
㉰ 증상 : 구토, 근육마비, 호흡곤란, 의식불명, 지각마비 등이며 치사율은 50~60%

② **모시조개, 바지락 중독**
㉮ 독소 : 베네루핀(끓여도 파괴되지 않음)
㉯ 증상 : 구토, 변비

③ **검은조개, 섭조개(홍합) 중독**
㉮ 독소 : 삭시톡신(끓여도 파괴되지 않음)
㉯ 증상 : 신체마비, 호흡곤란

(2) 식물성 자연독 식중독

① **독버섯 중독**
㉮ 독소 : 무스카리딘, 팔린, 아마니타톡신, 무스카린, 필지오린
㉯ 증상 : 위장증상

② **감자의 싹** : 독소는 솔라닌

③ **청매** : 독소는 아미그달린

④ **독미나리** : 독소는 시큐톡신
⑤ **맥각** : 독소는 에르고톡신
⑥ **면실유** : 독소는 고시폴
⑦ **피마자** : 독소는 리신
⑧ **독보리** : 독소는 테무린
⑨ **미치광이풀** : 독소는 아트로핀

4 화학적 식중독

(1) 유해성 중금속에 의한 식중독

① **수은(Hg)**
 ㉮ 중독 경로 : 콩나물 배양 시 소독제로 오용, 공장폐수에 오염된 어패류
 ㉯ 증상 : 미나마타병을 유발
  ㉠ 급성 중독 : 구내염, 폐렴(열과 호흡곤란 동반)
  ㉡ 만성 중독 : 식욕감소, 체중감소, 수면장애, 흥분, 기억력 감소, 경련, 기억상실, 언어장애

② **비소(Arsenic)**
 ㉮ 중독 경로 : 살충제, 농약제 등에 널리 사용, 비산, 아비산, 비산납 등의 비소화합물
 ㉯ 증상
  ㉠ 급성 중독 : 구토, 식도위축, 설사, 구갈, 심장마비, 흑피증
  ㉡ 만성 중독 : 운동마비, 신경장애, 간 장애

③ **납(Pb)**
 ㉮ 중독 경로 : 통조림의 땜납, 도기 및 법랑 제품의 유약, 농약·페인트·완구류와 화장품의 안료 등
 ㉯ 증상
  ㉠ 급성 중독 : 구토, 구역질, 복통, 사지마비 등
  ㉡ 만성 중독 : 잇몸에 납 무늬가 나타남. 피로, 소화기 장애, 지각상실, 시력장애, 체중감소 등

④ **카드뮴(Cd)**
 ㉮ 중독 경로 : 식기, 용기, 공장폐수, 광산폐수, 매연, 농작물이 오염이 된 것을 식품으로 섭취
 ㉯ 증상 : 이타이이타이병의 원인 물질
  ㉠ 초기 : 구토, 설사, 복통, 허탈감, 의식불명
  ㉡ 만성 중독 : 폐기종, 신장장애, 단백뇨, 골연화증, 골다공증, 치아가 누렇게 변하기도 함

⑤ **주석(Sn)**
 ㉮ 중독 경로 : 통조림 관(깡통)에 도금된 주석의 산성이 강한 내용물(과일, 채소 등), 식품에 의해 용출되어 중독
 ㉯ 증상 : 구역질, 구토, 설사, 복통

⑥ 안티몬(Sb)
  ㉮ 중독 경로 : 식기, 법랑, 도자기, 고무관 염료 등
  ㉯ 증상 : 구토, 복통, 구갈, 전신쇠약, 허탈, 경련, 심장마비에 의한 사망
⑦ 아연(Zn)
  ㉮ 중독 경로 : 식기, 용기, 산성식품, 합금(양은, 놋쇠)
  ㉯ 증상 : 구역질, 구토, 설사, 복통, 두통, 경련, 권태감 등

(2) 농약에 의한 식중독

① 유기인제
  ㉮ 종류 : 파라티온, 말라티온, 다이아지논, 테프 등
  ㉯ 중독 증상 : 식욕부진, 구토, 경련, 신경독 증상, 근력감퇴, 혈압상승
  ㉰ 지속기간 : 1~12주
② 유기염소제
  ㉮ 종류 : DDT, BHC, 알드린(Aldrin) 등
  ㉯ 중독 증상 : 복통, 설사, 두통, 구토, 전신권태, 시력감퇴, 신경계에 독성 등
  ㉰ 잔류 기간 : 2~5년, 환경 중에 오래 잔류, 동물 지방조직에 농축되어 존재
③ 유기수은제
  ㉮ 종류 : 메틸염화수은, 메틸요오드화수은, EMP, PMA 등
  ㉯ 중독 증상 : 시야 축소, 언어장애, 보행 곤란, 정신착란 등
④ 비소화합물
  ㉮ 종류 : 비산, 칼슘 등
  ㉯ 중독 증상 : 목구멍과 식도의 수축 현상, 위통, 설사, 구토, 혈변, 소변량 감소

(3) 기타 화학적 식중독

① 메탄올(Methanol, Methyl alcohol ; CH_3OH)에 의한 식중독
  ㉮ 주류 허용량 : 0.5mg/mL 이하(포도주 예외), 과실주 1.0mg/mL 이하
  ㉯ 중독량 : 5~10mL
  ㉰ 치사량 : 30~100mL
  ㉱ 증상 : 두통, 구토, 설사, 실명, 심하면 호흡곤란으로 사망
② 방사성물질에 의한 식중독
  ㉮ 핵폭발, 원자력 발전소 등에서 방사능 물질이 누출되어 물, 식품을 오염
  ㉯ Sr-90(뼈, 백혈병), Cs-137(전신, 생식세포 장해), I-131(갑상선, 갑상선장해), Co-60(소화관)
③ 유해성 식품첨가물에 의한 식중독
  ㉮ 식품첨가물에 의한 식중독 원인
    ㉠ 허용되지 않은 첨가물의 사용

ⓒ 잘못된 사용
　　　ⓓ 허용된 첨가물의 과다 사용
　　　ⓔ 불순한 첨가물의 사용
　　⑤ 유해성 식품첨가물의 종류
　　　㉠ 착색제 : 아우라민(황색), 로다민 B(핑크색), 파라니트로아닐린, 말라카이트그린(녹색), 수단3호(가짜 고추가루색)
　　　㉡ 감미료 : 에틸렌글리콜, 둘신, 글루신, 페릴라틴, 싸이클라메이트, 파라니트로 오르토톨루이딘(원폭당)
　　　㉢ 표백제 : 롱가리트, 형광표백제, 삼염화질소(니트로겐 트리클로라이드)
　　　㉣ 보존료 : 붕산, 포름알데히드, 불소화합물, 승홍
　　　㉤ 착향료 : 메틸알코올, 클로로포름, 아미부틸레이트, 니트로벤젠 등의 혼합물 등
　　　㉥ 증량제 : 산성백토, 탄산칼슘, 탄산마그네슘, 벤토네이트, 규산마그네슘, 규조토 등

5 곰팡이 독소 등

(1) 곰팡이 식중독

　① **아플라톡신 중독**
　　㉮ 원인곰팡이 : 아스퍼질러스 플라브스
　　㉯ 원인식품 : 변질된 옥수수와 땅콩, 곶감
　　㉰ 독소 : 아플라톡신(간장독)

　② **맥각 중독**
　　㉮ 원인균 : 맥각균
　　㉯ 원인식품 : 보리, 밀, 호밀
　　㉰ 독소 : 에르고톡신(간장독)

　③ **황변미**
　　㉮ 원인곰팡이 : 푸른곰팡이
　　㉯ 원인식품 : 저장미
　　㉰ 독소 : 시트리닌, 시트리오비리딘, 아이슬랜디톡신(신장독, 신경독, 간장독)

(2) 알레르기성 식중독

　① **특징** : 꽁치, 고등어와 같은 붉은살 어류의 가공품을 섭취한 후 몸에 두드러기가 발생하거나 열이 나는 증상을 보이며 심한 경우 생명을 위협하는 과민반응을 유발

　② **원인물질과 원인균**
　　㉮ 원인물질 : 히스타민(histamine)
　　㉯ 원인균 : 프로테우스 모르가니(proteus morganii)

　③ **예방** : 원인이 되는 식품 취식을 금함

　④ **치료** : 히스타민에 의한 경우 항히스타민제를 복용

Lesson 05 식품위생 관계 법규

1 식품위생법 및 관계법규

(1) 식품위생법의 목적 및 정의

① **식품위생법의 목적** : 식품으로 인하여 생기는 위생상의 위해(危害)를 방지하고 식품영양의 질적 향상을 도모하며 식품에 관한 올바른 정보를 제공하여 국민보건의 증진에 이바지함을 목적으로 한다.

② **용어의 정의**

용어	정의
식품	의약으로 섭취하는 것을 제외한 모든 음식물을 말한다.
식품첨가물	식품을 제조·가공·조리 또는 보존하는 과정에서 감미(甘味), 착색(着色), 표백(漂白) 또는 산화방지 등을 목적으로 식품에 사용되는 물질을 말한다. 이 경우 기구(器具)·용기·포장을 살균·소독하는 데에 사용되어 간접적으로 식품으로 옮아갈 수 있는 물질을 포함한다.
화학적 합성품	화학적 수단으로 원소(元素) 또는 화합물에 분해 반응 외의 화학 반응을 일으켜서 얻은 물질을 말한다.
위해	식품첨가물, 기구 또는 용기·포장에 존재하는 위험요소로서 인체의 건강을 해치거나 해칠 우려가 있는 것을 말한다.
영업	식품 또는 식품첨가물을 채취·제조·가공·조리·저장·소분·운반 또는 판매하거나 기구 또는 용기·포장을 제조·운반·판매하는 업(농업과 수산업에 속하는 식품 채취업은 제외)을 말한다.
식품위생	식품, 식품첨가물, 기구 또는 용기·포장을 대상으로 하는 음식에 관한 위생을 말한다.
집단급식소	영리를 목적으로 하지 아니하면서 1회 50명 이상에게 계속하여 음식물을 공급하는 기숙사, 학교, 병원, 사회복지시설, 산업체, 국가, 지방자치단체 및 공공기관, 그 밖의 후생기관 중 어느 하나에 해당하는 곳의 급식시설을 말한다.
식품이력 추적관리	식품을 제조·가공단계부터 판매단계까지 각 단계별로 정보를 기록·관리하여 그 식품의 안전성 등에 문제가 발생할 경우 그 식품을 추적하여 원인을 규명하고 필요한 조치를 할 수 있도록 관리하는 것을 말한다.

(2) 식품과 식품첨가물

① **판매가 금지되는 위해식품**

㉮ 썩거나 상하거나 설익어서 인체의 건강을 해칠 우려가 있는 것

㉯ 유독·유해물질이 들어 있거나 묻어 있는 것 또는 그러할 염려가 있는 것. 다만, 식품의약품안전처장이 인체의 건강을 해칠 우려가 없다고 인정하는 것은 제외

㉰ 병(病)을 일으키는 미생물에 오염되었거나 그러할 염려가 있어 인체의 건강을 해칠 우려가 있는 것

⑪ 불결하거나 다른 물질이 섞이거나 첨가(添加)된 것 또는 그 밖의 사유로 인체의 건강을 해칠 우려가 있는 것
⑫ 농·축·수산물 등 가운데 안전성 심사를 받지 아니하였거나 안전성 심사에서 식용(食用)으로 부적합하다고 인정된 것
⑬ 수입이 금지된 것 또는 수입신고를 하지 아니하고 수입한 것
⑭ 영업자가 아닌 자가 제조·가공·소분한 것

② **판매가 금지되는 동물의 질병**
㉮ 도축이 금지되는 가축전염병
㉯ 리스테리아병, 살모넬라병, 파스튜렐라병 및 선모충증

(3) 식품위생감시원의 직무
① 식품등의 위생적인 취급에 관한 기준의 이행 지도
② 수입·판매 또는 사용 등이 금지된 식품등의 취급 여부에 관한 단속
③ 표시 또는 광고기준의 위반 여부에 관한 단속
④ 출입·검사 및 검사에 필요한 식품등의 수거
⑤ 시설기준의 적합 여부의 확인·검사
⑥ 영업자 및 종업원의 건강진단 및 위생교육의 이행 여부의 확인·지도
⑦ 조리사 및 영양사의 법령 준수사항 이행 여부의 확인·지도
⑧ 행정처분의 이행 여부 확인
⑨ 식품등의 압류·폐기 등
⑩ 영업소의 폐쇄를 위한 간판 제거 등의 조치
⑪ 그 밖에 영업자의 법령 이행 여부에 관한 확인·지도

(4) 영업의 허가·신고·등록
① **허가를 받아야 하는 업종**
㉮ 식품의약품안전처장의 허가 : 식품조사처리업
㉯ 특별자치시장·특별자치도지사 또는 시장·군수·구청장의 허가 : 단란주점영업, 유흥주점영업

② **영업신고를 하여야 하는 업종(특별자치시장·특별자치도지사 또는 시장·군수·구청장에게 신고)**
㉮ 즉석판매제조·가공업
㉯ 식품운반업
㉰ 식품소분·판매업
㉱ 식품냉동·냉장업
㉲ 용기·포장류제조업(자신 제품 포장을 위해 용기·포장류를 제조하는 경우는 제외)
㉳ 휴게음식점영업, 일반음식점영업, 위탁급식영업, 제과점영업

③ **등록하여야 하는 영업**(특별자치시장·특별자치도지사 또는 시장·군수·구청장에게 등록)
　㉮ 식품제조·가공업　　㉯ 식품첨가물 제조업　　㉰ 공유주방 운영업

(5) **식품접객업의 종류**

① **휴게음식점영업** : 주로 다류(茶類), 아이스크림류 등을 조리·판매하거나 패스트푸드점, 분식점 형태의 영업 등 음식류를 조리·판매하는 영업으로서 음주행위가 허용되지 아니하는 영업. 다만, 편의점, 슈퍼마켓, 휴게소, 그 밖에 음식류를 판매하는 장소에서 컵라면, 일회용 다류 또는 그 밖의 음식류에 물을 부어 주는 경우는 제외

② **일반음식점영업** : 음식류를 조리·판매하는 영업으로서 식사와 함께 부수적으로 음주행위가 허용되는 영업

③ **단란주점영업** : 주로 주류를 조리·판매하는 영업으로서 손님이 노래를 부르는 행위가 허용되는 영업

④ **유흥주점영업** : 주로 주류를 조리·판매하는 영업으로서 유흥종사자를 두거나 유흥시설을 설치할 수 있고 손님이 노래를 부르거나 춤을 추는 행위가 허용되는 영업

⑤ **위탁급식영업** : 집단급식소를 설치·운영하는 자와의 계약에 따라 그 집단급식소에서 음식류를 조리하여 제공하는 영업

⑥ **제과점영업** : 주로 빵, 떡, 과자 등을 제조·판매하는 영업으로서 음주행위가 허용되지 아니하는 영업

(6) **식품위생교육**

① **교육대상** : 영업자 및 유흥종사자를 둘 수 있는 식품접객업 영업자의 종업원
② **교육시기** : 매년
③ **교육기관** : 식품위생교육전문기관, 동업자조합, 한국식품산업협회
④ **교육내용** : 식품위생, 개인위생, 식품위생시책, 식품의 품질관리 등
⑤ **영업자와 종업원이 받아야 하는 식품위생교육 시간**
　㉮ 식품위생영업의 영업자(단, 식용얼음판매업자 및 식품자동판매기영업자는 제외) : 3시간
　㉯ 유흥주점영업의 유흥종사자 : 2시간
　㉰ 집단급식소를 설치·운영하는 자 : 3시간
⑥ **영업을 하려는 자가 받아야 하는 식품위생교육 시간**
　㉮ 식품제조·가공업, 식품첨가물제조업, 공유주방 운영업을 하려는 자 : 8시간
　㉯ 식품운반업, 식품소분·판매업, 식품보존업, 용기·포장류제조업을 하려는 자 : 4시간
　㉰ 즉석판매제조·가공업, 식품접객업을 하려는 자 : 6시간
　㉱ 집단급식소를 설치·운영하려는 자 : 6시간

(7) **우수업소 및 모범업소의 지정**

① **식품제조·가공업 및 식품첨가물제조업** : 우수업소와 일반업소로 구분
② **집단급식소 및 일반음식점영업** : 모범업소와 일반업소로 구분

③ 우수업소 및 모범업소의 지정권자
  ㉮ 우수업소의 지정 : 식품의약품안전처장 또는 특별자치시장 · 특별자치도지사 · 시장 · 군수 · 구청장
  ㉯ 모범업소의 지정 : 특별자치시장 · 특별자치도지사 · 시장 · 군수 · 구청장

(8) 조리사
  ① 조리사를 두어야 하는 자
    ㉮ 집단급식소 운영자
    ㉯ 식품접객업 중 복어를 조리 · 판매하는 영업을 하는자
  ② 조리사를 두지 않아도 되는 경우
    ㉮ 집단급식소 운영자 또는 식품접객영업자 자신이 조리사로서 직접 음식물을 조리하는 경우
    ㉯ 1회 급식인원 100명 미만의 산업체인 경우
    ㉰ 영양사가 조리사의 면허를 받은 경우
  ③ 조리사 면허
    ㉮ 조리사가 되려는 자는 해당 기능분야의 자격을 얻은 후 특별자치시장 · 특별자치도지사 · 시장 · 군수 · 구청장의 면허를 받아야 한다.
    ㉯ 조리사 면허의 결격사유
      ㉠ 정신질환자(다만, 전문의가 조리사로서 적합하다고 인정하는 자는 그러하지 아니하다.)
      ㉡ 감염병환자(B형간염환자는 제외)
      ㉢ 마약이나 그 밖의 약물 중독자
      ㉣ 조리사 면허의 취소처분을 받고 그 취소된 날부터 1년이 지나지 아니한 자
  ④ 조리사 교육
    ㉮ 명령권자 : 식품의약품안전처장
    ㉯ 교육시기
      ㉠ 식품위생 수준 및 자질의 향상을 위하여 필요한 경우(보수교육 포함)
      ㉡ 집단급식소에 종사하는 조리사는 2년마다
    ㉰ 교육시간 : 6시간

(9) 집단급식소
  ① 집단급식소의 설치 · 운영 : 특별자치시장 · 특별자치도지사 · 시장 · 군수 · 구청장에게 신고
  ② 집단급식소 설치 · 운영자의 준수사항
    ㉮ 식중독 환자가 발생하지 아니하도록 위생관리를 철저히 할 것
    ㉯ 조리 · 제공한 식품의 매회 1인분 분량을 섭씨 영하 18℃ 이하로 144시간 이상 보관할 것
    ㉰ 영양사를 두고 있는 경우 그 업무를 방해하지 아니할 것
    ㉱ 영양사를 두고 있는 경우 영양사가 집단급식소의 위생관리를 위하여 요청하는 사항에 대하여는 정당한 사유가 없으면 따를 것
    ㉲ 그 밖에 식품등의 위생적 관리를 위하여 필요하다고 총리령으로 정하는 사항을 지킬 것

(9) 행정처분

① **영업소의 폐쇄를 위한 관계공무원의 조치**
  ㉮ 해당 영업소의 간판 등 영업 표지물의 제거나 삭제
  ㉯ 해당 영업소가 적법한 영업소가 아님을 알리는 게시문 등의 부착
  ㉰ 해당 영업소의 시설물과 영업에 사용하는 기구 등을 사용할 수 없게 하는 봉인(封印)

② **조리사 면허에 대한 행정처분**

위반사항	1차위반	2차위반	3차위반
면허의 결격사유에 해당하게 된 경우	면허취소	-	-
조리사의 교육을 받지 아니한 경우	시정명령	업무정지 15일	업무정지 1개월
식중독이나 그 밖에 위생과 관련한 중대한 사고 발생에 직무상의 책임이 있는 경우	업무정지 1개월	업무정지 2개월	면허취소
면허를 타인에게 대여하여 사용하게 한 경우	업무정지 2개월	업무정지 3개월	면허취소
업무정지기간 중에 조리사의 업무를 한 경우	면허취소		

(10) 우수업소의 지정기준

① 건물의 주변 환경은 식품위생환경에 나쁜 영향을 주지 아니하여야 하며, 항상 청결하게 관리되어야 한다.
② 건물은 작업에 필요한 공간을 확보하여야 하며, 환기가 잘 되어야 한다.
③ 원료처리실·제조가공실·포장실 등 작업장은 분리·구획되어야 한다.
④ 작업장의 바닥·내벽 및 천장은 내수처리를 하여야 하며, 항상 청결하게 관리되어야 한다.
⑤ 작업장의 바닥은 적절한 경사를 유지하도록 하여 배수가 잘 되도록 하여야 한다.
⑥ 작업장의 출입구와 창은 완전히 꼭 닫힐 수 있어야 하며, 방충시설과 쥐막이 시설이 설치되어야 한다.
⑦ 제조하려는 식품 등의 특성에 맞는 기계·기구류를 갖추어야 하며, 기계·기구류는 세척이 용이하고 부식되지 아니하는 재질이어야 한다.
⑧ 원료 및 제품은 항상 위생적으로 보관·관리되어야 한다.
⑨ 작업장·냉장시설·냉동시설 등에는 온도를 측정할 수 있는 계기가 알아보기 쉬운 곳에 설치되어야 한다.
⑩ 오염되기 쉬운 작업장의 출입구에는 탈의실·작업화 또는 손 등을 세척·살균할 수 있는 시설을 갖추어야 한다.
⑪ 급수시설은 식품의 특성별로 설치하여야 하며, 지하수 등을 사용하는 경우 취수원은 오염지역으로 부터 20m 이상 떨어진 곳에 위치하여야 한다.
⑫ 하수나 폐수를 적절하게 처리할 수 있는 하수·폐수이동 및 처리시설을 갖추어야 한다.
⑬ 화장실은 정화조를 갖춘 수세식 화장실로서 내수 처리되어야 한다.

⑭ 식품 등을 직접 취급하는 종사자는 위생적인 작업복·신발 등을 착용하여야 하며, 손은 항상 청결히 유지하여야 한다.
⑮ 기타 우수업소의 지정기준 등과 관련한 세부사항은 식품의약품안전처장이 정하는 바에 의한다

(11) 모범업소의 지정기준

① **집단급식소**
　㉮ 식품안전관리인증기준(HACCP) 적용 업소로 인증받아야 한다.
　㉯ 최근 3년간 식중독이 발생하지 아니하여야 한다.
　㉰ 조리사 및 영양사를 두어야 한다.
　㉱ 그 밖에 일반음식점이 갖추어야 하는 기준을 모두 갖추어야 한다

② **일반음식점**
　㉮ 건물의 구조 및 환경
　　㉠ 청결을 유지할 수 있는 환경을 갖추고 내구력이 있는 건물이어야 한다.
　　㉡ 마시기에 적합한 물이 공급되며, 배수가 잘 되어야 한다.
　　㉢ 업소 내에는 방충시설·쥐막이시설 및 환기시설을 갖추고 있어야 한다.
　㉯ 주방
　　㉠ 주방은 공개되어야 한다.
　　㉡ 입식조리대가 설치되어 있어야 한다.
　　㉢ 냉장시설·냉동시설이 정상적으로 가동되어야 한다.
　　㉣ 항상 청결을 유지하여야 하며, 식품의 원료 등을 보관할 수 있는 창고가 있어야 한다.
　　㉤ 식기 등을 소독할 수 있는 설비가 있어야 한다.
　㉰ 객실 및 객석
　　㉠ 손님이 이용하기에 불편하지 아니한 구조 및 넓이여야 한다.
　　㉡ 항상 청결을 유지하여야 한다.
　㉱ 화장실
　　㉠ 정화조를 갖춘 수세식이어야 한다.
　　㉡ 손 씻는 시설이 설치되어야 한다.
　　㉢ 벽 및 바닥은 타일 등으로 내수 처리되어 있어야 한다.
　　㉣ 1회용 위생종이 또는 에어타월이 비치되어 있어야 한다.
　㉲ 종업원 및 기타
　　㉠ 청결한 위생복을 입고 있어야 한다.
　　㉡ 개인위생을 지키고 있어야 한다.
　　㉢ 친절하고 예의바른 태도를 가져야 한다.
　㉳ 그 밖의 사항
　　㉠ 1회용 물컵, 1회용 숟가락, 1회용 젓가락 등을 사용하지 아니하여야 한다.
　　㉡ 그 밖에 모범업소의 지정기준 등과 관련한 세부사항은 식품의약품안전처장이 정하는 바에 따른다.

(12) 식품의 기준 및 규격

① **총칙**
- ㉮ 도량형 : 미터법
- ㉯ 중량 백분율 : %(중량백분율 : ppm)
- ㉰ 표준온도 : 20℃(상온은 15~25℃, 실온은 1~35℃, 미온은 30~40℃)
- ㉱ 시험에 쓰는 물 : 따로 규정이 없는 한 증류수 또는 정제수 사용
- ㉲ 검체를 취하는 양에 "약"의 표시 : 따로 규정이 없는 한 기재량의 90~110%의 범위 내에서 취하는 것

② **주요 식품의 표시기준상 분류(식품공전의 식품별 기준 및 규격에 따른 분류)**
- ㉮ 과자류 : 과자, 캔디류, 추잉껌, 빙과류
- ㉯ 빵 또는 떡류 : 빵류, 떡류, 만두류
- ㉰ 잼류 : 잼, 마멜레이드, 기타 잼류
- ㉱ 식육 또는 알가공품 : 식육 또는 알제품, 식육가공품, 알가공품 등
- ㉲ 어육가공품 : 어묵, 어육소시지, 어육반제품, 어육살, 연육 등
- ㉳ 두부류 또는 묵류 : 두부, 전두부, 유바, 가공두부, 묵류(전분질이나 다당류를 주원료로 하여 제조한 것)
- ㉴ 면류 : 국수, 냉면, 당면, 유탕면류, 파스타류
- ㉵ 다류 : 침출차, 액상차, 고형차
- ㉶ 음료류 : 과일 채소류음료, 탄산음료류, 두유류, 발효음료류, 인삼 홍삼음료, 기타음료 등
- ㉷ 특수용도식품 : 영아용 조제식, 성장기용 조제식, 영·유아용 곡류조제식, 기타 영·유아식, 특수의료용도등식품, 체중조절용 조제식품
- ㉸ 장류 : 메주, 한식간장, 양조간장, 산분해간장, 효소분해간장, 혼합간장, 한식된장, 된장, 조미된장, 고추장, 조미고추장, 춘장, 청국장, 혼합장 등
- ㉹ 조미식품 : 식초, 소스류, 토마토케첩, 카레, 고춧가루 또는 실고추, 향신료가공품, 복합조미식품 등
- ㉺ 드레싱 : 드레싱, 마요네즈
- ㉻ 김치류 : 김칫속, 배추김치 등

③ **장기보존식품**
- ㉮ 통·병조림식품 : 식품을 통 또는 병에 넣어 탈기와 밀봉 및 살균 또는 멸균한 것
- ㉯ 레토르트(retort)식품 : 단층 플라스틱필름이나 금속박 또는 이를 여러 층으로 접착하여, 파우치와 기타 모양으로 성형한 용기에 제조·가공 또는 조리한 식품을 충전하고 밀봉하여 가열살균 또는 멸균한 것
- ㉰ 냉동식품 : 제조·가공 또는 조리한 식품을 장기보존할 목적으로 냉동처리, 냉동보관하는 것으로서 용기·포장에 넣은 식품

(13) 먹는 물의 수질 기준

① **미생물에 관한 기준**
- ㉮ 일반세균 : 1mL 중 100CFU(Colony Forming Unit)를 넘지 아니할 것

㉴ 총 대장균군 : 100mL(샘물·먹는 샘물 및 먹는 해양심층수의 경우에는 250mL)에서 검출되지 아니할 것
㉵ 대장균·분원성 대장균군 : 100mL에서 검출되지 아니할 것(단, 샘물·먹는 샘물 및 먹는 해양심층수의 경우에는 적용하지 아니한다)

② **심미적 영향물질에 관한 기준**
㉮ 경도 : 300mg/L(먹는 샘물의 경우 500mg/L, 먹는 해양심층수의 경우 1,200mg/L)를 넘지 아니할 것
㉯ 색도 : 5도를 넘지 아니할 것
㉰ 탁도 : 1NTU(Nephelometric Turbidity Unit)를 넘지 아니할 것(단, 수돗물의 경우에는 0.5NTU를 넘지 아니하여야 한다)
㉱ 냄새와 맛 : 소독으로 인한 냄새와 맛 이외의 냄새와 맛이 있어서는 아니될 것
㉲ 수소이온 농도 : pH 5.8 이상 pH 8.5 이하이어야 할 것
㉳ 세제(음이온 계면활성제) : 0.5mg/L를 넘지 아니할 것(단, 샘물·먹는 샘물 및 먹는 해양심층수의 경우에는 검출되지 아니하여야 한다)

2 제조물책임법

(1) 제조물책임법의 목적 및 정의

① **제조물책임법의 목적** : 제조물의 결함으로 발생한 손해에 대한 제조업자 등의 손해배상책임을 규정함으로써 피해자 보호를 도모하고 국민생활의 안전 향상과 국민경제의 건전한 발전에 이바지함을 목적으로 한다.

② **용어의 정의**

용어	정의
제조물	제조되거나 가공된 동산(다른 동산이나 부동산의 일부를 구성하는 경우를 포함)을 말한다.
결함	제조물에 다음 각 목의 어느 하나에 해당하는 제조상·설계상 또는 표시상의 결함이 있거나 그 밖에 통상적으로 기대할 수 있는 안전성이 결여되어 있는 것을 말한다. - 제조상의 결함 : 제조업자가 제조물에 대하여 제조상·가공상의 주의의무를 이행하였는지에 관계없이 제조물이 원래 의도한 설계와 다르게 제조·가공됨으로써 안전하지 못하게 된 경우 - 설계상의 결함 : 제조업자가 합리적인 대체설계(代替設計)를 채용하였더라면 피해나 위험을 줄이거나 피할 수 있었음에도 대체설계를 채용하지 아니하여 해당 제조물이 안전하지 못하게 된 경우 - 표시상의 결함 : 제조업자가 합리적인 설명·지시·경고 또는 그 밖의 표시를 하였더라면 해당 제조물에 의하여 발생할 수 있는 피해나 위험을 줄이거나 피할 수 있었음에도 이를 하지 아니한 경우
제조업자	제조물의 제조·가공 또는 수입을 업(業)으로 하는 자와 제조물에 성명·상호·상표 또는 그 밖에 식별(識別) 가능한 기호 등을 사용하여 자신을 가목의 자로 표시한 자 또는 제조물의 제조·가공 또는 수입을 업(業)으로 하는 자로 오인(誤認)하게 할 수 있는 표시를 한 자

(2) 제조물 책임

① 제조업자는 제조물의 결함으로 생명·신체 또는 재산에 손해(그 제조물에 대하여만 발생한 손해는 제외)를 입은 자에게 그 손해를 배상하여야 한다.

② 위 ①항에도 불구하고 제조업자가 제조물의 결함을 알면서도 그 결함에 대하여 필요한 조치를 취하지 아니한 결과로 생명 또는 신체에 중대한 손해를 입은 자가 있는 경우에는 그 자에게 발생한 손해의 3배를 넘지 아니하는 범위에서 배상책임을 진다. 이 경우 법원은 배상액을 정할 때 다음의 사항을 고려하여야 한다.

㉮ 고의성의 정도
㉯ 해당 제조물의 결함으로 인하여 발생한 손해의 정도
㉰ 해당 제조물의 공급으로 인하여 제조업자가 취득한 경제적 이익
㉱ 해당 제조물의 결함으로 인하여 제조업자가 형사처벌 또는 행정처분을 받은 경우 그 형사처벌 또는 행정처분의 정도
㉲ 해당 제조물의 공급이 지속된 기간 및 공급 규모
㉳ 제조업자의 재산상태
㉴ 제조업자가 피해구제를 위하여 노력한 정도

(3) 손해배상책임의 면책사유

① 손해배상책임을 지는 자가 다음의 어느 하나에 해당하는 사실을 입증한 경우에는 손해배상책임을 면(免)한다.

㉮ 제조업자가 해당 제조물을 공급하지 아니하였다는 사실
㉯ 제조업자가 해당 제조물을 공급한 당시의 과학·기술 수준으로는 결함의 존재를 발견할 수 없었다는 사실
㉰ 제조물의 결함이 제조업자가 해당 제조물을 공급한 당시의 법령에서 정하는 기준을 준수함으로써 발생하였다는 사실
㉱ 원재료나 부품의 경우에는 그 원재료나 부품을 사용한 제조물 제조업자의 설계 또는 제작에 관한 지시로 인하여 결함이 발생하였다는 사실

② 손해배상책임을 지는 자가 제조물을 공급한 후에 그 제조물에 결함이 존재한다는 사실을 알거나 알 수 있었음에도 그 결함으로 인한 손해의 발생을 방지하기 위한 적절한 조치를 하지 아니한 경우에는 위의 ①항 중 ㉯부터 ㉱까지의 규정에 따른 면책을 주장할 수 없다.

> **손해배상의 청구권**
> 손해배상의 청구권은 제조업자가 손해를 발생시킨 제조물을 공급한 날부터 10년 이내에 행사하여야 한다. 다만, 신체에 누적되어 사람의 건강을 해치는 물질에 의하여 발생한 손해 또는 일정한 잠복기간(潛伏期間)이 지난 후에 증상이 나타나는 손해에 대하여는 그 손해가 발생한 날부터 기산(起算)한다.

Lesson 06 공중보건

1. 공중보건의 개념

(1) 공중보건의 정의와 개념

① **공중보건의 일반적 정의**
- ㉮ 세계보건기구(WHO)의 정의 : 공중보건이란 질병을 예방하고 건강을 유지·증진시킴으로써 육체적, 정신적인 능력을 발휘할 수 있게 하기 위한 과학적 지식을 사회의 조직적 노력으로 사람들에게 적용하는 기술이다.
- ㉯ 윈슬로우(C.E.A Winslow)의 정의 : 공중보건이란 조직적인 지역사회의 공동 노력을 통하여 질병을 예방하고 생명을 연장시키며 신체적, 정신적 효율을 증진시키는 기술이요 과학이다.

② **건강의 정의와 수준**
- ㉮ 건강의 정의(WHO의 정의) : 건강이란 단순히 질병이나 허약의 부재 상태만이 아니라 신체적·정신적 및 사회적 안녕의 완전한 상태
- ㉯ 건강의 수준
  - ㉠ 종합건강지표 : 비례사망지수, 평균수명, 보통사망률
  - ㉡ 특수건강지표 : 영아사망률, 감염병사망률

(2) 공중보건의 범위와 대상, 목적

① **공중보건의 대상과 범위**
- ㉮ 공중보건의 대상 : 개인이 아닌 지역사회의 인간집단, 더 나아가 국민전체를 대상으로 함
- ㉯ 공중보건의 범위 : 감염병예방학, 환경위생학, 식품위생학, 산업보건학, 모자보건학, 정신보건학, 학교보건학, 보건통계학 등

② **공중보건의 목적**
- ㉮ 질병예방
- ㉯ 건강증진
- ㉰ 수명(생명)연장

2. 환경위생 및 환경오염 관리

(1) 일광

① **자외선**
- ㉮ 파장이 가장 짧으며, 파장이 200~400nm(2,000~4,000Å) 범위이다.
- ㉯ 260nm(2,600Å) 부근의 파장인 경우 살균작용이 가장 강하다.
- ㉰ 비타민 D 형성을 촉진시켜 구루병 예방, 신진대사 촉진, 적혈구생성 촉진, 혈압강하 작용을 돕는다.

㉥ 장시간 노출 시에는 피부의 홍반, 색소침착 및 피부암을 유발할 수 있다.
② **가시광선**
㉮ 망막을 자극하여 인간에게 색채와 명암을 부여하는 파장이다.
㉯ 파장이 400~700nm(4,000~7,000Å) 범위이다.
③ **적외선**
㉮ 3부분 중 파장이 가장 길며, 파장 범위는 780nm(7,800Å) 이상이다.
㉯ 지상에 복사열을 주어 온실효과와 백내장, 일사병 등을 유발한다.

(2) **온열요인**

① **기온(온도)**
㉮ 기온은 100m 상승 시 약 1℃씩 낮아지며, 지상 1.5m에서의 건구온도를 측정한다.
㉯ 쾌감온도는 18±℃ 정도이다.
② **기습(습도)**
㉮ 인체에 쾌적한 습도는 40~70%로 습도가 높으면 피부질환, 낮을 때는 호흡기질환에 잘 걸린다.
㉯ 상대습도(비교습도, 일반적인 습도) = $\dfrac{\text{절대습도(공기중에 함유된 수증기량)}}{\text{포화습도(기온하에서 함유된 수증기량)}} \times 100$
③ **기류(공기의 흐름)**
㉮ 무풍 : 0.1m/sec
㉯ 불감기류 : 0.2~0.5m/sec로 실내나 의복 내에 항상 존재하며 인체 신진대사 촉진(생식선의 발육 촉진)
㉰ 쾌감기류 : 1m/sec
④ **복사열**
㉮ 대류를 통해서 열이 전달되지 않고, 열이 직접 이동하는 것을 말한다.
㉯ 복사열은 흑구온도계로 15~20분간 측정한다.

(2) **공기**

① **공기의 주요성분**
㉮ 산소(O_2)
㉠ 공기 중 21%를 차지하고 있으며, 호흡에 가장 중요하며 성인 1일 산소 소비량은 500~700L이다.
㉡ 산소의 양이 10% 이하가 되면 호흡곤란, 7% 이하가 되면 질식사할 수 있다.
㉯ 질소(N_2)
㉠ 공기 중 가장 많은 양을 차지(78%)하는 성분이다.
㉡ 정상기압 하에서 인체에 피해는 없지만, 고압환경에서 감압 시 잠함병(잠수병)을 유발한다.

- ④ 이산화탄소(CO_2)
  - ㉠ 실내공기 오염의 지표로 위생학적 허용한계는 0.1%(=1,000ppm)이다.
  - ㉡ 실내에 사람의 밀집도가 높아질수록 CO_2는 증가한다.
  - ㉢ CO_2가 7% 이상이면 호흡곤란 유발, 10% 이상이면 질식사할 수 있다.
- ② 공기의 유해성분
  - ㉮ 군집독
    - ㉠ 많은 사람이 집합된 실내 공기는 물리적·화학적 변화(CO_2의 증가)를 초래
    - ㉡ 불쾌감, 권태감, 현기증 등이 발생
  - ㉯ 일산화탄소(CO)
    - ㉠ 물체의 불완전 연소 시 발생하는 무색, 무취, 무미, 무자극성 가스
    - ㉡ 헤모글로빈(Hb)과의 친화성이 산소에 비하여 250~300배로 조직 내 산소결핍증 초래
    - ㉢ 일산화탄소의 최고 허용한도는 8시간을 기준으로 0.01%(100ppm)이며, 0.1%(1,000ppm) 이상이면 생명이 위험
  - ㉰ 아황산가스(SO_2)
    - ㉠ 중유의 연소 시 다량 발생하며 도시 공해의 주범(자동차 배기가스)
    - ㉡ 실외 공기오염(대기오염)의 지표로 사용
    - ㉢ 식물의 고사(농작물 피해), 호흡기계 점막의 염증, 호흡곤란 등을 유발시키고 금속을 부식시킴

(3) 물(H_2O)

- ① 물의 중요성
  - ㉮ 물은 인체의 주요 구성성분으로 체중의 약 2/3(체중의 60~70%)를 차지한다.
  - ㉯ 성인 하루 필요량은 2.0~2.5L로 체내 물의 10%를 상실하면 신체기능에 이상이 오고, 20%를 상실하면 생명이 위험해진다.
- ② 물에 의한 질병
  - ㉮ 수인성 감염병 : 장티푸스, 파라티푸스, 세균성 이질, 콜레라, 아메바성이질 등
  - ㉯ 우치와 반상치 : 불소가 없거나 적게 함유된 물(우치) 또는 과다하게 함유된 물을 장기 음용 시(반상치) 발생
  - ㉰ 청색증 : 질산염(가축의 분뇨 함유)이 다량 함유된 물의 장기 음용시 소아가 청색증에 걸려 사망에 이를 수 있음
  - ㉱ 설사 : 황산마그네슘($MgSO_4$)이 다량 함유된 물(250mg/L)을 음용하면 설사를 유발
- ③ 물의 자정작용
  - ㉮ 물리적 작용 : 희석작용, 침전작용
  - ㉯ 화학적 작용 : 폭기에 의한 산화작용, 자외선에 의한 살균작용
  - ㉰ 생물학적 작용 : 미생물에 의한 유기물 분해, 수중생물에 의한 식균작용

> **수인성 감염병의 특징**
> - 환자 발생이 폭발적이다.
> - 음료수 사용지역과 유행지역이 일치한다.
> - 계절과 관계없이 발생 가능하다.
> - 성별·연령·직업·생활 수준에 따른 발생빈도의 차이가 없다.

(4) 상하수도 및 오물처리

① **상수도**
  ㉮ 상수 처리과정 : 취수 → 침사 → 침전 → 여과 → 소독 → 급수
  ㉯ 물의 정수작용 : 희석작용, 침전작용, 살균작용, 자정작용
  ㉰ 소독 : 염소(Cl_2), 오존(O_3), 자외선, 브롬(Br_2), 요오드(I_2), 표백분 등을 사용

② **하수도**
  ㉮ 하수 처리방법 : 예비처리 → 본처리 → 오니처리
  ㉯ 하수 처리방식
    ㉠ 합류식 : 생활하수와 천수(눈, 비)를 같이 처리(시설비가 적고, 하수관이 자연청소, 수리 청소가 용이)
    ㉡ 분류식 : 생활하수와 천수를 따로 처리
    ㉢ 혼합식 : 생활하수와 천수의 일부를 같이 처리
  ㉰ 하수 처리의 위생 검사
    ㉠ BOD(생화학적 산소요구량) : 20ppm 이하
    ㉡ DO(용존 산소량) : 4~5ppm 이상

③ **진개(쓰레기)의 처리**
  ㉮ 2분법 : 주개와 잡개를 나누어 처리하는 방법으로 가정에서 처리하는 방법이다.
  ㉯ 매립법 : 땅에 묻는 방법으로 진개의 두께가 2m를 초과하지 않고, 복토의 두께는 60cm~1m가 적당하다.
  ㉰ 소각법 : 가장 위생적이나 대기오염의 원인이 되며 비용이 비싸다.
  ㉱ 비료화법(고속 퇴비화) : 음식물 처리에 가장 효과적인 방법으로 화학 분해하여 퇴비로 다시 사용하는 방법이다.

④ **생화학적 산소요구량(BOD)와 용존 산소량(DO)**
  ㉮ BOD가 높고 DO가 낮을 경우 : 오염된 물
  ㉯ BOD가 낮고 DO가 높을 경우 : 깨끗한 물
  ㉰ BOD 측정온도와 기간 : 20℃에서 5일간

3. 역학 및 감염병 관리

(1) 감염병 발생의 3대 요인
① **감염원**
  ㉮ 병원체 : 세균, 바이러스, 리케차, 진균, 기생충 등
  ㉯ 병원소 : 병원체가 생활·증식하면서 질병이 전파될 수 있는 상태로 저장되는 장소(인간, 동물, 토양 등)

② **감염경로(환경)**
  ㉮ 감염경로는 질병의 양상에 따라 각기 다르다.
  ㉯ 음식물 감염, 공기전파(비말감염), 접촉감염(직접 및 간접접촉), 매개전파(동물, 곤충), 개달물전파(의복, 완구, 식기), 토양에 의한 전파 등

③ **숙주의 감수성과 면역성**
  ㉮ 숙주가 병원체에 대하여 감수성이 있다는 것은 면역성이 없는 상태를 의미한다.
  ㉯ 병원체가 새로운 숙주에 침입되면 반드시 발병되는 것이 아니고 저항성이나 면역성이 없을 경우 발병한다.

(2) 면역과 질병
① **감수성 지수**
  ㉮ 감염되지 않은 사람에게 병원체가 침입했을 때 발병하는 비율
  ㉯ 천연두·홍역(95%), 백일해(60~0%), 성홍열(40%), 디프테리아(10%), 소아마비(0.1%)
  ㉰ 감수성이 높으면 면역성이 낮으므로 질병이 발병되기 쉽다.

② **선천성 면역(자연면역)**
  ㉮ 정의 : 인체가 어떠한 면역에도 일체접촉이 없었음에도 체내에 자연적으로 형성된 면역
  ㉯ 종류 : 인종면역, 종속면역, 개인저항성(개인특이면역)

③ **후천성 면역**
  ㉮ 능동면역 : 병원체 자체 또는 병원체로부터 분비되는 독소에 의해 체내의 조직세포에서 항체가 만들어진 면역
  ㉯ 수동면역(피동면역) : 이미 형성된 면역원을 체내에 주입하는 것

보균자
- 건강 보균자 : 병균은 있으나 증상이 없어 관리에 있어 가장 위험하다.
- 병후 보균자, 잠복기 보균자 : 증상과 병균이 있다.

(3) 병원체에 따른 감염병의 분류

　① **바이러스(Virus)** : 인플루엔자, 천연두, 뇌염, 홍역, 급성회백수염(소아마비, 폴리오), 전염성간염, 트라콤, 전염성설사병, 풍진, 광견병(공수병), 유행성이하선염

　② **리케차(Rickettsia)** : 발진열, 발진티푸스, 양충병

　③ **세균(Bacteria)** : 콜레라, 성홍열, 티프테리아, 백일해, 페스트, 이질, 파라티푸스, 유행성 뇌척수막염, 장티푸스, 파상풍, 결핵, 폐렴, 나병, 수막구균성 수막염

　④ **스피로헤타(Spirochaetales)** : 매독, 서교증, 와일씨병, 재귀열

　⑤ **원충(Protozoa)** : 말라리아, 아메바성이질, 트리파노조마(수면병)

(4) 법정 감염병

　① **제1급 감염병**

　　㉮ 정의 : 생물테러감염병 또는 치명률이 높거나 집단 발생의 우려가 커서 발생 또는 유행 즉시 신고하여야 하고, 음압격리와 같은 높은 수준의 격리가 필요한 감염병

　　㉯ 종류 : 에볼라바이러스병, 마버그열, 라싸열, 크리미안콩고출혈열, 남아메리카출혈열, 리프트밸리열, 두창, 페스트, 탄저, 보툴리눔독소증, 야토병, 신종감염병증후군, 중증급성호흡기증후군(SARS), 중동호흡기증후군(MERS), 동물인플루엔자 인체감염증, 신종인플루엔자, 디프테리아

　② **제2급 감염병**

　　㉮ 정의 : 전파가능성을 고려하여 발생 또는 유행 시 24시간 이내에 신고하여야 하고, 격리가 필요한 감염병

　　㉯ 종류 : 결핵, 수두, 홍역, 콜레라, 장티푸스, 파라티푸스, 세균성이질, 장출혈성대장균감염증, A형간염, 백일해, 유행성이하선염, 풍진, 폴리오, 수막구균 감염증, b형헤모필루스인플루엔자, 폐렴구균 감염증, 한센병, 성홍열, 반코마이신내성황색포도알균(VRSA) 감염증, 카바페넴내성장내세균속균종(CRE) 감염증

　③ **제3급 감염병**

　　㉮ 정의 : 그 발생을 계속 감시할 필요가 있어 발생 또는 유행 시 24시간 이내에 신고하여야 하는 감염병

　　㉯ 종류 : 파상풍, B형간염, 일본뇌염, C형간염, 말라리아, 레지오넬라증, 비브리오패혈증, 발진티푸스, 발진열, 쯔쯔가무시증, 렙토스피라증, 브루셀라증, 공수병, 신증후군출혈열, 후천성면역결핍증(AIDS), 크로이츠펠트-야콥병(CJD) 및 변종크로이츠펠트-야콥병(vCJD), 황열, 뎅기열, 큐열(Q열), 웨스트나일열, 라임병, 진드기매개뇌염, 유비저, 치쿤구니야열, 중증열성혈소판감소증후군(SFTS), 지카바이러스 감염증, 매독

　④ **제4급 감염병**

　　㉮ 정의 : 제1급 감염병부터 제3급 감염병까지의 감염병 외에 유행 여부를 조사하기 위하여 표본감시 활동이 필요한 감염병

　　㉯ 종류 : 인플루엔자, 회충증, 편충증, 요충증, 간흡충증, 폐흡충증, 장흡충증, 수족구병, 임질,

클라미디아감염증, 연성하감, 성기단순포진, 첨규콘딜롬, 반코마이신내성장알균(VRE) 감염증, 메티실린내성황색포도알균(MRSA) 감염증, 다제내성녹농균(MRPA) 감염증, 다제내성아시네토박터바우마니균(MRAB) 감염증, 장관감염증, 급성호흡기감염증, 해외유입기생충감염증, 엔테로바이러스감염증, 사람유두종바이러스 감염증

(5) 검역 감염병
① **종류**
  ㉮ 콜레라
  ㉯ 페스트
  ㉰ 황열
  ㉱ 중증 급성호흡기 증후군(SARS)
  ㉲ 동물인플루엔자 인체감염증
  ㉳ 신종인플루엔자
  ㉴ 중동 호흡기 증후군(MERS)
  ㉵ 위 ㉮항에서 ㉴항까지의 것 외의 감염병으로서 외국에서 발생하여 국내로 들어올 우려가 있거나 우리나라에서 발생하여 외국으로 번질 우려가 있어 보건복지부장관이 긴급 검역조치가 필요하다고 인정하여 고시하는 감염병

② **검사기간** : 다음의 시간을 초과할 수 없다.
  ㉮ 콜레라 : 120시간
  ㉯ 페스트 : 144시간
  ㉰ 황열 : 144시간

(6) 인수공통감염병
① **정의** : 감염병 가운데 사람과 사람 이외의 동물 사이에서 동일한 병원체에 의해서 발생하는 질병이나 감염상태
② 종류
  ㉮ 결핵 : 소
  ㉯ 광견병 : 개
  ㉰ 페스트 : 쥐
  ㉱ 탄저 : 양, 소, 말, 돼지
  ㉲ 살모넬라 : 고양이, 돼지, 쥐
  ㉳ 돈단독, 선모충, 일본뇌염, 유구조충 : 돼지
  ㉴ 페스트, 발진열, 와일씨병, 양충병, 서교증 : 쥐
  ㉵ 야토병 : 산토끼
  ㉶ 파상열(브루셀라) : 돼지, 양, 개, 사람(열병), 동물(유산)
  ㉷ 황열 : 원숭이

안전관리

Lesson 07 개인안전 관리

4 개인 안전사고 예방 및 사후 조치

(1) 재해발생의 원인

① **구성요소의 연쇄반응**
  ㉮ 사회적 환경과 유전적 요소
  ㉯ 개인적인 성격의 결함
  ㉰ 불안전한 행위와 불안전한 환경 및 조건
  ㉱ 산업재해의 발생

② **재해의 원인 요소**
  ㉮ 인간(man)
    ㉠ 심리적 원인 : 망각, 걱정거리, 무의식 행동, 위험감각, 지름길 반응, 생략행위, 억측판단, 착오 등
    ㉡ 생리적 원인 : 피로, 수면부족, 신체기능, 알코올, 질병, 노화 등
    ㉢ 직장적 원인 : 직장의 인간관계, 리더십, 팀워크, 커뮤니케이션 부족 등
  ㉯ 기계(machine)
    ㉠ 기계·설비의 설계상의 결함
    ㉡ 위험방호의 불량
    ㉢ 안전의식의 부족
    ㉣ 표준화의 부족
    ㉤ 점검·정비의 부족
  ㉰ 매체(media)
    ㉠ 작업정보의 부적절
    ㉡ 작업자세·작업동작의 결함
    ㉢ 작업방법의 부적절
    ㉣ 작업공간의 불량
    ㉤ 작업환경 조건의 불량
  ㉱ 관리(management)

㉠ 규정 · 매뉴얼의 불비, 불철저
㉡ 안전관리 계획의 불량
㉢ 교육 · 훈련 부족
㉣ 부하에 대한 지도 · 감독 부족
㉤ 적성배치의 불충분
㉥ 건강관리의 불량 등

재해예방의 4원칙
- 손실우연의 원칙
- 원인계기의 원칙
- 예방가능의 원칙
- 대책선정의 원칙

(2) 안전사고 예방을 위한 개인 안전관리 대책

① **위험도 경감의 원칙**
   ㉮ 사고발생 예방과 피해심각도의 억제에 있다.
   ㉯ 위험도 경감전략의 핵심요소는 위험요인 제거, 위험발생 경감, 사고피해 경감을 염두에 두고 있다.
   ㉰ 위험도 경감은 사람, 절차 및 장비의 3가지 시스템 구성요소를 고려하여 다양한 위험도 경감 접근법을 검토한다.

② **안전사고 예방 과정**
   ㉮ 위험요인 제거 : 위험요인의 근원을 없앤다.
   ㉯ 위험요인 차단 : 위험요인을 차단하기 위한 안전방벽을 설치한다.
   ㉰ 예방 : 위험사건을 초래할 수 있는 인적 · 기술적 · 조직적 오류를 예방한다.
   ㉱ 교정 : 위험사건을 초래할 수 있는 인적 · 기술적 · 조직적 오류를 교정한다.
   ㉲ 제한 : 위험사건 발생 이후 재발방지를 위하여 대응 및 개선 조치를 취한다.

무재해운동의 3원칙
- 무(zero)의 원칙 : 재해 위험의 잠재요인을 근원적으로 해결하기 위한 원칙
- 선취의 원칙 : 위험요인 행동 전에 예지, 발견
- 참가의 원칙: 전원(근로자, 회사 내 전종업원, 근로자 가족) 참가

(3) 응급처치 시 준수할 사항

① 응급처치 현장에서의 자신의 안전을 확인한다.
② 환자에게 자신의 신분을 밝힌다.

③ 최초로 응급환자를 발견하고 응급처치를 시행하기 전 환자의 생사유무를 판정하지 않는다.
④ 응급환자를 처치할 때 원칙적으로 의약품을 사용하지 않는다.
⑤ 응급환자에 대한 처치는 어디까지나 응급처치로 그치고 전문 의료요원의 처치에 맡긴다.

5 작업 안전관리

(1) 안전사고 유형

① **인적 요인에 의한 안전사고 유형**
 ㉮ 정서적 요인 : 과격한 기질, 신경질, 시력 또는 청력의 결함, 근골박약, 지식 및 기능의 부족, 중독증, 각종 질환 등
 ㉯ 행동적 요인 : 독단적 행동, 불완전한 동작과 자세, 미숙한 작업방법, 안전장치 등의 점검 소홀, 결함이 있는 기계·기구의 사용 등
 ㉰ 생리적 요인 : 체내에서 에너지 사용이 일정한 한도를 넘어 과도하게 행해졌을 때 일어나는 생리적 현상

② **물적 요인에 의한 안전사고 유형**
 ㉮ 각종 기계, 장비 또는 시설물에서 오는 요인
 ㉯ 자재의 불량이나 결함, 안전장치 또는 시설의 미비, 각종 시설물의 노후화에 의한 붕괴, 화재 등

③ **환경적 요인에 안전사고 유형**
 ㉮ 불안전한 각종의 환경적 요인
 ㉯ 건축물이나 공작물의 부적절한 설계, 통로의 협소, 채광·조명·환기 시설의 부적당, 불안전한 복장, 고열, 먼지, 소음, 진동, 가스누출, 누전 등

(2) 주방에서의 위해요인

① **주방의 환경적 요인**
 ㉮ 조리실의 고온, 다습한 환경조건 하에서 조리 시 발생하는 고열과 복합적으로 작용하여 땀띠 등 피부질환을 유발시킨다.
 ㉯ 조리 종사원들은 발목에서 20cm 정도 오는 장화를 착용하기 때문에 무좀이나 검은 발톱, 아킬레스 건염 등의 질병이 발생할 수 있다.
 ㉰ 조리 종사원들은 자극성 접촉성 피부염이 28.9%로 가장 많았고 땀띠 22.2%, 알레르기성 접촉성 피부염 17.8% 순으로 피부 관련 질환이 발생하고 있다.

② **주방의 물리적 요인**
 ㉮ 조리작업장의 바닥은 물을 사용하기 때문에 미끄러울 뿐만 아니라 다습한 환경으로 인해 항상 물기가 있어 낙상사고의 원인이 된다.
 ㉯ 조리 종사원들이 넘어지는 구역들은 바닥이 젖은 상태, 기름이 있는 바닥, 시야가 차단된 경우, 낮은 조도로 인해 어두운 경우, 매트가 주름진 경우 등이며, 조리 종사원들의 미끄럼 사고는 신발과 바닥 사이의 마찰력에 의해 발생한다.

③ 주방의 시설요인
    ㉮ 조리실 바닥의 청소와 소독 시에 호스로 물을 사용하기 때문에 전기누전의 위험이 있다.
    ㉯ 조리작업 환경을 악화시켜서 조리 종사자들에게 피로 유발과 작업효율의 저하를 초래한다.

Lesson 08 장비 · 도구 안전작업

1 조리장비 · 도구 안전관리 지침

(1) 조리장비 · 도구의 관리원칙
① 모든 조리장비와 도구는 사용방법과 기능을 충분히 숙지하고 전문가의 지시에 따라 정확히 사용해야 한다.
② 장비의 사용용도 이외 사용을 금해야 한다.
③ 장비나 도구에 무리가 가지 않도록 유의해야 한다.
④ 장비나 도구에 이상이 있을 경우 즉시 사용을 중지하고 적절한 조치를 취해야 한다.
⑤ 전기를 사용하는 장비나 도구의 경우 전기사용량과 사용법을 확인한 다음 사용해야 하며, 특히 수분의 접촉 여부에 신경을 써야 한다.
⑥ 사용 도중 모터에 물이나 이물질 등이 들어가지 않도록 항상 주의하고 청결하게 유지해야 한다.

(2) 조리장비 · 도구의 선택 및 사용
① **필요성**
    ㉮ 장비가 정해진 작업을 위한 것인가, 질을 개선시킬 수 있는 것인가 혹은 작업비용을 감소시킬 수 있는가 등을 파악하여 평가하여야 한다.
    ㉯ 장비의 필수적 또는 기본적 기능과 활용성, 사용 가능성 등을 고려하여 조리작업에 적절한 장비를 계획하여 배치할 수 있도록 하고 미래에 예상되는 성장 혹은 변화에 따라 필요 장비를 고려하여 사전에 관리할 수 있어야 한다.
② **성능**
    ㉮ 주방장비는 요구되는 기능과 특수한 기능을 달성시킬 수 있어야 한다.
    ㉯ 장비의 비교는 주어지는 만족의 정도, 그리고 주어진 성능을 얼마나 오랫동안 유지하느냐에 중점을 두어야 하며, 조작의 용이성, 분해, 조립, 청소의 용이성, 간편성, 사용기간에 부합되는 비용인가를 고려하여 성능을 평가한다.
③ **요구에 따른 만족도**
    ㉮ 투자에 따른 장비의 성능이 효율적이지 못하다면 차후 장비 구입 시 여러 가지 어려움이 따른다. 그러므로 필요조건에 대한 상세한 분석이 필수적이다.

⑭ 특정 작업에 요구되는 장비의 기능이 미비하거나 지나친 것은 사전계획의 오류에서 발생한다. 이러한 경험은 차후 장비 선택 시 시행착오로 인한 개선의 정보를 제공할 수 있으나 이것도 특정한 요구조건의 견지에서 평가되어야 한다.

④ **안전성과 위생**
㉮ 조리장비를 계획하거나 선택할 때는 안전성과 위생에 대한 위험성, 그리고 오염으로부터 보호할 수 있는 정도를 고려해야 한다.
㉯ 조리사들이 장비를 다루고 사용하는 과정에서 발생할 수 있는 안전사고는 치명적인 요인이 될 수 있기 때문에 공인된 기구가 인정하는, 안전성과 효과성을 확보한 장비를 선택해서 사용한다.

2 조리장비·도구 사용 및 관리

(1) 조리도구의 분류

① **준비도구** : 재료손질과 조리준비에 필요한 용품으로 앞치마, 머릿수건, 양수바구니, 야채바구니, 가위 등이 있다.
② **조리기구** : 준비된 재료를 조리하는 과정에 필요한 용품으로 솥, 냄비, 팬 등이 해당된다.
③ **보조도구** : 준비된 재료를 조리하는 과정에 필요한 용품으로 주걱, 국자, 뒤집개, 집게 등이 있다.
④ **식사도구** : 식탁에 올려서 먹기 위해 사용되는 용품으로 그릇 및 용기, 쟁반류, 상류, 수저 등이 해당된다.
⑤ **정리도구** : 조리 및 식사 후의 뒤처리에 사용되는 수세미, 행주, 식기건조대, 세제 등이 해당된다.

(2) 조리장비·도구의 점검방법

① **음식절단기**(각종 식재료를 필요한 형태로 얇게 썰 수 있는 장비)
㉮ 전원 차단 후 기계를 분해하여 중성세제와 미온수로 세척하였는지 확인
㉯ 건조시킨 후 원상태로 조립하고 안전장치 작동에서 이상이 없는지 확인
② **튀김기**
㉮ 사용한 기름을 식은 후 다른 용기에 기름을 받아내고 오븐크리너로 골고루 세척했는지 확인
㉯ 기름때가 심한 경우 온수로 깨끗이 씻어 내고 마른걸레로 물기를 완전히 제거하였는지 확인
㉰ 받아둔 기름을 다시 유조에 붓고 전원을 넣어 사용
③ **육절기**(재료를 혼합하여 갈아내는 기계)
㉮ 전원을 끄고 칼날과 회전봉을 분해하여 중성제제와 이온수로 세척하였는지 확인
㉯ 물기 제거 후 원상태로 조립 후 전원을 넣고 사용
④ **제빙기**
㉮ 전원을 차단하고 기계를 정지시킨 후 뜨거운 물로 제빙기의 내부를 구석구석 녹였는지 확인
㉯ 중성세제로 깨끗하게 세척하였는지 확인
㉰ 마른걸레로 깨끗하게 닦은 후 20분 정도 지난 후 작동

⑤ **식기세척기**
    ㉮ 탱크의 물을 빼고 세척제를 사용하여 브러시로 깨끗하게 세척했는지 확인
    ㉯ 모든 내부 표면, 배수로, 여과기, 필터를 주기적으로 세척하고 있는지 확인
⑥ **그리들**
    ㉮ 그리들 상판온도가 80℃가 되었을 때 오븐크리너를 분사하고 밤솔 브러시로 깨끗하게 닦았는지 확인
    ㉯ 뜨거운 물로 오븐크리너를 완전하게 씻어내고 다시 비눗물을 사용해서 세척하고 뜨거운 물로 깨끗이 헹구어 냈는지 확인
    ㉰ 세척이 끝난 면철판 위에 기름칠을 하였는지 확인

(3) 안전장비류의 취급관리

① **일상점검**
   ㉮ 주방관리자가 매일 조리기구 및 장비를 사용하기 전에 육안을 통해 주방 내에서 취급하는 기계·기구·전기·가스 등의 이상 여부와 보호구의 관리실태 등을 점검하고 그 결과를 기록·유지하도록 하는 것을 말한다.
   ㉯ 일상점검을 실시하는 주방관리자는 사고 및 위험 가능성이 있는 사항을 발견하면 즉시 안전책임자에게 보고하고 필요한 조치를 취하여야 한다.
   ㉰ 안전책임자는 일상점검 결과 기록 및 미비사항을 정기적으로 확인하고 지시사항을 점검일지에 기록하여야 한다. 일상점검표는 주방의 특성에 맞게 항목을 추가하거나 수정한다.

② **정기점검**
   ㉮ 안전관리책임자는 조리작업에 사용되는 기계·기구·전기·가스 등의 설비기능 이상 여부와 보호구의 성능유지 여부 등에 대하여 매년 1회 이상 정기적으로 점검을 실시하고 그 결과를 기록·유지하여야 한다.
   ㉯ 정기점검을 실시하는 자는 주방 내의 모든 인적·물적인 면에서 물리화학적·기능적 결함 등이 있는지 여부를 육안점검과 법정 측정기기 등의 점검장비를 사용하여 점검을 실시하고, 그 측정값을 점검결과에 기입하여야 한다.

③ **긴급점검**
   ㉮ 관리주체가 필요하다고 판단될 때 실시하는 정밀점검 수준의 안전점검을 말한다.
   ㉯ 실시목적에 따른 긴급점검의 구분
      ㉠ 손상점검 : 재해나 사고에 의해 비롯된 구조적 손상 등에 대하여 긴급히 시행하는 점검
      ㉡ 특별점검 : 결함이 의심되는 경우나, 사용제한 중인 시설물의 사용 여부 등을 판단하기 위해 실시하는 점검

Lesson 09 작업환경 안전관리

1. 작업장 환경관리

(1) 작업장의 시설관리
① 바닥부분은 배수의 흐름으로 인한 교차오염이 없어야 하고, 파손, 구멍이 나거나 침하된 곳이 없어야 한다.
② 내벽부분은 파손, 구멍, 물이 새지 않고 배관, 환기구 등의 연결 부위가 밀폐되어 있어야 한다.
③ 가동장치와 벽 사이의 복도 또는 작업장소는 작업자들이 원활하게 작업하고 오염되지 않도록 적당한 폭을 유지하여야 한다.
④ 문·창문 부분은 창문 틈, 유리의 파손 및 금이 간 곳이 없어야 하며, 문. 창문의 유리 파손에 의한 오염을 방지하기 위한 코팅 처리를 하여야 한다.
⑤ 조명은 형광등 파손에 의한 유리조각의 비산을 막기 위하여 보호커버가 설치되어 있어야 한다.
⑥ 작업실 조도는 정해진 기준 이상으로 유지되도록 하여야 한다.
⑦ 작업장 환기부분은 환기상태가 양호하여야 하며, 구역별 공기 흐름 상태가 적합해야 하고 급·배기시설의 관리상태가 양호해야 한다.
⑧ 작업장 배관부분은 배관의 용도별로 구분이 되며, 배관 및 패킹의 재질이 적절하고, 파손으로 인한 제품오염 발생 가능성이 없어야 한다.

(2) 작업 시 작업장 위생관리 수칙
① 작업장이 15℃ 이하의 온도로 유지되고 있는지 수시로 확인한다.(양념작업장은 작업 시 식육작업장과 구획조치 후 작업을 하여야 한다.)
② 원료육의 적정 여부를 확인한다.(보관온도, 관능검사 실시 여부)
③ 원료육의 위생적인 전처리 실시 여부를 확인한다.(해동, 비가식 부분 제거 등)
④ 식육의 낙하 시 신속한 폐기나 소독을 실시한다.
⑤ 기계의 정상적인 작동 여부와 원료 및 제품포장재의 적절한 관리 여부를 확인하여 제품에 이물이나 오염물질의 혼입을 방지한다.
⑥ 완제품은 신속히 저장창고 등으로 이동하여 작업장에 체류하는 시간을 최소화한다.
⑦ 제품의 운반은 바닥, 벽, 기타 기계 등에 접촉되지 않도록 하고 적정온도로 보관 또는 운반한다.

(5) 작업 종료 후 작업장 위생관리
① 제조시설은 청결히 관리하고 기구류는 작업 후 열탕 또는 약품을 이용하여 필히 소독한다.
② 작업장(가공실, 원료처리실, 포장실), 냉장·냉동고는 작업 종료 후 청소를 실시하여 청결상태를

유지하고 가능한 한 바닥의 물기를 제거한다.
③ 작업 중 발생되는 폐기물은 가능한 한 작업장 외부에 관리하며 신속히 처리한다.

2 작업장 안전관리

(1) 작업장의 안전 및 유지 관리 기본방향 설정
① **작업장 안전 및 유지 관리기준의 정립** : 안전점검 및 객관적인 시설물 상태에 대한 평가기준 마련 등의 시설물 안전 및 유지 관리기준이 필요하다.
② **작업장 안전 및 유지 관리 체계의 개선** : 주방시설의 설계단계에서부터 안전 및 유지 관리를 위한 기준 마련 등 시설물 안전 및 유지관리 체계의 개선이 필요하다.
③ **작업장 안전 및 유지 관리 실행 기반의 조성** : 시설물 안전 및 유지 관리를 위해서는 시설물 안전 및 유지관리 관련 법령의 내용에 기초하여 시설물 안전 및 유지 관리 실행 기반을 마련하여야 한다.

(2) 안전관리시설 및 안전용품 관리
① **개인 안전보호구 선택**
  ㉮ 사용목적에 맞는 보호구를 갖추고 작업 시 반드시 착용한다.
  ㉯ 항상 사용할 수 있도록 하고 청결하게 보존, 유지한다.
  ㉰ 개인 전용으로 사용하도록 한다.
  ㉱ 작업자는 보호구의 착용을 생활화하여야 한다.
② **개인 안전보호구 착용**
  ㉮ 안전화 : 물체의 낙하, 충격 또는 날카로운 물체로 인한 위험으로부터 발, 발등을 보호하거나 감전 또는 정전기의 대전을 방지
  ㉯ 위생장갑 : 작업자의 손을 보호함과 동시에 조리위생을 개선
  ㉰ 안전마스크 : 고객과의 대화 시 고객에게 침 등이 튀지 않도록 고객의 위생을 보호함과 동시에 조리위생을 개선
  ㉱ 위생모자 : 조리 작업 시 음식에 머리카락이 들어가지 않도록 예방하는 보호구로 조리위생을 개선

3 화재예방 및 조치방법

(1) 연소
① **연소의 정의** : 가연물이 공기 중의 산소 또는 산화제와 반응하여 열과 빛을 발생하면서 산화하는 현상
② **연소의 3요소**
  ㉮ 가연물질 : 기체·액체 및 고체상태
  ㉯ 산소공급원 : 공기, 산화제, 자기반응성 물질

㉱ 점화원 : 전기불꽃, 충격 및 마찰, 단열압축, 나화 및 고온표면, 정전기 불꽃, 자연발화, 복사열
③ **연소용어**
㉮ 인화점 : 연소범위에서 외부의 직접적인 점화원에 의해 인화될 수 있는 최저온도
㉯ 발화점(착화점) : 외부의 직접적인 점화원 없이 가열된 열의 축적에 의해 발화에 이르는 최저온도
㉰ 연소점 : 연소상태가 계속될 수 있는 온도로 인화점보다 대략 10℃ 높은 온도

(2) 열 전달

① **전도(Conduction)**
㉮ 하나의 물체가 다른 물체와 직접 접촉하여 열이 전달되는 과정으로 온도가 높은 물체의 분자운동이 충돌이라는 과정을 통해 분자운동이 느린 분자를 빠르게 운동시키는 열의 전달이다.
㉯ 전도라는 열 전달방식에 의해 화염이 확산되는 경우는 드물다.
② **대류(Convection)**
㉮ 기체 혹은 액체와 같은 유체의 흐름에 의하여 열이 전달되는 방식이다.
㉯ 난로에 의해 방안의 공기가 더워지는 것이 대류의 대표적인 예로 대류현상의 원인은 밀도차에 의한다.
③ **복사(Radiation)**
㉮ 화재 시 열의 이동에 가장 크게 작용하는 열 이동방식으로 모든 물체의 온도 때문에 열에너지를 파장의 형태로 계속적으로 방사하며, 이렇게 방사하는 에너지를 열복사라 한다.
㉯ 화재에서 화염의 접촉없이 인접 건물로 연소가 확산되는 현상은 복사열에 의한 것이다.

(3) 소화방법

① **제거소화** : 연소반응에 관계된 가연물이나 그 주위의 가연물을 제거
㉮ 가스밸브의 폐쇄
㉯ 가연물 직접 제거 및 파괴
㉰ 촛불을 입으로 불어 가연성 증기를 순간적으로 날려 보내는 방법
㉱ 산불화재 시 화재 진행 방향의 나무 제거
② **질식소화** : 산소공급원을 차단하여 소화하는 방법(공기 중 산소 농도를 15% 이하로 억제)
㉮ 불연성 기체로 연소물을 덮는 방법
㉯ 불연성 포말로 연소물을 덮는 방법
㉰ 불연성 고체로 연소물을 덮는 방법
③ **냉각소화** : 연소하고 있는 가연물로부터 열을 뺏어 연소물을 착화온도 이하로 내리는 방법
㉮ 주수에 의한 냉각작용
㉯ 이산화탄소(CO_2) 소화약제에 의한 냉각작용
④ **억제소화** : 산화반응(연쇄반응)을 약화시켜 소화하는 방법(화학적 작용에 의한 소화방법)
㉮ 할로겐화합물, 청정소화약제에 의한 억제(부촉매) 작용
㉯ 분말소화약제에 의한 억제(부촉매) 작용

(3) 화재의 분류 및 소화방법

분류	내용	소화방법
일반화재 (A급화재)	• 면화류, 고무, 석탄, 목재, 종이, 천 등 보통 가연물의 화재이다. • 화재 발생건수 가장 많으며 연소 후 재를 남긴다.	다량의 물 또는 수용액 (냉각소화)
유류화재 (B급화재)	• 상온에서 액체상태로 존재하는 유류가 가연물이 되는 화재이다. • 연소 후 재를 남기지 않으며, 연소열이 크고 연소성이 좋아 일반화재보다 위험하다.	포 등을 이용 (질식·냉각소화)
전기화재 (C급화재)	• 전기를 취급하고(변압기, 배전반, 전열기, 전기장판 등) 있는 장소에서의 화재이다. • 물을 사용하면 감전 위험이 있으며, 전체 화재 건수 중 많은 비율을 차지한다.	가스소화약제 이용 (질식소화)
금속화재 (D급화재)	• 가연성 금속류가 가연물이 되는 화재로 칼륨(K), 나트륨(Na), 마그네슘(Mg), 알루미늄(Al) 등이 대표적이며, 분말상으로 존재할 때 가연성이 현저히 증가한다. • 물과 반응하여 폭발성이 강한 수소를 발생시키므로 수계소화약제(물, 포, 강화액 등)를 사용해서는 안 된다.	마른모래 및 특수분말 이용 (질식소화)
주방화재 (K급화재)	• 식용유, 식물성·동물성 유지 등의 음식 조리용 기름에서 발생하는 화재이다. • 연소물의 표면을 차단하는 비누화작용 및 식용유 자체의 온도를 발화점 이하로 빠르게 낮춰주는 냉각작용이 동시에 필요하다.	비누화작용 및 냉각작용

재료관리

Lesson 01 식품재료의 성분

1 수분

(1) 수분의 종류
① **유리수(자유수)** : 식품 중에 유리 상태로 존재하는 보통의 물
② **결합수** : 식품 중의 탄수화물이나 단백질 분자의 일부분을 형성하는 물

(2) 결합수와 유리수(자유수)의 차이

구분	결합수	유리수(=자유수)
용매작용	용질에 대하여 용매로 작용하지 않는다.	전해질을 잘 녹인다.
어는 점	0℃ 이하에서도 동결하지 않는다.	0℃ 이하에서 동결한다.
건조	건조되지 않는다.	쉽게 건조된다.
미생물 이용	미생물이 이용하지 못한다.	미생물이 생육, 번식에 이용한다.
기타	유리수에 비해 밀도가 크다.	비점과 융점이 높다.

(3) 수분 활성도
① 수분 활성도란 어떤 임의의 온도에서 그 식품이 나타내는 수증기압(P)에 대한 그 온도에서의 순수한 물의 최대 수증기압(P_0)의 비율을 말한다.

$$수분\ 활성도(Aw) = \frac{P(식품의\ 수증기압)}{P_0(순수한\ 물의\ 수증기압)}$$

② 물의 수분 활성도는 1(Aw=1)이며, 일반식품은 항상 1보다 작다.(Aw < 1)
③ 일반 식품의 수분 활성도는 항상 1보다 작다.
④ 미생물은 수분 활성도가 낮으면 생육이 억제된다.
⑤ 곡류나 건조식품 등은 육류, 과일, 채소류보다 수분 활성도가 낮다.

2 탄수화물

(1) 탄수화물의 특성

구분	설명	구분	설명
구성요소	탄소(C), 수소(H), 산소(O)	소화율	98%
1g당의 열량	4kcal	최종분해산물	포도당
전체 열량	65%	소화효소	프티알린, 말타아제, 아밀롭신, 사카라이제, 락타아제

(2) 탄수화물의 분류

구분	종류	설명
단당류	포도당	쌀, 빵, 감자 등의 전분. 제일 작은 형. 혈액 중에 약 0.1%의 농도 포함
	과당	당류 중 가장 단맛이 강하며 벌꿀의 과즙 구성성분
	갈락토오스	자연계에 단독으로 존재하지 못하며 유당에 함유
	만노오스	곤약, 돼지감자의 구성성분
이당류	자당	설탕 또는 서당이라고 하며 포도당과 과당이 결합된 것
	젖당(유당)	유즙에 함유되어 있음. 포도당과 갈락토오즈가 결합된 것
	맥아당	엿기름이나 발아 중의 곡류 중에 함유(엿당). 포도당과 포도당이 결합된 것
다당류	전분	당질은 주로 곡류에 함유되어 있는 전분(식물성 전분)
	글리코겐	가수분해되면 포도당을 만들며 간이나 근육에 포함(동물성 전분)
	섬유소	체내에서 분해효소가 없어 소화되지 않으나 정장작용을 촉진시켜 변비 예방
	펙틴	세포벽에 존재하는 감귤류의 껍질에 많이 함유
	아가	우뭇가사리와 한천에 함유
	키틴	새우, 게의 껍질에 함유

(3) 탄수화물의 기능적 성질

① 단백질의 절약작용과 지방의 완전 연소에 관여, 혈당량 유지(0.1%)

② **감미의 정도** : 과당 > 전화당 > 자당(설탕, 서당) > 포도당 > 맥아당 > 갈락토오즈 > 유당(젖당)

3 지질

(1) 지질(지방)의 특성

구분	설명	구분	설명
구성요소	탄소(C), 수소(H), 산소(O)	소화율	95%
1g당의 열량	9kcal	최종분해산물	지방산과 글리세롤
전체 열량	20%	소화효소	리파아제, 스테압신

(2) 지질의 종류

① **단순지질** : 지방산과 글리세롤만 결합된 형. 지질 중에서 가장 많은 양을 차지

② **복합지질**
  ㉮ 인지질 : 인과 결합된 지질
  ㉯ 당지질 : 당과 결합된 지질

③ **유도지질** : 가수분해하여 얻어지는 물질

(3) 지방산의 종류

① **포화지방산**
  ㉮ 상온에서 고체로 존재
  ㉯ 이중 결합이 없는 지방산(팔미틴산, 스테아린산)

② **불포화지방산**
  ㉮ 융점이 낮아 상온에서 액체로 존재
  ㉯ 이중 결합이 있는 지방산(올레인산, 리놀레인산, 리놀레닌산, 아라키돈산)

(4) 지방의 영양상 효과

① 지용성 비타민(비타민 A, D, E, K, F)의 흡수를 좋게 한다.
② 1g당 9kcal로 발생하는 열량이 높다.
③ 영양분의 손실을 막고, 세포막 구성성분의 역할을 한다.

(5) 지질의 기능적 성질

① **유화(에멀전화)** : 물과 기름이 잘 섞이게 하는 작용으로 수중유적형과 유중수적형으로 나눔
  ㉮ 수중유적형(O/W) : 물 중에 기름이 분산되어 있는 형태(우유, 마요네즈, 잣죽, 아이스크림, 프렌치 드레싱, 크림수프 등)
  ㉯ 유중수적형(W/O) : 기름 중에 물이 분산되어 있는 형태(버터, 마가린 등)

② **가수소화(경화)** : 액체 상태의 기름에 수소(H_2)를 첨가하고 니켈(Ni), 백금(Pt)을 촉매로 고체형의 기름으로 만든 것(마가린, 쇼트닝)
③ **연화작용(쇼트닝)** : 밀가루 반죽에 유지를 첨가하면 반죽 내에서 전분과 글루텐과의 결합을 방해 (파이, 개성약과)
④ **검화(비누화)** : 지방이 수산화나트륨(NaOH)에 의하여 가수분해되어 지방산의 Na염(비누)을 생성하는 현상
⑤ **요오드가(불포화도)** : 유지 100g 중의 불포화 결합에 첨가되는 요오드의 g수로 요오드가가 높다는 것은 불포화도가 높다는 것을 의미

4 단백질

(1) 단백질의 특성

구분	설명	구분	설명
구성요소	탄소(C), 수소(H), 산소(O), 질소(N)	소화율	92%
1g당의 열량	4kcal	최종분해산물	아미노산
전체 열량	15%	소화효소	펩신, 트립신, 에렙신

(2) 단백질의 분류

① **화학적 분류**
  ㉮ 단순단백질 : 아미노산으로만 만들어진 것(난백, 혈청, 우유 → 알부민, 밀 → 글루테닌)
  ㉯ 복합단백질 : 단백질 이외의 물질과 단백질이 결합된 복합형(인·당·지단백질)
  ㉰ 유도단백질 : 단백질이 열, 산, 알칼리 등의 작용으로 변성되거나 분해된 단백질
    ㉠ 1차 유도단백질 : 젤라틴
    ㉡ 2차 유도단백질 : 펩톤
② **영양학적 분류**
  ㉮ 완전단백질 : 동물이 성장과 생명 유지에 필요한 모든 필수아미노산이 골고루 들어있는 단백질(우유의 카제인, 달걀의 알부민, 글로불린)
  ㉯ 부분적으로 불완전한 단백질 : 생명 유지는 되나 성장되지 않는 아미노산(곡류의 리신)
  ㉰ 불완전단백질 : 생명 유지와 성장이 되지 않는 아미노산(옥수수의 제인)

(3) 아미노산의 종류

① **필수아미노산** : 체내에서 생성할 수 없으므로, 반드시 음식으로부터 공급
  ㉮ 성인이 필요한 필수아미노산 : 트립토판, 발린, 트레오닌, 이소루신, 루신, 리신, 페닐알라닌, 메티오닌

㉮ 성장기 어린이, 노인에게 필요한 필수아미노산 : 성인 필수아미노산 8가지 + 알기닌, 히스티딘
② **불필수아미노산** : 인체 자체의 힘으로 만들 수 있는 아미노산

5 무기질

(1) 무기질의 기능

① 산과 염기의 평형을 유지하는데 관여
② 신경의 자극전달에 필수적
③ 생리적 반응을 위한 촉매제로 이용
④ 수분의 평형유지에 관여
⑤ 세포의 삼투압 조절
⑥ 뼈, 치아의 구성성분

(2) 무기질의 종류와 특징

① **칼슘(Ca)**
  ㉮ 기능 : 골격과 치아 구성, 비타민 K와 함께 혈액 응고에 관여
  ㉯ 급원식품 : 우유 및 유제품, 멸치, 뼈와 함께 섭취하는 생선
  ㉰ 결핍증 : 골다공증, 골격과 치아의 발육 불량
  ㉱ 칼슘 흡수를 촉진시키려면 비타민 D와 함께 섭취, 칼슘 흡수를 방해하는 인자는 수산으로 칼슘과 결합하여 결석을 형성

② **인(P)**
  ㉮ 기능 : 인지질과 핵단백질의 구성성분이며, 골격과 치아를 구성
  ㉯ 급원식품 : 곡류
  ㉰ 결핍증 : 골격과 치아의 발육 불량
  ㉱ 칼슘과 인의 섭취비율로 정상 성인은 1 : 1, 성장기 어린이는 2 : 1이 좋음

③ **나트륨(Na)**
  ㉮ 기능 : 수분균형 유지 및 삼투압 조절, 산·염기의 평형 유지, 근육 수축에 관여
  ㉯ 급원식품 : 소금, 식품첨가물의 Na염
  ㉰ 과잉증 : 우리나라는 젓갈류와 인스턴트 식품의 섭취 증가로 과잉증이 문제이며, 고혈압이나 심장병 유발 원인

④ **칼륨(K)**
  ㉮ 기능 : 근육 수축, 삼투압 조절과 신경의 자극전달에 작용하며(NaCl과 같은 작용) 세포내액에 존재
  ㉯ 급원식품 : 채소류(감자, 토마토)
  ㉰ 결핍증 : 근육의 긴장 저하, 식욕부진

⑤ 철분(Fe)
　㉮ 기능 : 헤모글로빈(혈색소)을 구성하는 성분이고, 혈액 생성 시 필수적인 영양소
　㉯ 급원식품 : 간, 난황, 육류, 녹황색 채소류 등
　㉰ 결핍증 : 철분 결핍성 빈혈(영양 결핍성 빈혈)

⑥ 불소(F)
　㉮ 기능 : 골격과 치아를 단단하게 함
　㉯ 급원식품 : 해조류 등
　㉰ 결핍증 : 우치(충치), 과잉증(반상치)

⑦ 요오드(I)
　㉮ 기능 : 갑상선 호르몬(티록신)을 구성, 유즙 분비 촉진작용
　㉯ 급원식품 : 해조류, 미역, 다시마 등
　㉰ 결핍증 : 갑상선종, 발육정지
　㉱ 과잉증 : 바세도우씨병, 말단비대증, 갑상선기능항진증

⑧ 마그네슘(Mg)
　㉮ 기능 : 효소 반응의 촉매, 신경의 자극 전달작용, 근육 이완
　㉯ 급원식품 : 견과류, 코코아, 대두, 통밀 등
　㉰ 결핍증 : 근육 수축과 신경의 불안정, 떨림증

⑨ 황(S)
　㉮ 기능 : 조직의 호흡작용, 생물학적 산화 과정에 관여
　㉯ 급원식품 : 배아, 콩, 치즈, 살코기, 강낭콩, 땅콩, 조개 등
　㉰ 결핍증 : 현재까지 알려진 결핍증은 없음

(3) 산성식품과 알칼리성식품
　① 산성식품
　　㉮ 무기질 중 P, S, Cl 등은 체내에서 분해되어 산성이 되므로 이들을 많이 함유한 것
　　㉯ 곡류, 어류, 육류 등
　② 알칼리성 식품
　　㉮ 무기질 중 Ca, Na, K, Mg, Fe, Cu, Mn 등은 체내에서 분해되어 알칼리성이 되므로 이들 무기질을 많이 함유한 것
　　㉯ 과일, 야채, 해조류, 우유 등

6 비타민

(1) 비타민의 일반적 기능과 특성
　① 체내 합성이 안 되므로 반드시 음식물로부터 섭취해야 한다.
　② 인체 내에 필수 물질이지만 적은 양만 필요하다.

③ 에너지나 신체 구성물질로 사용되지 않는다.
④ 대사작용 조절물질, 즉 보조효소의 역할을 한다

(2) 비타민의 분류와 특징

구분	종류	급원식품	결핍증	특징
지용성	비타민 A (레티놀)	간, 난황, 버터, 시금치, 당근 등	야맹증, 안구건조증	• 상피 세포보호, 눈의 작용 개선 • 식물성 식품체는 프로비타민으로 존재
	비타민 D (칼시페롤)	건조식품(말린 생선류, 버섯류 등)	구루병	• 칼슘과 인의 흡수 촉진 • 자외선에 의해 인체 내에서 합성
	비타민 E (토코페롤)	곡물의 배아, 식물성유, 푸른 잎 채소	노화촉진, 불임증	• 항산화성, 항불임성 비타민 • 활성이 가장 큰 것은 α-토코페롤
	비타민 K (필로퀴논)	녹색채소, 토마토, 콩, 달걀 등	혈액응고지연	• 혈액응고에 관여(지혈작용) • 장내세균에 의해 인체 내에서 합성
수용성	비타민 B_1 (티아민)	돼지고기, 곡류의 배아 등	각기병	• 탄수화물 대사에 필수적인 보조효소 • 마늘의 알리신에 의해 흡수율 증가
	비타민 B_2 (리보플라빈)	우유, 간, 고기, 씨눈	구순염, 구각염	• 성장촉진과 피부점막 보호작용
	비타민 B_6 (피리독신)	간, 효모, 배아	피부염	• 항피부염 인자 • 단백질 대사작용과 지방 합성에 관여
	비타민 B_{12} (시아노코발라민)	살코기, 선지 등	악성빈혈	• 성장 촉진과 조혈작용에 관여 • 코발트(Co) 함유
	비타민 C (아스코르브산)	신선한 채소, 과일	괴혈병	• 체내 산화, 환원작용에 관여 • 조리시 가장 많이 손실됨
	나이아신 (니코틴산)	닭고기, 생선, 유제품, 땅콩, 두류 등	펠라그라(설사, 피부병, 우울증)	• 탄수화물의 대사작용 증진 • 트립토판 60mg로 1mg 합성

(3) 지용성·수용성 비타민의 비교

구분	지용성 비타민	수용성 비타민
용해	기름에 잘 용해된다.	물에 잘 용해된다.
흡수율	과잉섭취 시 체내에 저장된다.	과잉섭취 시 체외로 배출된다.
결핍증	결핍증이 서서히 나타난다.	결핍증이 즉시 나타난다.
체내 공급	매일 공급받을 필요 없다.	매일 충분히 공급받아야 한다.

7 식품의 색

(1) 식물성 색소

① 클로로필(chlorophyll)
   ㉮ 식물체의 잎과 줄기의 녹색 색소로서 Mg(마그네슘)을 함유하고 있다.
   ㉯ 산성(식초 등)을 첨가하면 녹갈색, 알칼리(소다 등)를 첨가하면 진한 녹색으로 변한다.

② 플라보노이드(flavonoid)
   ㉮ 수용성의 채소 색소로서 옥수수나 밀가루, 양파 등에 함유되어 있다.
   ㉯ 산성을 첨가하면 흰색이 되므로 연근이나 우엉을 하얗게 조리하려면 식초물에 담근다.
   ㉰ 알칼리를 첨가하면 진한 황색이 되므로 밀가루 반죽에 소다를 넣고 빵을 찌면 빵 색깔이 진한 황색이 된다.

③ 안토시안(anthocyan)
   ㉮ 꽃·딸기 등의 적색, 포도, 가지, 검정콩 등의 자색 색소이다.
   ㉯ 산성(식초물)에서 선명한 적색, 중성에서 보라색, 알칼리(소다 첨가)에서 청색을 띤다.
   ㉰ 생강은 담황색이나 산성에서 분홍색으로 색깔 변화가 일어나는 안토시안 색소를 함유하고 있다.

④ 카로티노이드(carotenoid)
   ㉮ 황색, 오렌지색, 적색의 색소로 당근, 토마토, 고추, 고구마, 감 등에 함유되어 있다.
   ㉯ 장벽에서 흡수되면 곧 비타민 A로 변하여 간으로 운반되지만, 대체로 30% 정도만 흡수된다.
   ㉰ 산이나 알칼리에 변화되지 않는다.
   ㉱ 물에 녹지 않고 기름에 녹는다.

(2) 동물성 색소

① 헤모글로빈(hemoglobin)
   ㉮ 혈색소이다.
   ㉯ 철(Fe)을 함유하고 있다.

② 미오글로빈(myoglobin)
   ㉮ 근육색소이다.
   ㉯ 신선한 생육은 적자색으로 공기에 닿으면 선명한 적색, 가열하면 갈색 또는 회색으로 변한다.

③ 헤모시아닌(hemocyanin, 혈청소)
   ㉮ 문어, 오징어 등의 연체류에 포함되어 있다.
   ㉯ 구리(Cu)를 함유하고 있는 파란색 색소로 익히면 적자색으로 변한다.

④ 아스타산틴(astaxanthin)
   ㉮ 피조개의 붉은살, 새우, 게, 가재 등에 포함되어 있는 흑색, 청록색의 색소이다.
   ㉯ 가열 및 부패에 의해 아스타신(astacin)의 붉은색으로 변한다.

8 식품의 갈변

(1) 효소적 갈변
① **개념** : 채소류나 과일류를 파쇄하거나 껍질을 벗길 때 일어나는 현상이다.
② **원인** : 채소류나 과일류의 상처 받은 조직이 공기 중에 노출되면 페놀화합물이 산화효소인 페놀옥시다아제에 의해 갈색 색소인 멜라닌으로 전환되기 때문이다.
③ **효소에 의한 갈변 방지법**
  ㉮ 열처리 : 데쳐서 고온에서 식품을 열처리하여 효소를 불활성화(블랜칭, Blanching)시킨다.
  ㉯ 산 이용 : pH(수소이온농도) 3 이하로 낮추어 산의 효소 작용을 억제한다.
  ㉰ 당 또는 염류 첨가 : 껍질을 벗긴 배나 사과를 설탕이나 소금물에 담근다.
  ㉱ 산소의 제거 : 밀폐용기에 식품을 넣어 공기를 제거하거나 공기 대신 이산화탄소나 질소가스를 주입한다.
④ **효소의 작용 억제** : 온도를 -10℃ 이하로 낮추어 보관한다.
⑤ **용기의 사용** : 구리 또는 철로 된 용기나 기구의 사용을 피한다.

(2) 비효소적 갈변
① **마이야르 반응(아미노카르보닐 반응)**
  ㉮ 단백질과 당의 결합으로 인해 자연적으로 일어나는 반응이며 열에 의해 촉진된다.
  ㉯ 분유, 간장, 된장, 누룽지, 케이크, 쿠키, 오렌지주스 등의 갈변 반응이 대표적이다.
② **캐러멜화 반응**
  ㉮ 당류를 고온(180~200℃)으로 가열하였을 때 산화 및 분해산물에 의한 갈변을 말한다.
  ㉯ 캐러멜화는 간장, 소스, 합성청주, 약식 등에 이용된다.
③ **아스코르브산의 반응**
  ㉮ 감귤류의 가공품인 오렌지주스나 농축물 등에서 일어나는 갈변 반응이다.
  ㉯ 과채류의 가공식품에 이용된다.

9 식품의 맛과 냄새

(1) 식품의 맛
① **맛의 종류**
  ㉮ 기본적인 맛(Henning의 4원미) : 단맛, 쓴맛, 신맛, 짠맛
  ㉯ 보조적인 맛 : 매운맛, 감칠맛, 떫은맛, 아린맛, 금속미, 원활미(교질맛)
② **온도에 따른 미각의 변화**
  ㉮ 일반적으로 10~40℃에서 잘 느낄 수 있고, 30℃ 전후에서 가장 예민하다.
  ㉯ 맛을 가장 잘 느낄 수 있는 온도 : 단맛 20~50℃, 짠맛 30~40℃, 신맛 25~50℃, 쓴맛 40~50℃, 매운맛 50~60℃

③ 단맛
  ㉮ 소량의 소금은 단맛을 증가시키고 쓴맛, 신맛은 단맛을 감소시키며, 30~50%의 설탕절임은 살균능력이 있다.
  ㉯ 천연감미료
    ㉠ 당류 : 설탕, 포도당, 맥아당, 과당, 유당, 전화당
    ㉡ 방향족 화합물 : 감차, 감초, 자소엽의 단맛성분
  ㉰ 인공감미료 : 가용성 사카린, 둘신(사용금지), 사이클라메이트(사용금지)

④ 짠맛
  ㉮ 짠맛은 중성염의 맛으로 염화나트륨(NaCl), 염화칼륨(KCl), 브롬화나트륨(NaBr), 요오드화나트륨(NaI), 사과산의 나트륨염 등을 들 수 있다.
  ㉯ 소금은 가장 순수한 짠맛을 내므로 조미료로 많이 쓰인다.
  ㉰ 일반적으로 국물의 소금농도는 1%, 김치 · 찌개의 소금농도는 2%가 적당하며, 10% 이상의 소금절임은 살균작용을 한다.
  ㉱ 짠맛에 신맛이 더해지면 짠맛이 세어지고 단맛이 더해지면 짠맛이 약해진다.

⑤ 신맛
  ㉮ 신맛은 수소이온(H^+)의 맛으로, 유기산, 무기산(염산 · 황산 · 질산), 산성염 등이 있다.
  ㉯ 신맛은 단백질을 응고시키고 적당량의 산미는 식욕을 증진시킨다.
  ㉰ 방부효과가 있으며, 2% 이상의 식초절임은 살균능력이 있다.

⑥ 쓴맛
  ㉮ 소량의 쓴맛은 식욕을 촉진시키고 소화를 돕는다.
  ㉯ 쓴맛 물질
    ㉠ 질소를 가지지 않는 배당체 : 귤껍질의 헤스페리딘, 오이꼭지의 큐커비테이신, 양파껍질의 케르세틴
    ㉡ 알칼로이드 : 커피 · 차의 카페인, 코코아의 데오브로민, 키나나무의 퀴닌(키니네), 양귀비의 몰핀 등
    ㉢ 무기염류 : 간수에 들어있는 염화칼슘, 염화마그네슘
    ㉣ 기타 물질 : 맥주 원료인 호프의 후물론(humulon)

⑦ 기타 맛
  ㉮ 매운맛
    ㉠ 매운맛은 맛이라기보다 미각신경을 강하게 자극함으로써 느끼는 통감이라 할 수 있다. 건위(健胃), 살충, 살균작용을 돕는다.
    ㉡ 향신료 중 고추의 캡사이신(capsaicin), 후추의 피페린(piperin), 생강의 쇼가올(shogaol), 마늘의 황화아릴류, 겨자의 아릴겨자유 등은 매운맛을 띤다.
  ㉯ 떫은맛 : 혀의 점막 단백질을 응고시킴으로써 일어나는 수렴성의 불쾌한 맛성분이다.
  ㉰ 아린맛
    ㉠ 쓴맛과 떫은맛이 혼합된 맛으로, 감자, 죽순, 가지, 우엉, 토란, 도라지 등에서 느낄 수 있다.
    ㉡ 탄닌, 알데히드, 유기산 등과 Ca^{++}, Mg^{++}, K 등의 무기성분에 의한다.

⑧ 맛의 여러 가지 현상

맛의 현상	설명	사례
대비(강화)현상	서로 다른 두 맛이 작용하여 주된 맛의 성분이 강해지는 현상	단팥죽에 소금을 첨가하면 단맛 증가
변조현상	한 가지 맛을 느낀 직후 다른 맛을 느끼지 못하는 현상	오징어를 먹은 후 바로 밀감을 먹으면 쓰게 느껴짐
미맹현상	PTC라는 화합물에 대해 쓴맛을 느끼지 못하는 현상	–
상쇄현상	두 가지 맛 성분이 혼합되어 고유의 맛이 약해지거나 없어지는 현상	커피와 설탕, 지나친 신맛의 과일과 설탕
억제현상	서로 다른 맛 성분이 혼합되어 주된 성분의 맛이 약화되는 현상	김치의 짠맛과 신맛 등

(2) 식품의 냄새

① **향과 취, 풍미**
　㉮ 향(香) : 쾌감을 주는 것
　㉯ 취(臭) : 불쾌감을 주는 것
　㉰ 풍미(風味) : 미각과 후각 및 촉각 등의 종합된 것

② **냄새의 분류(Henning이 분류한 냄새)**
　㉮ 향신료향 : 마늘, 생강 같은 소스류
　㉯ 화향향(꽃향) : 꽃 냄새 같은 에스테르류
　㉰ 과일향 : 사과, 밀감 같은 에스테르류
　㉱ 수지향 : 테르펜유, 송정유의 냄새
　㉲ 부패취 : 썩은 고기 냄새와 같은 황화물류
　㉳ 초취(탄냄새) : 캐러멜류, 타르

③ **식물성 식품의 냄새**
　㉮ 알코올 및 알데히드류 : 주류, 감자, 복숭아, 오이, 계피 등
　㉯ 테르펜류 : 녹차, 차잎, 레몬, 오렌지 등
　㉰ 에스테르류 : 과일향
　㉱ 황화합물 : 마늘, 양파, 파, 무, 고추, 부추, 냉이 등

④ **동물성 식품의 냄새**
　㉮ 아민류 및 암모니아류 : 육류, 어류 등
　㉯ 카르보닐 화합물 및 지방산류 : 치즈, 버터 등의 유제품
　㉰ 트리메틸아민(TMA) : 생선의 비린내

10 식품의 물성

(1) 식품의 콜로이드상태

① **콜로이드(colloid, 교질)**
  ㉮ 전분, 젤라틴(gelatin) 등을 물에 용해하면 설탕이나 소금 용액과 달리 불용성의 침전물이 형성되며, 흐린 부분은 크기가 1~100μm 입자들이 물에 분산되어 있어 현미경으로도 볼 수가 없다.
  ㉯ 일반적으로 이와 같은 입자들을 콜로이드(교질, colloid)라 부르고, 이런 상태를 교질상태(colloidal state)라고 한다.
  ㉰ 일반적으로 콜로이드 입자의 크기는 $10^{-7} \sim 10^{-5}$cm이다.
  ㉱ 콜로이드 용액에서는 용매, 용질, 용액이라는 용어 대신 분산매, 분산질, 분산계라는 개념으로 사용한다.

② **분산매와 분산질**
  ㉮ 분산매 : 용액에서의 물과 같이 분산시키는 용매
  ㉯ 분산질 : 분산되어 있는 존재 즉, 콜로이드 상태에 있는 것
  ㉰ 분산매(용매) + 분산질(용질) → 분산계(용액)

③ **분산질과 분산매를 구성하는 물질의 상태에 따른 콜로이드의 분류**

분산매(연속상)	분산질(불연속상)	명칭	예
액체	기체	거품(foam)	맥주, 생크림, 머랭
	액체	에멀전(emulsion, 유화)	우유, 마요네즈, 샐러드드레싱
	고체	서스펜션(suspension, 현탁)	주스, 젤라틴 용액, 사골국
고체	기체	고체 거품(solid foam)	제빵류
	액체	고체 에멀전(solid emulsion)	젤리, 아이스크림, 버터
	고체	–	초콜릿

④ **콜로이드 유동성에 따른 분류**
  ㉮ 졸(sol)
    ㉠ 분산매가 액체이고, 분산질이 고체(suspension) 또는 액체(emulsion)인 콜로이드로서 유동성이 있는 액체 상태를 나타내는 것을 말한다.
    ㉡ 우유, 된장국, 수프, 한천 등이 이에 속한다.
  ㉯ 젤(gel)
    ㉠ 졸(sol)이 가열조리 등에 의해 유동성을 잃어 반고체 상태로 굳어지는 상태를 말한다.
    ㉡ 두부, 치즈, 어묵, 된장, 밥, 삶은 달걀, 육제품, 마요네즈, 젤리, 잼 등이 이에 속한다.

⑤ **콜로이드 용액의 안정성에 영향을 주는 요소**
  ㉮ 콜로이드 입자의 침강속도

㉯ 분산매와의 친화성
　　　㉰ 분산매의 밀도와 점성
　⑥ 콜로이드의 성질
　　　㉮ 반투성 : 식품의 조리와 가공상 중요
　　　㉯ 브라운 운동(Brownian motion) : 브라운 운동에 의해 콜로이드 입자가 침전하지 않고 물 속에 분산
　　　㉰ 응결(coagulation) : 소수성인 졸(sol)에 소량의 전해질을 첨가하면 콜로이드 입자가 침전하는 현상
　　　㉱ 흡착(adsorption) : 콜로이드 입자의 표면적이 크기 때문에 다른 물질을 흡착
　　　㉲ 유화(emulsification)
　　　　　㉠ 수중유적형(oil in water : O/W) : 물 속에 기름이 분산되어 있는 형태(우유, 아이스크림, 마요네즈)
　　　　　㉡ 유중수적형(water in oil : W/O) : 기름 속에 물이 분산되어 있는 형태(버터, 마가린)
　　　㉳ 거품(foam) : 분산매인 액체에 공기와 같은 기체가 분산되어 있는 것으로 식품 섭취 시 입안의 촉감과 관련

(2) 식품의 물성론
　① 점성(viscosity)과 점조성(consistency)
　　　㉮ 점성과 점조성은 유체에 대한 흐름에 대한 저항을 나타내는 성질들이다. 점성이 높은 식품은 유동성이 낮은데 이는 내부 마찰 저항이 크기 때문이다.
　　　㉯ 점성 : 균일한 형태와 크기를 갖는 저분자의 단일물질로 구성된 Newton 액체(물, 시럽)
　　　㉰ 점조성 : 다른 형태와 크기를 갖는 복합물질로 구성된 비 Newton 액체(토마토 케첩, 마요네즈)
　② 소성(plasticity)
　　　㉮ 외부의 힘에 의해 변형된 물체가 그 힘을 제거하여도 원형으로 되돌아가지 않는 성질을 말한다.
　　　㉯ 버터, 마가린, 생크림 등이 소성을 갖는 대표적인 식품들이다.
　③ 점탄성(viscoelasticity)
　　　㉮ 점성과 탄성을 동시에 갖고 있는 것이다.
　　　㉯ 아마인유, 츄잉검, 부드러운 떡, 밀가루 반죽 등이 대표적이다.
　④ 항복값(yield value)
　　　㉮ 생크림의 경우 작은 힘을 가한 상태에서는 탄성을 나타내지만 이어서 큰 힘이 가해지면 소성을 나태내어 부서진다.
　　　㉯ 탄성에서 소성으로 변화시키는 한계의 힘을 항복값이라 한다.

11 식품의 유독성분

(1) 흡입경로에 따른 식품 유독성분의 분류

분류	정의		예
내인성 유독물질	식품 원료가 여러 가지 생육조건에 따라 합성하여 함유하는 물질		• 식물성 자연독 • 동물성 자연독
외인성 유독물질	식품에 의도적 또는 비의도적으로 잔존하여 식품에 존재하는 물질 • 환경으로부터 식품원료에 혼입 • 환경으로부터 혼입된 물질의 대사산물 • 조리·가공 중 식품에서 생성된 독성물질	의도적 첨가물질	• 잔류농약 • 잔류동물용 의약품
		비의도적 혼입물질	• 유해성 금속물질 • 용기·포장으로부터 용출된 물질 • 식품 내 환경오염물질 • 미생물 생산 유독물질

(2) 내인성 유독물질

① **식물성 식품의 유독성분**
  ㉮ 트립신 저해제(trypsin inhibitor) : 콩, 완두, 땅콩 등의 두류
  ㉯ 고시폴(gossypol) : 면실류
  ㉰ 솔라닌(solanine) : 감자 싹
  ㉱ 아미그달린(amygdalin) : 청매
  ㉲ 리신(ricin) : 피마자

② **동물성 식품의 유독성분**
  ㉮ 테트로도톡신(tetrodotoxin) : 복어의 알, 난소, 간
  ㉯ 삭시톡신(saxitoxin) : 섭조개, 가리비, 대합조개
  ㉰ 베너루핀(venerupin) : 모시조개, 바지락

(3) 외인성 유독물질

① **세균성**
  ㉮ 엔테로톡신(enterotoxin) : 황색포도상구균
  ㉯ 보툴리눔 독소(botulinum toxin) : 클로스트리디움 보툴리누스균
  ㉰ 웰치 독소 : 클로스트리디움 퍼프린젠스균

② **곰팡이성**
  ㉮ 아플라톡신(aflatoxin) : 땅콩, 곡류
  ㉯ 오크라톡신(ochratoxin) : 옥수수, 밀
  ㉰ 시트리닌(citrinin) : 황변미
  ㉱ 파툴린(patulin) : 사과주스

③ **유해금속**
  ㉮ 수은중독 : 미나마타병

㉯ 카드뮴중독 : 이타이이타이병
④ 환경호르몬
㉮ 내분비계 교란물질(Endocrine Disrupting Chemicals, EDCs)
㉯ 다이옥신, 비스페놀 A, 프탈레이드, 벤조피렌, 스티렌 다이머

Lesson 02 효소

1 식품과 효소

(1) 효소(enzyme)
① **효소의 정의** : 효소란 생물에 의하여 생산되며 아주 적은 양으로 분해 및 합성 등의 화학반응 속도를 촉진시키는 일종의 유기촉매라 할 수 있으며, 그 구성은 단백질이다.
② **효소의 식품에 대한 작용**
㉮ 효소작용을 이용 : 육류, 치즈, 된장의 숙성
㉯ 효소작용을 억제 : 식품의 선도유지 및 변색방지
㉰ 식품의 질적 향상을 위한 이용 : 과즙, 포도주에 펙티나제(pectinase)를 첨가하여 혼탁을 방지, 육류에 프로테아제(protease)를 첨가하여 연화
③ **효소의 성질**
㉮ 기질 특이성 : 특정한 기질 또는 하나의 제한된 그룹에만 속하는 물질에만 작용한다.
㉯ 작용 특이성 : 한 종류의 화학반응만을 촉매(반응과정에서 스스로는 소모되거나 변하지 않으면서 반응속도를 빠르게 만듦) 역할을 한다.

(2) 효소의 분류
① **산화환원효소**
㉮ 세포 내에서 생체성분을 산화적으로 분해하여 많은 에너지를 방출하는데 관여하는 효소로 호흡효소라고도 한다.
㉯ 산화반응, 탈수소반응, 수소첨가반응, 환원반응에 관여한다.
② **전달효소**
㉮ 한 기질에서 다른 기질로 기 또는 원자단을 옮기는 반응을 촉매하는 효소이다.
㉯ 메틸기, 아세틸기, 글루코스기, 아미노기, 인산기 등의 원자단을 전이하는 반응을 한다.
③ **가수분해효소**
㉮ 물 분자 개입으로 기질의 공유결합을 가수분해하는 반응을 촉매하는 효소이다.
㉯ 단백질, 탄수화물, 지방의 분해는 모두 가수분해에 해당된다.

④ **분해효소**
  ㉮ 기질에 이중결합을 생성하거나 이중결합에 이들 원자단을 부가하는 반응을 촉매하는 효소이다.
  ㉯ 가수분해가 아닌 방법으로 기질에서 물, 암모니아, 카르복실기, 알데하이드기 등의 원자단을 분리하는데 관여한다.

⑤ **이성화효소**
  ㉮ 기질분자의 분해, 전이, 산화환원을 수반하지 않는 분자의 이성화반응을 촉매하는 효소이다.
  ㉯ 입체 이성화반응, 시스-트랜스(cis-trans) 전환반응, 분자 내의 산화환원 및 분자 내 전이반응에 관여한다.

⑥ **연결효소**
  ㉮ 합성효소라고도 하며, ATP 또는 그것과 비슷한 TPA의 분해와 결합을 촉매하는 효소이다.
  ㉯ ATP → AMP + PP 반응과 합성반응에 관여한다.

(3) 효소반응에 영향을 미치는 인자

① **온도**
  ㉮ 온도가 상승하면 효소의 반응속도는 증가하지만, 단백질로 구성된 효소의 특성으로 인해 고온에서는 변성해서 효소의 활성이 약해지고, 어느 온도 이상이 되면 효소로써의 기능을 상실한다.
  ㉯ 대부분의 효소가 갖는 최적온도는 30~40℃ 정도이며, 식품 중의 효소는 식품원료를 70℃ 또는 그 이상에서 수 분간 가열함으로써 불활성화된다.

② **pH**
  ㉮ 효소반응에는 pH 조절이 필요하며, 작용 최적 pH는 4.5~8.0 이다.
  ㉯ 예외적으로 단백질 분해효소인 펩신(pepsin)의 pH 1.8, 아르기닌 분해효소인 아르기나아제(arginase) pH 10 이 최적조건이다.

③ **효소농도 및 기질농도**
  ㉮ 효소반응은 반응 초기 효소의 농도와 그 활성도가 비례한다.
  ㉯ 일정한 효소량에 대해 기질의 농도를 증가시키면 처음의 반응은 빠르게 진행되며, 그 후 기질의 농도를 증가시켜도 그에 따라 증가하지 않고 일정해진다.

④ **저해제 및 부활제**
  ㉮ 저해제 : 효소작용을 억제하는 물질
    ㉠ 효소의 활성 부위를 기질과 저해제가 경쟁적으로 결합하여 저해(경쟁적 저해) : 기질 농도를 높이면 해결된다.
    ㉡ 저해제가 기질과는 다른 효소 위치에 결합하여 효소활성을 저해(비경쟁적 저해) : 저해제에 의해 효소의 구조변화가 발생하여, 이 경우 저해제의 농도를 감소시켜야만 한다.
  ㉯ 부활제 : 효소작용을 촉진하는 물질(Ca, Mg, Mn)

(4) 주요 효소

① 산화환원효소

㉮ 티로시나아제(tyrosinase)
㉠ 멜라닌의 생성을 조절(티로신 → 멜라닌)
㉡ 버섯, 감자, 사과의 갈변(효소적 갈변)

㉯ 폴리페놀옥시다아제(polyphenol oxidase), 페놀라아제(phenolase)
㉠ 폴리페놀계 화합물 → 퀴논
㉡ 사과 등 식물성 식품의 갈변(효소적 갈변)

㉰ 아스코르빅 액시드 옥시다아제(ascorbic acid oxidase)
㉠ 비타민 C 산화
㉡ 양배추, 오이, 당근(효소적 갈변)

㉱ 리폭시게나아제(lipoxygenase, 리폭시다아제)
㉠ 불포화지방산의 변색, 변향
㉡ 두류, 곡류

② 가수분해효소

㉮ 탄수화물 분해효소
㉠ 아밀라아제(amylase, 타액, 췌장액) : 전분 → 덱스트린 + 맥아당
㉡ 수크라아제(sucrase, 소장, 효모) : 설탕 → 포도당 + 과당
㉢ 말타아제(maltase, 장액) : 맥아당 → 포도당 + 포도당
㉣ 락타아제(lactase, 장액) : 젖당 → 포도당 + 갈락토오스

㉯ 단백질 분해효소
㉠ 펩신(pepsin, 위액) : 단백질 → 펩톤
㉡ 펩티다아제(peptidase, 소화액) : 펩티드 → 아미노산
㉢ 트립신(trypsin, 췌액, 장액) : 단백질 → 펩티드, 아미노산

㉰ 지질 분해효소
㉠ 리파아제(lipase, 췌장액) : 지방 → 글리세린 + 지방산

(5) 소화와 효소

① 입에서의 소화 작용

㉮ 기계적 소화 : 치아(저작운동), 혀(혼합운동)
㉯ 화학적 소화
㉠ 침 속의 소화 효소인 아밀라아제(Amylase)에 의하여 녹말이 분해
㉡ 아밀라아제 : 녹말 → 엿당(맥아당) + 덱스트린

② 위에서의 소화 작용

㉮ 기계적 소화 : 연동운동, 혼합운동
㉯ 화학적 소화
㉠ 음식물이 위로 들어오면 위샘에서 염산(HCl)과 단백질 분해효소인 펩시노겐(pepsinogen)

이 포함된 위액을 분비
- ⓒ 염산(HCl) : 위 속의 환경을 pH 2 정도의 강한 산성으로 만들어 살균 작용 및 비활성 상태의 펩시노겐을 펩신으로 활성화
- ⓒ 펩신(pepsin) : 단백질을 폴리펩티드(polypeptide, 분자량이 작은 단백질)로 분해

③ 소장에서의 소화 작용
- ㉮ 구조 : 길이가 약 7m, 앞쪽의 약 30cm 부분이 십이지장
- ㉯ 기계적 소화 : 연동운동, 혼합운동
- ㉰ 화학적 소화
  - ⓐ 이자(췌장)액 : 췌장은 3대 영양소의 소화효소를 모두 생성하여 십이지장으로 분비
    - 아밀라아제(아밀롭신, amylopsin) : 전분(녹말) → α-말토오스 + 올리고당(포도당, 덱스트린 등)
    - 리파아제(스테압신, steapsin) : 지방 → 지방산 + 글리세롤
    - 트립신(trypsin) : 단백질 → 펩톤 + 아미노산
  - ⓑ 쓸개즙(담즙)
    - 간에서 생성되어 쓸개에 저장되며, 십이지장으로 분비되는 것으로 소화효소는 없음
    - 쓸개즙의 주성분은 담즙산염과 담즙색소로 담즙산염이 지방을 유화시켜 이자(췌장)에서 분비되는 리파아제(lipase)의 작용을 촉진
  - ⓒ 장액 : 소장의 장샘에서 분비되며, 탄수화물과 단백질을 소화시킴
    - 말타아제(maltase) : 엿당 → 포도당 + 포도당
    - 락타아제(lactase) : 젖당 → 포도당 + 갈락토오스
    - 수크라아제(sucrase) : 서당 → 포도당 + 과당
    - 펩티다아제(에렙신, erepsin) : 펩톤 → 아미노산 + 아미노산

Lesson 03 식품과 영양

1 영양소의 기능 및 영양소 섭취기준

(1) 영양과 영양소

① **영양** : 인간이 체외로부터 식품을 섭취하여 소화, 흡수 과정을 거쳐 생명의 유지와 성장, 그리고 낡거나 손상된 조직을 재생하고 불필요한 물질을 체외로 배설하는 일련의 과정

② **영양소**
- ㉮ 영양을 유지하기 위하여 외부로부터 섭취하여야 되는 물질
- ㉯ 영양소의 종류
  - ⓐ 3대 영양소 : 단백질, 탄수화물(당질), 지방(지질)

ⓒ 5대 영양소 : 단백질, 탄수화물, 지방, 무기질, 비타민
　　　ⓓ 6대 영양소 : 단백질, 탄수화물, 지방, 무기질, 비타민, 물(수분)

> **식품의 구비조건**
> - 영양성 : 인체가 필요로 하는 에너지원(단백질, 지방, 탄수화물), 체구성원(단백질, 탄수화물, 지방, 무기질), 조절소(무기질, 비타민)로서의 공급원이 되어야 한다.
> - 위생성 : 식품에 잔류농약, 중금속, 독소성분, 발암물질 등의 유해물을 함유하지 않아야 하는 것은 물론이고 위생적으로 안전하여야 한다.
> - 기호성 : 식품의 맛, 색깔, 향기 등의 기호적 성질을 지녀야 한다. 이 기호성은 식욕을 촉진시키고 소화액의 분비를 자극하여 영양소의 소화율을 높인다.
> - 경제성 : 식품의 이용 면에서 어느 정도 가격이 저렴해야 한다.
> - 실용성 : 식품의 조리, 가공 및 저장과 운반이 용이하게 실용성이 있어야 한다.

(2) 기초대사량

① 의미와 요구량
　㉮ 의미 : 무의식적 활동(호흡, 심장박동, 혈액운반, 소화 등)에 필요한 열량
　㉯ 기초 대사량
　　ⓐ 성인남자 : 1400kcal~1800kcal
　　ⓑ 성인여자 : 1200kcal~1400kcal

② 기초대사에 영향을 주는 인자
　㉮ 체표면적이 클수록 소요 열량이 크다.
　㉯ 남자가 여자보다 소요 열량이 크다.
　㉰ 근육질인 사람이 지방질인 사람에 비해 소요 열량이 크다.
　㉱ 발열이 있는 사람은 소요 열량이 크다.
　㉲ 기온이 낮으면 소요 열량이 커진다.

(3) 5가지 기초 식품군

① **제1군(단백질)** : 수조육류, 어패류, 알류, 콩류(육류, 닭, 생선, 달걀, 두부 등)
② **제2군(칼슘)** : 우유 및 유제품, 뼈째 먹는 생선(우유, 치즈, 뱅어포, 아이스크림, 요구르트 등)
③ **제3군(무기질 및 비타민)** : 채소류와 과일류, 해조류, 버섯류(시금치, 쑥갓, 아욱, 당근, 배추, 사과, 딸기, 김, 미역, 다시마, 버섯 등)
④ **제4군(탄수화물)** : 곡류와 감자류(쌀, 보리, 국수, 식빵, 떡, 고구마, 토란, 과자, 설탕 등)
⑤ **제5군(지방)** : 식물성 기름·동물성 지방, 가공유지(면실유, 참기름, 들기름, 쇼트닝, 버터, 마가린, 호두, 깨소금 등)

> **대치(대체)식품**
> - 영양면에서 주된 영양소가 공통으로 함유된 것을 의미하며 식단 작성 시 필요하다.
> - 대치식품량 = $\dfrac{\text{원래 식품함량}}{\text{대치 식품함량}} \times$ 원래 식품량

(4) 한국인 영양섭취기준(KDRIs)

① **한국인 영양섭취기준의 정의** : 한국인 영양섭취기준(KDRIs, Dietary Reference Intakes for Koreans)은 한국인의 건강을 최적의 상태로 유지할 수 있는 영양소들의 섭취 수준을 의미한다.

② **영양섭취기준의 구성과 특성**

㉮ **평균필요량(EAR)** : 건강한 사람들의 일일 영양소 필요량의 중앙값으로부터 산출한 수치이다. 영양소 필요량은 섭취량에 민감하게 반응하는 기능적 지표가 있고 영양상태를 판정할 수 있는 평가기준이 있을 때 추정할 수 있다. 에너지는 평균필요량이라는 용어 대신에 필요추정량이라는 용어를 사용한다.

㉯ **권장섭취량(RI)** : 권장섭취량은 인구집단의 약 97~98%에 해당하는 사람들의 영양소 필요량을 충족시키는 섭취수준으로, 평균필요량에 표준편차 또는 변이계수의 2배를 더하여 산출하였다.

㉰ **충분섭취량(AI)** : 영양소의 필요량을 추정하기 위한 과학적 근거가 부족할 경우, 대상 인구집단의 건강을 유지하는 데 충분한 양을 설정한 수치이다. 충분섭취량은 실험연구 또는 관찰연구에서 확인된 건강한 사람들의 영양소 섭취량 중앙값을 기준으로 정했다. 따라서 충분섭취량은 대상 집단의 영양소 필요량을 어느 정도 충족시키는지 확실하지 않기 때문에, 권장섭취량과는 차이가 있다.

㉱ **상한섭취량(UL)** : 인체에 유해한 영향이 나타나지 않는 최대 영양소 섭취 수준이므로, 과량을 섭취할 때 유해영향이 나타날 수 있다는 과학적 근거가 있을 때 설정할 수 있다.

$$\text{상한섭취량} = \dfrac{\text{최대무해용량(또는 최저유해용량)}}{\text{불확실계수}}$$

③ **영양섭취기준 중 에너지 적정비율**(보건복지부, 2020)

영양소		1~2세	3~18세	19세 이상	비고
탄수화물		55~65%	55~65%	55~65%	
단백질		7~20%	7~20%	7~20%	
지질	총지방	20~35%	15~30%	15~30%	
	n-6계 지방산	4~10%	4~10%	4~10%	
	n-3계 지방산	1% 내외	1% 내외	1% 내외	
	포화지방산	-	8% 미만	7% 미만	
	트랜스지방산	-	1% 미만	1% 미만	
	콜레스테롤	-	-	300mg/일 미만	목표섭취량

④ 당류
  ㉮ 총당류 섭취량을 총 에너지섭취량의 10~20%로 제한하고, 특히 식품의 조리 및 가공 시 첨가되는 첨가당은 총 에너지섭취량의 10% 이내로 섭취하도록 한다.
  ㉯ 첨가당의 주요 급원으로는 설탕, 액상과당, 물엿, 당밀, 꿀, 시럽, 농축과일주스 등이 있다.

(5) 식사구성안과 식품구성자전거
  ① **식사구성안** : 일반인에게 영양섭취기준에 만족할 만한 식사를 제공할 수 있도록 식품군별 대표식품과 섭취 횟수를 이용하여 식사의 기본 구성 개념을 설명한 것
  ② **식품구성자전거와 식품군별 1인 1회 분량** : 식품구성자전거는 6개의 식품군에 권장식사패턴의 섭취 횟수와 분량에 맞추어 바퀴 면적을 배분한 형태로, 기존의 식품구성탑보다 다양한 식품 섭취를 통한 균형 잡힌 식사와 수분 섭취의 중요성 그리고 적절한 운동을 통한 비만 예방이라는 기본 개념을 나타낸다.
  ③ 식품군별 대표식품의 1인 1회 분량

식품군	1인 1회 분량
곡류	밥 1공기(210g), 국수 1대접(건면 100g), 식빵(대) 2쪽(100g), 감자(중) 1개 (130g)*, 씨리얼 1접시(40g)*
고기 · 생선 · 달걀 · 콩류	육류 1접시(생 60g), 닭고기 1조각(생 60g), 생선 1토막(생 60g), 달걀 1개(60g), 두부 2조각(80g), 콩(20g)
채소류	콩나물 1접시(생 70g), 시금치나물 1접시(생 70g), 배추김치 1접시(40g), 오이소박이 1접시(60g), 버섯 1접시(생 30g), 물미역 1접시(생 30g)
과일류	사과(중) 1/2개(100g), 귤(중) 1개(100g), 참외(중) 1/2개(200g), 포도(중) 15알(100g), 오렌지주스 1/2컵(100g)
우유 · 유제품류	우유 1컵(200g), 호상요구르트 1/2컵(100g), 액상요구르트 3/4컵(150g), 아이스크림 1/2컵(100g), 치즈 1장(20g)*
유지 · 당류	식용유 1작은술(5g), 버터 1작은술(5g), 마요네즈 1작은술(5g), 설탕 1큰술(10g), 커피믹스 1봉(12g)

* 다른 식품들 1회 분량의 1/2 에너지를 함유하고 있으므로 식단 작성 시 0.5회로 간주

CHAPTER 04 구매관리

Lesson 01 시장조사 및 구매관리

1 시장조사

(1) 시장조사의 의의

① 구매활동에 필요한 자료를 수집하고 이를 분석 검토하여 보다 좋은 구매방법을 발견하고 그 결과를 구매방침 결정, 비용절감, 이익증대를 도모하기 위한 조사로 장래의 구매시장을 예측하기 위해 실시한다.

② 구매시장의 예측은 가격변동, 수급현황, 신자재의 개발, 공급업자와 업계의 동향을 파악하기 위해서 매우 중요하다.

(2) 구매 시장조사의 목적

① **식품재료비 산출** : 원가계산을 위한 구매 예정가격 결정
② **경제적인 식품 구매** : 구매방법 개선을 통한 비용절감
③ **합리적인 식단 작성** : 가격 대비 영양성을 고려한 식단 작성

(3) 시장조사의 내용

① **품목** : 제조회사 및 대체품을 고려한다.
② **품질** : 물품의 가치를 고려한다.
③ **수량** : 예비구매량, 대량구매에 따른 원가절감, 보존성을 고려한다.
④ **가격** : 물품의 가치와 거래조건 변경 등에 의한 가격인하 여부를 고려한다.
⑤ **시기** : 구매가격, 사용시기와 시장시세를 고려한다.
⑥ **구매거래처** : 최소 두 곳 이상의 업체로부터 견적을 받은 후 검토, 한 군데와 거래하는 경우 정기적인 시장가격조사를 통해 가격을 확인한다.
⑦ **거래조건** : 인수 및 지불 조건 등을 고려한다.

(4) 시장조사의 종류
- ① **일반 기본 시장조사** : 구매정책을 결정하기 위해서 시행하는 것으로 전반적인 경제계와 관련업계의 동향, 기초자재의 시가, 관련업체의 수급변동상황, 구입처의 대금결제조건 등을 조사한다.
- ② **품목별 시장조사** : 현재 구매하고 있는 물품의 수급 및 가격변동에 대한 조사로 구매물품의 가격산정을 위한 기초자료와 구매수량 결정을 위한 자료로 활용된다.
- ③ **구매거래처의 업태조사** : 계속 거래인 경우 안정적인 거래를 유지하기 위해서 주거래 업체의 개괄적 상황, 기업의 특색, 금융상황, 판매상황, 노무상황, 생산상황, 품질관리, 제조원가 등의 업무 조사를 실시한다.
- ④ **유통경로의 조사** : 구매가격에 직접적인 영향을 미치는 유통경로를 조사한다.

(5) 시장조사의 원칙
- ① **비용 경제성의 원칙** : 시장조사에 사용된 비용이 조사로부터 얻을 수 있는 이익을 초과해서는 안 되므로 소요비용이 최소가 되도록 하여 조사비용과 효용성 간에 조화가 이루어지도록 한다.
- ② **조사 적시성의 원칙** : 시장조사의 목적은 조사 자체에 있는 것이 아니므로 구매업무를 수행하는 소정의 기간 내에 끝내야 한다.
- ③ **조사 탄력성의 원칙** : 시장수급상황이나 가격변동과 같은 시장상황 변동에 탄력적으로 대응할 수 있는 조사가 되어야 한다.
- ④ **조사 계획성의 원칙** : 시장조사는 그 내용이 정확해야 하므로 사전에 계획을 철저히 세워야 한다.
- ⑤ **조사 정확성의 원칙** : 조사하는 내용이 정확해야 한다.

(6) 시장조사 수행방법
- ① **문헌조사** : 신문, 방송, 물가동향 정보지, 학계 및 업계에서 발간하는 자료를 수집하여 분석
- ② **전문가조사** : 전반적인 시장상황을 물품제조업체, 소매업자, 납품업자, 은행, 증권사, 기업, 각종 연구소, 민간 조사기관, 도서관, 전문단체, 공공기관 등의 전문가와 면담을 통하여 정보를 수집하고 물품의 생산, 사용방법 등의 내용을 조사
- ③ **사례조사** : 현재 사용하고 있는 사업장의 구매담당자의 정보를 교환하여 물품의 사용 실례를 조사(관련 시장분석, 시장점유율 파악, 판매액 분석, 유통경로조사 등을 조사)
- ④ **기타** : 박람회, 전시회, 강연회, 현지답사, 실사조사 등을 통한 조사

(7) 시장조사의 수행 내용
- ① 구매 품목 및 리스트를 작성하여 시장조사 품목을 정한다.
- ② 물품의 품질, 규격, 가격을 고려하여 시장조사를 수행한다.
- ③ 수량은 보관 및 저장창고 용량을 고려한 필요량으로 정한다.
- ④ 구입 예정가격, 도소매 물가지수를 참고로 하여 구매가격을 정한다.

⑤ 구입시기는 납품 간격, 사용시기, 시장시세를 고려하여 구매시점을 결정한다.
⑥ 거래처는 우수한 공급업체를 선정(복수거래)하도록 한다.
⑦ 거래조건으로는 납품방법, 대금 지불방법 등을 고려한 제반 조건을 포함한다.

2 식품구매관리

(1) 구매관리의 개요

① **구매관리의 정의**
   ㉮ 구매자가 물품을 구입하기 위해 계약을 체결하고 그 계약조건에 따라 물품을 인수하고 대금을 지불하는 전반적인 과정을 의미한다.
   ㉯ 구입하고자 하는 물품에 대하여 적정거래처로부터 원하는 수량만큼 적정시기에 최소의 가격으로 최적의 품질의 것을 구입할 목적으로 구매활동을 계획·통제하는 관리활동을 나타낸다.

② **구매활동의 기본조건**
   ㉮ 구입할 물품의 적정한 조건과 최적의 품질을 선정
   ㉯ 구매계획에 따른 구매량의 결정
   ㉰ 정보자료 및 시장조사를 통한 공급자의 선정
   ㉱ 유리한 구매조건으로 협상 및 계약 체결
   ㉲ 적정량의 물품을 적정 시기에 공급
   ㉳ 구매활동에 따른 검수·저장·입출고(재고)·원가관리

③ **구매관리의 목표**
   ㉮ 필요한 물품과 용역을 지속적으로 공급해야 한다.
   ㉯ 품질, 가격, 제반 서비스 등 최적의 상태를 유지해야 한다.
   ㉰ 재고와 저장관리 시 손실을 최소화한다
   ㉱ 신용이 있는 공급업체와 원만한 관계를 유지하면서 대체 공급업체를 확보하여야 한다.
   ㉲ 구매 관련의 정보 및 시장조사를 통한 경쟁력을 확보한다.
   ㉳ 표준화·전문화·단순화의 체계를 확보한다.

> **구매관리 포함사항**
> · 구매(purchasing)
> · 검수(receiving)
> · 저장(storing)
> · 재고관리(inventory control)

(2) 구매관리의 효과 및 유의점

① 구매관리의 기대 효과
㉮ 식품의 구입원가가 절감된다.
㉯ 양질의 물품 생산과 품질관리가 용이하다.
㉰ 물품공급의 전문성이 향상되고 체계성을 구축할 수 있다.
㉱ 효율적인 경영관리를 할 수 있다.
㉲ 투자의 최소화 및 경비를 절감할 수 있다.
㉳ 고객만족에 의한 매출증가를 기대할 수 있다.

② 구매관리에 있어서 유의할 점
㉮ 구입상품의 특성에 대하여 철저히 분석하고 검토한다.
㉯ 적절한 구매방법을 통한 질 좋은 상품을 구입한다.
㉰ 구매경쟁력을 통해 세밀한 시장조사를 실시한다.
㉱ 구매에 관련된 서비스 내용을 검토한다.
㉲ 저렴한 가격으로 필요량을 적기에 구입하고 공급업체와의 유기적 관계를 유지한다.
㉳ 복수공급업체의 경쟁적인 조건을 통한 구매체계를 확립한다.

(3) 식품 구입의 실제

① 식품의 구입 기술
㉮ 대량구입 또는 공동구입 방식으로 염가로 구입한다.
㉯ 지방특산물을 이용하고 계절식품을 구입하며, 값이 싼 대치(대체)식품을 구입한다.
㉰ 영양이 풍부하고 가식부율이 높은 식품, 폐기율이 낮은 식품을 구입한다.
㉱ 쇠고기는 중량, 부위, 색깔에 유의한다.
㉲ 과채류와 생선은 필요할 때 수시로 구입한다.
㉳ 곡류 건어물은 일정 한도 내 일시 구입을 원칙으로 1개월분을 한꺼번에 구입한다.
㉴ 가공식품은 제조일, 유통기한을 확인한다.

② 식품구입 계획시 고려할 사항
㉮ 식품의 가격
㉯ 출회표

③ 발주와 검수
㉮ 발주 : 재료는 식단표에 의하여 1주~10일 단위로 발주한다.
㉯ 검수 : 납품 시에 품질, 양, 형태 등이 주문한 것과 일치하는지 엄중히 검수하여야 한다

▣ 총발주량과 필요비용 산출

- 총발주량 = $\dfrac{\text{정미중량} \times 100}{100 - \text{폐기율(\%)}} \times \text{인원수}$

- 필요비용 = 인원수 $\times \dfrac{100}{\text{가식부율(\%)}} \times$ 1kg당의 단가

3 식품재고관리

(1) 재고관리의 개요
① 재고는 불확실한 수요와 공급을 만족시키기 위한 물품의 적절한 보관기능을 나타내며, 재고관리란 재고를 최적으로 유지하고 관리하는 총체적인 과정으로 물품의 수요가 발생했을 때 신속하고 경제적으로 적응할 수 있도록 재고를 최적의 상태로 관리하는 절차를 의미한다.
② 재고수준은 공급의 변화, 저장시설, 회전율, 식재료 수송방법 등을 고려하여 결정한다.
③ 재고관리에는 발주량, 발주시기, 적정 재고수준을 결정하고 수행하는 모든 제반과정이 포함되며 재고품질 변화에 따른 손실비용 등을 포함한다.
④ 재고관리에 관련된 부서에는 생산부서, 구매부서 및 원가관리부서 등이 있으며, 원가관리부서는 정확한 재고조사 및 재고자산의 가치 평가기능의 경영부서이다

(2) 재고의 중요성
① 물품 부족으로 인한 생산계획의 차질을 방지한다.
② 적정재고 수준을 유지함으로써 재고관리의 유지비용을 감소시킬 수 있다.
③ 최소의 가격으로 최상 품질품목을 구매한다.
④ 정확한 재고수량을 파악함으로써 적정주문량 결정을 통해 구매비용을 절감한다.
⑤ 도난과 부주의 및 부패에 의한 손실을 최소화할 수 있다.
⑥ 경제적인 재고관리로 원가절감 및 관리의 효율화를 제고한다.

(3) 재고관리의 기능
① 실제물량과 예측물량 간의 차이를 제공한다.
② 재고 보충시기를 결정한다.
③ 재고투자를 최소화한다.
④ 재무보고서에 따른 재고량을 파악한다.
⑤ 물품에 대한 품질유지 및 안정성을 확보한다.
⑥ 물품용도 및 사용빈도를 알 수 있다.

(4) 재고관리의 유형
① **영구재고 시스템(perpetual inventory system)**
㉮ 물품을 구매하여 입고되는 물품의 출고 및 입서에 물품의 수량을 계속해서 기록함으로써 남아 있는 물품의 목록과 수량을 알고 적정 재고량을 유지하도록 하는 방법이다.
㉯ 일반적으로 대규모 조직업체에서 건조물품 및 냉동 저장고에 보유되는 물품의 관리나 고가의 품목에 많이 활용된다.

ⓒ 입출고·재고기록을 나타내는 품목별 카드를 작성하는데, 여기에는 물품의 고유번호, 품목명, 상호명, 날짜, 중량 및 수량 등을 기재하며 선반에 부착하여 물품의 선별을 용이하게 해준다.
　　㉣ 영구재고 시스템의 장점 및 단점
　　　㉠ 장점 : 전산화 시스템을 활용하여 영구재고관리에 대한 정확성과 효율성을 기대할 수 있다.
　　　㉡ 단점 : 경비가 많이 들고, 수작업 시 정확성의 문제가 발생할 가능성이 있다.
　② **실사재고 시스템**(physical inventory system)
　　㉮ 재고실사법이라고도 하며, 주기적으로 창고에 보유하고 있는 물품의 수량과 목록을 실사하여 확인하고 기록하는 방법으로 영구재고 시스템의 단점인 부정확성을 점검하기 위해 실시된다.
　　㉯ 실사를 위한 재고관리에는 물품확인과 기록업무를 위해서 일반적으로 두 사람이 필요하며, 특히 실제 재고량과 영구재고 시스템에서의 재고기록대장 간의 상호비교 및 확인작업을 통해서 물품의 도난, 입·출고 현황을 파악할 수 있다.
　　㉰ 실사재고 기록지에는 물품보유량, 품목의 단위, 이름, 형태, 단가 등이 기록되며, 보유하고 있는 각 재고들의 자산적 화폐가치를 결정하기 위해 단위당 단가와 보유량을 이용하여 재고액을 평가하게 된다.
　　㉱ 실사재고 시스템의 장점 및 단점
　　　㉠ 장점 : 재고의 총 가치를 정확히 파악할 수 있고, 사용 식품비의 산출에 필요한 정보를 제공받을 수 있다.
　　　㉡ 단점 : 시간이 많이 소요되며, 신속하지 못하고, 가끔 부정확할 수 있다.

(4) 재고자산의 평가
　① **실제 구매가법**(actual purchase price method)
　　㉮ 마감재고 조사에서 남아있는 물품들을 구입했던 단가로 계산하는 방법
　　㉯ 소규모 급식소에서 많이 이용
　② **총 평균법**(weighted average purchase price method)
　　㉮ 특정기간 동안 구입된 물품의 총액을 전체 구입수량으로 나누어 평균 단가를 계산 후 이 단가를 이용, 남아있는 재고량의 가치를 산출
　　㉯ 물품이 대량으로 입·출고 될 때 사용
　③ **최종 구매가법**(latest purchase price method)
　　㉮ 가장 최근 단가를 이용하여 산출하는 방법으로 간단하고 신속한 산출이 가능
　　㉯ 급식소에서 널리 사용
　④ **선입선출법**(First-In, First-Out, FIFO method)
　　㉮ 가장 먼저 들어온 품목이 나중에 입고된 품목들보다 먼저 사용된다는 원리를 적용
　　㉯ 마감 재고액에는 가장 최근 구입한 식품의 단가 반영
　　㉰ 신간 변동에 따라 물가가 인상되는 상황에서 재고가를 높게 책정하고 싶을 때 사용
　⑤ **후입선출법**(Last-In, First-Out, LIFO method)
　　㉮ 최근에 구입한 식품부터 사용하는 것
　　㉯ 가장 오래된 물품이 재고로 남음

(5) 재고 보유를 위한 결정요인

① 저장시설의 규모와 최대 용량

② 발주빈도 및 평균사용량

③ 재고가치 및 공급자의 최소 주문요구량

> **식재료 저장원칙**
> - 품목별 분류저장(가나다순, 알파벳순, 사용빈도의 순 등)
> - 선입선출에 의한 출고(First-In, First-Out, FIFO)
> - 저장 물품 안전성 확보
> - 저장기준 및 기간 준수

Lesson 02 검수관리

1 식재료의 품질 확인 및 선별

(1) 일반적 유의사항

① 식재료를 검수대 위에 올려놓고 검수하며, 맨바닥에 놓지 않도록 한다.

② 식재료 운송차량의 청결 상태 및 온도유지 여부를 확인·기록한다.

③ 식재료명, 품질, 온도, 이물질 혼입, 포장상태, 유통기한, 수량 및 원산지 표시등을 확인·기록한다.

④ 검수가 끝난 식재료는 곧바로 전처리 과정을 거치도록 하되, 온도관리가 필요한 재료는 전처리하기 전까지 냉장·냉동보관 한다.

⑤ 외부포장 등의 오염 우려가 있는 것은 제거한 후 조리실에 반입한다.

⑥ 검수 기준에 부적합한 식재료는 자체규정에 따라 반품 등의 조치를 취하도록 하고, 그 조치내용을 검수 일지에 기록·관리한다.

⑦ 냉장식품 및 조리식품에 대해 온도를 측정하고, 확인표에 기록한다.

⑧ 식재료 검수 결과 신선도, 품질 등에 이상이 있거나 규격 기준에 맞지 않는 식재료는 반품하고, 검수 기준에 맞는 식재료로 재 납품할 것을 지시한다.

(2) 검수 절차 및 유의사항

① **검수 시작** : 청결한 복장, 위생장갑 착용 후 검수 시작

② **식재료 납품차량의 청결 상태 및 온도유지 여부 확인**
   ㉮ 운송차량은 냉장의 경우 10℃ 이하, 냉동의 경우 −18℃ 이하를 유지할 수 있어야 함
   ㉯ 납품 차량의 온도기록지 확인

③ **납품된 식재료의 수량, 규격, 품질, 위생상태가 발주한 내용과 일치하는지 확인**
   ㉮ 식품위생법 및 식품공전에 규정된 식품 표시사항 및 유통기한 확인
   ㉯ 원산지증명서 및 등급판정서 확인
   ㉰ 바닥이 아닌 검수대 위(바닥에서 60cm 이상 높이)에 올려놓고 확인
   ㉱ 검수공간의 조도는 540룩스 이상 유지

④ **제품온도 확인**
   ㉮ 냉장식품 : 0~10℃(신선편의식품은 5℃ 이하)
   ㉯ 냉동식품 : 동결상태 유지(−18℃ 이하), 녹은 흔적이 없을 것
   ㉰ 생선 및 육류 : 5℃ 이하
   ㉱ 전처리 채소 : 0~10℃(일반채소는 상온, 신선도 확인)

⑤ **검수 완료된 식재료는 곧바로 전처리 또는 식재료 보관 지침에 따라 보관**
   ㉮ 외부포장(박스) 제거 후 조리실 반입
   ㉯ 반송품 별도 보관 후 반품 또는 즉시 반품

⑥ **검수일지 작성**
   ㉮ 검수에 관한 내용은 검수일지에 기록으로 남겨 납품업체 및 물품에 대한 정보를 관리
   ㉯ 납품차량의 온도, 표시사항, 원산지, 유통기한 또는 유효기간, 포장상태, 이물질 여부, 반품사항 등 기록

▣ 검수 시 품질평가 기준
- **안전성** : 위생적으로 안전하며, 무해한 상태여야 한다.
- **청결성** : 오물이 묻어 있지 않고 위생적이어야 한다.
- **완전성** : 형태가 완전하고 깨지거나 눌리거나 흠이 없어야 한다.
- **균일성** : 식품의 크기가 대체적으로 고른 것이어야 한다.
- **보존성** : 식품 고유의 색, 맛, 풍미, 질감 등의 특성이 보존되어야 한다.

---

(3) 식재료 검사방법

① **관능검사**
   ㉮ 육안검사 : 식품의 현상, 색채, 크기, 광택 등을 통하여 재료를 식별
   ㉯ 취각검사 : 취각 및 미각을 통하여 감정(음료, 향료, 된장, 간장, 과자류 등에 많이 적용)
   ㉰ 촉각감정법 : 피부와 촉각을 이용하여 감정(밀가루, 곡류 등의 식품에 많이 이용)

㉣ 음향감정법 : 두드리거나 흔들어 보면서 그 소리로 감정(수박, 통조림, 계란 등)
② **이화학적 검사**
㉮ 검경적인 방법 : 현미경 등을 이용하여 조직이나 세포의 모양 등을 관찰 후 위생도를 결정
㉯ 화학적 방법 : 화학적으로 성분을 분석하여 검사
㉰ 물리적 방법 : 식품의 부피, 중량, 점도, 응고점, 융점, 경도와 같은 물리적 성질을 측정하여 신선도를 감정
㉱ 생화학적 방법 : 식품의 효소반응, 효소활성 등의 생화학적인 특성을 실험하여 신선도를 감정

(4) 식재료별 특성

① **곡류**
㉮ 쌀
  ㉠ 잘 건조되어 있는가를 살펴본다.
  ㉡ 색은 광택이 있고 입자가 고른 것인지를 살펴본다.
  ㉢ 형태는 타원형으로 냄새가 있는가를 살펴본다.
  ㉣ 쌀 중에 이물이 없고, 깨물었을 때 '딱'소리가 나는지를 살펴본다.
㉯ 밀가루
  ㉠ 가루의 결정이 미세하고 뭉쳐 있지는 않은가를 살펴본다.
  ㉡ 색은 희고 밀기울이 섞이지 않은 것인가를 살펴본다.
  ㉢ 잘 건조되어 있고 냄새가 없는 것인가를 살펴본다.

② **채소, 과일류**
㉮ 채소와 과일류는 상처가 없는가를 살펴본다.
㉯ 채소와 과일류는 형태가 잘 갖추어진 것인가를 살펴본다.
㉰ 채소와 과일류는 색이 선명하고 건조되지 않은 것인지 살펴본다.

③ **수산식품**
㉮ 생선
  ㉠ 색이 선명하고 광택이 있는지를 살펴본다.
  ㉡ 비늘이 고르게 밀착되어 있는지를 살펴본다.
  ㉢ 고기가 연하고 탄력성이 있는지를 살펴본다.
  ㉣ 눈은 투명하고 튀어나온 것이 신선하며 아가미의 색은 선홍색인지 살펴본다.
  ㉤ 신선한 것은 물에 가라앉고, 부패된 것은 물 위로 떠오르는 특성을 알고 생선의 선도를 살펴본다.
㉯ 어육 연제품
  ㉠ 절단면의 결이 고르고 표면에 끈적이는 점액이 없는가를 살펴본다.
  ㉡ 한가운데를 잘라서 자른 부분을 바깥쪽에서 눌러 중심부와 바깥쪽과의 색깔, 조직, 탄력 등이 다른지 골고루 가열되지 않았거나 살균이 제대로 되지 않았는지 살펴본다.
  ㉢ 염산수를 만들어 연제품에 살짝 대었을 때 흰 연기가 나는 것은 오래된 것이므로 연기 발생 유무를 살펴본다.

④ 축산식품
　㉮ 육류
　　㉠ 신선한 것은 색이 선명하고 습기가 있으므로 이를 살펴본다.
　　㉡ 암갈색을 띠고 탄력성이 없는 것은 오래된 것이므로 잘 살펴본다.
　　㉢ 병이 든 고기는 피를 많이 함유하여 냄새가 나므로 잘 살펴본다.
　　㉣ 고기를 얇게 잘라 투명하게 비춰봤을 때 얼룩반점이 있는 것은 기생충이 있는 것으로 잘 살펴본다.
　㉯ 계란
　　㉠ 껍질이 반질반질한 것은 오래된 것이고 꺼칠꺼칠한 것은 신선한 것이므로 혀를 대보아서 둥근 부분은 따뜻하고 뾰족한 부분은 찬 것인지 확인해 본다.
　　㉡ 빛에 비춰봤을 때 밝게 보이는 것은 신선하고 어둡게 보이는 것은 오래된 것이므로 잘 살펴본다.
　　㉢ 6%의 식염수에 넣었을 때 가라앉는 것은 신선한 것이고, 뜨는 것은 오래된 달걀이므로 확인해 본다.
　　㉣ 알을 깨뜨렸을 때 노른자의 높이가 높고, 흰자가 퍼지지 않는 것이 신선한 것이므로 이를 확인한다.
　　㉤ 흔들어서 소리가 나지 않는 것이 신선한 것이므로 잘 확인한다.
　㉰ 우유
　　㉠ 이물질이나 침전물이 있는 것은 신선하지 못하므로 확인한다.
　　㉡ 색깔이 이상하거나 점성이 있는 것은 신선하지 못하므로 확인한다.
　　㉢ 우유를 가열해 봤을 때 응고하는 것은 신선하지 못하므로 확인한다.
　　㉣ 물 컵에 우유를 떨어뜨려 봤을 때 구름같이 퍼지는 것은 선도가 좋은 것으로 잘 확인한다.
　　㉤ 우유의 비중이 1.028 이하인 것은 물이 섞인 우유이므로 잘 확인한다.
　　㉥ 신선한 우유의 산도는 젖산으로서 0.18% 이하, pH는 6.6(평균 6.4~6.7)이므로 참고하여 확인한다.
⑤ 기타
　㉮ 유지류
　　㉠ 각각 특유의 색깔과 향미를 지니고 있어야 하며, 변색되었거나 착색되지 않았는지 확인한다.
　　㉡ 액체인 것은 투명하고 점도가 낮은 것이 좋은 것이므로 이를 확인한다.
　㉯ 간장
　　㉠ 색이 전체적으로 붉은색을 띠고 있으며, 투명하고 광택이 있는 것이 좋은 제품이므로 잘 확인한다.
　　㉡ 적당한 점성이 있는 것은 좋지 않으므로 잘 확인한다.
　　㉢ 이취나 자극적인 매운맛, 신맛, 쓴맛이 있는 것은 좋지 않으므로 잘 확인한다.
　㉰ 통조림
　　㉠ 외관이 정상이 아니고 녹슬었거나 움푹 들어간 것은 내용물이 변질되었을 가능성이 있는 것을 잘 살펴본다.

ⓒ 라벨의 내용물, 제조자명, 소재지, 제조년월일, 중량 또는 용량, 첨가물의 유무를 확인하고 개관했을 때 표시대로 식품 형태, 색, 맛, 향기 등에 이상이 없는지를 확인한다.

> **ⓒ 품목별 검사기준**
> - 육류 : 중량, 등급, 육질, 다듬기, 지방 및 심줄의 점유율, 신선도
> - 가금류 : 크기, 중량, 등급, 절단방법
> - 알(란)류 : 크기 및 중량, 신선도
> - 과일류 : 형태, 익은 정도, 등급, 향기, 색깔, 당도, 신선도
> - 야채류 : 신선도, 색깔, 크기, 단수

2 조리기구 및 설비 특성과 품질 확인

(1) 전처리 설비의 종류 및 특성

① **전처리 설비** : 조리하고자 하는 원료의 입고·보관·세정·절단 등의 작업이 이루어지는 공간의 장비

② **전처리 설비의 종류**
  ㉮ 냉장·냉동고
  ㉯ 세정대
  ㉰ 작업대 찬장, 작업대, 도마 작업대, 칼·도마 소독기
  ㉱ 낮은 렌지

③ **전처리 설비의 설치 및 재질**
  ㉮ 대형 주방의 경우 냉장·냉동고를 건축 시 빌트인 장비로 설치하는 것이 유리하다.
  ㉯ 모든 주방기기는 스테인레스 스틸의 재질, 열기구의 경우 열이 접하는 부분은 주물 재질이 좋다.

(2) 후처리 설비의 종류 및 특성

① **후처리 설비** : 조리한 음식을 손님에게 제공하기 위해 데코레이션, 혹은 반찬류 등을 제공하기 위한 장비와 식사 완료 후 퇴식, 식기세척 등에 사용되는 장비

② **후처리 설비의 종류**
  ㉮ 냉장 테이블, 찬냉장고
  ㉯ 작업대 찬장, 중탕기, 상부 선반, 보온고, 보냉고
  ㉰ 식기 세척기외 보조 장비 등의 장비류

③ **후처리 설비의 재질** : 스테인레스 스틸 재질

검수방법의 종류 및 특징

구분	전수검수법	발췌검수법
개요	• 납품된 물품을 전부 검사하는 방법	• 납품된 물품 중 몇 개만 무작위로 선택하여 검사하는 방법
해당 품목	• 소량, 육류와 같은 비싼 식재료 • 희귀성 물품	• 수량이 많은 경우(검수 항목이 많은 경우) • 검수 시간과 비용을 절약해야 할 경우 • 파괴검사인 경우
특징 (장·단점)	• 우수한 품질의 물품이 입고 • 시간과 비용이 많이 소요	• 파괴성 물품 검수에 효과적 • 낮은 품질의 물품이 섞여 있을 가능성

3 검수를 위한 설비 및 장비 활용 방법

(1) 검수장소 및 시설

① **검수장소 선정 시 고려사항**
  ㉮ 물품 납품시의 접근 용이성 및 편리성
  ㉯ 입고와 관련된 운반 동선 공간 확보
  ㉰ 사무실 설치 시 유리설치로 외부에서 검수작업 확인
  ㉱ 사무실 외부의 충분한 공간 확보
  ㉲ 동선 거리의 최소화 및 용이성

② **시설 조건**
  ㉮ 물품검사를 실시하기 위한 검수대(바닥에 물품을 놓지 않도록 주의)
  ㉯ 물품검사에 필요한 적절 밝기의 조명시설(540룩스 이상)
  ㉰ 물품과 사람이 이동하기에 충분한 공간 및 동선구축 및 기기류의 배치
  ㉱ 안전성이 확보될 수 있는 장소
  ㉲ 위생이 확보될 수 있는 시설(급·배수 시설, 구충·구서시설, 구배시설, 조명시설)
  ㉳ 청소하기 쉬운 시설

검수원의 자격요건
• 식품의 특수성에 관한 전문적인 지식을 갖출 것
• 식품의 품질을 평가하고 감별할 수 있는 지식과 능력을 갖출 것
• 식품이 유통경로와 검수업무 처리절차를 잘 알고 있을 것
• 검수일지 작성 및 기록보관 업무를 잘 알고 있을 것
• 업무에 있어서의 공정성과 신뢰도가 있을 것

(2) 검수장비

① **저울** : 플랫폼형 저울, 디지털 전자저울, 배식(portion) 저울 등

② **측량 및 측정 도구** : 계량기, 계량컵, 온도계(탐침식, 비접촉식), 계산기

③ **운반 도구** : 돌리 카트(dolly cart), 손수레(hand truck)

④ **기타**
  ㉮ 칼, 망치, 캔 따개(can opener)
  ㉯ 검수 기록일지 작성 및 보관을 위한 책상 및 캐비넷 등

(3) 온도계의 종류

① **전자식 온도계**
  ㉮ 냉장이나 냉동 상태로 운송되는 식품에 사용된다.
  ㉯ 탐침식으로 액정판에 온도가 표시된다.
  ㉰ 반응속도가 빠르고 탐침 끝 1~2mm 부분에서 온도 감지가 이루어진다.

② **적외선 비접촉식 표면 온도계**
  ㉮ 식품 검수 시 유용하다.
  ㉯ 식품에 접촉하지 않으므로 살균처리가 불필요하다.
  ㉰ 식품 및 포장에 손상을 주지 않는다.
  ㉱ 온도를 순간적으로 읽어 시간적 지체가 없지만, 가격이 비싸다.

(4) 검수장비 사용방법

① **온도계 사용 시 유의사항**
  ㉮ 모든 온도계와 케이스는 사용 전·후에 씻고 소독하여 건조하여 청결 유지
  ㉯ 음식물의 온도를 측정할 경우 중간에 제일 두꺼운 부분을 측정
  ㉰ 온도계를 꽂은 다음 바늘이 움직이지 않을 때까지(디지털 온도계인 경우 숫자가 천천히 움직일 때까지) 기다린 다음 15초 후에 온도를 기록
  ㉱ 적외선 비접촉식 표면 온도계는 식재료의 표면 온도를 측정하는 것은 냉장(동)식품 운송 온도의 적정 여부를 파악하는 것으로 온도계를 식재료 가까이에 근접시켜 측정
  ㉲ 온도계의 정확성을 정기적으로 점검 및 교정(연 1~2회 정기점검)

② **전자저울** : 사용 전 영점을 확인 후 중량을 측정하고 박스, 얼음 등은 중량에서 제외

③ **위생장갑**
  ㉮ 식재료 품질을 평가하기 위한 관능검사 시 위생장갑 착용
  ㉯ 식재료별로 위생장갑을 교체하여 교차오염 방지

┌ **적절한 온도계의 구비조건**
- 식재료 중심부의 온도를 측정 가능한 금속온도계일 것
- 영하 18℃~105℃ 범위의 측정이 가능할 것
- 눈금조절기가 있어 최대한 확실하고 정확하게 측정할 수 있을 것

Lesson 03 원가

1 원가의 의의 및 종류

(1) 원가의 의의

① **원가의 개념**
㉮ 특정한 제품의 제조, 판매, 서비스 제공을 위하여 소비된 경제가치
㉯ 기업이 제품을 생산하는데 소비한 경제가치

② **원가 계산의 목적**
㉮ 가격 결정의 목적
㉯ 원가 관리의 목적
㉰ 예산 편성의 목적
㉱ 재무제표 작성의 목적

③ **원가 계산의 원칙**
㉮ 진실성의 원칙
㉯ 발생 기준의 원칙
㉰ 계산 경제성의 원칙
㉱ 확실성의 원칙
㉲ 정상성의 원칙
㉳ 비교성의 원칙
㉴ 상호 관리의 원칙

(2) 원가의 종류

① **원가의 3요소**
㉮ 재료비 : 제품 제조에 소비되는 물품의 원가, 단체급식시설에 있어 재료비는 급식재료비를 의미
㉯ 노무비 : 제품 제조에 소비되는 노동의 가치로 임금, 급료, 잡급 등으로 구분

ⓒ 경비 : 제품 제조에 소비되는 재료비, 노무비 이외의 수도, 광열비, 전력비, 감가상각비, 보험료 등
② **직접원가, 제조원가, 총원가**
㉮ 직접원가 = 직접 재료비 + 직접 노무비 + 직접 경비
㉯ 제조원가 = 제조 간접비 + 직접원가
㉰ 총원가 = 판매 관리비 + 제조원가
㉱ 판매가격 = 총원가 + 이익
③ **실제원가, 예상원가, 표준원가**
㉮ 실제원가 : 제품이 제조된 후 실제로 소비된 원가(= 확정원가, 현실원가, 보통원가)
㉯ 예상원가 : 제품 제조 이전에 제품 제조에 소비될 것으로 예상되는 원가를 예상하여 산출한 사전원가(= 추정원가, 견적원가, 사전원가, 예정원가)
㉰ 표준원가 : 기업이 이상적으로 제조활동을 할 경우 예상되는 원가로 과학적·통계적 방법에 의하여 미리 표준이 되는 원가를 설정하고 이를 실제원가와 비교·분석하기 위한 것

[원가의 구성]

2 원가분석 및 계산

(1) **원가계산의 구조**
① **1단계 : 요소별 원가계산**
㉮ 직접비 : 직접 재료비(주요 재료비), 직접 노무비(임금 등), 직접 경비(외주 가공비 등)
㉯ 간접비 : 간접 재료비(보조 재료비), 간접 노무비(잡급, 수당 등), 간접 경비(감가상각비, 보험료, 수선비, 전력비, 가스비, 수도광열비)
② **2단계 : 부문별 원가계산**
㉮ 전 단계에서 파악된 원가요소를 분류·집계하는 계산 절차
㉯ 원가부문이란 좁은 의미에서 원가가 발행한 장소, 넓은 의미로는 발생한 직능에 따라 원가를 집계하고자 할 때 설정되는 계산상의 구분을 의미

③ **3단계 : 제품별 원가계산**
  ㉮ 최종적으로 각 제품의 제조원가를 계산하는 절차
  ㉯ 요소별 원가계산에서 이루어진 직접비 : 제품별로 직접 집계
  ㉰ 부분별 원가계산에서 파악된 직접비 : 기준에 따라 제품별로 배분하여 집계

(2) **재료비의 계산**
  ① **재료비**
    ㉮ 제품의 제조과정에서 실제로 소비되는 재료의 가치를 화폐 액수로 표시한 금액
    ㉯ 재료비 = 재료소비량 × 재료소비단가
  ② **재료소비량의 계산방법**
    ㉮ 계속기록법 : 재료를 동일한 종류별로 분류하고 들어오고 나갈 때마다 수입, 불출 및 재고량을 계속하여 기록함으로써 재료소비량을 파악하는 방법
    ㉯ 재고조사법 : 전기의 재료 이월량과 당기의 재료 구입량의 합계에서 기말 재고량을 차감함으로써 재료의 소비된 양을 파악하는 방법
    ㉰ 역계산법 : 일정 단위를 생산하는데 소요되는 재료의 표준소비량을 정하고, 그것에다 제품의 수량을 곱하여 전체의 재료소비량을 산출하는 방법
  ③ **재료 소비가격의 계산**
    ㉮ 개별법 : 재료를 구입단가별로 가격표를 붙여서 보관하다가 출고할 때 그 가격표에 붙어있는 구입단가를 재료의 소비가격으로 하는 방법
    ㉯ 선입선출법 : 재료의 구입순서에 따라 먼저 구입한 재료를 먼저 소비한다는 가정 아래에서 재료의 소비가격을 계산하는 방법
    ㉰ 후입선출법 : 선입선출법과 정반대로 나중에 구입한 재료부터 먼저 사용한다는 가정 아래에서 재료의 소비가격을 계산하는 방법
    ㉱ 단순평균법 : 일정 기간 동안의 구입단가를 구입횟수로 나눈 구입단가의 평균을 재료소비단가로 하는 방법
    ㉲ 이동평균법 : 구입 단가가 다른 재료를 구입할 때마다 재고량과의 가중평균가를 산출하여 이를 소비재료의 가격으로 하는 방법

(3) **표준 원가계산 및 감가상각**
  ① **표준 원가계산**
    ㉮ 원가관리 : 원가의 통제를 통하여 가능한 절감하려는 경영기법
    ㉯ 손익분기점 : 수입과 총비용이 일치하는 점(이익도 손실도 없다.)
  ② **감가상각**
    ㉮ 감가상각의 개념 : 기업의 자산(재산)은 고정 자산(토지, 건물, 기계 등)과 유동 자산(현금, 예금, 원재료 등) 및 기타 자산으로 구분된다. 이중 고정 자산은 시일이 경과함에 내려가고 그 금액을 감가상각액이라 한다.

㉯ 감가상각 계산법
　㉠ 정액법 : 고정자산의 감가총액을 내용연수로 균등하게 할당하는 방법
　㉡ 정률법 : 기초가격에서 감가상각비 누계를 차감한 미상각액에 대하여 매년 일정률을 곱하여 산출한 금액을 상각하는 방법
㉰ 감가상각의 3요소
　㉠ 기초가격 : 취득 원가(구입가격)
　㉡ 내용연수 : 취득한 고정자산이 유효하게 사용될 수 있는 추산기간(사용한 연수)
　㉢ 잔존가격 : 고정자산이 내용연수에 도달했을 때 매각하여 얻을 수 있는 추정가격(기초가격의 10%)

(4) 단체 급식 시설의 원가요소

항목	내용
급식재료비	조리완제품, 반제품, 급식 원재료 또는 조미료 등의 급식에 소요된 모든 재료에 대한 비용
노무비	급식 업무에 종사하는 모든 사람들의 노동력 대가로 지불되는 비용
시설 사용료	급식시설의 사용에 대하여 지불하는 비용
수도·광열비	전기료, 수도료, 연료비 등
전화 사용료	업무 수행상 사용한 전화료
소모품비	급식업무에 소요되는 각종 소모품의 사용에 지불되는 비용
관리비	단체급식시설의 규모가 큰 경우 별도로 계산되는 간접경비
기타 경비	위생비, 피복비, 세척비, 기타 잡비 등

기초 조리실무

Lesson 04 조리 준비

3 조리의 정의 및 기본 조리조작

(1) 조리의 정의

① 식품에 물리적·화학적 조작을 가하여 합리적인 음식물로 만드는 과정을 말하며, 이 과정을 통하여 식품의 특성을 살려 먹기 좋고 소화하기 쉽도록 하여 식욕이 나도록 하는 과정을 말한다.

② 조리는 넓은 의미로는 식사계획에서부터 식품의 선택, 조리조작 및 식탁차림 등 준비에서부터 마칠 때까지의 전 과정을 말하나, 좁은 의미로는 식품을 조작하여 먹을 수 있는 음식으로 만드는 것이다.

(2) 조리의 목적

① **영양적 효용성 증가** : 식품의 불필요한 부분 제거, 갈거나 다지는 등의 기계적 조작, 가열처리로 인한 조직의 연화 및 단백질 변성은 소화와 흡수를 증진시킨다.

② **안전성 향상** : 식품에 포함되거나 부착된 독성분, 병원성 세균, 해충류, 농약 등을 씻기, 담그기 등으로 제거하거나 가열함으로써 위생적이며 안전한 음식을 만들 수 있다.

③ **기호성 증진** : 식품은 조리과정을 통하여 향미, 질감, 색이 증진되고 더욱 맛있게 먹을 수 있는 온도가 되어 기호적인 가치가 향상된다.

④ **수송성과 저장성 향상** : 식품은 세포 속에 들어 있던 산화효소나 가수분해효소의 영향으로 식품 성분 간의 화학반응이나 조직이 물러지는 등의 변화를 보이지만, 조리과정을 통해 효소가 파괴되어 저장성이 높아지며 조리 시 부피가 줄어 수송성도 향상된다.

(3) 기본 조리조작

① **다듬기**

㉮ 식품 재료를 조리할 수 있도록 전처리하는 과정으로 먹을 수 없는 부분을 제거하는 조작이다.

㉯ 식품 전체의 무게에서 폐기되는 식품 무게의 백분율을 폐기율이라 한다.

㉠ 생선류 30~50%, 육류 30% 정도, 채소류 6~10%

㉡ 폐기율(%) = $\dfrac{\text{폐기되는 식품의 무게(g)}}{\text{식품 전체의 무게(g)}} \times 100(\%)$

② 씻기
    ㉮ 식품에 부착되어 있는 불순물과 미생물, 기생충알, 농약 등의 위해성분을 제거하고 나쁜 맛을 내는 성분을 제거한다.
    ㉯ 식품의 수용성 성분 손실을 줄이기 위해서 썰기 전에 씻어 손질하거나 또는 크기를 크게 하여 물이 닿는 단면적을 줄인다.
③ 담그기
    ㉮ 식품을 물이나 조미액에 담그는 조작이다.
    ㉯ 건조식품에 수분을 공급하고 조직을 연화시키며 떫은맛, 쓴맛 등의 수용성 성분이나 불필요한 성분을 용출시키고 식품의 갈변을 방지하며 조미료를 침투시키는 효과가 있다.
④ 썰기
    ㉮ 식품에서 먹을 수 없는 부분이나 불필요한 부분을 제거하고 먹기 좋은 크기, 보기 좋은 형태로 만드는 과정이다.
    ㉯ 썰기를 통해 표면적이 증가되면 열전도율이 높아지고, 조미료의 침투가 쉬워져 가열시간이 단축되고 소화 및 흡수도 증가한다.
⑤ 섞기
    ㉮ 재료의 균일화, 열전도의 균질화, 맛의 균질화 효과가 있다.
    ㉯ 재료를 균일하게 섞는 혼합, 블랜더를 이용한 교반, 반죽 등도 섞기 조작에 해당된다.
⑥ 다지기
    ㉮ 일정한 크기의 아주 작은 조각으로 자르는 조작이다.
    ㉯ 조리의 용도에 따라 크기가 정해진다.
⑦ 압착 · 여과
    ㉮ 식품에 물리적인 힘을 가해 물기를 짜내고 고형물과 액체를 분리하는 과정이다.
    ㉯ 조직을 파괴시켜 균일한 상태로 만든다.
⑧ 냉각
    ㉮ 가열조리 된 음식의 온도를 식히는 과정이다.
    ㉯ 자연상태의 바람, 냉수, 냉장고 등을 이용한다.
⑨ 냉동
    ㉮ 식품을 0℃ 이하로 냉각시켜 식품 중의 수분을 동결시키는 방법으로 미생물의 번식을 억제하고 효소작용 및 산화를 억제하여 품질 저하를 방지한다.
    ㉯ 냉동 시 −40℃ 이하로 급속동결시키면 식품의 조직 파괴를 방지할 수 있다.
⑩ 해동
    ㉮ 냉동된 식품을 냉동 이전의 상태로 만드는 조작으로 해동 과정에서 단백질의 변성으로 인한 조직의 파괴로 정미성분이 손실될 수 있다.
    ㉯ 해동방법
        ㉠ 완만해동 : 0℃ 가까운 온도에서 서서히 해동하는 것으로 표면과 중심부의 온도 차이가 적어서 원래 상태로 회복되기가 쉽다.

ⓛ 급속해동 : 반조리 또는 조리된 상태의 냉동식품을 그대로 가열하거나 전자레인지 이용한다.

4 기본조리법 및 대량조리 기술

(1) 비가열조리

① **비가열조리의 의의**
㉮ 식품 그대로의 감촉과 맛을 느끼기 위해 열을 사용하지 않는 조리방법이다.
㉯ 채소나 과일을 생식함으로써 비타민과 무기질의 파괴를 줄일 수 있으나 기생충에 오염될 우려가 있다.

② **비가열조리의 특성**
㉮ 성분의 손실이 적어 수용성·열분해성 비타민, 무기질 등의 이용률이 높다.
㉯ 식품 본래의 색과 향의 손실이 적어 식품 자체의 풍미를 살릴 수 있다.
㉰ 조리가 간단하고 시간이 절약된다.
㉱ 위생적으로 취급하지 않으면 기생충 등의 감염이 발생할 수 있다.

(2) 가열조리

① **가열조리의 개요**
㉮ 가열조리의 분류
　㉠ 습열조리 : 끓이기, 찜, 조림, 삶기, 데치기
　ⓛ 건열조리 : 볶기, 튀기기, 지지기, 굽기
　ⓒ 기타조리 : 극초단파(전자오븐)
㉯ 가열조리의 특징
　㉠ 살균, 살충처리를 하여 위생적으로 안전한 식품으로 만든다.
　ⓛ 조직의 연화, 단백질의 응고, 색의 안정과 발색, 불미 성분의 제거, 전분의 호화, 지방의 용해 등 식품의 조직과 성분의 변화를 일으킨다.
　ⓒ 소화흡수를 도와 영양효율을 증가시킨다.

② **끓이기(boiling)**
㉮ 특징
　㉠ 식품의 조미를 자유자재로 할 수 있는 장점이 있다.
　ⓛ 고기나 생선을 끓일 때는 국물로 용출되지 않도록 끓는 물에 넣어 표면의 단백질을 응고시킨 후 가열하는 것이 좋다.
　ⓒ 건조식품은 수분함량이 적으므로 먼저 물에 담가서 수분을 흡수시킨 후에 끓인다.
㉯ 장점
　㉠ 어떤 열원이라도 가능하다.
　ⓛ 다량의 음식을 한 번에 취급할 수 있다.

ⓒ 조미에 있어 편리하다.
ⓔ 식품의 중심부까지 열이 가해지므로 딱딱한 것을 부드럽게 할 수 있다.

③ 삶기(poaching)와 데치기(blanching)
㉮ 특징 : 조직의 연화로 맛이 증가하고, 단백질의 응고, 색의 안정과 발색, 불미성분의 제거, 전분의 호화, 지방의 제거, 부피의 축소, 효소를 제거하며 소독할 수 있는 조리방법이다.
㉯ 조리방법
  ⊙ 조리하는 시간은 가능한 한 짧게 하여 부드럽게 익히면서도 약간 씹히는 맛이 있도록 하여 색이나 질감, 맛, 영양적인 요리가 되도록 한다.
  ⓒ 엽록소는 마그네슘(Mg) 이온을 가지고 있어 산성에서는 퇴색하고 알칼리성에서는 안정화하여 선명한 녹색을 나타내므로 중조 또는 식염을 넣고 삶으면 녹색을 얻을 수 있으나 중조로 처리하면 특히 수용성 비타민의 손실이 크다.
  ⓒ 토란, 죽순이나 우엉을 삶을 때 쌀뜨물을 이용하면 쌀뜨물에 있는 효소의 작용으로 조직이 연화되고 색이 희며 깨끗하게 삶아진다.

④ 찌기(steaming)와 졸이기(braising)
㉮ 찌기(찜)
  ⊙ 수증기의 잠재열(1g당 593kcal)을 이용하여 식품을 가열하는 조리법이다.
  ⓒ 시간은 다소 걸리지만 영양소의 손실이 적고 온도의 분포도 골고루 되므로 식품이 흩어지거나 탈 염려가 없다.
㉯ 졸이기(조림)
  ⊙ 여러 가지 재료를 함께 조리고자 할 때는 단단한 재료를 먼저 넣어 전체가 동일하게 잘 무르도록 한다.
  ⓒ 불 조절은 센 불에서 시작하여 끓기 시작하면 불을 줄여 밑이 타지 않도록 한다.
  ⓒ 생선조림의 경우 양념장을 먼저 끓이다가 생선을 넣어야 살이 부서지지 않고 영양손실도 적다.

⑤ 볶기(saute & pan frying)
㉮ 프라이팬이나 철판을 이용하여 강한 불에 볶는 요리로 구이와 튀김의 중간 조리법에 해당된다.
㉯ 푸른 채소는 단시간의 가열로 색이 아름다워지고, 카로틴을 함유한 식품은 기름에 용해되어 체내 이용률이 증가한다.
㉰ 고온 단시간의 처리로 비타민의 손실이 적으며, 지용성 비타민의 흡수도 좋게 된다.
㉱ 단단한 것은 미리 약간 익히는 것이 좋고, 물기가 많은 재료는 적당히 물기를 제거하여 볶는다.

⑥ 튀기기(frying)
㉮ 특징
  ⊙ 기름의 온도는 식품에 따라 각기 다르나, 보통 160~180℃의 범위 내에서 튀긴다.
  ⓒ 고온의 기름 속에서 단시간 처리하므로 영양소(특히 비타민 C)의 손실이 조리법 중 가장 적다.

  ④ 방법
    ㉠ 튀김용 기름은 무색, 무미, 무취의 면실유, 콩기름, 채종유, 옥수수유 등의 발연점이 높은 식물성 기름이 좋다.
    ㉡ 튀김옷으로는 글루텐 함량이 적은 박력분이 적당하고, 박력분이 없으면 중력분에 전분을 10~13% 정도 혼합하여 사용한다.
    ㉢ 튀김옷은 냉수(얼음물)에 달걀을 넣고 잘 푼 후 체에 친 밀가루를 넣고 젓지 않고 젓가락으로 콕콕 찌르는 방법으로 가볍게 섞어 사용한다.

 ⑦ 굽기(baking)
  ㉮ 특징
    ㉠ 식품 중의 전분은 호화되고, 단백질은 응고하여 수분을 침출시키고 동시에 세포는 열을 받아 익으므로 식품이 연화된다.
    ㉡ 지방의 분해나 당질의 캐러멜화로 맛있는 향기를 낸다.
  ㉯ 방법
    ㉠ 직접구이 : 재료에 직접 화기가 닿게 하여 복사열이나 전도열을 이용하여 굽는 방법으로 산적구이, 석쇠구이 등이 있으며 주로 어육류, 패류, 채소류 등을 굽기에 이용한다.
    ㉡ 간접구이 : 프라이팬이나 철판 등의 매체를 이용하여 간접적인 열로 조리하는 것으로 서양 조리에서의 로스팅(Roasting), 베이킹(Baking) 등이 여기에 속한다.

 ⑧ 전자오븐(Microwave oven)
  ㉮ 초단파를 이용하여 짧은 시간 내에 고열로써 조리하는 방법이다.
  ㉯ 열효율이 크고 가열시간이 짧으므로 영양소의 파괴를 줄일 수 있다.
  ㉰ 식품 천연의 색과 향을 유지시킬 수 있지만, 식품의 수분감소가 크다.
  ㉱ 전자레인지에서 사용 불가능한 조리기구
    ㉠ 알루미늄 제품, 캔, 법랑, 쇠꼬챙이, 석쇠, 철기, 도금한 식기, 크리스탈 제품, 금테 등이 새겨진 도자기 등
    ㉡ 금속성분이 있는 것 등

■ 삶기 조작의 효과

- 단백질의 응고
- 전분의 호화
- 조직의 연화
- 지방성분의 용출
- 유해성분의 제거
- 살균 및 소독
- 색소의 고정

---

(3) 대량조리 기술

① **대량조리** : 대량조리란 일반적으로 50인분 이상의 많은 음식을 동시에 공급할 수 있도록 특정한 시설이나 조리기구를 사용하는 조리과정을 말한다.

② **대량조리의 특징**
  ㉮ 많은 양을 한꺼번에 취급하므로 대량 조리기기를 활용할 필요가 있다.

㉯ 정해진 시간 내에 여러 명의 조리 종사자가 협력해 음식을 완료해야 하므로 계획적 생산관리가 필요하다.
　　㉰ 대량조리에 따라 음식의 맛과 질적 저하가 급속히 진행되므로 체계적인 품질관리가 매우 중요하다.
　　㉱ 표준 레시피에 맞는 적절한 조리기기를 수행할 수 있는 조리 종사자들의 기술과 숙련도가 필요하다.
　　㉲ 한정된 시간에 많은 식품을 다루어야 하므로 적절한 조리기기의 사용이 요구된다.
③ **대량조리 시 고려사항**
　　㉮ 조리원의 숙련도 및 작업 방법
　　　㉠ 조리작업을 사전에 정확히 파악하여 조리계획을 세우도록 한다.
　　　㉡ 조리작업 전에 사용할 조리기구를 정리 정돈하고 조리방법에 맞는 적절한 조리기구를 사용하도록 한다.
　　　㉢ 동선의 최소화로 피로를 줄이기 위해 조리기구를 적절히 배치하여 사용하고 작업시에는 두 손을 이용하여 작업순서에 따라 신속히 진행하도록 한다.
　　㉯ 조리해야 할 식품의 양 및 조리방법
　　　㉠ 급식인원과 1인분량을 잘 계산하여 전체 조리량을 산정하도록 한다. 식품재료 구입량과 조리 후 급식량과의 관계에 대한 데이터를 축적해 두고 참조하도록 한다.
　　　㉡ 어린이들의 영양적 기호적 만족도를 높일 수 있는 조리방법을 선택하여 조리하도록 한다.
　　㉰ 적절한 조리기구의 선정 및 사용
　　　㉠ 기기 선정
　　　㉡ 기기의 취급 및 관리
　　　㉢ 사용방법 설명서
　　　㉣ 사용방법에 대한 교육과 훈련
　　　㉤ 정기적인 점검 및 안전성 확인
　　　㉥ 위생적인 취급에 대한 교육

5 기본 칼 기술 습득

(1) 칼끝의 모양에 따른 칼의 종류

① **아시아형(low tip)**
　　㉮ 칼날 길이를 기준으로 18cm 정도이며, 칼등이 곡선 처리되어 있고 칼날이 직선인 안정적인 모양이다. 칼이 부드럽고 똑바로 자르기에 좋다.
　　㉯ 채 썰기 등 동양요리에 적당하며, 우리나라와 일본 같은 아시아에서 많이 사용되는 칼이다.
② **서구형(center tip)**
　　㉮ 칼날 길이를 기준으로 20cm 정도이며, 칼등과 칼날이 곡선으로 처리되어 칼끝에서 한 점으로 만난다.
　　㉯ 주로 자르기에 편하며 힘이 들지 않아 일반 부엌칼이나 회칼로도 많이 사용된다.

③ **다용도칼**(high tip)
  ㉮ 칼날 길이를 기준으로 16cm 정도이며, 칼등이 곧게 뻗어 있고 칼날은 둥글게 곡선 처리된 칼이다.
  ㉯ 주로 칼을 자유롭게 움직이면서 도마 위에서 롤링하며 뼈를 발라내기도 하는 다양한 작업을 할 때 사용한다.

(2) 칼의 쓰임새
  ① **칼 앞끝** : 고기의 살과 뼈를 바르고 힘줄을 떼어 낼 때, 생선의 포를 뜨거나 내장을 도려낼 때, 야채의 꼭지를 도려낼 때 사용한다.
  ② **칼 중앙** : 가장 많이 사용하는 부위로 썰기와 자르기, 다지기 등에 사용한다.
  ③ **칼 밑** : 과일의 껍질을 벗기거나, 단단한 껍질이나 뼈 등을 자를 때 사용한다.
  ④ **칼 턱** : 작고 오목한 부분은 감자의 눈을 도려내는데 사용하거나 잘 끊어지지 않는 딱딱한 부위를 자를 때 사용한다.
  ⑤ **칼 등** : 얇고 긴 야채의 껍질을 벗길 때, 생선의 비늘을 긁을 때, 고기를 부드럽게 다질 때 사용한다.
  ⑥ **칼 배(칼편)** : 두부를 으깨거나 마늘, 생강을 곱게 다질 때 칼 배로 누른 다음 다져 사용한다.

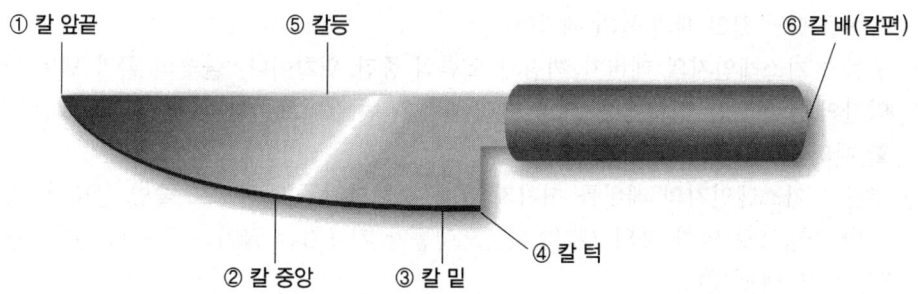

(3) 칼질법의 종류
  ① 밀어 썰기
    ㉮ 모든 칼질의 기본이 되는 칼질법이다. 피로도와 소리가 작아 가장 많이 사용하는 칼질법이다. 안전사고도 적다.
    ㉯ 무, 양배추 및 오이 등을 채 썰 때 사용한다.
  ② **작두 썰기(칼끝 대고 눌러 썰기)**
    ㉮ 배우기에 쉬운 방법이다. 칼이 잘 들지 않을 때 사용하면 편하다. 칼의 길이가 27cm 이상 되는 칼로 하는 것이 편하다.
    ㉯ 무나 당근과 같이 두꺼운 재료를 썰기에는 부적당하다.

③ 칼끝 대고 밀어 썰기
  ㉠ 밀어 썰기와 작두 썰기를 겸한 방법으로 소리가 작은 장점과 밀어 썰기보다 조금 쉬워 쉽게 배울 수 있는 장점이 있다. 두꺼운 재료를 썰기에는 부적당하다.
  ㉡ 주로 양식조리에 많이 사용하며, 고기처럼 질긴 것을 썰 때 힘이 분산되지 않고 한 곳으로 집중되어 썰기 좋다.

④ 후려 썰기
  ㉠ 속도가 빠르고 손목의 스냅을 이용하기 때문에 힘도 적게 든다. 많은 양을 썰 때 적당하다. 정교함이 떨어지고 소리가 크게 나는 단점이 있다.
  ㉡ 칼날이 넓은 칼을 사용할 때는 안전사고에 유의한다.

6 조리기구의 종류와 용도

(1) 가스레인지

① 조리온도는 음식의 품질을 좌우하는 중요한 요소이다. 따라서 조리법에 따라 음식의 맛을 가장 좋게 하는 불 조절이 필요하다.

② 불 조절
  ㉠ 센불 : 가스레인지의 레버를 전부 열어 놓은 상태로 불꽃이 냄비 바닥 전체에 닿는 정도이다. 볶음·구이·찜 등의 요리에서 처음에 재료를 익힐 때, 국물음식의 내용을 익힐 때 또는 국물 음식을 팔팔 끓일 때의 불의 세기이다.
  ㉡ 중불 : 가스레인지의 레버가 꺼짐과 열림의 중간 위치이다. 불꽃의 끝과 냄비 바닥 사이에 약간의 틈이 있는 정도이다. 국물 요리에서 한 번 끓어오른 다음 부글부글 끓는 상태를 유지할 때의 불의 세기이다.
  ㉢ 약불 : 가스레인지의 레버를 꺼지지 않을 정도까지 최소한으로 줄인 상태로, 중간 불보다 절반 이상으로 약한 불의 세기이다. 오랫동안 지글지글 끓이는 조림요리나 뭉근히 끓이는 국물 요리에 알맞다.

(2) 인덕션(induction)

① 조리기기 상부의 표면은 매끈한 세라믹물질로 만들어져 있다.
② 자기전류가 유도코일에 의하여 발생되어 상부에 놓인 조리기구와 자기마찰에 의한 가열이 되어지는 것이다.
③ 상부에 놓이는 조리기구는 금속성 철을 함유한 것이어야 한다.
④ 가열속도가 빠르고 열의 세기를 쉽게 조절할 수 있다.

(3) 온도계
  ① 조리온도 측정에 사용
  ② 온도계의 구분과 사용
    ㉮ 주방용 온도계 : 비접촉식으로 표면 온도를 잴 수 있는 적외선 온도계를 사용
    ㉯ 기름 등의 액체 온도 : 200~300℃의 봉상 액체온도계를 사용
    ㉰ 육류 : 탐침하여 육류의 내부 온도를 측정할 수 있는 육류용 온도계를 사용
  ③ 음식의 적온

음식 종류	온도	음식 종류	온도
청량음료	0~5℃	밥, 겨자, 종국 발효	40~45℃
맥주, 냉수	6~12℃	식혜 발효	50~60℃
빵 발효	25~30℃	커피, 국, 달걀찜	70~75℃
우유	40~45℃	전골	95~98℃

(4) 기타 조리기구
  ① 일반조리기구
    ㉮ 칼 : 한식 조리작업에는 약 30~35cm 길이의 순강철로 된 일반조리용 칼을 사용한다.
    ㉯ 껍질 벗기는 칼 : 여러 가지 채소나 과일의 껍질을 벗길 때 사용한다.
    ㉰ 도마 : 음식을 만들기 전에 재료가 되는 식품을 썰거나 다지는 데 사용한다.
    ㉱ 주걱 : 밥 등을 퍼 담는 데 사용한다.
    ㉲ 국자 : 국이나 찌개 등의 국물을 뜨는 데 사용한다.
    ㉳ 집게 : 뜨거운 음식이나 식재료를 집을 때 사용한다.
    ㉴ 거품기 : 재료를 휘저어 섞거나 거품을 낼 때 사용한다.
    ㉵ 뒤집개 : 프라이팬 등에서 조리된 음식을 뒤집거나 들어 올릴 때 사용한다.
    ㉶ 강판 : 과일, 무, 생강 등을 갈거나 즙을 낼 때 사용한다.
    ㉷ 믹서(mixer) : 식품의 혼합·교반 등에 사용된다. 액체를 교반하여 동일한 성질로 만드는 블렌더(blender)와 여러 가지 재료를 혼합, 분쇄하는 믹서(mixer)가 있다.
    ㉸ 믹싱기(mixing machine) : 식품을 섞어 반죽하거나 분쇄·절단하는 작업에 편리한 조리기기로, 주로 밀가루 반죽, 소시지나 만두소 등을 만들 때 사용된다.
    ㉹ 스쿠퍼(scooper) : 아이스크림이나 야채의 모양을 뜨는 데 사용한다.
    ㉺ 필러(peeler) : 감자, 무, 당근, 토란 등의 껍질을 벗기는 기계(박피기)이다.
    ㉻ 식품 절단기(food cutter) : 육류를 저며내는 슬라이서(slicer), 채소를 여러 가지 형태로 썰어주는 배지터블 커터(vegetable cutter), 식품을 다져내는 푸드 초퍼(food chopper), 마늘 등을 다져주는 민서기(Mincer) 등이 있다.
  ② 가열조리기구
    ㉮ 솥 : 음식을 한꺼번에 많이 삶거나 끓일 때 사용한다.

- ㉯ 냄비 : 음식을 끓이는 데 사용한다.
- ㉰ 신선로 : 가운데에 숯불을 피우고 둘레에 여러 가지 재료를 넣어 끓이면서 먹는 데 사용한다.
- ㉱ 번철 : 전이나 빈대떡 등을 부치는 쇠판을 말한다.
- ㉲ 석쇠 : 네모지거나 둥글게 짠 쇠테두리에 철사 등을 잘게 그물처럼 엮어 만든 것으로 고기 등을 직접 구울 때 사용한다.
- ㉳ 뚝배기 : 찌개 등을 끓일 때 사용한다.
- ㉴ 살라만더(salamander) : 가스 또는 전기를 열원으로 하는 하향식 구이용 기기로 생선구이나 스테이크 구이용으로 많이 사용된다.
- ㉵ 그리들(griddle) : 두꺼운 철판 밑으로 열을 가열하여 뜨겁게 달구어진 철판 위에서 음식을 조리하는 기기로 전, 햄버거 등 부침요리에 적합한 조리기구이다.
- ㉶ 브로일러(broiler) : 복사열을 직·간접으로 이용하여 음식을 조리하는 기기로 구이에 적합하며, 석쇠에 구운 모양을 나타내는 시각적 효과로 스테이크 등의 메뉴에 많이 이용된다.

7 식재료 계량방법

(1) 계량

① **조리에 사용되는 계량기기** : 저울, 계량컵, 계량스푼, 타이머, 온도계 등

② **계량의 단위**
- ㉮ 1컵 = 1 Cup = 1C = 약 13큰술 + 1작은술 = 물 200ml = 물 200g
- ㉯ 1큰술 = 1 Table spoon = 1Ts = 3작은술 = 물 15ml = 물 15g
- ㉰ 1작은술 = 1 tea spoon = 1ts = 물 5ml = 물 5g
- ㉱ 1쿼터(guart) = 2핀트(pints) = 약 4C

(2) 식품의 계량법

① **분말(가루) 식품** : 입자가 작고 다져지는 성질이 있어 덩어리가 없는 상태에서 누르지 말고 수북하게 담아 평평한 것으로 고르게 밀어 표면이 평면이 되도록 깎아서 계량하도록 한다.

② **액체식품** : 기름·간장·물·식초 등의 액체식품은 액체 계량컵이나 계량스푼에 가득 채워서 계량하거나 평평한 곳에 놓고 눈높이에서 보아 눈금과 액체의 표면 아랫부분을 눈과 같은 높이로 맞추어 읽는다.

③ **고체식품** : 고체지방이나 다진 고기 등의 고체식품은 계량컵이나 계량스푼에 비어있는 공간이 없도록 가득 채워서 표면이 평면이 되도록 깎아서 계량한다.

④ **알갱이 상태의 식품** : 쌀·팥·통후추·깨 등의 알갱이 상태의 식품은 계량컵이나 계량스푼에 가득 담아 살짝 흔들어서 공극을 메운 뒤 표면이 평면이 되도록 깎아서 계량한다.

⑤ **농도가 큰 식품** : 고추장, 된장 등의 농도가 큰 식품은 계량컵이나 계량스푼에 꾹꾹 눌러 담아 평평한 것으로 고르게 밀어 표면이 평면이 되도록 깎아서 계량한다.

8 조리장의 시설 및 설비 관리

(1) 조리장의 기본조건

① 조리장의 3원칙
㉮ 위생 : 식품의 오염을 방지할 수 있으며 채광, 환기, 통풍 등이 잘 되고 배수와 청소가 쉬워야 한다.
㉯ 능률 : 적당한 공간이 있어 식품의 구입, 검수, 저장, 식당 등과의 연결이 쉽고 기구, 기기 등의 배치가 능률적이어야 한다.
㉰ 경제 : 내구성이 있고 구입이 쉬우며 경제적이어야 한다.

② 조리장의 면적 등
㉮ 조리장의 면적 : 식당 넓이의 1/3
㉯ 취식자 1인당 취식 면적
　㉠ 일반 급식소 : 1인당 1.0m^2
　㉡ 학교 급식소 : 아동 1인당 0.3m^2
　㉢ 병원 급식소 : 침대 1개당 0.8~1.0m^2
　㉣ 기숙사 : 1인당 0.3m^2
　㉤ 호텔 : 침대 수와 연회석 수의 합에 1.0m^2를 곱한 것
㉰ 1인당 급수량
　㉠ 일반 급식소 : 6~10L/1식
　㉡ 학교 : 4~6L/1식
　㉢ 병원 : 10~20L/1식
　㉣ 기숙사 : 7~15L/1식
㉱ 설비와 기구를 완비하고도 작업에 지장을 받지 않을 크기의 면적은 확보하여야 한다.
㉲ 조리장은 직사각형 구조가 능률적이며 폭을 1.0m로 한다면 길이는 폭의 2~3배로 하는 것이 좋다.

③ 조리장의 위치
㉮ 통풍, 채광, 배수가 잘되고 악취, 먼지, 유독가스가 들어오지 않는 곳이어야 한다.
㉯ 공해가 없고 주변에 피해를 주지 않는 곳이어야 한다.
㉰ 물건 구입, 반출이 편리하고 종업원의 출입이 용이한 곳이어야 한다
㉱ 음식점에서는 손님의 분위기를 중요하게 고려하여야 한다.
㉲ 비상시 출입문과 통로에 방해되지 않는 장소가 좋다

(2) 조리장의 설비

① 조리장의 건물구조
㉮ 충분히 내구력이 있는 구조로 하되 객실 및 객석과는 구획되어야 한다.
㉯ 작업장의 바닥과 바닥으로부터 1m까지의 내벽은 타일, 콘크리트 등 내수성 자재로 하고 배수 및 청소가 용이한 구조로 하여야 한다.

⑪ 객실 면적이 33m² 미만의 대중음식점, 인삼 찻집, 간이주점은 별도로 구획된 작업장을 갖추지 않을 수도 있다.
㉣ 작업장에는 식품 및 식기류의 세척을 위한 위생적인 세척시설과 종업원 전용의 위생적 수세시설을 갖추어야 한다.

② **작업대의 설비**
㉮ 작업대의 높이와 너비 : 높이는 신장의 약 52%(80~85cm), 너비는 55~60cm가 적당하다.
㉯ 작업대의 배치순서 : 준비대 → 개수대 → 조리대 → 가열대 → 배선대
㉰ 작업대의 종류
  ㉠ ㄷ자형 : 면적이 같은 경우 가장 동선이 짧으며 넓은 조리장에 사용된다.
  ㉡ ㄴ자형 : 동선이 짧으며 좁은 조리장에 사용된다.
  ㉢ 병렬형 : 180°회전이 필요하기 때문에 피로가 빨리 온다.
  ㉣ 일렬형 : 작업 동선이 길어 비능률적이지만 조리장이 굽은 경우 사용된다.

③ **기타 시설**
㉮ 급수시설
  ㉠ 급수는 수돗물 또는 공공시험기관에서 음용수로 적합하다고 인정하는 것이어야 한다.
  ㉡ 수압은 일반적으로 0.35kg/m² 이상이다.
  ㉢ 급수관은 보통 아연도금 강판을 사용하며 보온시설이 필요하다.
  ㉣ 우물일 경우 화장실로부터 20m, 하수관에서 3m 떨어진 곳에 있는 것을 사용한다.
㉯ 배수시설 : 영업장 내에는 배수시설이 잘 되어야 하며, 개수대의 배수관에 트랩장치를 설치한다.
㉰ 환기시설 : 조리장의 경우 환기장치는 후드(hood)를 설치하되 사방 개방형이 가장 효율이 높다.
㉱ 조명시설 : 일반적으로 권장되는 조도 기준은 조리실의 경우 220 lux 이상, 검수 구역은 540 lux 이상, 식품 수납장 및 창고의 경우는 200 lux 이상이다.
㉲ 음식물 및 원재료 보관시설 : 음식물 및 원재료를 위생적으로 보관할 수 있는 보관시설과 냉장시설을 갖추어야 한다.

Lesson 05 식품의 조리원리

1 농산물의 조리 및 가공·저장

(1) 쌀

① 쌀의 수분 함량
  ㉮ 밥 짓기 전 : 11% 내외
  ㉯ 불린 쌀 : 20~30%
  ㉰ 밥을 지은 후 : 65% 내외

② 밥짓기
  ㉮ 쌀을 씻을 때 비타민 B_1(티아민)의 손실을 막기 위해 3~4회 정도 가볍게 씻는다.
  ㉯ 멥쌀은 30분, 찹쌀은 50분 정도 물에 담가 놓으면 물을 최대한 흡수한다.
  ㉰ 물의 분량은 쌀의 종류와 수침 시간에 따라 다르며 잘된 밥의 양은 쌀의 2.5배~2.7배 정도가 된다.

③ 호화와 노화, 호정화
  ㉮ 호화(알파화=α)
    ㉠ 호화란 생전분에 물분자와 열이 들어가 팽윤된 상태를 말한다.
    ㉡ 호화에 영향을 주는 인자는 전분의 종류이며, 가열온도 높을수록, 오래 불릴수록 호화가 잘 이루어진다.
  ㉯ 노화(베타화=β화)
    ㉠ 노화란 전분을 방치하면 점점 생전분에 가까운 상태로 되는 것을 말한다.
    ㉡ 억제하는 인자 : 건조(수분 15%), 냉동(0℃ 이하), 설탕첨가, 유화제 첨가
  ㉰ 호정화(텍스트린화)
    ㉠ 전분을 160~170℃ 건열로 가열
    ㉡ 수분이 안 들어간다는 점에서 호화와 차이가 있음
    ㉢ 물리적 변화인 호화와 화학적 변화가 같이 일어남

④ 쌀의 가공 및 저장
  ㉮ 벼의 구조 : 현미 80% 왕겨층 20%(현미는 왕겨층을 벗겨낸 것)
    ㉠ 백미 : 현미를 도정하여 배유만 남은 것(주로 전분)
    ㉡ 백미의 소화율 : 98%, 현미의 소화율 : 90%
  ㉯ 쌀의 가공품
    ㉠ 강화미 : 비타민 B_1을 첨가하여 영양가치를 높임
    ㉡ 팽화미 : 쌀 전분이 호정화된 것을 건조시킨 것
  ㉰ 저장성과 소화율
    ㉠ 도정도가 높을수록 영양소는 적어지지만 소화율은 높아짐(백미 > 현미)
    ㉡ 저장성은 벼의 상태가 가장 좋음(벼 > 현미 > 백미)

> ■ 전분
> - 찹쌀 : 아밀로펙틴으로만 구성(100%)
> - 멥쌀, 그 외 전분 : 아밀로펙틴(Amylopectin) 80%, 아밀로오스(Amylose) 20%
> - 아밀로오스 성분으로 인해 멥쌀이 찹쌀보다 소화가 잘 된다.

(2) 보리(정맥)

 ① 보리의 분류

  ㉮ 껍질의 상태에 따른 분류

   ㉠ 쌀보리(나맥) : 껍질이 쉽게 제거되며, 겨층이 10~15%를 차지하여 식용으로 하는 배유 부분이 많다.

   ㉡ 겉보리(피맥) : 씨방벽에서 분비되는 점액물질로 인해 껍질이 제거되기 힘들며, 겨층은 15~20% 정도 차지한다.

  ㉯ 이삭에 달린 씨알의 줄 수에 따른 분류 : 두줄보리(이조대맥), 여섯줄보리(육조대맥)

  ㉰ 파종시기에 따른 분류 : 가을보리(추파형), 봄보리(춘파형)

 ② 보리의 가공 및 저장

  ㉮ 압맥 : 롤러 사이를 통과시켜 호분층 조직을 파괴하여 만든 정맥

  ㉯ 할맥 : 섬유소를 제거하여 조리를 간편하게 하고 소화율을 높인 정맥

  ㉰ 맥아 : 겉보리에 수분·온도·산소를 작용시켜 발아시킨 보리의 낱알

  ㉮ 단맥아 : 맥주 양조에 사용

  ㉯ 장맥아 : 식혜나 물엿 제조에 사용

(3) 밀가루(소맥)

 ① 글루텐 함량에 따른 밀가루의 종류

종류	글루텐 함량	용도
강력분	13% 이상	식빵, 마카로니, 스파게티 등
중력분	10~13%	국수, 만두피 등
박력분	10% 이하	케이크, 튀김옷, 카스테라, 약과 등

 ② 글루텐의 형성

  ㉮ 밀가루에 물을 조금씩 가하면 점탄성 있는 도우(dough, 반죽)가 된다. 이는 밀의 단백질인 글리아딘(gliadin)과 글루테닌(glutenin)이 물과 결합하여 글루텐(gluten)을 형성하기 때문이다.

  ㉯ 반죽을 오래할수록 질기고 점성이 강한 글루텐이 형성되는데 반죽 시 글리아딘은 점성과 신장성을, 글루테닌은 탄성을 제공한다.

③ 밀가루 반죽 시 영향을 주는 물질
  ㉮ 팽창제 : CO_2(탄산가스)를 발생시켜 가볍게 부풀게 한다.
    ㉠ 이스트(효모) : 밀가루의 1~3%, 최적온도 30℃, 반죽온도는 25~30℃일 때 활동이 촉진된다.
    ㉡ 베이킹 파우더(B.P) : 밀가루 1C에 1ts이 적당하다.
    ㉢ 중조(중탄산나트륨) : 밀가루 내에 플라보노이드 색소가 있어 중조(알칼리)를 넣으면 제품이 황색으로 변화는 단점이 있다. 특히 비타민 B_1, B_2의 손실을 가져온다.
  ㉯ 지방 : 층을 형성하여 음식을 부드럽고 바삭하게 한다.
  ㉰ 설탕 : 열을 가했을 때 음식의 표면을 착색시켜 보기 좋게 만들지만 글루텐을 분해하여 반죽을 구우면 부풀지 못하고 꺼진다.
  ㉱ 소금 : 글루텐의 늘어나는 성질이 강해져 잘 끊어지지 않는다.
  ㉲ 달걀 : 밀가루 반죽의 형태를 형성하는 것을 돕지만 지나치게 많이 사용하면 음식이 질겨진다. 따라서 튀김 반죽을 심하게 젓거나 오래 두고 사용하면 글루텐이 형성되어 튀김옷이 바삭하지 않고 질겨진다.

④ 밀로 만든 빵의 분류
  ㉮ 발효빵 : 이스트의 발효로 생긴 CO_2를 이용하여 만든 것
  ㉯ 무발효빵 : 팽창제(베이킹파우더)에 의해서 생긴 CO_2를 이용하여 만든 빵

(4) 두류

① 두류의 분류와 용도
  ㉮ 대두, 땅콩(낙화생)
    ㉠ 단백질과 지방함량이 많으며, 식용유지의 원료로 이용된다.
    ㉡ 대두는 단백질 함량이 40% 정도로 두부 제조에 많이 이용되며, 주 단백질은 글리시닌(glycinin)으로 식물성 단백질 중 유일의 완전 단백질이다.
  ㉯ 팥, 녹두, 강낭콩, 동부
    ㉠ 단백질과 전분 함량이 많다.
    ㉡ 전분을 추출하여 떡이나 과자의 소나 고물로 이용되고, 전분이 비교적 많아 가열하면 쉽게 무른다.
  ㉰ 풋완두, 껍질콩
    ㉠ 채소의 성질을 갖고 있다.
    ㉡ 비타민 C 함량이 비교적 높아 채소로 취급된다.

② 두류의 조리 및 가열에 의한 변화
  ㉮ 사포닌의 파괴 : 대두와 팥에는 사포닌(saponin)이라는 성분이 있지만 가열 시 파괴된다.
  ㉯ 단백질 이용률과 소화율의 증가 : 날콩 속에는 단백질의 소화효소인 트립신(trypsin)의 분비를 억제하는 안티트립신(antitrypsin)과 혈소판의 응집을 일으키는 소인(soin)이 들어 있지만 가열 시 파괴된다.
  ㉰ 조리수의 pH와 조리 : 콩의 단백질인 글리시닌은 수용성이다. 약염기 상태에서는 더욱 촉진

된다. 한편, pH 4~5에서는 거의 불용성 상태가 된다. 따라서 콩을 삶을 때 식용소다(중조)를 첨가하여 삶으면 콩이 쉽게 물러지지만 비타민 B_1(티아민)의 손실이 커진다.

③ **두류의 가공품**
  ㉮ 두부
   ㉠ 원리 : 단백질인 글리시닌이 무기염류에 의해서 응고되는 성질을 이용
   ㉡ 응고제 : 염화마그네슘($MgCl_2$), 염화칼슘($CaCl_2$), 황산마그네슘($MgSO_4$), 황산칼슘($CaSO_4$)
   ㉢ 제조방법 : 콩을 2.5배가 될 때까지 불림 → 소량의 물을 첨가하여 마쇄 → 가열 → 65~70℃가 되면 응고제 첨가
  ㉯ 유부 : 두부의 수분을 뺀 뒤 기름에 2번 튀긴 것

④ **장류의 가공**
  ㉮ 된장 : 전분질의 원료를 쪄서 종국(황곡균)을 넣고 국자를 만들어 소금에 섞어 놓았다가 콩을 쪄서 국자와 혼합한 후 마쇄하여 통에 담아 숙성
  ㉯ 간장 : 콩과 볶은 밀을 마쇄하여 혼합시키고 황곡균을 뿌려 국자를 만든 다음 소금물에 담가 발효시켜 짠 것
  ㉰ 청국장 : 콩을 삶아 60℃까지 식힌 후 납두균을 번식시켜 콩 단백질을 분해하고 마늘, 파, 고춧가루를 가미하여 양념한 것

(4) 과채류

① **조리 시 채소의 변화**
  ㉮ 채소를 데칠 때는 물의 양을 5배 정도로 하여 뚜껑을 열어 끓는 물에 단시간 데쳐 빨리 냉수에 헹군다.
  ㉯ 수분이 많은 채소는 소금을 뿌리면 삼투압에 의해 물이 빠져나오므로 샐러드나 초무침을 할 때는 식탁에 내기 직전에 소금을 뿌린다.
  ㉰ 녹황색 채소는 지용성 비타민 A를 많이 함유하고 있으므로 기름을 이용한 조리법을 사용하면 영양흡수가 증가한다.
  ㉱ 토란, 죽순, 우엉, 연근 등 흰색 채소는 쌀뜨물이나 식초 물에 삶으면 흰색을 유지시키고 단단한 섬유를 연하게 한다.
  ㉲ 당근에는 비타민 C를 파괴하는 효소인 아스코르비나아제(ascorbinaes)가 있어 다른 채소와 함께 조리 시 다른 채소의 비타민 C 손실이 많아진다.
  ㉳ 토란의 점질성 물질은 물에 담갔다가 1%의 소금물에 데치거나 쌀뜨물에 데친다.

② **조리에 의한 색 변화**
  ㉮ 엽록소(클로로필, chlorophyll)
   ㉠ 녹색 야채의 녹색 색소(클로로필)는 산에 약하므로 식초를 사용하면 황갈색인 피오피틴(pheophytin)으로 변한다.
   ㉡ 알칼리 성분인 중탄산소다 및 황산동으로 처리하면 안정된 녹색을 유지한다.
   ㉢ 녹색 채소를 데칠 때는 뚜껑을 열고 끓는 물에서 단시간 조리한다. 특히 시금치, 근대,

아욱은 수산이 존재하므로 반드시 뚜껑을 열어서 변색과 비타민 C의 손실을 줄일 수 있다. 수산은 체내의 칼슘 흡수를 저해하며 신장결석을 일으킨다.

  ㉴ 안토시안(anthocyan) 색소
    ㉠ 식품의 꽃, 과일, 잎의 색소로 적색, 자색, 청색을 나타내며 물에 잘 녹는다(비트무, 적양배추, 딸기, 가지, 포도, 검정콩).
    ㉡ 산성에서는 적색(생강초절임), 중성에서는 보라색, 알칼리에서는 청색을 띤다.
    ㉢ 철(Fe) 등의 금속이온과 결합하면 청색을 띤다(가지절임).
    ㉣ 가지를 삶을 때 백반을 넣으면 안정된 청자색을 보존할 수 있다.
  ㉵ 플라보노이드(Flavonoid) 색소
    ㉠ 콩, 밀, 쌀, 감자, 연근 등의 흰색이나 노란색 색소이다.
    ㉡ 산에 안정하나 알칼리와 산화에는 불안정하다.
    ㉢ 산성 용액에서는 백색이 고정, 물에 삶거나 알칼리 용액에서는 황색으로 변한다.
  ㉶ 카로티노이드(Carotenoid) 색소
    ㉠ 등황색, 녹색 야채에 들어 있는 황색이나 오렌지색 색소이다(당근, 고구마, 호박, 브로콜리, 고추, 토마토 등).
    ㉡ 조리과정이나 조리온도에 크게 영향을 받지 않지만 공기 중의 산소나 산화효소에 의해 쉽게 산화되어 변화한다.
    ㉢ 기름을 사용하여 조리하면 흡수율이 좋아 영양상의 효과도 있다(당근 볶음).

③ **채소, 과일의 갈변 방지**
  ㉮ 사과, 배 등의 갈변은 구리나 철로 된 칼의 사용을 피하고 묽은 소금물(1%)이나 설탕물에 담가두면 방지할 수 있다.
  ㉯ 푸른잎 채소를 데칠 때 냄비의 뚜껑을 덮으면 휘발하지 못한 유기산에 의해 황갈색으로 변하므로 뚜껑을 열고 끓는 물에 단시간 데치는 것이 좋다.

④ **과일 가공과 저장**
  ㉮ 가공 : 펙틴(Pectin)의 응고성을 이용하여 만듦
    ㉠ 젤리화의 3요소 : 펙틴(1~1.5%), 유기산(0.5%, pH 3~4), 당분(60~65%)
    ㉡ 펙틴과 산이 많은 과일 : 사과, 포도, 딸기 등(펙틴과 산이 부족한 배, 감 등은 부적당)
  ㉯ 가공품
    ㉠ 잼(Jam) : 과육, 과즙에 설탕 60%를 첨가하여 농축한 것
    ㉡ 젤리(Jelly) : 투명한 과즙에 설탕 70%를 넣고 가열, 농축, 응고한 것
    ㉢ 마멀레이드(Marmalade) : 오렌지나 레몬의 과육·과즙에 껍질까지 첨가하여 만든 잼
    ㉣ 과일의 저장 : 냉장보존, 가스저장법

⑤ **채소의 가공과 저장**
  ㉮ 가공 : 비타민 C, B_1, B_2는 가공 중에 손실이 많으므로 유의한다.
  ㉯ 저장 : 움저장, 냉장법
  ㉰ 침채류 : 조리와 저장을 겸한 염장식품, 침채류에 사용되는 소금으로는 호염이 제일 좋다.

2 축산물의 조리 및 가공·저장

(1) 육류

① **육류의 조직**
  ㉮ 근육조직
    ㉠ 횡문근 : 골격근, 흔히 고기라고 부르는 부분
    ㉡ 평활근 : 내장기관을 구성, 불수의적으로 수축
    ㉢ 심근 : 심장을 구성
  ㉯ 결합조직
    ㉠ 콜라겐 : 백색의 교원성 섬유
    ㉡ 엘라스틴 : 황색의 탄력성 섬유
  ㉰ 지방조직 : 내장기관의 주위와 피하, 복강 내에 분포
  ㉱ 골격 : 뼈

② **육류 가열에 의한 고기 변화**
  ㉮ 고기 단백질의 변화 : 가열온도가 높을수록, 가열시간이 길수록 근섬유는 더 많이 수축하고 수분이 더 많이 용출되어 고기의 보수성은 줄어들고 연한 정도도 감소된다.
  ㉯ 결합 조직의 연화
    ㉠ 세 가닥의 폴리펩티드가 서로 꼬여 나선구조를 이루고 있는 콜라겐은 가열에 의해 수축되는데, 계속해서 가열하면 이런 나선구조가 붕괴되고 폴리펩티드 사슬간에 이루어졌던 결합들이 끊어져 가용성의 젤라틴으로 변하여 연해진다.(콜라겐 → 젤라틴화)
    ㉡ 엘라스틴은 물 속에서 오래 끓여도 거의 변화되지 않으며 단백질 소화효소에 의해서도 강한 저항성을 가지고 있으므로 거의 소화되지 않는다.
  ㉰ 근육 섬유의 변화
    ㉠ 고열로 장시간 가열하면 근육의 단백질 섬유가 수축하여 고기 전체가 오그라들고, 단백질 표면에 흡착되어 있던 수분이 단백질로부터 분리, 용출되어 나가므로 고기가 질기고 단단, 뻑뻑해진다.
    ㉡ 결합조직(콜라겐)이 많은 질긴 고기는 비교적 낮은 온도에서 장시간 서서히 조리하면 근육 섬유 단백질이 견고하게 변성되지 않으면서 콜라겐이 젤라틴으로 가수분해되어 고기가 연해진다.
  ㉱ 색의 변화 : 생육 내의 미오글로빈은 공기 중의 산소와 결합하여 옥시미오글로빈이 되고 이것은 가열에 의해 변성되어 색의 변화를 초래한다.
  ㉲ 맛의 변화 : 고기를 가열하면 생육 중의 맛을 내는 전구체가 분해되어 구수한 맛을 낸다. 맛을 내는 전구체는 연한 부위보다는 질긴 부위에 많다. 근육 내에 산재해 있는 얼룩지방은 고기의 맛을 좋게 해주며, 지방을 형성하고 있는 지방산의 종류도 고기의 맛에 영향을 준다.
  ㉳ 영양의 변화 : 열에 민감한 비타민들은 가열 중에 손실이 크고, 단백질 분자 중의 몇 아미노산 잔기들은 당과 아미노-카르보닐 반응을 일으키므로 단백질의 영양가가 손실된다.

③ 조리방법
  ㉮ 습열 조리 : 찜, 국, 조림 등(장정육, 양지육, 사태육, 업진육, 중치육)
  ㉯ 건열 조리 : 구이, 산적 등(등심, 갈비, 안심, 홍두깨살, 대접살, 채끝살)

④ 육류의 연화법
  ㉮ 기계적 방법 : 고기를 결 반대로 썰거나, 칼로 다지거나, 칼집을 넣으면 근육과 결합조직 사이가 끊어져서 연해진다.
  ㉯ 단백질 분해효소 첨가 : 배즙, 생강의 프로테아제(potease), 파인애플의 브로멜린(bromelin), 무화과의 피신(ficin), 파파야의 파파인(papain)
  ㉰ 동결 : 고기를 얼리면 세포의 수분이 단백질보다 먼저 얼어서 용적이 팽창하여 세포가 파괴되므로 고기가 연해진다.
  ㉱ 숙성 : 숙성기간을 거치면 단백질 분해효소의 작용으로 고기가 연해진다.
  ㉲ 가열조리 방법 : 결체조직이 많은 고기는 장시간 물에 끓이면 콜라겐이 가수분해되어 연해진다.
  ㉳ 설탕 첨가 : 육류의 단백질 연화

⑤ 고기의 가열 정도와 내부 상태

가열 정도	내부 온도	내부 상태
레어(Rare)	55~65℃	고기의 표면을 불에 살짝 굽는다. 자르면 육즙이 흐르고 내부는 생고기에 가깝다.
미디움(Medium)	65~70℃	고기 표면의 색깔은 회갈색이나 내부는 장미색 정도이고, 자르면 육즙이 약간 있다.
웰던(Well-done)	70~80℃	고기의 표면과 내부 모두 갈색 정도로 구우며 육즙은 거의 없다.

⑥ 육류의 가공품
  ㉮ 햄(Ham) : 돼지고기의 허벅다리를 이용하여 식염, 설탕, 아질산염, 향신료 등을 섞어서 훈제한 것
  ㉯ 베이컨(Bacon) : 돼지고기의 기름진 배 부위(삼겹살)의 피를 제거한 후 햄과 같은 방법으로 가공
  ㉰ 소시지(Sausage) : 햄, 베이컨을 가공하고 남은 고기에 기타 잡고기를 섞어 조미한 후 동물의 창자 또는 인공 케이싱(Casing)에 채운 후 가열이나 훈연 또는 발효시킨 제품

> **젤라틴(gelatin)**
> - 동물의 가죽이나 뼈에 다량 존재하는 단백질인 콜라겐(collagen)의 가수분해로 생긴 물질이다.
> - 조리에 사용하는 젤라틴 젤리의 농도는 3~4%이며, 13℃ 이상의 온도에서는 응고하기 어려우므로 10℃ 이하나 냉장고 또는 얼음을 이용하는 것이 좋다.
> - 젤라틴은 젤리, 족편, 마시멜로(Marshmallow), 아이스크림 및 기타 얼린 후식 등에 쓰인다.

(2) 유제품

① **우유의 성분**
  ㉮ 우유의 주성분 : 칼슘과 단백질
  ㉯ 우유의 단백질 : 카제인(casein)은 우유의 주 단백질로 산이나 레닌(rennin)에 의해 응고되며, 이를 이용해 치즈를 만든다.
  ㉰ 우유의 지방 : 미세한 구상의 지방구로 유화액을 형성하여 소화가 용이하다.

② **우유의 조리**
  ㉮ 탈취작용 : 미세한 지방구와 카제인 입자가 많이 함유되어 있어 여러 가지 냄새를 흡착한다. 따라서 조리 전에 생선이나 간 등을 우유에 담가두면 비린내를 제거할 수 있다.
  ㉯ 젤리 강도의 강화 : 단백질의 겔(gel) 강도를 높인다. 커스터드 푸딩 등이 이에 해당된다.
  ㉰ 갈변반응 : 우유 등의 유당은 열에 약하여 갈변 반응을 쉽게 일으키며, 빵, 케이크, 과자류 표면의 갈색이 그 예이다.
  ㉱ 열변성 : 우유를 60~65℃로 가열하면 표면에 엷은 피막이 생기는데, 이것은 우유 중의 단백질과 지질, 무기질이 흡착되어 열변성한 것이다.

③ **유제품의 가공**
  ㉮ 버터
    ㉠ 우유의 지방분을 모아 가열·살균한 후 젖산균을 넣어 발효시키고 소금으로 간을 한 것으로 유지방 함량이 80% 이상, 수분함량이 18% 미만인 것
    ㉡ 비타민 A와 D, 카로틴 등이 풍부하고 소화흡수가 잘 됨
  ㉯ 크림
    ㉠ 우유를 장시간 방치하여 생긴 황백색의 지방층을 거두어 만든 것
    ㉡ 지방함량에 따라 커피크림(지방분 18%)과 휘핑크림(지방분 36% 이상)으로 구분
  ㉰ 치즈
    ㉠ 우유 단백질을 레닌으로 응고시킨 것
    ㉡ 우유보다 단백질과 칼슘이 풍부
  ㉱ 분유
    ㉠ 우유의 수분을 제거하여 분말 상태로 한 것
    ㉡ 전지분유, 탈지분유, 가당분유, 조제분유 등
  ㉲ 연유
    ㉠ 우유를 농축시켜 만든 것
    ㉡ 16%의 설탕을 첨가하여 약 1/3의 부피로 농축시킨 가당연유와 우유를 그대로 1/3 부피로 농축시킨 무당연유로 구분
  ㉳ 기타
    ㉠ 탈지유 : 우유에서 지방을 뺀 것
    ㉡ 요구르트 : 탈지유를 1/2로 농축시켜 8%의 설탕에 넣고 가열, 살균한 후 젖산 발효시킨 것으로 종균은 락토바실러스 불가리쿠스(lactobacillus bulgaricus)
    ㉢ 아이스크림 : 우유 및 유제품에 설탕, 향료와 버터, 달걀, 젤라틴, 색소 등 기타원료를 적당하게 넣어 저어가면서 동결시킨 것

(3) 달걀
  ① 달걀의 특성
    ㉮ 응고성
      ㉠ 응고 온도는 난백 60~65℃, 난황 65~70℃이다.
      ㉡ 설탕을 넣으면 응고 온도가 높아지고 소금, 우유 등의 칼슘(Ca), 산성에서는 응고가 촉진된다.
      ㉢ 소화는 반숙 〉완숙 〉생란 〉프라이 순으로 잘 된다.
    ㉯ 녹변현상
      ㉠ 계란을 오랫동안 가열한 경우 난백의 황화수소(H_2S)가 난황의 철분(Fe)과 결합하여 황화제1철(유화철, FeS)을 만들어 암녹색 띠를 형성하게 된다. 이러한 현상을 녹변현상이라 한다.
      ㉡ 녹변현상이 잘 일어나는 경우
        • 가열기간이 길수록
        • 가열온도가 높을수록
        • 신선한 계란이 아닐 때
        • 삶은 후 찬물에 담그지 않았을 때
    ㉰ 유화성
      ㉠ 난황의 지방 유화력은 인지질인 레시틴(lecithin)으로 유화제로 작용한다.
      ㉡ 유화성을 이용한 대표적인 음식으로 마요네즈, 프렌치드레싱, 잣미음, 크림스프, 케이크 반죽 등이 있다.
    ㉱ 기포성
      ㉠ 달걀 흰자의 기포성은 빵 제조 시 팽창제로 사용된다.
      ㉡ 기포성을 이용한 제품 : 스펀지케이크, 케이크의 장식, 머랭(난백＋설탕＋크림＋색소)
  ② 달걀의 신선도 판정방법
    ㉮ 외부 관찰법 : 난각은 두껍고 강한 것이 좋으며, 난각에서 윤택이 나지 않아야 한다.
    ㉯ 투시법(Candling, 캔들링 램프법) : 암실 또는 반암실의 검란기에 넣어 달걀을 회전하면서 그 투시광으로 난각, 난황, 난백, 기실의 상태를 검사한다.
    ㉰ 흔들어 보는 법 : 달걀을 흔들어 보아서 소리가 나면 기실이 커진 것이며 오래된 것이다.
    ㉱ 깨드려 보는 법 : 달걀을 깨뜨려 봐서 난백의 교질성, 난황의 높이, 냄새, 반점의 유무 등을 보고 신선도를 알아낸다. 노른자는 구형이며, 흰자가 퍼지지 않아야 한다.
    ㉲ 삶은 후의 단면을 보는 법 : 신선한 것은 난황이 중심에 위치하며 오래된 것은 난백의 가장자리가 양쪽이 고르지 못하며 난황이 한쪽에 쏠려 위치하고 있다.
    ㉳ 비중법 : 물 1C에 식염 1Ts(6%)을 녹인 물에 달걀을 넣어 가라앉으면 신선한 것이고 위로 뜨면 오래된 것이다.
    ㉴ 난황계수와 난백계수 측정법
      ㉠ 난황계수(난황의 높이÷지름) : 0.36 이상이면 신선, 오래된 것은 0.25 이하
      ㉡ 난백계수(난백의 높이÷지름) : 0.14 이상이면 신선, 오래된 것은 0.1 이하

ⓒ 오래된 달걀일수록 난황, 난백계수는 작아지고 기실은 커져서 흔들었을 때 소리가 나고 pH는 높아진다.

③ **달걀 가공품**
㉮ 건조달걀 : 달걀의 내용물인 흰자와 노른자의 수분을 증발시켜 건조하여 만든 것
㉯ 마요네즈 : 달걀 노른자와 샐러드유, 식초를 원료로 가공
㉰ 피단(송화단) : 소금 및 알칼리 염류를 달걀 속에 침투시켜 만드는 저장을 겸한 조미달걀 (침투작용, 응고작용, 발효작용 이용)

④ **달걀의 저장법** : 냉장법, 침지법(소금물), 표면도포법, 가스저장법, 간이저장법, 건조법

3 수산물의 조리 및 가공·저장

(1) **어패류**

① **어육의 성분**
㉮ 수분
ⓐ 어류는 65~75%, 패류는 75~85%, 오징어와 문어는 약 82%, 새우와 게는 75~80% 정도의 수분을 함유하고 있다.
ⓑ 어패류는 육류보다 수분이 많고 결합조직이 적어 육질이 연하기 때문에 부패하기 쉽다.
㉯ 단백질
ⓐ 어육에는 15~20%의 단백질이 함유되어 있다.
ⓑ 육류에 비하여 근원섬유 단백질이 많고 육기질 단백질이 적다.
ⓒ 어육의 단백질
 • 근형질 단백질(20~30%) : 글로빈(globin)과 미오겐(myogen) 등
 • 근원섬유 단백질(60~70%) : 액틴(actin), 미오신(myosin) 등
 • 육기질 단백질(2~5%) : 콜라겐(collagen), 엘라스틴(elastin) 등
㉰ 지질
ⓐ 어패류의 지질은 약 70~80%가 불포화지방산이고, 나머지는 포화지방산으로 구성되어 있다.
ⓑ DHA, EPA : 참치의 기름살, 고등어, 꽁치, 정어리, 연어, 전갱이 등의 등푸른 생선에 많이 함유되어 있다.

② **어류의 특성**
㉮ 흰 살 생선 : 도미, 광어, 조기 등은 지방함량이 5% 이하로 산패가 느림
㉯ 붉은 살 생선 : 꽁치, 고등어, 정어리 등 지방함량이 5~10%로 산패가 **빠름**
㉰ 생선이 가장 맛있을 때 : 산란기 직전

③ **어패류의 조리**
㉮ 생선을 가열하면 콜라겐이 젤라틴화 된다. 생선을 조린 국물이 식은 후 굳는 것은 용해된 단백질과 젤라틴 때문이다.
㉯ 생선구이의 경우 생선 중량의 2~3%의 소금을 뿌리면 탈수도 일어나지 않고 간도 적절하다.

⑤ 생선을 소금에 절이면 단백질이 용해되어 겔을 형성하고 한편 탈수되어 살이 단단해진다. 생선 조림시 결합조직이 적으므로 물이나 양념장이 끓을 때 넣어야 모양이 유지된다.
㉠ 생선 튀김시 튀김옷은 박력분을 사용하고 180℃에서 2~3분간 튀기는 것이 좋다.
㉤ 오징어와 같이 결체조직이 치밀한 것은 오징어 안쪽에 칼금을 넣어 모양을 살리고 소화도 용이하도록 한다.
㉥ 미오겐은 1% 이하의 식염수에 용해되고 미오신과 액틴은 2~6%의 식염수에 용해된다. 용해된 단백질은 점도 높은 졸(sol)을 형성했다가 시간이 지나면 탄력있는 겔(gel)이 된다. 어묵은 어류의 단백질인 미오신이 소금에 용해되는 성질을 이용하여 만든다.
㉦ 조개류는 호박산(succinic acid), 다시마는 글루탐산(glutamic acid), 가다랭이는 이노신산(innosinic acid)에 의해 독특하고 시원한 맛을 낸다.

④ 어취(비린내)의 제거
㉮ 물로 씻어서 트리메틸아민(TMA, trimethylamine) 양을 감소시킨다.
㉯ 식초, 레몬즙 등의 산을 첨가한다.
㉰ 생강, 파, 마늘, 겨자, 고추냉이, 술 등의 향신료 사용, 특히 생강은 생선이 익은 후 첨가한다.
㉱ 전, 튀김, 구이 등 조리법을 이용한다.
㉲ 우유에 미리 담가두었다가 조리하면 우유의 카제인이 TMA를 흡착하므로 비린내가 저하된다.
㉳ 생선을 조릴 때 처음 몇 분간은 뚜껑을 열어 비린내를 휘발시킨다.

⑤ 어패류의 신선도 확인 방법
㉮ 관능적 방법
㉠ 눈에 광택이 있고 투명하면 싱싱하다.
㉡ 비늘은 확실히 밀착해 있어 떨어지기 어렵고 물기와 광택이 있다.
㉢ 살갗은 광택과 탄력이 있고 특유의 색을 지니고 있다.
㉣ 아가미는 옅은 적색이든지 암적색으로 단단하다.
㉤ 배를 눌렀을 때 단단하다.
㉥ 몸체는 전체적으로 단단하고 탄력이 있다.
㉦ 나쁜 냄새가 없다.

㉯ 화학적 방법
㉠ pH의 측정
㉡ 휘발성 염기질소의 측정 : 세균의 작용으로 부패가 진행되면 휘발성 염기 질소화합물을 생성
㉢ 핵산 관련물질의 판정 : 어체의 ATP는 사후에 급격하게 감소

⑥ 어패류의 가공
㉮ 연제품
㉠ 생선묵과 같이 겔(gel)화가 되도록 전분, 조미료 등을 넣어 으깨서 찌거나 굽거나 튀긴 것
㉡ 흰살 생선(도미, 광어, 동태, 명태)이용, 소금 농도 3%

ⓒ 어묵제조의 원리 : 어육의 단백질(미오신) + 소금 → 풀과 같은 상태
㉯ 건제품
ⓐ 어패류와 해조류를 건조시켜 미생물이 번식하지 못하도록 저장성을 높인 것
ⓑ 수분 함량은 10~14% 정도
㉰ 훈제품
ⓐ 어패류를 염지하여 적당한 염미를 부여한 후 훈연
ⓑ 보존성을 높임
㉱ 젓갈
ⓐ 어패류의 살, 내장, 알 등에 소금이나 방부제를 넣어 보존
ⓑ 소금 농도는 20~30% 사용

(2) 해조류

① **분류와 특징**
㉮ 녹조류(파래, 청각, 청태), 갈조류(미역, 톳, 다시마), 홍조류(김, 우뭇가사리)로 구분
㉯ 정장작용이나 무기질, 비타민을 공급하고 요오드 함유량이 많아 요오드 결핍증인 갑상선 기능 저하를 치료

② **김**
㉮ 탄수화물인 한천이 가장 많이 들어 있고 비타민 A를 다량 함유하고 있음
㉯ 붉은색 색소인 피코시안(Phycocyan)이 피코에리트린(Phycoerythrin)으로 변하는 과정에서 색이 변하며, 햇빛에 의해 더 가속화
㉰ 특히, 감미와 지미를 가진 아미노산의 함량이 높아 감칠맛을 냄

③ **한천(우뭇가사리)**
㉮ 한천
ⓐ 우뭇가사리 등의 홍조류를 삶아서 얻은 액을 냉각시켜 엉기게 한 것이 우무인데 주성분은 탄수화물인 아가로오스(agarose)와 아가로펙틴(agaropectin)이다. 이것을 잘라서 동결 건조한 것이 한천이다.
ⓑ 한천은 양갱, 과자, 양장피의 원료로 사용된다.

㉯ 한천의 특성
ⓐ 영양가가 없고 체내에서 소화되지 않으나 물을 흡착하여 팽창함으로써 장의 연동운동을 높여 정장작용 및 변비를 예방한다.
ⓑ 물에 담그면 흡수 팽윤하며, 팽윤한 한천을 가열하면 쉽게 녹는다. 농도가 낮을수록 빨리 녹고 2% 이상이면 녹기 힘들다.
ⓒ 용해된 한천액을 냉각시키면 점도가 증가하여 유동성을 잃고 겔(gel)화 된다. 한천의 응고 온도는 38~40℃이며, 조리에 사용하는 한천 농도는 0.5~3% 정도이다.
ⓓ 한천에 설탕을 첨가하면 점성과 탄력이 증가하고, 투명감도 증가한다. 또한 설탕 농도가 높을수록 겔의 농도가 증가된다.

4 유지 및 유지 가공품

(1) 유지 채취법
① **압착법** : 식물성 원료의 착유에 이용(참기름, 올리브유 등)
② **용출법** : 동물성 원료의 착유에 이용(동물성 유지)
③ **추출법** : 원료를 휘발성 유기용매에 녹여서 그 용매를 휘발시켜 유지를 채취, 불순물이 많이 섞인 물질에서 기름을 채취할 때 이용(식용유 등)

(2) 유지의 종류
① **식물성 유지**
㉮ 건성유(요오드가 130 이상) : 불포화도가 높은 지방산을 많이 가지며 공기 중에 방치하면 산소와 결합하여 단단해지는 기름(들깨기름, 아마인유, 호두기름, 잣기름 등)
㉯ 반건성유(요오드가 100~130) : 중간 성질을 가진 기름(콩기름, 유채기름, 고추씨기름, 면실유 등)
㉰ 불건성유(요오드가 100 이하) : 공기 중에 장시간 방치해도 건조하지 않는 기름(땅콩유, 동백유, 올리브유 등)

② **동물성 유지**
㉮ 육산 동물성 유지 : 쇠기름, 돼지기름, 양기름, 우유지방 등
㉯ 해산 동물성 유지 : 어유, 간유, 고래기름 등

③ **가공유지(경화유)**
㉮ 종류 : 마가린, 쇼트닝
㉯ 제조원리

$$\text{불포화지방산} \xrightarrow[\text{촉매 : 니켈(Ni), 백금(Pt)}]{\text{수소첨가}(H_2)} \text{포화지방산의 형태}$$

(3) 유지의 조리
① **유지의 성분**
㉮ 상온에서 액체인 것 : 유(油 : 대두유, 면실유, 참기름 등)
㉯ 상온에서 고체인 것 : 지(脂 : 쇠기름, 돼지기름, 버터 등)
㉰ 유지의 가수분해 : 지방산과 글리세롤로 분해

② **튀김**
㉮ 영양 손실이 가장 적은 조리법이다.
㉯ 튀김 시 온도는 170℃ 정도가 적당하다.
㉰ 발연점이 높을수록 좋다.
㉱ 기름의 양은 식품의 6~7배이다.

⑭ 식물성 기름이 좋다.
③ **유지의 발연점**
㉮ 발연점
㉠ 기름을 계속 가열하면 일정한 온도에서 열분해를 일으켜 연기가 나기 시작하는데 이때의 온도를 발연점이라 한다.
㉡ 발연점 이상에서 청백색인 연기와 함께 자극성 취기가 발생하는데 이는 기름이 분해되면서 생성되는 물질인 아크롤레인(acrolein) 때문이다.
㉯ 발연점이 낮아지는 경우
㉠ 유리지방산의 함량이 많을수록
㉡ 이물질함량이 많을수록
㉢ 사용횟수가 많을수록
㉣ 기름의 표면적이 넓을수록
④ **유화성**
㉮ 유중수적형(W/O) : 기름에 물이 분산된 형태(버터, 마가린)
㉯ 수중유적형(O/W) : 물속에 기름이 분산된 형태(우유, 마요네즈, 아이스크림, 크림스프, 잣죽, 프렌치드레싱 등)

5 냉동식품의 조리

(1) 냉동식품의 원리와 냉동 방법
① **냉동식품의 가공 원리**
㉮ 미생물은 10℃ 이하면 생육이 억제되고 0℃ 이하에서는 거의 작용을 하지 못한다.
㉯ 이러한 원리를 응용하여 저장한 식품이 냉장 및 냉동식품이다.
② 냉동식품의 저장은 −15℃ 이하는 저온에서 주로 축산물과 수산물의 장기 저장에 이용된다.
③ 냉동에 의한 식품의 품질 저하를 막기 위해 물의 결정을 미세하게 하려면 −40℃ 이하에서 급속 동결 또는 −70℃ 이하에서 심온동결한다.

(2) 냉동식품의 해동 방법
① **육류, 어류** : 높은 온도에서 해동하면 조직이 상해서 액즙이 많이 나와 맛과 영양소의 손실이 크므로 냉장고나 흐르는 냉수에서 필름에 싼 채 해동하는 것이 좋다.
② **야채류** : 끓는 물에 냉동채소를 넣고 2~3분간 끓여 해동과 조리를 동시에 한다. 그밖에 찌거나 볶을 때는 동결된 채로 조리한다.
③ **튀김류** : 빵가루를 묻힌 것은 동결상태 그대로 다소 높은 온도의 기름에 튀겨도 된다.
④ **빵 및 과자류** : 자연 해동시키거나 오븐에 해동시킨다.

6 조미료와 향신료

(1) 조미료
① **소금** : 음식의 맛을 내는데 기본적인 조미료로서 간을 맞추는데, 식품을 절이는데, 온도를 낮추는데 이용된다. 국의 소금농도는 1% 정도이다.
② **간장** : 간장의 성분은 단백질 물질인 아미노산과 당이 있고 유기산이 들어 있어 향미를 준다.
③ **식초** : 입맛을 돋구고 생선의 살을 단단하게 하기도 한다.
④ **설탕** : 음식에 단맛을 주며 방부성, 흡습성, 결정성이 있고 근육섬유를 분해하는 성질이 있어 불고기 양념에 넣으면 육질이 연해진다.
⑤ **기름** : 기름은 음식에 고소한 맛과 부드러운 맛을 준다

> **조리시 조미료 첨가순서**
> 설탕 → 소금 → 간장·된장 → 식초 → 참기름

(2) 향신료
① **후추** : 매운맛을 내는 자극성 조미료로서 캬비신(chavicine) 성분이 생선이나 육류 등의 누린내와 비린내를 감소시킨다.
② **고추** : 매운맛의 캡사이신(capsaicin)으로 소화와 혈액순환을 촉진시키며, 방부작용도 있다. 비타민 A의 효과를 내는 카로틴의 함량이 많고, 풋고추에는 비타민 C가 풍부하다.
③ **겨자** : 매운맛을 주는 시니그린(sinigrin)이 분해되어 자극성이 강하며 여름철의 냉채요리, 생선요리에 주로 사용된다.
④ **생강** : 매운맛 성분은 진저론(zingerone)으로 생선의 비린내, 고기의 누린내를 제거하기 위하여 사용한다.
⑤ **파** : 매운맛은 황화아릴로서 휘발성 자극의 방향과 매운맛을 갖고 있다.
⑥ **마늘** : 알리신(allicin) 성분이 독특한 냄새와 매운맛을 내며 자극성이 강하고 살균력도 강하다.
⑦ **기타** : 깨소금, 계피, 박하, 카레, 월계수잎 등이 있다.

PART 02

조리기능사 필기
공단기출문제

제 01 회 공단 기출문제

001
경구감염병과 세균성 식중독의 주요 차이점에 대한 설명으로 옳은 것은?

① 경구감염병은 다량의 균으로, 세균성 식중독은 소량의 균으로 발병한다.
② 세균성 식중독은 2차 감염이 많고, 경구감염병은 거의 없다.
③ 경구감염병은 면역성이 없고, 세균성 식중독은 있는 경우가 많다.
④ 세균성 식중독은 잠복기가 짧고, 경구 감염병은 일반적으로 길다.

세균성 식중독과 경구감염병

구분	세균성 식중독	경구(소화기계)감염병
섭취균량	다량(대부분 음식물 중에서 증식)	극소량(주로 체내 증식)
잠복기	아주 짧다.	일반적으로 길다.
경과	대체로 짧다.	대체로 길다.
감염성	거의 없다.	강하다.

002
합성수지제 기구, 용기·포장제 등에서 검출될 수 있는 화학적 식중독 원인물질은?

① 아플라톡신(aflatoxin)
② 솔라닌(solanine)
③ 포름알데히드(formaldehyde)
④ 니트로사민(N-nitrosamine)

포름알데히드는 강한 반응성을 이용하여 요소계, 멜라민계 합성수지, 합판제조, 화학제품 등을 만드는 공정 등에 쓰인다. 특히 최근에는 실내공기오염의 주요 원인물질로 건축자재에 쓰이는 포름알데히드가 문제가 되고 있는데, 건물에 많이 사용되는 단열재와 실내가구의 칠, 접착제 등에 사용된다.

003
식품의 조리·가공 시 거품이 발생하여 작업에 지장을 주는 경우 사용하는 식품첨가물은?

① 규소수지(silicone resin)
② n-헥산(n-hexane)
③ 유동파라핀(liquid paraffin)
④ 몰포린지방산염

규소수지는 식품 제조공정에서 농축, 발효시킬 때 생기는 거품을 소멸 또는 억제시키는 소포제로 사용된다. 참고로 n-헥산은 추출제, 유동파라핀은 이형제, 몰포린지방산염은 피막제이다.

004
웰치균(clostridium perfringens)에 대한 설명으로 옳은 것은?

① 아포는 60℃에서 10분 가열하면 사멸한다.
② 혐기성 균주이다.
③ 냉장온도에서 잘 발육한다.
④ 당질 식품 등에서 주로 발생한다.

웰치(Welchii)균의 주요 원인식품은 돼지고기, 닭고기, 칠면조고기 등으로 조리한 식품과 그 가공품인 동물성 단백질 식품이다. 또한, 미리 가열·조리된 후 실온에 4시간 이상 방치된 식품에서 많이 발생한다.

005
통조림용 공관을 통해 주로 중독될 수 있는 유해 금속은?

① 수은
② 주석
③ 비소
④ 바륨

통조림 관(깡통)에 도금된 주석이 산성이 강한 내용물(과일, 채소 등)에 의해 용출되어 중독되는 것이 주석(Sn)에 의한 식중독이다.

006
식품의 변질 및 부패를 일으키는 주원인은?

① 미생물
② 기생충
③ 농약
④ 자연독

미생물은 종류, 형태와 기능이 다양하여 부패, 발효작용으로 식품을 변질시키거나, 인체에 침입하여 식중독, 감염병을 일으키기도 한다.

007
밀가루의 표백과 숙성을 위하여 사용하는 식품첨가물은?

① 유화제
② 개량제
③ 팽창제
④ 점착제

밀가루 개량제는 밀가루 표백과 함께 숙성기간을 단축하고 제빵효과의 저해물질을 파괴함으로써 가공성 등을 개량할 목적으로 사용되는 식품첨가물로 과산화벤조일, 과황산암모늄 등이 있다.

008
식품의 조리 가공, 저장 중에 생성되는 유해 물질 중 아민이나 아미드류와 반응하여 니트로소 화합물을 생성하는 성분은?

① 지질
② 아황산
③ 아질산염
④ 삼염화질소

니트로소 화합물(N-nitroso compound)은 아질산과 2급아민이 산성 조건하에서 반응할 때 식품 중이나 소화관 내에서 생성되는 발암물질이다.

009
다음 중 살모넬라에 오염되기 쉬운 대표적인 식품은?

① 과실류
② 해초류
③ 난류
④ 통조림

살모넬라균의 원인식품은 식육류나 그 가공품, 어패류, 달걀, 우유 및 유제품으로 그람(Gram) 음성균이다. 감염될 경우 발열, 구토, 설사, 복통 등의 증상을 유발한다.

010
식물과 그 유독성분이 잘못 연결된 것은?

① 감자 – 솔라닌(solanine)
② 청매 – 프시로신(psilocin)
③ 피마자 – 리신(ricin)
④ 독미나리 – 시큐톡신(cicutoxin)

청매의 유독 성분은 아미그달린(amygdalin)이다. 참고로 프시로신(psilocin)은 버섯류에 있는 환각 물질이다.

011
영업허가를 받아야 할 업종이 아닌 것은?

① 단란주점영업
② 유흥주점영업
③ 식품조사처리업
④ 일반음식점영업

허가를 받아야 하는 영업
- 식품조사처리업 : 식품의약품안전처장
- 단란주점영업, 유흥주점영업 : 특별자치도지사 또는 시장·군수·구청장

012
조리사를 두지 않아도 가능한 영업은?

① 복어를 조리·판매하는 영업
② 국가가 운영하는 집단급식소
③ 사회복지시설의 집단급식소
④ 식사류를 조리하지 않는 식품접객업소

> 식품위생법상 조리사를 두어야 하는 영업은 식품접객업 중 복어를 조리·판매하는 영업을 하는 자와 집단급식소 운영자이다.

013
식품위생법상 집단급식소는 상시 1회 몇 인에게 식사를 제공하는 급식소인가?

① 20명 이상　　② 40명 이상
③ 50명 이상　　④ 100명 이상

> 집단급식소란 영리를 목적으로 하지 아니하면서 특정 다수인에게 계속하여 음식물을 공급하는 기숙사, 학교, 병원, 그 밖의 후생기관 등에 해당하는 급식시설로 1회 50명 이상에게 식사를 제공하는 급식소를 말한다.

014
허위표시, 과대광고, 비방광고 및 과대포장의 범위에 해당되지 않는 것은?

① 건강증진·체력유지·체질개선·식이요법 등에 도움을 준다는 표현
② 질병의 예방 또는 치료에 효능이 있다는 내용의 표시·광고
③ 제품의 원재료 또는 성분과 다른 내용의 표시·광고
④ 각종 상장 등을 이용하거나 "인증", "보증", "추천" 또는 이와 유사한 내용을 표현

> 질병의 예방이나 치료가 아닌 건강증진·체력유지·체질개선·식이요법 등에 도움을 준다는 정도의 표현은 허위표시, 과대광고, 비방광고 및 과대포장의 범위에 해당되지 않는다.

015
다음 중 소분·판매 할 수 있는 식품은?

① 벌꿀제품
② 어육제품
③ 통조림제품
④ 레토르트식품

> 식품위생법상 소분·판매할 수 있는 식품은 식품제조·가공업과 식품첨가물가공업의 대상이 되는 식품 또는 식품첨가물과 벌꿀(영업자가 자가채취하여 직접 소분·포장하는 경우를 제외) 말하며, 어육제품, 식용유지, 특수용도식품, 통·병조림 제품, 레토르트식품, 전분, 장류 및 식초는 소분·판매하여서는 안 된다.

016
다음 중 다당류에 속하는 탄수화물은?

① 전분　　② 포도당
③ 과당　　④ 갈락토오스

> 탄수화물의 분류
> • 단당류 : 포도당, 과당, 갈락토오스
> • 이당류 : 자당, 젖당, 맥아당
> • 다당류 : 전분, 글리코겐, 섬유소, 펙틴, 키틴

017
비타민 A의 함량이 가장 많은 식품은?

① 쌀　　② 당근
③ 감자　　④ 오이

> 비타민 A는 지용성 비타민으로 주된 급원 식품은 간, 난황, 버터, 시금치, 당근 등이다.

018
식품의 갈변현상을 억제하기 위한 방법과 거리가 먼 것은?

① 효소의 활성화　　② 염류 또는 당 첨가
③ 아황산 첨가　　④ 열처리

> 식품의 갈변현상은 효소적 갈변과 비효소적 갈변으로 구분하며, 이 중 효소적 갈변을 억제하기 위한 방법은 효소의 작용을 억제시키는 것이다.

019
지방산의 불포화도에 의해 값이 달라지는 것으로 짝지어진 것은?

① 융점, 산가
② 검화가, 요오드가
③ 산가, 유화성
④ 융점, 요오드가

> 건성유, 반건성유, 불건성유는 요오드가에 의해 구분된다. 또한, 불포화 지방산은 융점이 낮아 상온에서 액체로 존재한다.

020
다음 식품 중 이소티오시아네이트(isothiocyanates) 화합물에 의해 매운맛을 내는 것은?

① 양파
② 겨자
③ 마늘
④ 후추

> 향신료 중 고추의 캡사이신(capsaicin), 후추의 피페린(piperin), 생강의 쇼가올(shogaol), 마늘의 황화아릴류(allyl sulfides), 겨자의 아릴겨자유(isothiocyanates) 등은 매운맛을 띤다.

021
다음 채소류 중 일반적으로 꽃 부분을 식용으로 하는 것과 거리가 먼 것은?

① 브로커리(broccoli)
② 컬리플라워(cauliflower)
③ 비트(beets)
④ 아티쵸크(artichoke)

> 비트(beets)는 뿌리 부분을 식용으로 하는 근채류이다.

022
우유 100mL에 칼슘이 170mg 정도 들어있다면 우유 350mL에는 칼슘이 약 몇 mg 정도 들어있는가?

① 360mg
② 540mg
③ 595mg
④ 650mg

> 우유 100mL에 칼슘이 170mg 들어있으므로 350mL에는 3.5배의 칼슘이 들어있다.

023
식품의 색소에 관한 설명 중 옳은 것은?

① 클로로필은 마그네슘을 중성원자로 하고 산에 의해 클로로필린이라는 갈색물질로 된다.
② 카로티노이드 색소는 카로틴과 크산토필 등이 있다.
③ 플라보노이드 색소는 산성-중성-알칼리성으로 변함에 따라 적색-자색-청색으로 된다.
④ 동물성 색소 중 근육색소는 헤모글로빈이고, 혈색소는 미오글로빈이다.

> 식품의 색소
> - 클로로필은 산에 의해 황갈색인 피오피틴(Pheophytin)으로 변한다.
> - 플라보노이드 색소는 산성에서 백색이 고정되고, 물에 삶거나 알칼리 용액에서 황색으로 변한다.
> - 동물성 색소 중 근육색소는 미오글로빈, 혈색소는 헤모글로빈이다.

024
숙성에 의해 품질향상효과가 가장 큰 것은?

① 생선
② 조개
③ 쇠고기
④ 오징어

> 쇠고기, 돼지고기 등과 같은 육류는 도살된 후 사후경직과 자기소화(숙성) 과정을 통해 고기가 연해지는 동시에 풍미가 향상되고, 즙액의 증가와 함께 정미성분이 증가된다.

025
다음 중 비타민 D_2의 전구물질로 프로비타민 D로 불리는 것은?

① 프로게스테론(progesterone)
② 에르고스테롤(ergosterol)
③ 시토스테롤(sitosterol)
④ 스티그마스테롤(stigmasterol)

> 에르고스테롤은 효모나 맥각(麥角)을 비롯하여 표고버섯 등 균류에 들어 있는 스테로이드로 에르고스테린(ergosterin)이라고도 한다. 햇빛에 노출시키면 자외선의 작용으로 이성질화를 일으켜 비타민 D_2가 되므로 프로비타민 D라고 한다.

026
전분의 호화에 대한 설명으로 맞는 것은?

① α-전분이 β-전분으로 되는 현상이다.
② 전분의 미셀(micelle)구조가 파괴된다.
③ 온도가 낮으면 호화시간이 빠르다.
④ 전분이 덱스트린(dextrin)으로 분해되는 과정이다.

전분의 호화란 소화가 안 되는 생전분(β-전분)을 물로 끓이면 물 분자가 전분의 속에 들어가 팽윤된 상태를 말하며, 이를 통해 규칙적인 분자 구조가 파괴되어 소화가 잘되는 전분의 α-화가 진행된다. 호화 정도는 전분의 종류에 따라 달라지며 가열온도가 높을수록, 오래 불릴수록 호화가 잘 진행된다. 참고로 전분이 덱스트린(dextrin)으로 분해되는 과정은 호정화이다.

027
단백질의 분해효소로 식물성 식품에서 얻어지는 것은?

① 펩신(pepsin)
② 트립신(trypsin)
③ 파파인(papain)
④ 레닌(rennin)

파파인(papain)은 파파야에서 얻어지는 단백질 분해효소이다. 펩신은 위액, 트립신은 이자액에서 분비되며, 레닌은 유즙 속에 들어있는 동물성 단백질 분해효소이다.

028
건조 한천을 물에 담그면 물을 흡수하여 부피가 커지는 현상은?

① 이장
② 융석
③ 융석
④ 팽윤

한천과 같은 건조식품을 물에 담그면 물을 흡수하여 팽창하는데 이러한 현상을 팽윤(swelling)이라 한다.

029
우유의 균질화(homogenization)에 대한 설명으로 옳은 것은?

① 우유의 성분을 일정하게 하는 과정을 말한다.
② 우유의 색을 일정하게 하기 위한 과정이다.
③ 우유의 단백질 입자의 크기를 미세하게 하기 위한 과정이다.
④ 우유의 지방의 입자의 크기를 미세하게 하기 위한 과정이다.

우유의 균질화란 우유 속의 지방질 소구체와 같은 물질을 극미립자로 축소시켜 우유와 같은 유체에 균일하게 분산되게 하는 과정을 말하며, 우유가 균질화되면 표면에 크림이 떠오르지 않는다.

030
다음 중 산미도가 가장 높은 것은?

① 주석산
② 사과산
③ 구연산
④ 아스코르브산

산미도
주석산(130) 〉 사과산(110) 〉 구연산 (100) 〉 아스코르빈산(35)

031
찹쌀밥의 노화지연과 가장 관계가 깊은 성분은?

① 아밀라아제
② 아밀로펙틴
③ 글리코겐
④ 글루코오스

노화란 호화된 전분을 상온에서 방치하면 점점 생전분에 가까운 상태로 되는 것을 말하며, 아밀로오스(Amylose) 함량이 적고 아밀로펙틴(Amylopectin)의 함량이 많을수록 느리게 진행된다.

032
다음 중 신선란의 특징은?

① 난황이 넓적하게 퍼진다.
② 기실부가 거의 생성되지 않았다.
③ 수양난백이 농후난백보다 많다.
④ 삶았을 때 난황표면이 쉽게 암록색으로 변한다.

신선란은 난황이 넓적하게 퍼지지 않고, 기실부가 거의 생성되지 않는다.

033
다음 자료에 의하여 제조원가를 산출하면?

• 직접재료비	60000원
• 직접임금	100000원
• 소모품비	10000원
• 통신비	10000원
• 판매원급여	50000원

① 175000원
② 180000원
③ 220000원
④ 230000원

"제조 원가 = 직접 원가(직접재료비 + 직접노무비 + 직접경비) + 제조간접비"이므로 판매관리비에 해당하는 판매원급여를 제외한 모든 금액을 합산한다.

034
다음 중 비결정형 캔디가 아닌 것은?

① 캐러멜(caramel)
② 폰당(fondant)
③ 마시멜로우(marshmellow)
④ 타피(taffy)

폰당(fondant)은 설탕에 물과 함께 일정한 온도까지 가열, 식힌 후 저어서 결정 집단이 생겼을 때 만들어지는 결정형 캔디이다.

035
식혜를 만들 때 당화온도를 50~60℃ 정도로 하는 이유는?

① 엿기름을 호화시키기 위하여
② 프티알린의 작용을 활발하게 하기 위하여
③ 아밀라아제의 작용을 활발하게 하기 위하여
④ 밥알을 노화시키기 위하여

식혜를 만들 때는 당화효소인 β-amylase(β-아밀라아제)의 최적온도로 유지해야 한다.

036
달걀의 기포형성을 도와주는 물질은?

① 산, 수양난백
② 우유, 소금
③ 우유, 설탕
④ 지방, 소금

달걀의 기포형성은 난백과 관련되며, 산(오렌지주스, 식초, 레몬즙)은 기포 형성을 도와주고, 기름과 우유는 기포력을 저해한다.

037
햇볕에 노출하여 자외선을 쪼이게 되면 피부에서 합성되는 비타민은?

① 비타민 A
② 비타민 B
③ 비타민 C
④ 비타민 D

태양 빛은 가시광선, 자외선, 적외선으로 구성된다. 이중 자외선은 체내에서 비타민 D를 합성하고 살균작용을 하는 등 이로운 역할을 하는 동시에 피부노화, 피부암, 건조 피부염, 잔주름, 기미, 주근깨 등을 생기게도 한다.

038
채소류를 취급하는 방법으로 맞는 것은?

① 쑥은 소금에 절여 물기를 꼭 짜낸 후 냉장 보관한다.
② 샐러드용 채소는 냉수에 담그었다가 사용한다.
③ 도라지의 쓴맛을 빼내기 위해 1% 설탕물로만 담근다.
④ 배추나 샐러리, 파 등은 옆으로 뉘어서 보관한다.

채소류 취급
• 쑥은 삶아서 냉동실에 보관하거나 수분이 약간 남아있게 말려 공기가 통하는 곳에 두어야 한다.
• 도라지의 쓴맛을 빼내기 위해 1% 소금물에 담근다.
• 원래 땅에 서 있는 형태의 시금치나 배추, 상추 등은 세워서 보관하는 것이 좋다.

039
당질의 기능에 대한 설명 중 틀린 것은?

① 당질은 평균 1g당 4kcal를 공급한다.
② 혈당을 유지한다.
③ 단백질 절약작용을 한다.
④ 당질은 섭취가 부족해도 체내 대사의 조절에는 큰 영향이 없다.

> 열량영양소 중 하나인 당질의 섭취가 부족하면 다른 영양소가 대신 소모됨에 따라 전체적인 체내 대사에서 불균형이 초래될 수 있다.

040
식품 중 유지의 특성이 잘못 짝지어진 것은?

① 버터크림 – 크리밍성
② 쿠키 – 점성
③ 마요네즈 – 유화성
④ 튀김 – 열 매체

> 유지의 특징
> 쿠키 제조 시 밀가루 반죽에 유지를 첨가하면 지방이 글루텐 표면을 둘러싸서 글루텐이 길고 복잡하게 연결되는 것을 방해하는데 이를 연화(쇼트닝성)라고 한다. 연화를 통해 구워낸 반죽을 바삭바삭하고 부서지기 쉽게 한다.

041
단체급식의 특징으로 옳은 것은?

① 불특정 다수인을 대상으로 급식한다.
② 영리를 목적으로 하는 상업시설을 포함한다.
③ 특정 다수인에게 계속적으로 식사를 제공하는 것이다.
④ 대중음식점의 급식시설을 뜻한다.

> 단체급식이란 공장, 사업장, 학교, 병원, 기숙사와 같은 곳에서 집단으로 생활하는 특정의 여러 사람들을 대상으로 상시 1회 50인 이상에게 계속적으로 식사를 공급하는 비영리 시설의 급식 방법이다.

042
아이스크림을 만드는 데 필요한 주요 원료와 가장 거리가 먼 것은?

① 유화제
② 지방
③ 안정제
④ 한천

> 아이스크림의 주요 원료는 우유에 들어 있는 지방(유지방)과 그 지방을 빼낸 분유, 향료, 물, 공기, 설탕, 유화제, 안정제 등이다.

043
식빵을 만드는데 사용하는 것은?

① 강력분
② 중력분
③ 혼합첨가물
④ 박력분

> 글루텐 함량과 밀가루
> • 강력분 : 글루텐 13% 이상(식빵, 마카로니, 스파게티 등)
> • 중력분 : 글루텐 10~13%(국수, 만두피 등)
> • 박력분 : 글루텐 10% 이하(케이크, 튀김옷, 카스테라, 약과 등)

044
육류조리방법에 대한 설명으로 옳은 것은?

① 돼지고기찜에 토마토를 넣으려면 처음부터 함께 넣는다.
② 편육은 끓는 물에 넣어 삶는다.
③ 탕을 끓일 때는 물에 소금을 약간 넣은 후 고기를 넣는다.
④ 장조림을 할 때는 먼저 간장을 넣고 끓여야 한다.

> 육류조리방법
> • 돼지고기찜에 토마토를 넣으려면 돼지고기를 끓여 단백질이 응고된 다음 토마토를 넣는다.
> • 결체조직이 많은 고기는 장시간 물에 끓여서 콜라겐이 가수분해되어 연해진 후 간을 한다.
> • 장조림을 할 때 처음부터 고기를 간장에 넣고 끓이면 고기가 단단하고 잘 찢어지지 않는다.

045
식육이 공기와 접촉하여 선홍색이 될 때 선홍색의 주체성분은?

① 옥시미오글로빈(oxymyoglobin)
② 미오글로빈(myoglobin)
③ 메트미오글로빈(metmyoglobin)
④ 헤모글로빈(hemoglobin)

암적색의 고기는 차츰 선명한 적색으로 변하는데, 이것은 미오글로빈이 공기 중의 산소와 결합하여 옥시미오글로빈으로 변화하기 때문에 생기는 현상이다. 또한, 선명한 적색의 고기는 시간이 지남에 따라 갈색으로 변한다. 이것은 옥시미오글로빈이 다시 공기 중의 산소와 결합하여 메트미오글로빈으로 변화하기 때문이다.

046
쇠고기가 값이 비싸 돼지고기로 대체하려고 할 때 쇠고기 300g을 돼지고기 몇 g으로 대체하면 되는가?(단, 식품분석표상 단백질 함량은 쇠고기 20g, 돼지고기 15g이다.)

① 200g　　② 360g
③ 400g　　④ 460g

계산방법
대치식품량 = $\dfrac{\text{원래 식품함량}}{\text{대치 식품함량}} \times \text{원래 식품량}$
= $\dfrac{20g}{15g} \times 300g = 400g$

047
토마토 크림스프를 만들 때 나타나는 응고현상은?

① 산에 의한 우유의 응고
② 레닌에 의한 우유의 응고
③ 염류에 의한 밀가루의 응고
④ 가열에 의한 밀가루의 응고

토마토의 신맛인 구연산, 사과산, 호박산 등의 유기산이 우유의 단백질 성분인 카제인(casein)을 응고시킨 것이다.

048
김의 보관 중 변질을 일으키는 인자와 거리가 먼 것은?

① 산소　　② 광선
③ 저온　　④ 수분

김은 직사광선 및 습기가 있는 곳을 피하고 서늘하고 통풍이 잘되는 곳이나 냉동고에 보관한다.

049
식품의 풍미를 증진시키는 방법으로 적합하지 않은 것은?

① 부드러운 채소 조리시 그 맛을 제대로 유지하려면 조리시간을 단축해야 한다.
② 빵을 갈색이 나게 잘 구우려면 건열로 갈색반응이 일어날 때 까지 충분히 구워야 한다.
③ 사태나 양지머리와 같은 질긴 고기의 국물을 맛있게 맛을 내기 위해서는 약한 불에 서서히 끓인다.
④ 빵은 증기로 찌거나 전자오븐으로 시간을 단축시켜 조리한다.

빵을 풍미있게 잘 구우려면 건열로 갈색반응이 일어날 때까지 시간을 충분히 주어 구워야 한다. 증기로 찌거나 전자오븐으로 시간을 단축시켜 조리한 빵은 갈색반응이 일어나지 않을 뿐 아니라 건열오븐에 구운 것 같은 구수한 맛이나 풍미가 나지 않는다.

050
다음 중 저온저장의 효과가 아닌 것은?

① 미생물의 생육을 억제 할 수 있다.
② 효소활성이 낮아져 수확 후 호흡, 발아 등의 대사를 억제할 수 있다.
③ 살균효과가 있다.
④ 영양가 손실 속도를 저하시킨다.

저온저장은 식품에 존재하는 미생물의 증식을 억제시키는 방법으로 살균효과를 갖는 것은 아니다. 참고로 저온저장시 육류는 1~3℃, 햄과 소시지는 5℃ 이하, 야채류는 4~7℃가 적당하다.

051
쇠고기를 가열하지 않고 회로 먹을 때 생길 수 있는 가능성이 가장 큰 기생충은?

① 무구조충　　② 선모충
③ 유구조충　　④ 회충

무구조충(민촌충)은 쇠고기를 통해, 유구조충(갈고리촌충)은 돼지고기를 통해 감염된다.

052
비말감염이 가장 잘 이루어질 수 있는 조건은?
① 군집
② 영양결핍
③ 피로
④ 매개곤충의 서식

> 비말감염이란 기침이나 재채기, 대화 등을 통해 감염되는 경우로 호흡기계 감염의 보편적인 감염방식이다.

053
소음의 측정단위인 데시벨(dB)은?
① 음의 강도
② 음의 질
③ 음의 파장
④ 음의 전파

> 데시벨(decibel)은 소리의 상대적 크기를 나타내는 단위(dB)이며, 일반적으로 음의 강도(음압)의 단위로 사용된다.

054
리케차(rickettsia)에 의해서 발생되는 감염병은?
① 세균성이질
② 파라티푸스
③ 발진티푸스
④ 티프테리아

> 리케차에 의해 발생되는 감염병에는 Q열, 발진티푸스, 발진열, 양충병(쯔쯔가무시병)이 있다.

055
피부온도의 상승이나 국소혈관의 확장작용을 나타내는 것은?
① 적외선
② 가시광선
③ 자외선
④ 감마선

> 적외선은 3부분 중 파장이 가장 길며, 파장 범위는 7,800Å 이상이다. 인체 피하조직의 1.5~4.0cm까지 투과하여 열을 전달하므로 피부 온도의 상승, 홍반, 화상, 국소혈관의 확장, 혈액순환의 촉진 등을 가져오고 두통, 현기증, 열경련, 일사병의 원인이 되기도 한다.

056
만성중독시 비점막 염증, 피부궤양, 비중격천공 등의 증상을 나타내는 것은?
① 수은
② 벤젠
③ 카드뮴
④ 크롬

> 중독 증상
> - 수은 : 미나마타병 유발. 주요증상은 신경마비, 사지마비, 언어장애
> - 벤젠 : 발암성 물질, 피부염, 화상, 중추신경계 영향 유발 등
> - 카드뮴 : 이타이이타이병 유발. 주요증상은 신장기능 장애, 전신통증, 골연화증
> - 크롬 : 자극성 피부염, 비중격천공, 폐암

057
환자나 보균자의 분뇨에 의해서 감염될 수 있는 경구감염병은?
① 장티푸스
② 결핵
③ 인플루엔자
④ 디프테리아

> 장티푸스는 소화기계 감염병에 해당되며, 결핵, 인플루엔자, 디프테리아는 호흡기계 감염병에 해당된다.

058
다음 중 대기오염을 일으키는 요인으로 가장 영향력이 큰 것은?
① 고기압일 때
② 저기압일 때
③ 바람이 불 때
④ 기온역전일 때

> 상부기온이 하부기온보다 높을 때 발생하는 기온역전현상으로 인해 LA 스모그, 런던 스모그와 같은 대기오염이 발생한다.

059
하수처리 방법으로 혐기성 처리 방법은?

① 살수여과법
② 활성오니법
③ 산화지법
④ 임호프탱크법

> **하수처리방법**
> • 호기성 처리 : 활성오니법, 살수여과법, 산화지법
> • 혐기성 처리 : 부패조처리법, 임호프탱크법

060
평균수명에서 질병이나 부상으로 인하여 활동하지 못하는 기간을 뺀 수명은?

① 기대수명   ② 건강수명
③ 비례수명   ④ 자연수명

> **용어설명**
> • 기대수명 : 어느 연령에 도달한 사람이 그 이후 몇 년 동안 생존할 수 있는가를 계산한 평균생존년수
> • 건강수명 : 평균수명에서 질병이나 부상으로 인하여 활동하지 못한 기간을 뺀 기간의 수명

01회【정답】 공단 기출문제

001	002	003	004	005
④	③	①	②	②
006	007	008	009	010
①	②	③	③	②
011	012	013	014	015
④	④	③	①	①
016	017	018	019	020
①	②	①	④	②
021	022	023	024	025
③	③	②	③	②
026	027	028	029	030
②	③	④	④	①
031	032	033	034	035
②	②	②	②	②
036	037	038	039	040
①	④	②	④	②
041	042	043	044	045
③	④	①	②	①
046	047	048	049	050
③	①	③	④	③
051	052	053	054	055
①	①	①	③	①
056	057	058	059	060
④	①	④	④	②

제 02 회 공단 기출문제

001
다음 중 맥각중독을 일으키는 원인물질은?

① 루브라톡신(rubratoxin)
② 오크라톡신(ochratoxin)
③ 에르고톡신(ergotoxin)
④ 파툴린(patulin)

루브라톡신(rubratoxin)과 오크라톡신(ochratoxin)은 간장독, 파툴린(patulin)은 신경독을 유발하는 곰팡이 독소이다.

002
유지나 지질을 많이 함유한 식품이 빛, 열, 산소 등과 접촉하여 산패를 일으키는 것을 막기 위하여 사용하는 첨가물은?

① 피막제
② 착색제
③ 산미료
④ 산화방지제

식품첨가물
- 피막제 : 과일, 야채류의 신선도 유지를 위해 표면에 피막을 만들어 호흡제한 및 수분증발 방지
- 착색제 : 인공적으로 착색하여 천연색을 보완함으로써 식품의 기호적 가치를 향상
- 산미료 : 식품에 적합한 산미를 부여하고 청량감을 부여함

003
다음 중 유해감미료에 속하는 것은?

① 둘신
② D-소르비톨
③ 자일리톨
④ 아스파탐

유해감미료에는 에틸렌글리콜, 니트로아닐린, 둘신, 글루신, 페릴라틴, 싸이클라메이트가 있다.

004
증식에 필요한 최저 수분활성도(Aw)가 높은 미생물부터 바르게 나열된 것은?

① 세균 - 효모 - 곰팡이
② 곰팡이 - 효모 - 세균
③ 효모 - 곰팡이 - 세균
④ 세균 - 곰팡이 - 효모

미생물 증식에 필요한 수분활성도 즉, 생육에 필요한 수분량은 세균(Aw 0.94) > 효모(Aw 0.88) > 곰팡이(Aw 0.80) 이다.

005
다음 중 식품의 가공 중에 형성되는 독성물질은?

① Tetrodotoxin
② Solanine
③ Nitrosoamine
④ Trypsin Inhibitor

니트로소아민(Nitrosoamine)은 육가공품의 발색제 사용으로 인한 아질산과 아민과의 반응 생성물이다.

006
산업장, 소각장 등에서 발생하는 발암성 환경오염 물질은?

① 안티몬(Antimon)
② 벤조피렌(Benzopyrene)
③ PBB(Polybrominated Biphenyl)
④ 다이옥신(Dioxin)

쓰레기 처리를 위한 소각장 가동으로 발생하는 대기오염과 환경호르몬인 다이옥신 방출은 심각한 사회문제이다.

007
과일 통조림으로부터 용출되어 다량 섭취 시 구토, 설사, 복통 등을 일으킬 가능성이 있는 물질은?

① 아연(Zn) ② 납(Pb)
③ 구리(Cu) ④ 주석(Sn)

> 통조림 관(강통)에 도금된 주석이 산성이 강한 내용물(과일, 채소 등)에 의해 용출되어 중독되는 것이 주석(Sn)에 의한 식중독이다.

008
혐기성균으로 열과 소독약에 저항성이 강한 아포를 생산하는 독소형 식중독은?

① 장염 비브리오균
② 클로스트리디움 보툴리늄
③ 살모넬라균
④ 포도상구균

> 클로스트리디움 보툴리늄(Clostridium botulinum)은 공기가 없는 밀폐된 공간에서도 번식이 가능한 혐기성균으로 통조림 등의 가공식품이 원인식품이며, 원인독소는 뉴로톡신(neurotoxin)이다.

009
곰팡이 독으로서 간장에 장해를 일으키는 것은?

① 시트리닌(Citrinin)
② 파툴린(Patulin)
③ 아플라톡신(Aplatoxin)
④ 솔라렌(Psoralene)

> 시트리닌(Citrinin)은 신장독, 파툴린(Patulin)은 신경독, 아플라톡신(Aplatoxin)은 간장독의 원인물질이다. 솔라렌(Psoralene)은 피부에 대한 광감작 작용이 있는 물질을 말한다.

010
어육의 초기 부패 시에 나타나는 휘발성 염기질소의 양은?

① 5~10mg%
② 15~25mg%
③ 30~40mg%
④ 50mg% 이상

> 휘발성 염기질소(VBN)의 양
> - 신선한 어육 : 5~10mg%
> - 보통선도 어육 : 15~25mg%
> - 초기부패 어육 : 30~40mg%
> - 부패한 어육 : 50mg% 이상

011
식품위생법규상 수입식품의 검사결과 부적합한 식품에 대해서 수입신고인이 취해야 하는 조치가 아닌 것은?

① 수출국으로의 반송
② 식품의약품안전처장이 정하는 경미한 위반사항이 있는 경우 보완하여 재수입하여 입고
③ 관할 보건소에서 재검사 실시
④ 다른 나라로의 반출

> 검사결과 부적합한 식품에 대한 조치
> - 수출국으로의 반송 또는 다른 나라로의 반출
> - 해당 식품등에 대한 검사 결과 식품의약품안전처장이 정하는 경미한 위반사항이 있는 경우에는 그 위반사항을 보완하여 재수입 신고
> - 위 두 가지 외의 경우에는 폐기

012
아래의 식품등의 표기기준상 영양성분별 세부표시방법에서 ( ) 안에 알맞은 것은?

> 열량의 단위는 킬로칼로리(kcal)로 표시하되, 그 값을 그대로 표시하거나 그 값에 가까운 ( ) 단위로 표시하여야 한다. 이 경우 ( ) 미만은 '0'으로 표시할 수 있다.

① 5kcal
② 10kcal
③ 15kcal
④ 20kcal

> 식품 등의 표시기준에 따르면 열량의 단위는 킬로칼로리로 표시하되 그 값을 그대로 표시하거나 그 값에 가장 가까운 5kcal 단위로 표시하여야 한다. 이 경우 5kcal 미만은 "0"으로 표시할 수 있다.

013
식품접객업 중 시설기준상 객실을 설치할 수 없는 영업은?

① 유흥주점영업
② 일반음식점영업
③ 단란주점영업
④ 휴게음식점영업

> 휴게음식점 또는 제과점에는 객실(투명한 칸막이 또는 투명한 차단벽을 설치하여 내부가 전체적으로 보이는 경우는 제외)을 둘 수 없다.

014
식품 또는 식품첨가물의 완제품을 나누어 유통할 목적으로 재포장·판매하는 영업은?

① 식품제조·가공업
② 식품운반업
③ 식품소분업
④ 즉석판매제조·가공업

> 식품소분업이란 식품 또는 식품첨가물의 완제품을 나누어 유통을 목적으로 재포장·판매하는 영업을 말한다.

015
식품위생법에서 그 자격이나 직무가 규정되어 있지 않은 것은?

① 조리사
② 영양사
③ 제빵기능사
④ 식품위생감시원

> 식품위생법에서 그 자격이나 직무가 규정되어 있는 것은 조리사, 영양사, 식품위생감시원이며, 제빵기능사는 국가기술자격의 명칭이다.

016
식품의 가공·저장시 일어나는 마이야르(Mailard) 갈변 반응은 어떤 성분의 작용에 의한 것인가?

① 수분과 단백질
② 당류와 단백질
③ 당류와 지방
④ 지방과 단백질

> 마이야르 갈변은 단백질과 당의 결합으로 인해 자연적으로 일어나는 비효소적 반응으로 열에 의해 촉진된다.

017
20%의 수분(분자량 : 18)과 20%의 포도당(분자량 : 180)을 함유하는 식품의 이론적인 수분활성도는 약 얼마인가?

① 0.82
② 0.88
③ 0.91
④ 1

> 식품의 수분활성도
> $$A_w = \frac{P_s}{P_0} = \frac{N_w}{(N_w+N_s)}$$
> [P_s : 식품중의 수증기압, P_0 : 동일 온도에서 순수한 물의 수증기압, N_w : 물의 mole수, N_s : 용질의 mole 수]
> $$A_w = \frac{P_s}{P_0} = \frac{N_w}{(N_w+N_s)} = \frac{\frac{20}{18}}{\frac{20}{18}+\frac{20}{180}} = 0.91$$

018
전분에 물을 가하지 않고 160℃ 이상으로 가열하면 가용성 전분을 거쳐 덱스트린으로 분해되는 반응은 무엇이며, 그 예로 바르게 짝지어진 것은?

① 호화 – 식빵
② 호화 – 미숫가루
③ 호정화 – 찐빵
④ 호정화 – 뻥튀기

> 전분에 물을 가하지 않고 160℃ 이상으로 가열하면 여러 단계의 가용성 전분을 거쳐 덱스트린(호정)으로 분해되는데, 이것을 전분의 호정화라 한다. 미숫가루, 튀밥(뻥튀기), 루(Roux) 호정화는 호화된 전분보다 물에 녹기 쉽고 소화도 빠르다.

019
탈기·밀봉의 공정가정을 거치는 제품이 아닌 것은?

① 통조림
② 병조림
③ 레토르트 파우치
④ CA저장 과일

> 가스저장법(CA 저장)은 미숙한 과일의 후숙작용을 억제하기 위하여 CO_2 또는 N_2 가스를 주입시켜 효소를 불활성시켜 호흡속도를 줄이고 미생물의 생육과 번식을 억제시켜 저장하는 방법이다.

020
육류나 어류의 구수한 맛을 내는 성분은?

① 이노신산 ② 호박산
③ 알리신 ④ 나린진

> 조개류는 호박산(succinic acid), 다시마는 글루탐산(glutamic acid), 가다랭이는 이노신산(inosinic acid)에 의해 독특하고 시원한 맛을 낸다.

021
우유 가공품이 아닌 것은?

① 치즈 ② 버터
③ 마요네즈 ④ 액상 발효유

> 마요네즈는 달걀 노른자와 샐러드유, 식초를 원료로 만드는 달걀의 가공품이다.

022
식품의 변화에 관한 설명 중 옳은 것은?

① 일부 유지가 외부로부터 냄새를 흡수하지 않아도 이취현상을 갖는 것은 호정화이다.
② 천연의 단백질이 물리, 화학적 작용을 받아 고유의 구조가 변하는 것은 변향이다.
③ 당질을 180~200℃의 고온으로 가열했을 때 갈색이 되는 것은 효소적 갈변이다.
④ 마이야르 반응, 캐러멜화 반응은 비효소적 갈변이다.

> 보기 중 ①항은 변향, ②항은 단백질의 변성, ③항은 캐러멜화 반응에 대한 설명으로 캐러멜화 반응은 비효소적 갈변에 속한다.

023
다음 중 결합수의 특징이 아닌 것은?

① 용질에 대한 용매로 작용하지 않는다.
② 자유수보다 밀도가 크다.
③ 식품에서 미생물의 번식과 발아에 이용되지 못한다.
④ 대기 중에서 100℃로 가열하면 쉽게 수증기가 된다.

> 결합수는 식품 중의 단백질이나 탄수화물 성분의 잔기에 수소결합 등으로 단단하게 묶여 있기 때문에 0℃ 이하에서도 동결되지 않으며, 100℃ 이상에서 가열해도 제거되지 않는다.

024
젤 형성을 이용한 식품과 젤 형성 주체성분의 연결이 바르게 된 것은?

① 양갱 – 펙틴
② 도토리묵 – 한천
③ 과일잼 – 전분
④ 족편 – 젤라틴

> 양갱 – 한천, 과일잼 – 펙틴, 도토리묵 – 전분

025
다음 중 전분이 노화되기 가장 쉬운 온도는?

① 0~5℃
② 10~15℃
③ 20~25℃
④ 30~35℃

> 전분의 노화는 아밀로오스(Amylose)의 함량 비율이 높을수록 빠르며, 수분이 30~60%일 때, 온도가 0~5℃일 때 가장 일어나기 쉽다.

026
어류의 혈합육에 대한 설명으로 틀린 것은?

① 정어리, 고등어, 꽁치 등의 육질에 많다.
② 비타민 B군의 함량이 높다.
③ 헤모글로빈과 미오글로빈의 함량이 높다.
④ 운동이 활발한 생선은 함량이 낮다.

> 혈합육은 어류의 체측을 따라 분포하는 암적색의 근육으로 가다랭이, 방어, 다랑어, 꽁치 등 활동성이 있는 표층고기에는 혈합육이 많고, 활동성이 적은 심층고기는 함량이 적다.

027
밀의 주요 단백질이 아닌 것은?

① 알부민(Albumin) ② 글리아딘(Gliadin)
③ 글루테닌(Glutenin) ④ 덱스트린(Dextrin)

> 밀가루 단백질은 알부민, 글리아딘 및 글루테닌으로 이루어져 있다. 이 중 글리아딘은 반죽을 잘 늘어나게 하는 점성을, 글루테닌은 반죽을 힘 있게 늘려주는 탄성과 관계가 있다.

028
튀김에 사용한 기름을 보관하는 방법으로 가장 적절한 것은?

① 식힌 후 그대로 서늘한 곳에 보관한다.
② 공기와의 접촉면을 넓게 하여 보관한다.
③ 망에 거른 후 갈색 병에 담아 보관한다.
④ 철제 팬에 담아 보관한다.

> 튀김에 사용한 기름은 식힌 다음에 커피 망에 거른 후 갈색 병에 담아 보관하면 다시 사용할 수 있다.

029
감미재료와 거리가 먼 것은?

① 사탕무 ② 정향
③ 사탕수수 ④ 스테비아

> 정향은 꽃봉오리를 말린 것으로 꽃봉오리의 형태가 못처럼 생기고 향기가 있어 붙은 이름이다. 그대로 또는 가루로 하여 향신료로 쓰거나 또는 정향유를 얻는데 쓴다.

030
다음 중 5탄당이 아닌 것은?

① 리보오스(Ribose)
② 자일로오스(Xylose)
③ 갈락토오스(Galactose)
④ 아라비노스(Arabinose)

> 갈락토오스(Galactose)의 분자식은 $C_6H_{12}O_6$으로 6탄당이다. 생리적으로 중요한 당의 하나로 젖당(유당)의 구성성분이다.

031
다음 중 신선한 달걀은?

① 후라이를 하려고 깨 보니 난백이 넓게 퍼진다.
② 난황과 난백을 분리하려는데 난황막이 터져 분리가 어렵다.
③ 삶아 껍질을 벗겨보니 기공이 있는 부분이 움푹 들어갔다.
④ 삶아 반으로 잘라보니 노른자가 가운데에 있다.

> 신선한 달걀
> • 후라이팬에 깨드려 놓았을 때 난황은 둥글고 주위에 농후 난백이 많았다.
> • 난황과 난백을 분리하려고 할 때 난황막이 터지지 않고 분리되어야 한다.
> • 삶아 껍질을 벗겼을 때 기공 부분이 작은 것이 신선하다.

032
원가의 종류가 바르게 설명된 것은?

① 직접원가 – 직접재료비, 직접노무비, 직접경비, 일반 관리비
② 제조원가 – 직접재료비, 제조간접비
③ 총원가 – 제조원가, 지급이자
④ 판매가격 – 총원가, 직접원가

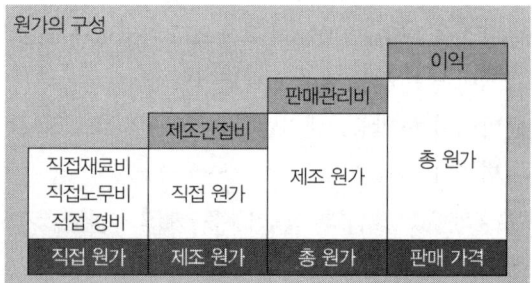

원가의 구성

033
다음 중 식품의 냉동 보관에 대한 설명으로 틀린 것은?

① 미생물의 번식을 억제할 수 있다.
② 식품 중의 효소작용을 억제하여 품질 저하를 막는다.

③ 급속 냉동시 얼음 결정이 작게 형성되어 식품의 조직 파괴가 적다.
④ 완만 냉동시 드립(Drip) 현상을 줄여 식품의 질 저하를 막을 수 있다.

> 완만 냉동은 서서히 동결됨에 따라 빙결정이 성장하여 크기가 크며, 분포가 불규칙하여 해동 시 조직의 손상이 크며, 빙결정의 크기만큼 드립(Drip)의 발생량이 많아진다. 이를 방지하기 위해서는 냉동 시 급속 냉동으로 최대 빙결정 생성대를 빠르게 통과시킨다.

034
다음 중 열량을 내지 않는 영양소로만 짝지어진 것은?

① 단백질, 당질
② 당질, 지질
③ 비타민, 무기질
④ 지질, 비타민

> 열량 영양소는 탄수화물(당질), 단백질, 지방(지질)로 탄수화물과 단백질은 1g당 4kcal, 지방은 1g당 9kcal의 열량을 발생시킨다.

035
사업소 급식에서 식당 면적과 조리실 면적은 얼마가 적절한가?

① 식당 : $0.5m^2$/1식 – 조리실 : $0.2m^2$/1식
② 식당 : $0.5m^2$/1식 – 조리실 : $0.5m^2$/1식
③ 식당 : $1m^2$/1식 – 조리실 : $0.2m^2$/1식
④ 식당 : $1m^2$/1식 – 조리실 : $0.5m^2$/1식

> 식당 면적은 일반 급식소의 경우 급식 대상자 1인당 $1.0m^2$를 기준으로 하며, 조리실 면적은 식당 면적의 1/3 정도가 적당하다.

036
다음 중 상온에서 보관해야 하는 식품은?

① 바나나
② 사과
③ 포도
④ 딸기

> 과일의 보관 온도는 수박 8~10℃, 사과, 배, 단감, 참외, 자두, 멜론은 5~7℃ 정도이다. 복숭아는 보통 8~13℃에 보관하는데, 육질이 연한 복숭아는 11~13℃에서 보관하는 것이 좋으며 단단한 복숭아는 8~10℃가 적당하다. 또한, 바나나는 17~21℃, 떫은감(연시)은 15℃, 토마토는 12~13℃에서 보관하며 파인애플은 10~13℃, 포도, 딸기, 감귤은 4~5℃이다.

037
전분에 물을 붓고 열을 가하여 70~75℃ 정도가 되면 전분입자는 크게 팽창하여 점성이 높은 반투명의 콜로이드 상태가 되는 현상은?

① 전분의 호화
② 전분의 노화
③ 전분의 호정화
④ 전분의 결정

> 호화란 소화가 안 되는 생전분(β-전분)을 물로 끓이면 물 분자가 전분의 속에 들어가 팽윤된 상태를 말하며, 호화과정을 통해 규칙적인 분자구조가 파괴되어 소화가 잘되는 전분의 α-화가 진행된다.

038
완숙한 계란의 난황 주위가 변색하는 경우를 잘못 설명한 것은?

① 난백의 유황과 난황의 철분이 결합하여 황화철(FeS)을 형성하기 때문이다.
② pH가 산성일 때 더 신속히 일어난다.
③ 신선한 계란에서는 변색이 거의 일어나지 않는다.
④ 오랫동안 가열하여 그대로 두었을 때 많이 일어난다.

> 녹변 현상이 잘 일어나는 경우
> • 가열기간이 길수록 녹변 현상이 잘 일어난다.
> • 가열온도가 높을수록 녹변 현상이 잘 일어난다.
> • 신선한 계란이 아닐 때 녹변 현상이 잘 일어난다.
> • 삶은 후 찬물에 담그지 않았을 때 녹변 현상이 잘 일어난다.

039
식품원가율을 40%로 정하고 햄버거의 1인당 식품단가를 1000원으로 할 때 햄버거의 판매가격은?

① 4,000원 ② 2,500원
③ 2,250원 ④ 1,250원

> 계산방법
> - 식품원가율 = 40%, 식품단가 = 1000원이므로 "식품판매가격 × (40/100) = 1000원"
> - 따라서, 판매가격 = (1000 × 100/40) = 2,500원

040
육류를 가열조리할 때 일어나는 변화로 옳은 것은?

① 보수성의 증가
② 단백질의 변패
③ 육단백질의 응고
④ 미오글로빈이 옥시미오글로빈으로 변화

> 육류를 가열조리시 보수성은 줄어들고, 단백질의 응고로 연한 정도도 감소된다. 참고로 옥시미오글로빈으로 변화하는 것은 공기 중의 산소와 미오글로빈이 결합하여 나타나는 결과이다.

041
두부 50g을 돼지고기로 대치할 때 필요한 돼지고기의 양은?(단, 100g당 두부 단백질 함량 15g, 돼지고기 단백질 함량 18g이다.)

① 39.45g ② 40.52g
③ 41.67g ④ 42.81g

> 계산방법
> 대치식품량 = $\dfrac{원래\ 식품함량}{대치\ 식품함량} \times 원래\ 식품량$
> = $\dfrac{15}{18} \times 50 ≒ 41.67g$

042
시금치의 녹색을 최대한 유지시키면서 데치려고 할 때 가장 좋은 방법은?

① 100℃ 다량의 조리수에서 뚜껑을 열고 단시간에 데쳐 재빨리 헹군다.
② 100℃ 다량의 조리수에서 뚜껑을 닫고 단시간에 데쳐 재빨리 헹군다.
③ 100℃ 소량의 조리수에서 뚜껑을 열고 단시간에 데쳐 재빨리 헹군다.
④ 100℃ 소량의 조리수에서 뚜껑을 닫고 단시간에 데쳐 재빨리 헹군다.

> 녹색 채소를 데칠 때는 뚜껑을 열고 다량의 끓는 물에서 단시간에 조리한다. 특히 시금치, 근대, 아욱은 수산이 존재하므로 반드시 뚜껑을 열어서 데쳐야만 변색과 비타민 C의 손실을 줄일 수 있다.

043
다음 중 계량방법이 잘못된 것은?

① 저울은 수평으로 놓고 눈금은 정면에서 읽으며 바늘은 0에 고정시킨다.
② 가루상태의 식품은 계량용기에 꼭꼭 눌러 담은 다음 윗면이 수평이 되도록 스파튤러로 깎아서 잰다.
③ 액체식품은 투명한 계량 용기를 사용하여 계량컵의 눈금과 눈높이를 맞추어서 계량한다.
④ 된장이나 다진 고기 등의 식품재료는 계량기구에 눌러담아 빈 공간이 없도록 채워서 깎아잰다.

> 밀가루 등과 같은 가루상태의 식품은 체로 쳐서 누르거나 흔들지 말고 수북하게 담아 위를 평평하게 깎아 측정한다.

044
다음 중 기름의 발연점이 낮아지는 경우는?

① 유리지방산 함량이 많을수록
② 기름을 사용한 횟수가 적을수록
③ 기름 속에 이물질의 유입이 적을수록
④ 튀김용기의 표면적이 좁을수록

> 유리지방산의 함량이 많을수록, 이물질함량이 많을수록, 사용횟수가 많을수록, 기름의 표면적이 넓을수록 기름의 발연점은 낮아진다.

045

뜨거워진 공기를 팬(Fan)으로 강제 대류시켜 균일하게 열이 순환되므로 조리시간이 짧고 대량조리에 적당하나 식품표면이 건조해지기 쉬운 조리기기는?

① 틸팅튀김팬(Tilting Fry pan)
② 튀김기(Fryer)
③ 증기솥(Steam Kettles)
④ 컨벡션오븐(Convection Oven)

> 컨벡션오븐(Convection oven)은 열을 순환시키는 팬을 이용하여 열을 골고루 전달시켜 음식을 익히는 대류식 전기 오븐으로 단시간에 내용물을 익힐 수 있다.

046

채소류, 두부, 생선 등 저장성이 낮고 가격변동이 많은 식품 구매시 적합한 계약방법은?

① 수의계약
② 장기계약
③ 일반경쟁계약
④ 지명경쟁입찰계약

> 수의계약의 장점은 입찰경쟁이 과열돼 너무 낮은 가격에 낙찰 받은 기업의 경우 식재료를 질이 낮은 것을 납품하는 걸 막을 수 있다.

047

쌀에서 섭취한 전분이 체내에서 에너지를 발생하기 위해서 반드시 필요한 것은?

① 비타민 A
② 비타민 B_1
③ 비타민 C
④ 비타민 D

> 비타민 B_1(Thiamin, 티아민)은 탄수화물 대사 작용에 필수적인 보조효소로 작용. 당질을 많이 섭취하는 한국인에게 꼭 필요한 영양소이다.

048

생선의 조리방법에 관한 설명으로 옳은 것은?

① 선도가 낮은 생선은 양념을 담백하게 하고 뚜껑을 닫고 잠깐 끓인다.
② 지방함량이 높은 생선보다는 낮은 생선으로 구이를 하는 것이 풍미가 좋다.
③ 생선조림은 오래 가열해야 단백질이 단단하게 응고되어 맛이 좋아진다.
④ 양념간장이 끓을 때 생선을 넣어야 맛 성분의 유출을 막을 수 있다.

> 생선을 조릴 때 유의할 것은 생선의 모양을 유지하면서 맛을 내는 성분이 밖으로 유출되지 않도록 하는 것이다. 따라서 물이나 양념간장이 끓을 때 생선을 넣어야 맛 성분의 유출도 막고 모양을 살릴 수 있다.

049

과일의 조리에서 열에 의해 가장 영향을 많이 받는 비타민은?

① 비타민 C
② 비타민 A
③ 비타민 B_1
④ 비타민 E

> 비타민의 열에 대한 안정도 : 비타민 E > 비타민 D > 비타민 A > 비타민 B > 비타민 C

050

직영급식과 비교하여 위탁급식의 단점에 해당하지 않는 것은?

① 인건비가 증가하고 서비스가 잘 되지 않는다.
② 기업이나 단체의 권한이 축소된다.
③ 급식경영을 지나치게 영리화하여 운영할수 있다.
④ 영양관리에 문제가 발생할 수 있다.

> 위탁급식의 경우 인건비 절감과 대량구입에 따른 식재료비 절감의 효과가 있다. 참고로 영양관리와 위생관리가 철저한 것은 직영방식의 장점에 해당된다.

051
분변소독에 가장 적합한 것은?

① 과산화수소 ② 알코올
③ 생석회 ④ 머큐로크롬

> 생석회(CaO)는 분변 및 하수도, 진개 등의 오물소독에 가장 우선적으로 사용된다.

052
병원체가 생활, 증식, 생존을 계속하여 인간에게 전파될 수 있는 상태로 저장되는 곳을 무엇이라 하는가?

① 숙주 ② 보균자
③ 환경 ④ 병원소

> 병원소란 병원체가 생활, 증식하면서 질병이 전파될 수 있는 상태로 저장되는 곳으로 인간, 동물, 토양 및 먼지 등이 모두 병원소로 이용될 수 있다.

053
복사선의 파장이 가장 크며, 열선이라고 불리는 것은?

① 자외선
② 가시광선
③ 적외선
④ 도르노선(Dorno ray)

> 적외선은 빛의 3부분 중 파장이 가장 길며, 파장 범위는 780nm(7,800Å) 이상이다. 또한, 지상에 복사열을 주어 온실효과와 백내장, 일사병 등을 유발한다.

054
세계보건기구(WHO) 보건헌장에 의한 건강의 의미로 가장 적합한 것은?

① 질병과 허약의 부재상태를 포함한 육체적으로 완전무결한 상태
② 육체적으로 완전하여 사회적 안녕이 유지되는 상태
③ 단순한 질병이나 허약의 부재상태를 포함한 육체적·정신적 및 사회적 안녕의 완전한 상태
④ 각 개인의 건강을 제외한 사회적 안녕이 유지되는 상태

> WHO에 따르면 건강이란 단순히 질병이나 허약의 부재 상태만이 아니라 신체적·정신적 및 사회적 안녕의 완전한 상태를 말한다.

055
광절열두조충의 중간숙주(제1중간숙주-제2중간숙주)와 인체 감염 부위는?

① 다슬기 – 가재 – 폐
② 물벼룩 – 연어 – 소장
③ 왜우렁이 – 붕어 – 간
④ 다슬기 – 은어 – 소장

> 광절열두조충(긴촌충)의 제1중간숙주는 물벼룩, 제2중간숙주는 담수어인 연어, 송어 등이며, 소장 중에서도 말단인 회장에 기생한다.

056
대기오염 중 2차 오염물질로만 짝지어진 것은?

① 먼지, 탄화수소
② 오존, 알데히드
③ 연무, 일산화탄소
④ 일산화탄소, 이산화탄소

> 1차 대기 오염물질은 어느 곳에서나 발생되어 대기로 배출되는 오염 물질로 소각할때 발생되는 검댕, 이산화황, 일산화탄소, 산화질소, 탄화수소 등이며, 2차 오염물질은 1차 오염물질이 대기 중에서 물리, 화학적 반응에 의해 생성된 물질로 오존(O_3), 알데히드 등이 대표적이다.

057
레이노드 현상이란?

① 손가락의 말초혈관 운동 장애로 일어나는 국소 진동증이다.
② 각종 소음으로 일어나는 신경장애 현상이다.
③ 혈액순환 장애로 전신이 굳어지는 현상이다.

④ 소음에 적응을 할 수 없어 발생하는 현상을 총칭하는 것이다.

> 레이노드 현상은 추위에 노출 시 손가락이나 발가락 끝이 창백하게 변하고, 곧이어 퍼렇게 변하고, 회복단계에서는 붉은 색으로 변하면서 원래 색으로 돌아오는 현상을 말한다.
> 이는 말초혈관의 이상반응으로 인해 일시적으로 말단부의 혈류에 장애가 일어나기 때문이다.

058
돼지고기를 완전히 익히지 않고 먹을 경우 감염될 수 있는 기생충은?

① 아니사키스 ② 무구낭미충
③ 선모충   ④ 광절열두조충

> 돼지 : 살모넬라증, 돈단독, 선모충

059
검역질병의 검역기간은 그 감염병의 어떤 기간과 동일한가?

① 유행기간   ② 최장 잠복기관
③ 이환기간   ④ 세대기간

> 검역은 여행지에서 들어오는 사람들을 여행지를 떠난 날로부터 계산하여 그 병원체의 잠복기 동안 그들이 유숙하는 장소를 신고하도록 하여, 증세가 나타나는가를 관찰하거나 지정장소에 유숙시켜 감염이 안 된 것이 확인될 때까지 감시하는 것을 의미한다.

060
생활쓰레기의 품목별 분류 중에서 동물의 사료로 이용 가능한 것은?

① 주개   ② 가연성 진개
③ 불연성 진개 ④ 재활용성 진개

> 생활 쓰레기의 분류
> • 주개(제1류) : 동·식물성 유기물(양돈사료로 이용 가능)
> • 가연성 진개(제2류) : 종이, 나무, 고무, 피혁류 등(소각하여 열에너지로 이용)
> • 불연성 진개(제3류) : 금속, 도기, 토사류 등(대부분 땅에 매립)
> • 재활용성 진개(제4류) : 병류, 초자류, 종이류, 플라스틱류(자원 재활용품)

02회 【정답】 공단 기출문제

001	002	003	004	005
③	④	①	①	③
006	007	008	009	010
④	④	②	③	③
011	012	013	014	015
③	①	④	③	③
016	017	018	019	020
②	③	④	④	①
021	022	023	024	025
③	④	④	④	①
026	027	028	029	030
④	④	③	②	③
031	032	033	034	035
④	②	④	③	③
036	037	038	039	040
①	①	②	②	③
041	042	043	044	045
③	①	③	①	③
046	047	048	049	050
①	②	④	①	①
051	052	053	054	055
③	④	③	④	③
056	057	058	059	060
②	①	③	②	①

제 03 회 공단 기출문제

001
우리나라에서 허가된 발색제가 아닌 것은?

① 아질산나트륨
② 황산제일철
③ 질산칼륨
④ 아질산칼륨

허가된 발색제
- 식물 발색제 : 황산제일철, 글루콘산철, 소명반
- 육류 발색제 : 아질산나트륨, 질산나트륨, 질산칼륨

002
다환방향족 탄화수소이며, 훈제육이나 태운 고기에서 다량 검출되는 발암 작용을 일으키는 것은?

① 질산염
② 알코올
③ 벤조피렌
④ 포름알데히드

벤조피렌(benzopyrene, $C_{20}H_{12}$)은 화석연료 등의 불완전연소 과정에서 생성되는 물질로 인체에 축적될 경우 각종 암을 유발하고 돌연변이를 일으키는 환경호르몬이다. 이와 더불어 가열로 숯불구이 등 식품의 조리·가공 시에도 식품의 성분이 분해되어 생성되기도 한다.

003
에탄올 발효시 생성되는 메탄올의 가장 심각한 중독 증상은?

① 구토
② 경기
③ 실명
④ 환각

메탄올(메틸 알코올)에 중독되면 두통, 구토, 설사 등이 유발되며 심한 경우 실명의 원인이 된다. 또한, 다량 중독될 경우에는 사망의 원인이 되기도 한다.

004
식품의 변질현상에 대한 설명 중 틀린 것은?

① 통조림 식품의 부패에 관하여는 세균에는 내열성인 것이 많다.
② 우유의 부패시 세균류가 관계하여 적변을 일으키기도 한다.
③ 식품의 부패에는 대부분 한 종류의 세균이 관계한다.
④ 가금육은 주로 저온성 세균이 주된 부패균이다.

식품의 변질이란 외관적으로나 내용적으로 그 본래의 성질이 변화되어 최종적으로 식용할 수 없는 상태로의 변화. 식품이 미생물의 작용에 의하여 그 관능적 성질에 변화가 초래되어 식품으로서 가치를 잃어버리는 현상을 말하며, 그 원인 세균은 다양하다.

005
일반적으로 식품 1g 중 생균수가 약 얼마 이상일 때 초기부패로 판정하는가?

① 10^2개
② 10^4개
③ 10^7개
④ 10^{15}개

생균수 검사는 균수의 측정수로 부패를 판정하는 기준으로 1g당 생균수가 10^7~10^8개일 때 초기부패로 판정한다.

006
독소형 세균성 식중독으로 짝지어진 것은?

① 살모넬라 식중독, 장염비브리오 중독성
② 리스테리아 식중독, 복어독 식중독

③ 황색포도상구균 식중독, 클로스트리디움 보툴리늄균 식중독
④ 맥각독 식중독, 콜리균 식중독

> 세균성 식중독
> • 감염형 : 살모넬라, 장염비브리오균, 병원성대장균, 캠필로박터, 여시니아, 리스테리아 모노사이토제네스, 바실러스 세레우스
> • 독소형 : 황색포도상구균, 클로스트리디움 보툴리륨, 클로스트리디움 퍼프린젠스 등

007
복어독 중독의 치료법으로 적합하지 않은 것은?

① 호흡촉진제 투여
② 진통제 투여
③ 위 세척
④ 최토제 투여

> 복어 중독을 치료하는 방법에는 설사약 투여, 최토제(구토제) 투여, 위 세척 등의 방법이 있으며 진통제와 항생제 투여는 하지 않는다.

008
식품 취급자의 화농성 질환에 의해 감염되는 식중독은?

① 살모넬라 식중독
② 황색포도상구균 식중독
③ 장염비브리오 식중독
④ 병원성대장균 식중독

> 포도상구균 식중독은 황색 포도상구균이 식품 중에 증식하여 그 대사산물로 생산한 장독소를 경구 섭취하여 일어나는 세균성 독소형 식중독으로 식품 취급자의 화농성 염증이 주된 원인이다.

009
과실류, 채소류 등 식품의 살균목적으로 사용되는 것은?

① 초산비닐수지(Polyvinyl Acetate)
② 이산화염소(Chlorine Dioxide)
③ 규소수지(Silicone Resin)
④ 차아염소산나트륨(Sodium Hypochlorite)

> 산비닐수지 – 피막제, 이산화염소 – 밀가루개량제, 규소수지 – 소포제

010
다음 중 내인성 위해 식품은?

① 지나치게 구운 생선
② 푸름곰팡이에 오염된 쌀
③ 싹이 튼 감자
④ 농약을 많이 뿌린 채소

> 식중독의 원인 분류
> • 내인성 : 식품 중의 유독 유해 성분이나 물질 섭취
> • 외인성 : 취급 과정 등에서 식중독 균 등의 의도적, 비의도적 혼입
> • 유기성 : 조리 가열 과정에서 인체 위해 물질 생성

011
식품위생법상 허위표시·과대광고의 범위에 해당하지 않는 것은?

① 국내산을 주된 원료로 하여 제조·가공한 메주·된장·식품의약품안전처장이 인정한 내용의 표시·광고
② 질병치료에 효능이 있다는 내용의 표시·광고
③ 외국과 기술제휴한 것으로 혼동할 우려가 있는 내용의 표시·광고
④ 화학적 합성품의 경우 그 원료의 명칭 등을 사용하여 화학적 합성품이 아닌 것으로 혼동할 우려가 있는 광고

> 허위표시 등의 금지
> • 질병의 예방 및 치료에 효능·효과가 있거나 의약품 또는 건강기능식품으로 오인·혼동할 우려가 있는 내용의 표시·광고
> • 사실과 다르거나 과장된 표시·광고
> • 소비자를 기만하거나 오인·혼동시킬 우려가 있는 표시·광고
> • 다른 업체 또는 그 제품을 비방하는 광고
> • 심의를 받지 아니하거나 심의받은 내용과 다른 내용의 표시·광고

012
우리나라 식품위생법의 목적과 거리가 먼 것은?

① 식품으로 인한 위생상의 위해 방지
② 식품영양의 질적 향상 도모
③ 국민보건의 증진에 이바지
④ 부정식품에 대한 가중처벌

> 식품위생법은 식품으로 인하여 생기는 위생상의 위해(危害)를 방지하고 식품영양의 질적 향상을 도모하며 식품에 관한 올바른 정보를 제공하여 국민보건의 증진에 이바지함을 목적으로 한다.

013
식품위생법상에서 정의하는 "집단급식소"에 대한 정의로 옳은 것은?

① 영리를 목적으로 하는 모든 급식시설을 일컫는 용어이다.
② 영리를 목적으로 하지 않고 비정기적으로 1개월에 1회씩 음식물을 공급하는 급식시설도 포함된다.
③ 영리를 목적으로 하지 아니하면서 특정 다수인에게 계속하여 음식을 공급하는 급식시설을 말한다.
④ 영리를 목적으로 하지 않고 계속적으로 불특정 다수인에게 음식물을 공급하는 급식시설을 말한다.

> 집단급식소란 영리를 목적으로 하지 아니하면서 특정 다수인에게 계속하여 음식물을 공급하는 기숙사, 학교, 병원, 그 밖의 후생기관 등에 해당하는 급식시설로 1회 50명 이상에게 식사를 제공하는 급식소를 말한다.

014
식품위생법상 식품위생감시원의 직무가 아닌 것은?

① 영업소의 폐쇄를 위한 간판 제거 등의 조치
② 영업의 건전한 발전과 공동의 이익을 도모하는 조치
③ 영업자 및 종업원의 건강진단 및 위생교육의 이행여부의 확인·지도
④ 조리사 및 영양사의 법령 준수사항 이행여부의 확인·지도

> 식품위생감시원의 직무
> • 보기 중 ①, ③, ④항
> • 식품등의 위생적인 취급에 관한 기준의 이행 지도
> • 수입·판매 또는 사용 등이 금지된 식품등의 취급 여부에 관한 단속
> • 표시기준 또는 과대광고 금지의 위반 여부에 관한 단속
> • 출입·검사 및 검사에 필요한 식품등의 수거
> • 시설기준의 적합 여부의 확인·검사
> • 행정처분의 이행 여부 확인
> • 식품등의 압류·폐기 등
> • 그 밖에 영업자의 법령 이행 여부에 관한 확인·지도

015
식품위생법상 영업신고를 하지 않는 업종은?

① 즉석판매제조·가공업
② 양곡관리법에 따른 양곡가공업 중 도정업
③ 식품운반업
④ 식품소분·판매업

> 보기 중 ②항. 주세법에 따라 주류제조면허를 받아 주류를 제조하는 경우, 축산물위생관리법에 따라 축산물가공업의 허가를 받아 해당 영업을 하는 경우 등은 영업신고를 하지 않아도 된다.

016
마이야르(Mailda) 반응에 영향을 주는 인자가 아닌 것은?

① 수분
② 온도
③ 당의 종류
④ 효소

> 마이야르 반응은 비효소적 갈변으로 단백질과 당의 결합으로 인해 자연적으로 일어나는 반응으로 열에 의해 촉진된다.

017
다음 중 쌀 가공식품이 아닌 것은?

① 현미
② 강화미
③ 팽화미
④ 알파(α)미

> 현미는 수확한 벼를 건조, 탈곡한 후 왕겨를 벗긴 상태의 쌀이다.

018
다음 중 발효 식품은?
① 치즈 ② 수정과
③ 사이다 ④ 우유

> 치즈는 미생물의 작용에 의해 우유 속의 단백질이 응고되어 만들어지는 대표적인 발효 유제품이다.

019
채소와 과일의 가스 저장(CA저장)시 필수 요건이 아닌 것은?
① pH 조절 ② 기체의 조절
③ 냉장온도 유지 ④ 습도유지

> 가스 저장은 식품을 탄산가스, 질소가스 속에 보존하는 방법으로 냉장법과 병용하며 과일, 채소, 알류, 어육, 분유 저장에 이용된다.

020
단백질에 관한 설명 중 옳은 것은?
① 인단백질은 단순단백질에 인산이 결합한 단백질이다.
② 지단백질은 단순단백질에 당이 결합한 단백질이다.
③ 당단백질은 단순단백질에 지방이 결합한 단백질이다.
④ 핵단백질은 단순단백질 또는 복합단백질이 화학적 또는 산소에 의해 변화된 단백질이다.

> 지단백질은 단순단백질에 지방이, 당단백질은 단순단백질에 당질이 결합한 단백질을 말한다. 또한, 핵단백질은 핵산과 단백질이 결합한 것이다.

021
한천의 용도가 아닌 것은?
① 훈연제품의 산화방지제
② 푸딩, 양갱 등의 겔화제
③ 유제품, 청량음료 등의 안정제
④ 곰팡이, 세균 등의 배지

> 한천의 용도
> • 식품산업 : 겔화제, 안정제, 변색방지제 등
> • 배지용 : 미생물의 배지 및 조직 배양용
> • 의약용 : 치과 인상제, 저칼로리 건강식품, 캡슐제조

022
식품의 수분활성도(Aw)에 대한 설명으로 틀린 것은?
① 식품이 나타내는 수증기압과 순수한 물의 수증기압의 비를 말한다.
② 일반적인 식품의 Aw값은 1보다 크다.
③ Aw의 값이 작을수록 미생물의 이용이 쉽지 않다.
④ 어패류의 Aw는 0.99~0.98 정도이다.

> 수분활성도(Aw)는 "식품 속의 수증기압/순수한 물의 수증기압"으로 물의 수분활성도는 1이며, 일반 식품의 수분활성도는 항상 1보다 작다.

023
장기간의 식품보존방법과 가장 관계가 먼 것은?
① 배건법 ② 염장법
③ 산저장법(초지법) ④ 냉장법

> 냉장법은 식품을 0~10℃로 보존하는 방법으로 단기저장에 널리 이용된다. 일정기간이 지나면 많은 미생물이 생육할 수 있고, 자가소화로 인한 변질의 우려가 있으므로 안전한 저장법이 아니다.

024
대표적인 콩 단백질인 글로불린(Globulin)이 가장 많이 함유하고 있는 성분은?
① 글리시닌(Glycinin) ② 알부민(Albumin)
③ 글루텐(Gluten) ④ 제인(Zein)

> 콩 단백질인 글리시닌(Glycinin)은 글로불린의 한 종류로서 함황아미노산이 높은 식물성 단백질 중 유일의 완전 단백질이다.

025
라면류, 건빵류, 비스킷 등은 상온에서 비교적 장시간 저장해 두어도 노화가 잘 일어나지 않는 주된 이유는?

① 낮은 수분함량　② 낮은 pH
③ 높은 수분함량　④ 높은 pH

> 노화는 아밀로오스(Amylose) 함량이 적고 아밀로펙틴(Amylopectin)의 함량이 많을수록 느리게 진행되며, 건조상태(수분 15% 이하), 냉동(0℃ 이하) 또는 80℃ 이상의 상태에서도 억제된다.

026
신맛 성분에 유기산인 아미노기(-NH₂)가 있으면 어떤 맛이 가해진 산미가 되는가?

① 단맛　② 신맛
③ 쓴맛　④ 짠맛

> 짠맛은 중성염(염화나트륨, 염화칼륨 등), 신맛은 수소이온(H^+)의 맛이다.

027
유지의 발연점에 영향을 주는 인자와 거리가 먼 것은?

① 용해도
② 유리지방산의 함량
③ 노출된 유지의 표면적
④ 불순물의 함량

> 유리지방산의 함량이 많을수록, 이물질함량이 많을수록, 사용횟수가 많을수록, 기름의 표면적이 넓을수록 기름의 발연점은 낮아진다.

028
다음 당류 중 단맛이 가장 약한 것은?

① 포도당　② 과당
③ 맥아당　④ 설탕

> 단맛의 정도 : 과당 〉 전화당 〉 설탕(자당) 〉 포도당 〉 맥아당 〉 갈락토오스 〉 유당(젖당)

029
다음 쇠고기 성분 중 일반적으로 살코기에 비해 간에 특히 더 많은 것은?

① 비타민 A, 무기질　② 단백질, 전분
③ 섬유소, 비타민 C　④ 전분, 비타민 A

> 소의 간은 비타민, 단백질, 무기질이 풍부한 영양식품이다. 특히 철분은 살코기 중 가장 많은 등심에 비해 약 2배 정도 더 많다.

030
오징어 먹물색소의 주 색소는?

① 안토잔틴　② 클로로필
③ 유멜라닌　④ 플라보노이드

> 스파게티나 국수에 이용되는 문어나 오징어 먹물은 멜라닌 색소이다.

031
급식인원이 1,000명인 단체급식소에서 1인당 60g의 풋고추조림을 주려고 한다. 발주할 풋고추의 양은?(단, 풋고추의 폐기율은 9%이다)

① 55kg　② 60kg
③ 66kg　④ 68kg

> 총발주량 = $\dfrac{정미중량 \times 100}{100 - 폐기율} \times 인원수$
> = $\dfrac{60 \times 100}{100 - 9} \times 1,000 =$ 약 66(kg)

032
단체급식이 갖는 운영상의 문제점이 아닌 것은?

① 단시간 내에 다량의 음식조리
② 식중독 등 대형 위생사고
③ 대량구매로 인한 재고관리
④ 적온 급식의 어려움으로 음식의 맛 저하

> 단체급식의 재료는 정해진 인원에 따라 작성된 식단표에 따라 계획적으로 구매하기 때문에 재고관리의 문제점은 발생하지 않는다.

033
완두콩을 조리할 때 정량의 황산구리를 첨가하면 특히 어떤 효과가 있는가?

① 비타민이 보강된다.
② 무기질이 보강된다.
③ 냄새를 보유할 수 있다.
④ 녹색을 보유할 수 있다.

완두콩은 황산구리를 적당량 넣은 물에 삶으면 푸른빛이 고정된다.

034
신선한 달걀의 감별법 중 틀린 것은?

① 햇빛(전등)에 비출 때 공기집의 크기가 작다.
② 흔들 때 내용물이 흔들리지 않는다.
③ 6% 소금물에 넣어서 떠오른다.
④ 깨뜨려 접시에 놓으면 노른자가 볼록하고 흰자의 점도가 높다.

6% 소금물에 달걀을 넣어 가라앉으면 신선한 것이고 위로 뜨면 오래된 것이다.

035
다음 중 계량방법이 올바른 것은?

① 마가린을 잴 때는 실온일 때 계량컵을 꼭꼭 눌러 담고, 직선으로 된 칼이나 spatula로 깎아 계량한다.
② 밀가루를 잴 때는 측정 직전에 체로 친 뒤 누르지 말고 가만히 수북하게 담고 직선 spatula로 깎아 측정한다.
③ 흑설탕을 측정할 때는 체로 친 뒤 누르지 말고 가만히 수북하게 담고 직선 spatula로 깎아 측정한다.
④ 쇼트닝을 계량할 때는 냉장온도에서 계량컵에 꼭 눌러 담은 뒤, 직선 spatula로 깎아 측정한다.

계량방법
- 고형지방은 실온에서 부드러워졌을 때 계량컵에 꼭꼭 눌러 담은 후 윗면을 수평이 되도록 하여 계량한다
- 밀가루는 체에 친 후 스푼으로 수북히 담아 주걱(spatula)으로 위를 평평하게 깎아서 계량한다.
- 흑설탕은 다른 그릇에 옮겨 담았을 때 모양이 생길 정도가 되도록 꼭꼭 눌러서 계량한다.

036
육류, 생선류, 알류 및 콩류에 함유된 주된 영양소는?

① 단백질   ② 탄수화물
③ 지방   ④ 비타민

수조육류, 어패류, 알류, 콩류(육류, 닭, 생선, 달걀, 두부 등)는 5가지 식품군 중 제1군으로 단백질 급원식품이다.

037
젤라틴의 응고에 관한 내용으로 틀린 것은?

① 젤라틴의 농도가 높을수록 빨리 응고된다.
② 설탕의 농도가 높을수록 빨리 응고된다.
③ 염류는 젤라틴이 물을 흡수하는 것을 막아 단단하게 응고시킨다.
④ 단백질 분해효소를 사용하면 응고력이 약해진다.

젤라틴의 응고에 영향을 주는 요인으로 온도, 농도, 시간, 산, 염류, 단백질 분해효소 등이 있다.

038
난백으로 거품을 만들 때의 설명으로 옳은 것은?

① 레몬즙을 1~2방울 떨어뜨리면 거품 형성을 용이하게 한다.
② 지방은 거품 형성을 용이하게 한다.
③ 소금은 거품의 안정성에 기여한다.
④ 묵은 달걀보다 신선란이 거품 형성을 용이하게 한다.

난백 거품과 첨가물
- 소금은 젓는 시간을 늘리고 거품의 안정성을 해친다.
- 지방, 우유 등은 기포 발생을 저해한다.
- 묵은 달걀은 거품은 잘 일어나지만 안정성이 적다.

039
다음 중 간장의 지미성분은?

① 포도당(Glucose)
② 전분(Starch)
③ 글루탐산(Glutamic Acid)
④ 아스코르빈산(Ascorbic Acid)

> 간장의 원재료인 콩 단백질의 20% 가량은 글루탐산이다. 이를 이용해 만든 간장은 천연글루탐산이 주된 지미성분이다.

040
홍조류에 속하며 무기질이 골고루 함유되어 있고, 단백질도 많이 함유된 해조류는?

① 김
② 미역
③ 우뭇가사리
④ 다시마

> 해조류의 종류
> • 녹조류 : 클로렐라, 장구말, 반달말, 청각, 파래, 청태 등
> • 홍조류 : 김, 우뭇가사리, 풀가사리, 해인초 등
> • 갈조류 : 미역, 다시마, 모자반, 톳 등

041
식품의 구매방법으로 필요한 품목, 수량을 표시하여 업자에게 견적서를 제출받고 품질이나 가격을 검토한 후 낙찰자를 정하여 계약을 체결하는 것은?

① 수의계약
② 경쟁입찰
③ 대량구매
④ 계약구입

> 수의계약 계약할 때 경매·입찰 등의 방법에 의하지 않고, 적당한 상대방을 임의로 선택하여 맺는 계약을 말하며, 경쟁입찰이란 다수의 입찰자를 참여시켜 경쟁으로 낙찰자를 선정하여 계약을 성립시키는 입찰방법을 말한다.

042
떡의 노화를 방지할 수 있는 방법이 아닌 것은?

① 찹쌀가루의 함량을 높인다.
② 설탕의 첨가량을 늘인다.
③ 급속 냉동시켜 보관한다.
④ 수분함량을 30~60%로 유지한다.

> 노화는 건조상태(수분 15% 이하)에서 방지되지만, 수분함량 30~60% 상태에서는 촉진된다.

043
우유에 산을 넣으면 응고물이 생기는데 이 응고물의 주체는?

① 유당
② 레닌
③ 카제인
④ 유지방

> 우유에 산, 레닌(Rennin)을 가하면 유단백질인 카제인(Casein)이 응고되는데 이를 이용한 우유의 가공식품이 치즈이다.

044
불고기를 만들어 파는데 비용으로 1kg기준으로 등심은 18,000원, 양념비는 3,500원이 소요되었다. 1인분에 200g을 사용하고 식재료 비율을 40%로 하려고 할 때 판매가격은?

① 9,000원
② 8,600원
③ 17,750원
④ 10,750원

> 계산방법
> • 1인분(200g)의 식품단가 = (18000 + 3500) × 0.2 = 4300(원)
> • 식재료 비율은 40%, 1인분의 식품단가는 4300원이므로 "식품판매가격 × (40/100) = 4300원"
> • 따라서, 판매가격 = (4300 × 100/40) = 10,750원

045
육류 조리 과정 중 색소의 변화 단계가 바르게 연결된 것은?

① 미오글로빈－메트미오글로빈－옥시미오글로빈－헤마틴
② 메트미오글로빈－옥시미오글로빈－미오글로빈－헤마틴

③ 미오글로빈-옥시미오글로빈-메트미오글로빈-헤마틴
④ 옥시미오글로빈-메트미오글로빈-미오글로빈-헤마틴

> 암적색의 고기는 차츰 선명한 적색으로 변하는데, 이것은 미오글로빈이 공기 중의 산소와 결합하여 옥시미오글로빈으로 변화하기 때문에 생기는 현상이다. 또한, 선명한 적색의 고기는 시간이 지남에 따라 갈색으로 변한다. 이것은 옥시미오글로빈이 다시 공기 중의 산소와 결합하여 메트미오글로빈으로 변화하기 때문이다.

046
머랭을 만들고자 할 때 설탕 첨가는 어느 단계에 하는 것이 가장 효과적인가?

① 처음 젓기 시작할 때
② 거품이 생기려고 할 때
③ 충분히 거품이 생겼을 때
④ 거품이 없어졌을 때

> 설탕은 거품을 낼 때 첨가하면 난백의 기포성을 저해하지만, 거품을 완전히 낸 후 마지막 단계에서 넣어주면 거품이 안정화된다.

047
마요네즈를 만들 때 기름의 분리를 막아주는 것은?

① 난황   ② 난백
③ 소금   ④ 식초

> 분리된 마요네즈를 재생할 때는 새로운 난황에 분리된 것을 조금씩 넣으며 한 방향으로 저어준다.

048
고체화한 지방을 여과 처리하는 방법으로 샐러드유 제조시 이용되며, 유화상태를 유지하기 위한 가공 처리 방법은?

① 용출처리   ② 동유처리
③ 정제처리   ④ 경화처리

> 샐러드와 같이 내한성을 필요로 하는 기름은 미리 냉각하여 고융점의 글리세리드 또는 왁스를 결정, 석출시키고 이것을 여과하여 액상유를 분리해야 한다. 이 공정을 동유처리(winterization)라 한다.

049
주방의 바닥조건으로 맞는 것은?

① 산이나 알칼리에 약하고 습기, 열에 강해야 한다.
② 바닥 전체의 물매는 1/20이 적당하다.
③ 조리작업을 드라이시스템화 할 경우의 물매는 1/100 정도가 적당하다.
④ 고무타일, 합성수지타일 등이 잘 미끄러지지 않으므로 적합하다.

> 주방의 바닥조건
> • 산, 알칼리, 열에 강해야 한다.
> • 바닥 전체의 물매는 1/1000이 적당하다.
> • 조리작업을 드라이시스템화 할 경우의 물매는 1/200 정도가 적당하다.

050
다음 중 돼지고기에만 존재하는 부위명은?

① 사태살   ② 갈매기살
③ 채끝살   ④ 안심살

> 갈매기살은 돼지의 횡격막과 간(肝) 사이에 있는 근육질의 힘살을 말한다.

051
상수도와 관계된 보건문제가 아닌 것은?

① 수도열
② 반상치
③ 레이노드병
④ 수인성 감염병

> 레이노드병은 혈관이 교감신경의 자극에 의해 부적절하거나 과도하게 수축함으로써 발생하는 질환으로 상수도와 아무런 관련성이 없다.

052
규폐증과 관계가 먼 것은?

① 유리규산 ② 암석가공업
③ 골연화증 ④ 폐조직의 섬유화

> 규폐증은 유리규산의 미립자가 섞여 있는 공기를 장기간 마심으로써 증세가 발생하는 만성질환이다. 보기 중 골연화증은 카드뮴에 의한 중금속 중독의 예이다.

053
감염병 관리상 환자의 격리를 요하지 않는 것은?

① 콜레라 ② 디프테리아
③ 파상풍 ④ 장티푸스

> 파상풍은 상처 부위에서 증식한 파상풍균이 번식과 함께 생산해내는 신경 독소가 신경 세포에 작용하여 유발하는 감염성 질환으로 환자의 격리를 필요로 하지는 않는다.

054
( ) 안에 차례대로 들어갈 알맞은 내용은?

> 생물화학적 산소요구량(BOD)은 일반적으로 ( )을 ( )에서 ( )간 안정화 시키는데 소비한 산소량을 말한다.

① 무기물질, 15℃, 5일
② 무기물질, 15℃, 7일
③ 유기물질, 20℃, 5일
④ 유기물질, 20℃, 7일

> 생물학적산소요구량(BOD)은 호기성 미생물이 일정 기간 동안 물속에 있는 유기물을 분해할 때 사용하는 산소의 양을 말하는 것으로 20℃에서 5일간 측정한다.

055
실내공기의 오염지표로 사용되는 것은?

① 일산화탄소 ② 이산화탄소
③ 질소 ④ 오존

> 이산화탄소(CO_2)를 실내 공기의 오염지표로 사용하는 이유는 실내 공기조성의 전반적인 상태를 알 수 있기 때문이다.

056
수인성 감염병의 특징을 설명한 것 중 틀린 것은?

① 단시간에 다수의 환자가 발생한다.
② 환자의 발생은 그 급수지역과 관계가 깊다.
③ 발생율이 남녀노소, 성별, 연령별로 차이가 크다.
④ 오염원의 제거로 일시에 종식될 수 있다.

> 수인성 감염병은 성별, 연령, 직업, 생활수준에 따른 발생 빈도의 차이가 없다.

057
기생충과 인체 감염원인 식품의 연결이 틀린 것은?

① 유구조충 – 돼지고기
② 무구조충 – 쇠고기
③ 동양모양선충 – 민물고기
④ 아니사키스 – 바다생선

> 회충, 구충, 요충, 편충, 동양모양선충 등은 채소류로부터 감염되는 기생충이다.

058
감염병 발생의 3대 요인이 아닌 것은?

① 예방접종 ② 환경
③ 숙주 ④ 병인

> 감염병 발생의 3대 요소는 환경(전염경로), 숙주(의 감수성), 병인(감염원)이다.

059
기생충에 오염된 논, 밭에서 맨발로 작업할 때 감염될 수 있는 가능성이 가장 높은 것은?

① 간흡충 ② 폐흡충
③ 구충 ④ 광절열두조충

> 간흡충, 폐흡충, 광절열두조충은 모두 어패류 매개 기생충이다. 구충(십이지장충)은 분변으로부터 외계에 나온 구충란이 부화, 탈피한 후 유충이 경피침입 또는 경구침입하여 소장 상부에 기생한다.

060
4대 온열요소에 속하지 않은 것은?

① 기류　　　　② 기압
③ 기습　　　　④ 복사열

체감온도(온열요인)의 3요소는 기온, 기습, 기류이며, 4대 온열요인은 앞의 3요소에 복사열이 추가된다.

03회【정답】			공단 기출문제	
001	002	003	004	005
④	③	③	③	③
006	007	008	009	010
③	②	②	④	③
011	012	013	014	015
①	④	③	②	②
016	017	018	019	020
④	①	①	①	①
021	022	023	024	025
①	②	④	①	①
026	027	028	029	030
③	①	③	①	③
031	032	033	034	035
③	③	④	③	①
036	037	038	039	040
①	②	①	③	①
041	042	043	044	045
②	④	③	④	③
046	047	048	049	050
③	①	②	④	②
051	052	053	054	055
③	③	③	③	②
056	057	058	059	060
③	③	①	③	②

제 04 회 공단 기출문제

001
칼슘(Ca)과 인(P)의 대사이상을 초래하여 골연화증을 유발하는 유해금속은?

① 철(Fe)
② 카드뮴(Cd)
③ 은(Ag)
④ 주석(Sn)

> 카드뮴(Cd)은 칼슘과 인의 대사 이상을 초래하여 골연화증을 유발할 뿐만 아니라, 만성중독을 일으키게 되는데 이를 이타이이타이병이라 한다.

002
미생물학적으로 식품 1g당 생균수가 얼마일 때 초기부패단계로 판정하는가?

① $10^3 \sim 10^4$
② $10^4 \sim 10^5$
③ $10^7 \sim 10^8$
④ $10^{12} \sim 10^{13}$

> 생균수 검사는 균수의 측정수로 부패를 판정하는 기준으로 1g당 생균수가 $10^7 \sim 10^8$개일 때 초기부패로 판정한다.

003
혐기상태에서 생산된 독소에 의해 신경증상이 나타나는 세균성 식중독은?

① 황색 포도상구균 식중독
② 클로스트리디움 보툴리늄 식중독
③ 장염 비브리오 식중독
④ 살모넬라 식중독

> 클로스트리디움 보툴리늄(Clostridium botulinum)은 공기가 없는 밀폐된 공간에서도 번식이 가능한 혐기성균으로 통조림 등의 가공식품이 원인식품이다.

004
식품과 독성분이 잘못 연결된 것은?

① 감자 – 솔라닌(solanine)
② 조개류 – 삭시톡신(saxitoxin)
③ 독미나리 – 베네루핀(venerupin)
④ 복어 – 테트로도톡신(tetrodotoxin)

> 베네루핀 중독은 바지락, 굴, 고동, 모시조개 등에서 발생하는 식중독으로 사망률이 44~50%에 이른다. 참고로 독미나리의 독성분은 시큐톡신이다.

005
식품첨가물의 사용목적과 이에 따른 첨가물의 종류가 바르게 연결된 것은?

① 식품의 영양 강화를 위한 것 – 착색료
② 식품의 관능을 만족시키기 위한 것 – 조미료
③ 식품의 변질이나 변패를 방지하기 위한 것 – 감미료
④ 식품의 품질을 개량하거나 유지하기 위한 것 – 산미료

> 식품첨가물
> • 착색료 : 인공적으로 착색하여 천연색을 보완함으로써 식품의 기호적 가치를 향상시킨다.
> • 감미료 : 식품에 단맛을 부여한다.
> • 산미료 : 식품에 적합한 산미를 부여하고 청량감을 부여한다.

006
다음 식품 첨가물 중 주요 목적이 다른 것은?

① 과산화벤조일
② 과황산암모늄
③ 이산화염소
④ 아질산나트륨

아질산나트륨은 식품 중에 존재하는 색소와 결합시켜 그 색을 안정시키거나 선명하게 하는 발색제로 사용된다. 보기의 나머지 항목은 밀가루개량제로 사용된다.

007
식품의 변화현상에 대한 설명 중 틀린 것은?

① 산패 : 유지식품의 지방질 산화
② 발효 : 화학물질에 의한 유기화합물의 분해
③ 변질 : 식품의 품질 저하
④ 부패 : 단백질과 유기물이 부패미생물에 의해 분해

발효란 탄수화물이 미생물의 분해 작용을 받아서 유기산, 알코올 등이 생성되는 현상으로, 이는 식생활에 유용하게 이용된다.

008
바이러스에 의한 감염이 아닌 것은?

① 폴리오   ② 인플루엔자
③ 장티푸스   ④ 유행성간염

장티푸스는 수인성감염병의 대표적인 예로 병원체는 세균이다.

009
통조림 식품의 통조림관에서 유래될 수 있는 식중독 원인물질은?

① 카드뮴   ② 주석
③ 페놀   ④ 수은

주석(Sn) 중독은 통조림 관(깡통)에 도금된 주석이 산성이 강한 내용물(과일, 채소 등)에 의해 용출되어 중독되는 것으로 증상은 구역질, 구토, 설사, 복통 등이다.

010
곰팡이의 대사산물에 의해 질병이나 생리작용에 이상을 일으키는 원인이 아닌 것은?

① 청매 중독   ② 아플라톡신 중독
③ 황변미 중독   ④ 오크라톡신 중독

청매 중독은 청산배당체에 의한 중독증상으로 청산배당체는 효소에 의해 가수분해되면 청산(HCN)을 유리하고 이것이 원인이 되어 나타나는 중독 증상이다.

011
식품위생법상 위해식품 등의 판매 등 금지내용이 아닌 것은?

① 불결하거나 다른 물질이 섞이거나 첨가된 것으로 인체의 건강을 해칠 우려가 있는 것
② 유독·유해물질이 들어 있으나 식품의약품안전처장이 인체의 건강을 해할 우려가 없다고 인정한 것
③ 병원 미생물에 의하여 오염되었거나 그 염려가 있어 인체의 건강을 해칠 우려가 있는 것
④ 썩거나 상하거나 설익어서 인체의 건강을 해칠 우려가 있는 것

식품위생법 제4조(위해식품등의 판매 등 금지) 누구든지 다음 각 호의 어느 하나에 해당하는 식품등을 판매하거나 판매할 목적으로 채취·제조·수입·가공·사용·조리·저장·소분·운반 또는 진열하여서는 아니 된다.
1. 썩거나 상하거나 설익어서 인체의 건강을 해칠 우려가 있는 것
2. 유독·유해물질이 들어 있거나 묻어 있는 것 또는 그러할 염려가 있는 것. 다만, 식품의약품안전처장이 인체의 건강을 해칠 우려가 없다고 인정하는 것은 제외한다.
3. 병(病)을 일으키는 미생물에 오염되었거나 그러할 염려가 있어 인체의 건강을 해칠 우려가 있는 것
4. 불결하거나 다른 물질이 섞이거나 첨가(添)된 것 또는 그 밖의 사유로 인체의 건강을 해칠 우려가 있는 것
5. 제18조에 따른 안전성 평가 대상인 농·축·수산물 등 가운데 안전성 평가를 받지 아니하였거나 안전성 평가에서 식용(食用)으로 부적합하다고 인정된 것
6. 수입이 금지된 것 또는 제19조제1항에 따른 수입신고를 하지 아니하고 수입한 것
7. 영업자가 아닌 자가 제조·가공·소분한 것

012
식품, 식품첨가물, 기구 또는 용기·포장의 위생적 취급에 관한 기준을 정하는 것은?

① 총리령   ② 농림축산식품부령
③ 보건복지부령   ④ 환경부령

식품, 식품첨가물, 기구 또는 용기·포장의 위생적인 취급에 관한 기준은 총리령으로 정한다.

013
식품위생법규상 무상수거 대상 식품은?

① 도·소매업소에서 판매하는 식품 등을 시험검사용으로 수거할 때
② 식품 등의 기준 및 규격 제정을 위한 참고용으로 수거할 때
③ 식품 등을 검사할 목적으로 수거할 때
④ 식품 등의 기준 및 규격 개정을 위한 참고용으로 수거할 때

> 영업소(사무소, 창고, 제조소, 저장소, 판매소, 그 밖에 이와 유사한 장소를 포함)에 출입하여 판매를 목적으로 하거나 영업에 사용하는 식품 등 또는 영업시설 등에 대하여 하는 검사를 위해 필요한 최소량의 식품등은 식품위생법에 따라 무상 수거할 수 있다.

014
식품위생법상 명시된 영업의 종류에 포함되지 않는 것은?

① 식품조사처리업
② 식품접객업
③ 즉석판매제조·가공업
④ 먹는샘물제조업

> 식품위생법상의 영업의 종류 : 식품제조·가공업, 즉석판매제조·가공업, 식품첨가물제조업, 식품운반업, 식품소분·판매업(식품소분업, 식품판매업), 식품보존업(식품조사처리업, 식품냉동·냉장업), 용기·포장류제조업(용기·포장지제조업, 옹기류제조업), 식품접객업(휴게음식점영업, 일반음식점영업, 단란주점영업, 유흥주점영업, 위탁급식영업, 제과점영업)

015
식품위생법상 조리사 면허를 받을 수 없는 사람은?

① 미성년자
② 마약중독자
③ B형간염환자
④ 조리사 면허의 취소처분을 받고 그 취소된 날부터 1년이 지난 자

> 조리사 면허의 결격사유
> • 「정신보건법」 제3조제1호에 따른 정신질환자. 다만, 전문의가 조리사로서 적합하다고 인정하는 자는 그러하지 아니하다.
> • 「감염병의 예방 및 관리에 관한 법률」에 따른 감염병환자(단, B형간염환자는 제외)
> • 「마약류관리에 관한 법률」 제2조제2호에 따른 마약이나 그 밖의 약물 중독자
> • 조리사 면허의 취소처분을 받고 그 취소된 날부터 1년이 지나지 아니한 자

016
결합수의 특성으로 옳은 것은?

① 식품조직을 압착하여도 제거되지 않는다.
② 점성이 크다.
③ 미생물의 번식과 발아에 이용된다.
④ 보통의 물보다 밀도가 작다.

> 결합수의 특징
> • 용질에 대하여 용매로 작용하지 않는다.
> • 0°C 이하에서도 동결되지 않는다.
> • 건조되지 않는다.
> • 미생물이 번식에 이용하지 못한다.
> • 압력을 가해도 제거되지 않는다.
> • 100°C 이상 가열해도 제거되지 않는다.
> • 유리수에 비해 밀도가 크다.

017
사과, 바나나, 파인애플 등의 주요 향미성분은?

① 에스테르(ester)류
② 고급지방산류
③ 유황화합물류
④ 퓨란(furan)류

> 사과, 바나나, 파인애플 등의 주요 향미성분은 에스테르, 알코올 및 알데히드류이다.

018
다당류에 속하는 탄수화물은?

① 펙틴
② 포도당
③ 과당
④ 갈락토오스

> 당의 종류
> • 단당류 : 포도당, 과당, 갈락토오스, 만노오스
> • 이당류 : 자당(설탕, 서당), 젖당(유당), 맥아당
> • 다당류 : 전분, 글리코겐, 섬유소, 펙틴, 이눌린, 갈락탄

019
알코올 1g당 열량산출 기준은?

① 0kcal
② 4kcal
③ 7kcal
④ 9kcal

당질(탄수화물)과 단백질은 1g당 4kcal, 알코올은 1g당 7kcal, 지방은 1g당 9kcal의 열량을 발생시킨다.

020
유지를 가열하면 점차 점도가 증가하게 되는데 이것은 유지 분자들의 어떤 반응 때문인가?

① 산화반응
② 열분해반응
③ 중합반응
④ 가수분해반응

공기가 존재하는 조건에서 유지를 200~230℃ 정도로 가열을 계속하면 유지가 서로 결합하여 중합반응이 일어나 점도가 증가하게 되는데 이런 현상을 열산화중합이라고 한다. 이와 달리 공기가 없는 상태에서 유지를 200~300℃ 정도로 고온가열하면 중합하여 환상화합물을 생성한다.

021
젤라틴과 관계없는 것은?

① 양갱
② 족편
③ 아이스크림
④ 젤리

양갱의 젤 형성 주체성분은 한천이다.

022
다음 중 일반적으로 꽃 부분을 주요 식용부위로 하는 화채류는?

① 비트(beets)
② 파슬리(parsley)
③ 브로콜리(broccoli)
④ 아스파라거스(asparagus)

브로콜리(broccoli), 컬리플라워(cauliflower), 아티쵸크(artichoke)는 꽃 부분을 식용부위로 한다. 보기 중 비트는 뿌리, 파슬리와 아스파라거스는 잎과 줄기 부분을 식용으로 한다.

023
색소 성분의 변화에 대한 설명 중 맞는 것은?

① 엽록소는 알칼리성에서 갈색화
② 플라본 색소는 알칼리성에서 황색화
③ 안토시안 색소는 산성에서 청색화
④ 카로틴 색소는 산성에서 흰색화

엽록소는 산성 하에서 녹갈색을 알칼리 조건하에서 진한 녹색을 나타내며, 안토시안 색소는 산성 하에서 분홍색을 알칼리 조건하에서 파란색을 나타낸다.

024
칼슘과 단백질의 흡수를 돕고 정장 효과가 있는 것은?

① 설탕
② 과당
③ 유당
④ 맥아당

포도당과 갈락토오스가 결합된 이당류인 유당(젖당, Lactose)은 동물의 유즙에 함유되어 있으며, 유산균과 젖산균의 정장작용에 관여하고 칼슘의 흡수를 돕는다.

025
두부 만들 때 간수에 의해 응고되는 것은 단백질의 변성 중 무엇에 의한 변성인가?

① 산
② 효소
③ 염류
④ 동결

두부는 단백질인 글리시닌이 무기염류에 의해서 응고되는 성질을 이용하여 제조하며, 응고제로는 염화마그네슘($MgCl_2$), 염화칼슘($CaCl_2$), 황산마그네슘($MgSO_4$), 황산칼슘($CaSO_4$) 등이 사용된다.

026
호화와 노화에 관한 설명 중 틀린 것은?

① 전분의 가열온도가 높을수록 호화시간이 빠르며, 점도는 낮아진다.
② 전분입자가 크고 지질함량이 많을수록 빨리 호화된다.
③ 수분함량이 0~60%, 온도가 0~4℃일 때 전분의 노화는 쉽게 일어난다.
④ 60℃ 이상에서는 노화가 잘 일어나지 않는다.

> 전분은 호화 과정을 통해 용해도와 점도, 빛 투과율은 물론 맛과 소화율이 증가한다.

027
쓴 약을 먹은 직후 물을 마시면 단맛이 나는 것처럼 느끼게 되는 현상은?

① 변조현상
② 소실현상
③ 대비현상
④ 미맹현상

> 한 가지 맛을 느낀 직후 다른 맛의 음식물을 섭취하면 원래 식품의 맛이 다르게 느껴지는 현상을 맛의 변조현상이라 한다.

028
오이나 배추의 녹색이 김치를 담그었을 때 점차 갈색을 띄게 되는 것은 어떤 색소의 변화 때문인가?

① 카로티노이드(carotenoid)
② 클로로필(chlorophyll)
③ 안토시아닌(anthocyanin)
④ 안토잔틴(anthoxanthin)

> 녹색 색소인 클로로필은 산성일 때 녹갈색으로 변하며, 김치를 담근 후 나타나는 이러한 변화는 유기산의 증가 때문이다.

029
가공치즈(processed cheese)의 설명으로 틀린 것은?

① 자연치즈에 유화제를 가하여 가열한 것이다.
② 일반적으로 자연치즈보다 저장성이 높다.
③ 약 85℃에서 살균하여 pasteurizde cheese라고도 한다.
④ 가공치즈는 매일 지속적으로 발효가 일어난다.

> 가공치즈란 우유를 응고·발효시켜 만든 치즈나 자연치즈 두 가지 이상을 혼합하거나 다른 재료를 혼합하여 유화제와 함께 가열·용해하여 균질하게 가공한 치즈를 말한다.

030
달걀에 가스저장을 실시하는 가장 중요한 이유는?

① 알껍질의 매끄러워짐을 방지하기 위하여
② 알껍질의 이산화탄소 발산을 억제하기 위하여
③ 알껍질의 수분증발을 방지하기 위하여
④ 알껍질의 기공을 통한 미생물 침입을 방지하기 위하여

> 신선한 달걀에는 CO_2(이산화탄소)가 들어 있으나, 이것이 차차 배출되어 달걀 내용물은 알칼리로 된다. 따라서 달걀의 이산화탄소량을 신선란과 같이 유지하면 그 만큼 오래 저장할 수 있게 된다. 이를 위해 사용되는 저장법이 가스저장법이다.

031
굵은 소금이라고도 하며, 오이지를 담글 때나 김장 배추를 절이는 용도로 사용하는 소금은?

① 천일염
② 재제염
③ 정제염
④ 꽃소금

> 천일염, 호염, 굵은 소금은 모두 같은 것으로 염도가 낮아 김치절임용이나 젓갈 및 된장 등의 장류를 담글 때 쓴다.

032
제품의 제조를 위하여 소비된 노동의 가치를 말하며 임금, 수당, 복리후생비 등이 포함되는 것은?

① 노무비
② 재료비
③ 경비
④ 훈련비

> 노무비는 제조 활동과 관련된 인건비를 의미한다. 일반적인 표현인 임금과는 차이가 있는 데 임금은 제품 제조를 위한 노동력에 지급되는 대가인데 반해, 노무비는 매입한 노동력을 소비함으로써 생기는 원가 요소를 나타낸다. 노무비는 소비 형태에 따라 직접노무비와 간접노무비로 구분하며 직접노무비는 제품 생산에 직접 종사하는 사람에게 지급되는 것이고, 간접노무비는 간접작업임금·휴업임금·퇴직적립금 등 후생복지비를 말한다.

033
국이나 전골 등에 국물 맛을 독특하게 내는 조개류의 성분은?

① 요오드   ② 주석산
③ 구연산   ④ 호박산

> 조개국물의 시원한 맛은 질소화합물인 타우린, 베타인, 아미노산, 핵산류와 호박산 등이 어울린 것이다.

034
우유에 대한 설명으로 틀린 것은?

① 시판되고 있는 전유는 유지방 함량이 3.0% 이상이다.
② 저지방우유는 유지방을 0.1% 이하로 낮춘 우유이다.
③ 유당소화장애증이 있으면 유당을 분해한 우유를 이용한다.
④ 저염우유란 전유 속의 Na(나트륨)을 K(칼륨)과 교환시킨 우유를 말한다.

> 보통 3.2~3.3%의 지방이 들어있는 일반우유와 달리 지방 함량을 2% 이하로 줄인 우유를 저지방우유라 한다.

035
냉동식품의 조리에 대한 설명 중 틀린 것은?

① 쇠고기의 드립(drip)을 막기 위해 높은 온도에서 빨리 해동하여 조리한다.
② 채소류는 가열처리가 되어 있어 조리하는 시간이 절약된다.
③ 조리된 냉동식품은 녹기 직전에 가열한다.
④ 빵, 케익은 실내 온도에서 자연 해동한다.

> 육류 또는 어류를 해동할 때 높은 온도에서 해동하면 조직이 상해서 액즙(드립, Drip)이 많이 나와 맛과 영양소의 손실이 크므로 냉장고나 흐르는 냉수에서 필름에 싼 채 해동하는 것이 좋다.

036
다음 중 조리용 기기 사용이 틀린 것은?

① 필러(peeler) : 감자, 당근 껍질 벗기기
② 슬라이서(slicer) : 쇠고기 갈기
③ 세미기 : 쌀의 세척
④ 믹서 : 재료의 혼합

> 슬라이서는 고기나 햄 등을 얇게 자르는 용도로 사용한다.

037
김장용 배추포기김치 46kg을 담그려는데 배추 구입에 필요한 비용은 얼마인가?(단, 배추 5포기(13kg)의 값은 13260원, 폐기율은 8%)

① 23920원
② 38934원
③ 46000원
④ 51000원

> 계산방법
> • 총발주량 = $\dfrac{정미중량 \times 100}{100 - 폐기율} = \dfrac{46 \times 100}{100 - 8} = 50(kg)$
> • 따라서, 50(kg)의 구입에 필요한 비용은 50(kg) × 1020(원) = 51000원

038
날콩에 함유된 단백질의 체내 이용을 저해하는 것은?

① 펩신 ② 트립신
③ 글로불린 ④ 안티트립신

> 펩신, 트립신, 에렙신은 단백질 분해 효소이다. 안티트립신은 단백질 분해효소인 트립신의 활성을 저해하는 물질이다.

039
식빵에 버터를 펴서 바를 때처럼 버터에 힘을 가한 후 그 힘을 제거해도 원래상태로 돌아오지 않고 변형된 상태로 유지하는 성질은?

① 유화성 ② 가소성
③ 쇼트닝성 ④ 크리밍성

> 고체에 외부압력을 가해 탄성한계를 초과하여 변형시킨 후, 외부압력을 제거해도 본래 상태로 돌아가지 않는 성질을 가소성이라고도 한다. 이는 버터나 마가린이 지니는 중요한 물리적 성질이다.

040
쇠고기 부위 중 결체조직이 많아 구이에 가장 부적당한 것은?

① 등심 ② 갈비
③ 사태 ④ 채끝

> 사태는 운동량이 많아 육색이 짙고 근막이나 힘줄과 같은 결체조직의 함량이 높기 때문에 국, 찌개, 찜, 불고기 등에 주로 이용한다.

041
버터나 마가린의 계량방법으로 가장 옳은 것은?

① 냉장고에서 꺼내어 계량컵에 눌러 담은 후 윗면을 직선으로 된 칼로 깎아 계량한다.
② 실온에서 부드럽게 하여 계량컵에 담아 계량한다.
③ 실온에서 부드럽게 하여 계량컵에 눌러 담은 후 윗면을 직선으로 된 칼로 깎아 계량한다.
④ 냉장고에서 꺼내어 계량컵의 눈금까지 담아 계량한다.

> 마가린, 버터와 같은 고체지방을 계량할 때는 실온일 때 계량컵을 꼭꼭 눌러 담고, 직선으로 된 칼이나 spatula로 깎아 계량한다.

042
무나 양파를 오랫동안 익힐 때 색을 희게 하려면 다음 중 무엇을 첨가하는 것이 가장 좋은가?

① 소금 ② 소다
③ 생수 ④ 식초

> 흰색 야채에 들어 있는 플라보노이드(flavonoid) 계통의 색소는 식초와 같은 산에서 백색을 유지하고, 알칼리성에서 황색으로 된다.

043
생선을 껍질이 있는 상태로 구울 때 껍질이 수축되는 주원인 물질과 그 처리방법은?

① 생선살의 색소 단백질, 소금에 절이기
② 생선살의 염용성 단백질, 소금에 절이기
③ 생선 껍질의 지방, 껍질에 칼집 넣기
④ 생선 껍질의 콜라겐, 껍질에 칼집 넣기

> 어류를 가열 조리할 때 결합조직 단백질인 콜라겐이 수축된다.

044
육류조리에 대한 설명으로 틀린 것은?

① 탕 조리시 찬물에 고기를 넣고 끓여야 추출물이 최대한 용출된다.
② 장조림 조리 시 간장을 처음부터 넣으면 고기가 단단해지고 잘 찢기지 않는다.
③ 편육 조리 시 찬물에 넣고 끓여야 잘 익은 고기 맛이 좋다.
④ 불고기용으로는 결합조직이 되도록 적은 부위가 적당하다.

> 편육은 일반적으로 고기를 찬물에 담가 핏물을 뺀 후 끓은 물에 넣어 삶는다.

045
다음 중 영양소의 손실이 가장 큰 조리법은?

① 바삭바삭한 튀김을 위해 튀김옷에 중조를 첨가한다.
② 푸른 채소를 데칠 때 약간의 소금을 첨가한다.
③ 감자를 껍질째 삶은 후 절단한다.
④ 쌀을 담가놓았던 물을 밥물로 사용한다.

중조는 섬유소를 쉽게 파괴할 뿐 아니라 비타민 C도 파괴한다.

046
다음 중 원가계산의 원칙이 아닌 것은?

① 진실성의 원칙 ② 확실성의 원칙
③ 발생기준의 원칙 ④ 비정상성의 원칙

원가계산의 원칙 : 진실성의 원칙, 발생기준의 원칙, 재산경제성의 원칙, 확실성의 원칙, 정상성의 원칙, 비교성의 원칙, 상호관리의 원칙

047
마요네즈에 대한 설명으로 틀린 것은?

① 식초는 산미를 주고, 방부성을 부여한다.
② 마요네즈를 만들 때 너무 빨리 저어주면 분리되므로 주의한다.
③ 사용되는 기름은 냄새가 없고, 고도로 분리정제가 된 것을 사용한다.
④ 새로운 난황에 분리된 마요네즈를 조금씩 넣으면서 저어주면, 마요네즈 재생이 가능하다.

마요네즈를 만들 때 젓는 속도가 빠를수록 유화속도도 빨라진다.

048
조절 영양소가 비교적 많이 함유된 식품으로 구성된 것은?

① 시금치, 미역, 귤 ② 쇠고기, 달걀, 두부
③ 두부, 감자, 쇠고기 ④ 쌀, 감자, 밀가루

신체 구성의 체조직을 만드는 성분을 공급하는 구성영양소는 단백질, 무기질 및 칼슘이며, 조절영양소는 체내 생리작용을 조절하여 대사를 원활하게 하는 것으로 비타민과 무기질이 이에 해당된다.

049
소금절임시 저장성이 좋아지는 이유는?

① pH가 낮아져 미생물이 살아갈 수 없는 환경이 조성된다.
② pH가 높아져 미생물이 살아갈 수 없는 환경이 조성된다.
③ 고삼투성에 의한 탈수효과로 미생물의 생육이 억제된다.
④ 저삼투성에 의한 탈수효과로 미생물의 생육이 억제된다.

소금 절임은 수분활성은 낮게, 삼투압은 높게 하여 미생물의 생육을 억제하는 방법이다.

050
성인여자의 1일 필요열량을 2000kcal라고 가정할 때, 이 중 15%를 단백질로 섭취할 경우 동물성 단백질의 섭취량은?(단, 동물성 단백질량은 일일 단백질양의 1/3로 계산한다.)

① 25g ② 35g
③ 75g ④ 100g

단백질로 섭취하는 열량은 2000(kcal) × 0.15 = 300(kcal)이므로 동물성 단백질의 섭취량은 100(kcal)이다. 또한, 단백질은 1g당 4kcal의 열량을 발생시키므로 100 ÷ 4 = 25(g)이다.

051
인공능동면역의 방법에 해당하지 않는 것은?

① 생균 백신 접종 ② 글로불린 접종
③ 사균 백신 접종 ④ 순화독소 접종

면역글로불린은 특정 질환에 대한 수동면역(passive antibody prophylaxis)을 필요로 하는 환자와 선천성 면역글로불린 결핍증 환자에게 사용된다.

052
주로 동물성 식품에서 기인하는 기생충은?

① 구충
② 회충
③ 동양모양선충
④ 유구조충

> 유구조충(갈고리촌충)은 돼지를 통해, 무구조충(민촌충)은 소를 통해 매개되는 기생충이다.

053
인구정지형으로 출생률과 사망률이 모두 낮은 인구형은?

① 피라미드형 ② 별형
③ 항아리형   ④ 종형

> 인구구성형
> • 피라미드형 : 인구증가형
> • 종형 : 인구정지형
> • 방추형 : 감소형
> • 별형 : 유입형, 도시형
> • 표주박형 : 유출형, 농촌형

054
공기의 자정작용과 관계가 없는 것은?

① 희석작용 ② 세정작용
③ 환원작용 ④ 살균작용

> 공기의 자정작용
> • 강력한 희석력
> • 강우에 의한 용해성, 가스의 용해 흡수, 부유성 미립물의 세척
> • 산소, 오존 등에 의한 산화작용
> • 태양선에 의한 살균·정화작용
> • 식물의 이산화탄소 흡수, 산소 배출에 의한 정화 작용

055
〈예비처리 – 본처리 – 오니처리〉 순서로 진행되는 것은?

① 하수 처리   ② 쓰레기 처리
③ 상수도 처리 ④ 지하수 처리

> 상수도 정수 및 하수처리 과정
> • 상수도 정수 과정 : 침전 → 여과 → 염소소독 → 배수 → 가정
> • 하수처리 : 예비처리 → 본처리 → 오니처리

056
이산화탄소(CO_2)를 실내 공기의 오탁지표로 사용하는 가장 주된 이유는?

① 유독성이 강하므로
② 실내 공기조성의 전반적인 상태를 알 수 있으므로
③ 일산화탄소로 변화되므로
④ 항상 산소량과 반비례하므로

> 환기가 이루어지지 않는 실내에 다수의 사람이 장시간 밀집되어 있을 경우 나타나는 군집독은 O_2가 감소하고 CO_2가 증가함으로써 일어난다.

057
폐기물 관리법에서 소각로 소각법의 장점으로 틀린 것은?

① 위생적인 방법으로 처리할 수 있다.
② 다이옥신(dioxin)의 발생이 없다.
③ 잔류물이 적어 매립하기에 적당하다.
④ 매립법에 비해 설치면적이 적다.

> 쓰레기 처리를 위한 소각장 가동으로 발생하는 대기오염과 환경호르몬인 다이옥신 방출은 심각한 사회문제 중의 하나이다.

058
진동이 심한 작업을 하는 사람에게 국소진동 장애로 생길 수 있는 직업병은?

① 진폐증   ② 파킨슨씨병
③ 잠함병   ④ 레이노드병

> 진폐증은 분진(먼지), 잠함병은 고압의 환경에서 작업하는 경우 생길 수 있는 직업병이다. 파킨슨씨병은 그 원인이 아직까지 밝혀지지 않은 질병으로 직업병과는 큰 관련이 없다.

059
조명이 불충분할 때는 시력저하, 눈의 피로를 일으키고 지나치게 강렬할 때는 어두운 곳에서 암순응능력을 저하시키는 태양광선은?

① 전자파 ② 자외선
③ 적외선 ④ 가시광선

가시광선은 인체가 받아들여 지각할 수 있는 빛의 범위로 암순응과 명순응 모두 이와 관련이 있다.

060
감수성지수(접촉감염지수)가 가장 높은 감염병은?

① 폴리오 ② 홍역
③ 백일해 ④ 디프테리아

감수성지수란 미감염자에게 병원체가 침입했을 때 발병하는 비율을 의미하는 것으로 감수성이 높으면 면역성이 낮으므로 질병이 발병되기 쉽다. 천연두·홍역(95%), 백일해(60~80%), 성홍열(40%), 디프테리아(10%), 소아마비, 폴리오(0.1%)

04회 【정답】			공단 기출문제	
001	002	003	004	005
②	③	②	③	②
006	007	008	009	010
④	②	③	②	①
011	012	013	014	015
②	①	③	④	①
016	017	018	019	020
①	①	①	③	③
021	022	023	024	025
①	③	③	③	③
026	027	028	029	030
①	①	②	④	②
031	032	033	034	035
①	①	④	②	①
036	037	038	039	040
②	④	④	②	③
041	042	043	044	045
③	④	④	③	①
046	047	048	049	050
④	②	①	③	①
051	052	053	054	055
②	④	④	③	①
056	057	058	059	060
②	②	④	④	②

제 05 회 공단 기출문제

001
중금속에 의한 중독과 증상을 바르게 연결한 것은?

① 납중독 – 빈혈 등의 조혈장애
② 수은중독 – 골연화증
③ 카드뮴중독 – 흑피증, 각화증
④ 비소중독 – 사지마비, 보행장애

중금속
- 수은(Hg) – 미나마타병
- 카드뮴(Cd) – 이타이이타이병
- 비소(As) – 흑피증, 간 및 신경장애

002
HACCP의 의무적용 대상 식품에 해당하지 않는 것은?

① 빙과류
② 비가열음료
③ 껌류
④ 레토르트식품

위해요소중점관리기준(HACCP) 대상 식품
- 어육가공품 중 어묵류
- 냉동수산식품 중 어류·연체류·조미가공품
- 냉동식품 중 피자류·만두류·면류
- 빙과류
- 비가열음료
- 레토르트식품
- 김치류 중 배추김치

003
식품첨가물 중 보존료의 목적을 가장 잘 표현한 것은?

① 산도 조절
② 미생물에 의한 부패 방지
③ 산화에 의한 변패 방지
④ 가공과정에서 파괴되는 영양소 보충

보존료
- 식품 중의 미생물 발육을 억제하여 부패를 방지하고 식품의 선도 유지를 위해 사용한다.
- 살균작용보다 부패미생물에 대한 정균작용(Bacteriostatic Action)으로 보존기간을 연장한다.
- 용액의 수소이온농도가 높을수록 효과가 커진다.
- 대표적인 보존료로는 데히드로초산, 소르빈산, 안식향산, 프로피온산, 파라옥시안식향산부틸, 이초산나트륨 등이 있다.

004
식품에 다음과 같은 현상이 나타났을 때 품질저하와 관계가 먼 것은?

① 생선의 휘발성 염기질소량 증가
② 콩단백질의 금속염에 의한 응고 현상
③ 쌀의 황색 착색
④ 어두운 곳에서 어육연제품의 인광 발생

콩단백질이 금속염에 의해 응고되는 현상을 이용하는 것은 두부 제조의 원리이다.

005
미숙한 매실이나 살구씨에 존재하는 독성분은?

① 라이코린(Lycorin)
② 하이오사이어마인(Hyoscyamine)
③ 리신(Ricin)
④ 아미그달린(Amygdalin)

청매, 살구씨, 복숭아씨 등에 아미그달린(Amygdalin)이라는 시안(cyan) 배당체, 덜 익은 매실씨는 효소 작용으로 아미그달린이 분해돼 유독한 청산(靑酸)이 된다.

006
내열성이 강한 아포를 형성하며 식품의 부패 식중독을 일으키는 혐기성균은?

① 리스테리아속(Listeria)
② 비브리오속(Vibrio)
③ 살모넬라속(Salmonella)
④ 클로스트리디움속(Clostridium)

보기 설명
- 리스테리아속(Listeria) : 아포를 형성하지 않는 Gram 양성의 단간균으로 냉장고에서도 증식하는 호냉성 세균이다.
- 비브리오속(vibrio) : 아포를 형성하지 않는 Gram 음성의 간균으로 혐기성 간균, 콜레라균, 장염 비브리오균이 이에 속한다.
- 살모넬라속(Salmonella) : 아포가 없는 Gram 음성 간균으로서 편모가 있어 운동성이 있다. 호기성 또는 통성 혐기성이다.
- 클로스트리디움속(clostridium) : 내열성 아포를 갖는 Gram 양성의 간균으로 혐기성 균이다. 토양, 하수 등에 존재하며 부패 활성이 매우 높다. 육류 및 그 가공품, 어패류, 통조림 등을 오염시킨다.

007
식품첨가물이 갖추어야할 조건으로 옳지 않은 것은?

① 식품에 나쁜 영향을 주지 않을 것
② 다량 사용하였을 때 효과가 나타날 것
③ 상품의 가치를 향상시킬 것
④ 식품성분 등에 의해서 그 첨가물을 확인 할 수 있을 것

식품첨가물의 구비조건
- 인체에 유해한 영향이 없어야 한다.
- 소량만으로도 사용목적에 따른 효과를 충분히 발휘할 수 있어야 한다.
- 식품의 제조 및 가공에 필수 불가결한 것이어야 한다.
- 식품 고유의 영양가를 유지할 수 있어야 한다.
- 식품에 유해한 이화학적 변화를 초래하지 말아야 한다.
- 식품의 화학분석 등에 의해 그 첨가물을 확인할 수 있는 것이어야 한다.
- 식품의 외관을 좋게 하여야 한다.
- 식품을 소비자에게 이롭게 할 수 있는 것이어야 한다.

008
황색 포도상구균에 의한 식중독 예방대책으로 적합한 것은?

① 토양의 오염을 방지하고 특히 통조림의 살균을 철저히 해야 한다.
② 쥐나 곤충 및 조류의 접근을 막아야 한다.
③ 어패류를 저온에서 보존하며 생식하지 않는다.
④ 화농성 질환자의 식품 취급을 금지한다.

포도상구균 식중독 예방대책
- 식품취급자의 청결 유지, 상처 발생 시 직접 조리 금지
- 조리기구 살균 및 가열 조리 및 저온 보관

009
껌기초제로 사용되며 피막제로도 사용되는 식품첨가물은?

① 초산비닐수지
② 에스테르검
③ 폴리이소부틸렌
④ 폴리소르베이트

초산비닐수지(Polyvinyl Acetate)는 껌 및 인삼껌 기초제, 과실류 또는 과채류 표피의 피막제 이외의 용도에는 사용이 불가하다.

010
부패가 진행됨에 따라 식품은 특유의 부패취를 내는데 그 성분이 아닌 것은?

① 아민류
② 아세톤
③ 황화수소
④ 인돌

육류, 어류 등의 단백질, 아미노산, 핵산 등 함질소화합물이 분해되면 암모니아, 황화수소(H_2S), 인돌(indole), 메르캅탄(mercaptan), 아민(amine) 등이 생성되어 악취가 난다.

011
출입·검사·수거 등에 관한 사항 중 틀린 것은?

① 식품의약품안전처장은 검사에 필요한 최소량의 식품 등을 무상으로 수거하게 할 수 있다.
② 출입·검사·수거 또는 장부열람을 하고자 하는 공무원은 그 권한을 표시하는 증표를 지녀야 하며 관계인에게 이를 내보여야 한다.
③ 시장·군수·구청장은 필요에 따라 영업을 하는 자에 대하여 필요한 서류나 그 밖의 자료의 제출 요구를 할 수 있다.
④ 행정응원의 절차, 비용부담 방법 그 밖의 필요한 사항은 검사를 실시하는 담당공무원이 임의로 정한다.

> 행정응원의 절차, 비용 부담 방법, 그 밖에 필요한 사항은 대통령령으로 정한다.

012
식품위생법상 식품위생의 대상이 되지 않는 것은?

① 식품 및 식품첨가물   ② 의약품
③ 식품, 용기 및 포장   ④ 식품, 기구

> 식품위생법상 "식품위생"이란 식품(의약으로 섭취하는 것을 제외한 모든 음식물), 식품첨가물, 기구 또는 용기·포장을 대상으로 하는 음식에 관한 위생을 말한다.

013
식품위생법령이 정하는 위생등급기준에 따라 위생관리상태 등이 우수업소 또는 모범업소로 지정할 수 없는 자는?

① 식품의약품안전처장   ② 보건환경연구원장
③ 시장   ④ 군수

> 식품의약품안전처장 또는 특별자치도지사·시장·군수·구청장은 총리령으로 정하는 위생등급 기준에 따라 위생관리 상태 등이 우수한 식품등의 제조·가공업소, 식품접객업소 또는 집단급식소를 우수업소 또는 모범업소로 지정할 수 있다.

014
식품위생법상 집단급식소에 근무하는 영양사의 직무가 아닌 것은?

① 종업원에 대한 식품위생교육
② 식단작성, 검식 및 배식관리
③ 조리사의 보수교육
④ 급식시설의 위생적 관리

> 집단급식소에 근무하는 영양사의 직무
> • 집단급식소에서의 식단 작성, 검식(檢食) 및 배식관리
> • 구매식품의 검수(檢受) 및 관리
> • 급식시설의 위생적 관리
> • 집단급식소의 운영일지 작성
> • 종업원에 대한 영양 지도 및 식품위생교육

015
식품접객업 조리장의 시설기준으로 적합하지 않은 것은?(단, 제과점영업소와 관광호텔업 및 관광공연장업의 조리장의 경우는 제외한다)

① 조리장은 손님이 그 내부를 볼 수 있는 구조로 되어 있어야 한다.
② 조리장 바닥에 배수구가 있는 경우에는 덮개를 설치하여야 한다.
③ 조리장 안에는 조리시설·세척시설·폐기물용기 및 손 씻는 시설을 각각 설치하여야 한다.
④ 폐기물 용기는 수용성 또는 친수성 재질로 된 것이어야 한다.

> 조리장 안에는 취급하는 음식을 위생적으로 조리하기 위하여 필요한 조리시설·세척시설·폐기물 용기 및 손 씻는 시설을 각각 설치하여야 하고, 폐기물 용기는 오물·악취 등이 누출되지 아니하도록 뚜껑이 있고 내수성 재질로 된 것이어야 한다.

016
어취의 성분인 트리메틸아민(TMA : Trimethylamine)에 대한 설명 중 틀린 것은?

① 불쾌한 어취는 트리메틸아민의 함량과 비례한다.
② 수용성이므로 물로 씻으면 많이 없어진다.
③ 해수어보다 담수어에서 더 많이 생성된다.
④ 트리메틸아민 옥사이드(Trimethylamine oxide)가 환원되어 생성된다.

TMA의 원인 물질인 트리메틸아민 옥사이드는 해수어가 배출하는 함질소노폐물이다. 담수어의 경우에는 암모니아를 배출한다.

017
밀가루 제품의 가공특성에 가장 큰 영향을 미치는 것은?

① 라이신 ② 글로불린
③ 트립토판 ④ 글루텐

밀가루는 글루텐 함량에 따라 강력분, 중력분, 박력분으로 구분하며 각 종류에 따라 용도도 나뉘어진다.

018
식품의 성분을 일반성분과 특수성분으로 나눌 때 특수성분에 해당하는 것은?

① 탄수화물
② 향기성분
③ 단백질
④ 무기질

식품의 일반성분은 수분, 탄수화물, 단백질, 지방, 무기질, 비타민이다.

019
식품의 효소적 갈변에 대한 설명으로 맞는 것은?

① 간장, 된장 등의 제조과정에서 발생한다.
② 블랜칭(Blanching)에 의해 반응이 억제된다.
③ 기질은 주로 아민(Amine)류와 카르보닐(Carbonyl) 화합물이다.
④ 아스코르빈산의 산화반응에 의한 갈변이다.

효소적 갈변은 채소류나 과일류를 파쇄하거나 껍질을 벗길 때 일어나는 현상으로, 열처리를 통해 효소를 불활성화하는 블랜칭은 효소적 갈변 방지방법에 해당된다.

020
발효식품이 아닌 것은?

① 두부 ② 식빵
③ 치즈 ④ 맥주

두부는 단백질인 글리시닌이 무기염류에 의해서 응고되는 성질을 이용하여 제조한다.

021
카제인(Casein)이 효소에 의하여 응고되는 성질을 이용한 식품은?

① 아이스크림 ② 치즈
③ 버터 ④ 크림 스프

우유 가공품
- 아이스크림 : 우유 및 유제품에 설탕, 향료와 버터, 달걀, 젤라틴, 색소 등 기타 원료를 적당하게 넣어 저어가면서 동결시킨 것
- 치즈 : 우유에 산, 레닌(Rennin)을 가하여 유단백질인 카제인(Casein)을 응고시킨 것
- 버터 : 우유에서 유지방을 모아 굳힌 것으로 유지방 함량이 80% 이상, 수분함량이 18% 미만인 것
- 크림 : 우유에서 원심분리 등을 이용하여 유지방만을 분리해 낸 것

022
25g의 버터(지방 80%, 수분 20%)가 내는 열량은?

① 36kcal ② 100kcal
③ 180kcal ④ 225kcal

25g × 0.8(지방 80%) × 9kcal = 180kcal

023
베이컨류는 돼지고기의 어느 부위를 가공한 것인가?

① 볼기부위 ② 어깨살
③ 복부육 ④ 다리살

베이컨은 돼지고기의 기름진 복부 부위, 햄은 허벅다리 부위를 가공한 것이다.

024
환원성이 없는 당은?

① 포도당(Glucose)
② 과당(Fructose)
③ 설탕(Sucrose)
④ 맥아당(Maltose)

환원당이란 펠링용액(황산구리의 알칼리용액)을 환원하여 이산화구리를 생성하는 당으로 포도당, 과당, 맥아당이 포함되며 설탕을 제외한 단당류와 이당류는 모두 환원당이다.

025
홍조류에 속하는 해조류는?

① 김
② 청각
③ 미역
④ 다시마

해조류의 분류
- 녹조류 : 파래, 청각
- 갈조류 : 미역, 톳, 다시마
- 홍조류 : 김, 우뭇가사리

026
물에 녹는 비타민은?

① 레티놀(Retinol)
② 토코페롤(Tocopherol)
③ 티아민(Thiamine)
④ 칼시페롤(Calciferol)

비타민의 종류
- 지용성 : 비타민 A, D, E, K
- 수용성 : 비타민 B군, C

027
달걀에 관한 설명으로 틀린 것은?

① 흰자의 단백질은 대부분이 오보뮤신(Ovomucin)으로 기포성에 영향을 준다.
② 난황은 인지질인 레시틴(Lecithin), 세팔린(Cephalin)을 많이 함유한다.
③ 신선도가 떨어지면 흰자의 점성이 감소한다.
④ 신선도가 떨어지면 달걀흰자는 알칼리성이 된다.

달걀 흰자의 단백질은 오보알부민(ovalbumin), 글로불린(globulin), 오보뮤코이드(ovomucoid), 오보뮤신(ovomucin), 콘알부민(conalbumin), 아비딘(avidin) 등으로 구성되어 있으며 이 중 가장 많은 양을 차지하고 있는 것은 오보알부민(ovalbumin)이다.

028
아린맛은 어느 맛의 혼합인가?

① 신맛과 쓴맛
② 쓴맛과 단맛
③ 신맛과 떫은맛
④ 쓴맛과 떫은맛

아린맛은 쓴맛과 떫은맛이 혼합된 맛으로, 감자, 죽순, 가지, 우엉, 토란, 도라지 등에서 느낄 수 있으며 이는 탄닌, 알데히드, 유기산 등과 Ca^{++}, Mg^{++}, K 등의 무기성분에 의한다.

029
유화(Emulsion)와 관련이 적은 식품은?

① 버터
② 생크림
③ 묵
④ 우유

유화(Emulsion)
- 수중유적형(O/W) : 물 중에 기름이 분산되어 있는 형태(우유, 마요네즈, 잣죽, 아이스크림, 프렌치 드레싱, 크림수프 등)
- 유중수적형(W/O) : 기름 중에 물이 분산되어 있는 형태(버터, 마가린 등)

030
식품의 산성 및 알칼리성을 결정하는 기준 성분은?

① 필수지방산 존재 여부
② 필수아미노산 존재 여부
③ 구성 탄수화물
④ 구성 무기질

산성식품과 알칼리성 식품
- 산성식품 : 무기질 중 P, S, Cl 등을 많이 함유한 식품(곡류, 어류, 육류 등).
- 알칼리성 식품 : 무기질 중 Ca, Na, K, Mg, Fe, Cu, Mn 등을 많이 함유한 식품(과일, 야채, 해조류, 우유 등).

031
향신료의 매운맛 성분 연결이 틀린 것은?

① 고추 – 캡사이신(capsaicin)
② 겨자 – 차비신(chavicine)
③ 울금(cuury분) – 커큐민(curcumin)
④ 생강 – 진저롤(gingerol)

- 겨자 – 시니그린(Sinigrin)
- 후추 – 차비신(chavicine)

032
식품을 구매하는 방법 중 경쟁입찰과 비교하여 수의계약의 장점이 아닌 것은?

① 절차가 간편하다.
② 경쟁이나 입찰이 필요 없다.
③ 싼 가격으로 구매할 수 있다.
④ 경비와 인원을 줄일 수 있다.

구매계약
- 경쟁입찰 : 일정한 기간에 일반에게 널리 공고함으로써, 상호 경쟁시킴으로써 가장 타당성 있는 입찰 가격을 제시한 응찰자에게 낙찰시키는 계약 방법
- 수의 계약 : 수의 계약은 경쟁에 붙이지 않고 계약 내용을 이행할 자격을 가진 특정인과 계약을 체결하는 방법

033
냉장했던 딸기의 색을 선명하게 보존할 수 있는 조리법은?

① 서서히 가열한다.
② 짧은 시간에 가열한다.
③ 높은 온도로 가열한다.
④ 전자렌지에서 가열한다.

딸기의 붉은 색소는 안토시아닌(anthocyanin)계열로 산성에서 붉은색, 중성에서 보라색, 알칼리성 용액에서 청색을 띤다. 특히 이 색소는 열에 약해서 쉽게 퇴색하므로 서서히 가열해야 색을 보존할 수 있다.

034
버터의 특성이 아닌 것은?

① 독특한 맛과 향기를 가져 음식에 풍미를 준다.
② 냄새를 빨리 흡수하므로 밀폐하여 저장하여야 한다.
③ 유중수적형이다.
④ 성분은 단백질이 80% 이상이다.

버터는 우유에서 유지방을 모아 굳힌 것으로 유지방 함량이 80% 이상, 수분 함량이 18% 미만이다.

035
어패류에 관한 설명 중 틀린 것은?

① 붉은살 생선은 깊은 바다에 서식하며 지방함량이 5% 이하이다.
② 문어, 꼴뚜기, 오징어는 연체류에 속한다.
③ 연어의 분홍살색은 카로티노이드 색소에 기인한다.
④ 생선은 자가소화에 의하여 품질이 저하된다.

붉은살 생선의 지방함량은 지방함량 5~10%, 흰살 생선의 지방함량은 5% 이하이며 큰 생선이 작은 생선보다. 산란기 직전이 산란기 이후보다. 배 쪽의 살이 등 쪽의 살보다. 껍질 쪽의 살이 안쪽의 살보다 지방함량이 많다.

036
호화전분이 노화를 일으키는 어려운 조건은?

① 온도가 0~4℃ 일 때
② 수분함량이 15% 이하일 때
③ 수분함량이 30~60% 일 때
④ 전분의 아밀로오스 함량이 높을 때

노화 억제
- 전분의 아밀로펙틴 함량이 높을 때
- 수분 함량 15% 이하일 때
- 온도가 0℃ 이하일 때
- 설탕 첨가
- 유화제 첨가

037
신선한 달걀에 대한 설명으로 옳은 것은?

① 깨뜨려 보았을 때 난황계수가 작은 것
② 흔들어 보았을 때 진동소리가 나는 것
③ 표면이 까칠까칠하고 광택이 없는 것
④ 수양난백의 비율이 높은 것

> 오래된 달걀일수록 난황계수와 난백계수는 작아지고, 기실은 커져서 흔들었을 때 소리가 난다.

038
곡류의 영양성분을 강화할 때 쓰이는 영양소가 아닌 것은?

① 비타민 B_1
② 비타민 B_2
③ Niacin
④ 비타민 B_{12}

> 비타민 B_1은 탄수화물 대사작용에 필수적인 보조효소, 비타민 B_2는 탄수화물, 단백질, 지방의 대사에 관여할 뿐만 아니라 비타민 B_6, 니아신(Niacin), 엽산의 대사에도 관여한다.

039
강력분을 사용하지 않는 것은?

① 케이크
② 식빵
③ 마카로니
④ 피자

> 글루텐 함량에 따른 밀가루의 종류
> • 강력분 : 글루텐 13% 이상(식빵, 마카로니, 스파게티 등)
> • 중력분 : 글루텐 10~13%(국수, 만두피 등)
> • 박력분 : 글루텐 10% 이하(케이크, 튀김옷, 카스테라, 약과 등)

040
못처럼 생겨서 정향이라고도 하며 양고기, 피클, 청어절임, 마리네이드 절임 등에 이용되는 향신료는?

① 클로브
② 코리앤더
③ 캐러웨이
④ 아니스

> 정향(클로브, Clove)은 유일하게 꽃봉오리를 쓰는 향신료로 자극적이지만 상쾌하고 달콤한 향이 특징이다.

041
다음의 육류요리 중 영양분의 손실이 가장 적은 것은?

① 탕
② 편육
③ 장조림
④ 산적

> 탕, 편육, 장조림은 육류의 습열 조리에 해당되는 것으로 가열 중 비타민 C와 B_1 등과 같은 수용성 성분이 용출된다.

042
유화의 형태가 나머지 셋과 다른 것은?

① 우유
② 마가린
③ 마요네즈
④ 아이스크림

> 유화(Emulsion)
> • 수중유적형(O/W) : 물 중에 기름이 분산되어 있는 형태(우유, 마요네즈, 잣죽, 아이스크림, 프렌치 드레싱, 크림수프 등)
> • 유중수적형(W/O) : 기름 중에 물이 분산되어 있는 형태(버터, 마가린 등)

043
다음은 간장의 재고 대상이다. 간장의 재고가 10병일 때 선입선출법에 의한 간장의 재고자산은 얼마인가?

입고일자	수량	단가
5일	5병	3500
12일	10병	3500
20일	7병	3000
27일	5병	3500

① 32,500원
② 33,500원
③ 34,500원
④ 35,000원

> 선입선출법은 먼저 입고된 것부터 사용된 것으로 본다. 따라서, 27일 입고된 5병과 20일에 입고된 7병 중 5병이 남은 것으로 계산한다.

044

오징어 12kg을 45,000원에 구입하여 모두 손질한 후의 폐기율이 35%였다면 실사용량의 kg당 단가는 약 얼마인가?

① 1,666원　　　② 3,205원
③ 5,769원　　　④ 6,123원

> 폐기율이 35%이므로 실사용량은 0.65×12kg =7.8kg 이다. 따라서, 실사용량의 kg당 단가는 45,000원÷7.8kg≒5,769원이다.

045

음식을 제공할 때 온도를 고려해야 하는데 다음 중 맛있게 느끼는 식품의 온도가 가장 높은 것은?

① 전골　　　② 국
③ 커피　　　④ 밥

> 음식의 적온
> • 전골 : 95~98℃
> • 국, 커피, 달걀찜 : 70~75℃
> • 밥 : 40~45℃

046

서양요리 조리방법 중 습열조리와 거리가 먼 것은?

① 브로일링(Broiling)
② 스티밍(Steaming)
③ 보일링(Boiling)
④ 시머링(Simmering)

> 조리방법
> • 브로일링(Broiling) : 석쇠 위에서 직접 불에 굽는 방법
> • 스티밍(Steaming) : 증기를 사용하여 조리하는 방법
> • 보일링(Boiling) : 높은 온도의 물에서 식품을 끓이거나 끓는 물에 삶는 방법
> • 시머링(Simmering) : 은근하게 오랫동안 끓이는 조리 방법

047

육류를 끓여 국물을 만들 때 설명으로 맞는 것은?

① 육류를 오래 끓이면 근육조직인 젤라틴이 콜라겐으로 용출되어 맛있는 국물을 만든다.
② 육류를 찬물에 넣어 끓이면 맛성분의 용출이 잘 되어 맛있는 국물을 만든다.
③ 육류를 끓는 물에 넣고 설탕을 넣어 끓이면 맛성분의 용출이 잘되어 맛있는 국물을 만든다.
④ 육류를 오래 끓이면 질긴 지방조직인 콜라겐이 젤라틴화 되어 맛있는 국물을 만든다.

> 찬물을 넉넉하게 붓고 약한 불에서 서서히 끓이면 고기맛이 우러나 국물맛이 좋아진다.

048

어패류 조리방법 중 틀린 것은?

① 조개류는 낮은 온도에서 서서히 조리하여야 단백질의 급격한 응고로 인한 수축을 막을 수 있다.
② 생선은 결체조직의 함량이 높으므로 주로 습열 조리법을 사용해야 한다.
③ 생선조리 시 식초를 넣으면 생선살이 단단해진다.
④ 생선조리에 사용하는 파, 마늘은 비린내 제거에 효과적이다.

> 생선은 결체조직의 함량이 적어 연하고 조리 시 부스러지기 쉬우므로 건열조리법을 사용하는 것이 좋다. 또한, 습열조리 시에는 물이 끓을 때 생선을 넣어 모양을 유지하도록 한다.

049

메주용으로 대두를 단시간 내에 연하고, 색이 곱도록 삶는 방법이 아닌 것은?

① 소금물에 담갔다가 그 물로 삶아준다.
② 콩을 불릴 때 연수를 사용한다.
③ 설탕물을 섞어주면서 삶아준다.
④ $NaHCO_3$ 등 알칼리성 물질을 섞어서 삶아준다.

> 메주용으로 대두를 삶는 방법
> • 1% 정도의 소금물에 담갔다가 그 물로 삶는다.
> • 콩을 불릴 때는 연수를 사용한다.
> • 중조($NaHCO_3$)를 첨가하여 삶는다.

050
급식시설별 1인 1식 사용수 양이 가장 많은 곳은?

① 학교급식
② 병원급식
③ 기숙사급식
④ 사업체급식

> 필요 급수량은 1인 1식당 병원급식 10~20ℓ, 학교급식 4~6ℓ, 기숙사급식 7~15ℓ, 사업체급식 5~10ℓ이며, 일반적인 급식시설의 경우 6~10ℓ 정도이다.

051
실내공기의 오염 지표인 CO_2(이산화탄소)의 실내 (8시간 기준) 서한량은?

① 0.001%
② 0.01%
③ 0.1%
④ 1%

> 일산화탄소(CO)의 서한량은 0.01%(100ppm), 이산화탄소(CO_2)의 서한량은 0.1%(1,000ppm)이다.

052
열작용을 갖는 특징이 있어 일명 열선이라고도 하는 복사선은?

① 자외선
② 가시광선
③ 적외선
④ X-선

> 적외선(열선)
> • 태양광선의 약 52%
> • 지상에 복사열을 주어 온실효과와 백내장, 일사병 등을 유발
> • 3부분 중 파장이 가장 길며, 파장 범위는 780nm(7,800Å) 이상

053
우리나라에서 발생하는 장티푸스의 가장 효과적인 관리방법은?

① 환경위생 철저
② 공기정화
③ 순화독소(Toxoid) 접종
④ 농약 사용 자제

> 장티푸스는 소화기계를 통해 감염되는 세균성 감염병으로 제2급 감염병으로 분류되어 있다. 가장 효과적인 관리방법은 우선적으로 환경위생을 철저히 하는 것이다.

054
쥐의 매개에 의한 질병이 아닌 것은?

① 쯔쯔가무시병
② 유행성출혈열
③ 페스트
④ 규폐증

> 규폐증은 유리규산 분진에 의한 발생되는 질병이다.

055
공중보건 사업을 하기 위한 최소 단위가 되는 것은?

① 가정
② 개인
③ 시, 군, 구
④ 국가

> 공중보건의 대상은 개인이 아니라 인간 집단이다. 우리나라의 경우 특별시, 광역시, 각 도마다 식품위생행정기구가 있으며 군, 구의 위생과에서는 식품위생감시원을 배치하여 일선 업무를 담당하고 있다.

056
유리규산의 분진흡입으로 폐에 만성섬유증식을 유발하는 질병은?

① 규폐증
② 철폐증
③ 면폐증
④ 농부폐증

> 규폐증 – 유리규산, 철폐증 – 철분, 면폐증 – 면 또는 아마, 농부폐증 – 건

057
수인성 감염병의 유행 특징이 아닌 것은?

① 일반적으로 성별, 연령별 이환율의 차이가 적다.
② 발생지역이 음료수 사용지역과 거의 일치한다.
③ 발병률과 치명률이 높다.
④ 폭발적으로 발생한다.

수인성 감염병의 특징
- 환자 발생이 폭발적이다.
- 음료수 사용지역과 유행지역이 일치한다.
- 치명률이 낮고 2차 감염 환자의 발생이 거의 없다.
- 계절에 관계없이 발생 가능하다.
- 성별·연령·직업·생활수준에 따른 발생 빈도의 차이가 없다.

058
기온역전 현상의 발생 조건은?

① 상부기온이 하부기온보다 낮을 때
② 상부기온이 하부기온보다 높을 때
③ 상부기온과 하부기온이 같을 때
④ 안개와 매연이 심할 때

대기층의 온도는 100m 상승할 때마다 1℃ 정도 낮아지지만, 기온역전현상은 이와 달리 상부 기온이 하부 기온보다 높아지는 것을 말한다.

059
녹조를 일으키는 부영양화 현상과 가장 밀접한 관계가 있는 것은?

① 황산염   ② 인산염
③ 탄산염   ④ 수산염

부영양화란 호수, 연안 해역, 하천 등의 정체된 수역에 오염된 유기물질(질소나 인)이 과도하게 유입되어 발생하는 수질의 악화현상을 의미한다.

060
채소로 감염되는 기생충이 아닌 것은?

① 편충
② 회충
③ 동양모양선충
④ 사상충

사상충은 모기가 매개하여 전파되는 위생해충 매개 질병이다.

05회【정답】				공단 기출문제
001	002	003	004	005
①	③	②	②	④
006	007	008	009	010
④	②	④	①	②
011	012	013	014	015
④	②	②	③	④
016	017	018	019	020
③	④	②	②	①
021	022	023	024	025
②	③	③	③	①
026	027	028	029	030
③	①	④	③	④
031	032	033	034	035
②	③	①	④	①
036	037	038	039	040
②	③	④	①	①
041	042	043	044	045
④	②	①	③	①
046	047	048	049	050
①	②	②	③	②
051	052	053	054	055
③	③	①	④	③
056	057	058	059	060
①	③	②	②	④

001
식육 및 어육 등의 가공육제품의 육색을 안전하게 유지하기 위하여 사용되는 식품첨가물은?

① 아황산나트륨 ② 질산나트륨
③ 몰식자산프로필 ④ 이산화염소

> 아황산나트륨 – 표백제, 질산나트륨 – 발색제, 몰식자산프로필 – 산화방지제, 이산화염소 – 밀가루개량제

002
식품위생의 목적이 아닌 것은?

① 위생상의 위해방지
② 식품 영양의 질적 향상도모
③ 국민보건의 증진
④ 식품산업의 발전

> 식품위생의 목적
> • 식품으로 인한 위생상의 위해를 방지
> • 식품 영양의 질적 향상도모
> • 식품에 관한 올바른 정보를 제공함으로써 국민보건의 증진에 기여

003
다음 보기에서 설명하는 곰팡이 독소물질은?

> 1960년 영국에서 10만 마리의 칠면조가 간장 장해를 일으켜 대량 폐사한 사고가 발생하여 원인을 조사한 결과 땅콩박에서 Aspergillus favus가 번식하여 생성한 독소가 원인 물질로 밝혀졌다.

① 오크라톡신(Ochratoxin)
② 에르고톡신(Ergotoxin)
③ 아플라톡신(Aflatoxin)
④ 루브라톡신(Rubratoxin)

> 아플라톡신 중독
> • 원인곰팡이 : 아스퍼질러스 플라브스
> • 원인식품 : 변질된 옥수수와 땅콩, 곶감
> • 독소 : 아플라톡신(간장독)

004
식육 및 어육제품의 가공 시 첨가되는 아질산염과 제2급 아민이 반응하여 생기는 발암물질은?

① 벤조피렌(Benzopyrene)
② PCB(Polychlorinated biphenyl)
③ 엔니트로사민(N-nitrosamine)
④ 말론알데히드(Malonaldehyde)

> 아질산나트륨(아질산염)은 단백질의 분해산물인 아민류와 반응하여 니트로사민이라는 발암 물질을 형성한다. 또한, 니트로사민을 다량으로 섭취할 경우 구토, 빈혈 등의 부작용을 일으킬 수 있으며 혈관 확장 및 혈액의 효소 운반을 방해하기도 한다.

005
알레르기성 식중독에 관계되는 원인물질과 균은?

① 아세토인(Acetoin), 살모넬라균
② 지방(Fat), 장염비브리오균
③ 엔테로톡신(Enterotoxin), 포도상구균
④ 히스타민(Histamine), 모르가니균

> 알레르기(Allergy)성 식중독의 원인균은 Proteus morganii(프로테우스 모르가니)라는 단백질부패세균으로 히스티딘(histidine) 함유량이 많은 어육에 부착, 증식하여 다량의 히스타민(histamine)과 유해 아민(amine)계 물질을 생성함으로써 유발된다.

006
초기에 두통, 구토, 설사 증상을 보이다가 심하면 실명을 유발하는 것은?

① 아우라민 ② 메탄올

③ 무스카린 ④ 에르고타민

메탄올(Methanol, Methyl alcohol, CH_3OH)
- 주류 허용량 : 0.5mg/mℓ 이하(포도주 예외), 과실주 1.0mg/mℓ 이하
- 중독량 : 5~10mℓ
- 치사량 : 30~100mℓ
- 증상 : 두통, 구토, 설사, 실명, 심하면 호흡곤란으로 사망

007
감자의 부패에 관여하는 물질은?

① 솔라닌(Solanine)
② 셉신(Sepsine)
③ 아코니틴(Aconitine)
④ 시큐톡신(Cicutoxin)

감자의 싹에 있는 자연독은 솔라닌(solanine)이며, 감자가 썩기 시작하면 생기는 독성물질은 셉신(sepsine)이다.

008
발육 최적온도가 25~37℃인 균은?

① 저온균　　　　② 중온균
③ 고온균　　　　④ 내열균

최적온도
- 저온균 : 15~20℃
- 중온균 : 25~37℃
- 고온균 : 50~60℃

009
우리나라에서 간장에 사용할 수 있는 보존료는?

① 프로피온산(Propionic acid)
② 이초산나트륨(Sodium diacetate)
③ 안식향산(Benzoic acid)
④ 소르빈산(Sorbic acid)

보존료(방부제) 사용 대상 식품
- 프로피온산 : 빵 및 케이크류, 치즈, 쨈류
- 이초산나트륨 : 빵류, 식용유지, 식육가공품, 알가공품 및 캔디류, 소스류, 스프류 및 견과류
- 안식향산 : 홍삼음료 및 간장, 발효음료류, 쨈류 등
- 소르빈산 : 치즈, 식육가공품, 된장, 고추장, 과실주 등

010
세균의 장독소(Enterotoxin)에 의해 유발되는 식중독은?

① 황색포도상구균 식중독
② 살모넬라 식중독
③ 복어 식중독
④ 장염비브리오 식중독

엔테로톡신은 황색포도상구균이 식품에 오염되어 생성하는 독소로 식중독을 유발한다.

011
식품위생법상 식품, 식품첨가물, 기구 또는 용기·포장에 기재하는 "표시"의 범위는?

① 문자
② 문자, 숫자
③ 문자, 숫자, 도형
④ 문자, 숫자, 도형, 음향

표시라 함은 식품, 식품첨가물, 기구 또는 용기·포장에 적는 문자, 숫자 또는 도형을 말한다.

012
조리사 면허의 취소처분을 받은 때 면허증 반납은 누구에게 하는가?

① 보건복지부장관
② 특별자치도지사, 시장, 군수, 구청장
③ 식품의약품안전처장
④ 보건소장

조리사가 그 면허의 취소처분을 받은 때에는 지체없이 면허증을 시장·군수·구청장에게 반납하여야 한다.

013
영업허가를 받아야 하는 업종은?

① 식품운반업　　　② 유흥주점영업
③ 식품제조·가공업　④ 식품소분·판매업

영업허가, 신고 및 등록업종
- 영업허가 업종 : 식품조사처리업, 단란주점영업, 유흥주점영업
- 영업신고 업종 : 휴게음식점영업, 일반음식점영업, 위탁급식영업, 제과점영업, 즉석판매제조·가공업, 식품운반업, 식품소분·판매업, 식품냉동·냉장업, 용기·포장류제조업
- 영업등록 업종 : 식품제조·가공업, 식품첨가물제조업

014
식품위생법에서 정하고 있는 식품 등의 위생적인 취급에 관한 기준에 대한 설명으로 틀린 것은?

① 식품 등의 제조, 가공, 조리에 직접 사용되는 기계, 기구 및 음식기는 사용 후에 세척, 살균하는 등 항상 청결하게 유지, 관리하여야 한다.
② 어류, 육류, 채소류를 취급하는 칼, 도마는 각각 구분하여 사용하여야 한다.
③ 제조, 가공하여 최소판매 단위로 포장된 식품을 허가 받지 아니하고 포장을 뜯어 분할하여 판매하여서는 아니 되나, 컵라면 등 그 밖의 음식류에 뜨거운 물을 부어주기 위하여 분할하는 경우는 가능하다.
④ 식품 등의 원료 및 제품은 모두 냉동, 냉장시설에 보관, 관리하여야 한다.

식품 등의 원료 및 제품 중 부패·변질이 되기 쉬운 것은 냉동·냉장시설에 보관·관리하여야 한다.

015
식품 등을 제조, 가공하는 영업을 하는 자가 제조, 가공하는 식품 등이 식품위생법 규정에 의한 기준, 규격에 적합한지 여부를 검사한 기록서를 보관해야 하는 기간은?

① 6개월
② 1년
③ 2년
④ 3년

자가품질검사에 관한 기록서는 2년간 보관하여야 한다.

016
탄수화물의 구성요소가 아닌 것은?

① 탄소
② 질소
③ 산소
④ 수소

탄수화물의 구성요소는 탄소(C), 수소(H), 산소(O)이며, 1일 총 열량 섭취의 65%를 차지하고 있으며, 최종분해산물은 포도당이다.

017
라이코펜은 무슨 색이며 어떤 식품에 많이 들어 있는가?

① 붉은 색 – 당근, 호박, 살구
② 붉은 색 – 토마토, 수박, 감
③ 노란색 – 옥수수, 고추, 감
④ 노란색 – 새우, 녹차, 노른자

라이코펜(lycopene)은 잘 익은 토마토 등에 존재하는 붉은 색의 카로티노이드 색소이다.

018
알칼리성 식품의 성분에 해당하는 것은?

① 유즙의 칼슘(Ca)
② 생선의 황(S)
③ 곡류의 염소(Cl)
④ 육류의 인(P)

- 산성식품 : P(인), S(황), Cl(염소), N(질소) 등을 함유하고 있는 식품(곡류, 어류, 알류, 육류 등)
- 알칼리성식품 : Na(나트륨), Ca(칼슘), K(칼륨), Fe(철분) 등을 함유하고 있는 식품(해조류, 과일, 우유 등)

019
함유된 주요 영양소가 잘못 짝지어진 것은?

① 북어포 – 당질, 지방
② 우유 – 칼슘, 단백질
③ 두유 – 지방, 단백질
④ 밀가루 – 당질, 단백질

북어는 수분이 34%, 단백질 56%, 지방 2% 정도의 영양소로 구성되어 있다.

020
이당류인 것은?

① 설탕(Sucrose)
② 전분(Starch)
③ 과당(Fructose)
④ 갈락토오스(Galactose)

> 당의 종류
> - 단당류 : 포도당, 과당, 갈락토오스, 만노오스
> - 이당류 : 자당(설탕, 서당), 젖당(유당), 맥아당
> - 다당류 : 전분, 글리코겐, 섬유소, 펙틴, 이눌린, 갈락탄

021
훈연 시 육류의 보존성과 풍미 향상에 가장 많이 관여하는 것은?

① 유기산
② 숯성분
③ 탄소
④ 페놀류

> 훈연효과를 내는 중요한 성분으로는 페놀, 유기산, 알코올, 카르보닐 화합물, 탄화수소 등이 있으며 이 중 페놀류는 알데하이드와의 상호작용에 의해서 고기 표면에 일종의 수지막을 형성하여 미생물의 내부 침입을 방지하고, 훈연제품 특유의 향미를 갖게 한다.

022
동물이 도축된 후 화학변화가 일어나 근육이 긴장되어 굳어지는 현상은?

① 사후경직
② 자기소화
③ 산화
④ 팽화

> 동물의 도살 후 산소 공급이 중단되어 당질의 호기적 분해가 일어나지 않아 근육 중 젖산의 증가로 인해 근육 수축이 일어나 경직되는 사후강직(사후경직)이 먼저 일어나며, 다음 단계로 근육 내의 단백질 분해효소에 의해 근육 단백질이 분해되는 자기소화(자가소화)를 거쳐 미생물에 의해 변질이 일어나는 부패 과정을 거치게 된다.

023
클로로필(Chlorophyll) 색소의 포르피린 고리에 결합되어 있는 이온은?

① Cu^{2+}
② Mg^{2+}
③ Fe^{2+}
④ Na^+

> 클로로필은 4개의 피롤(pyrrole) 핵이 메틴 브릿지(methine bridge, —CH=)로 결합한 형태로 포르피린(porphyrin)고리의 중심에 Mg^{2+}을 가지고 있다.

024
생선 육질이 쇠고기 육질보다 연한 것은 주로 어떤 성분의 차이에 의한 것인가?

① 글리코겐(Glycogen)
② 헤모글로빈(Hemoglobin)
③ 포도당(Glucose)
④ 콜라겐(Collagen)

> 생선의 육질은 육류의 육질에 비하여 콜라겐과 엘라스틴 함유량이 적다.

025
식품의 단백질이 변성되었을 때 나타나는 현상이 아닌 것은?

① 소화효소의 작용을 받기 어려워진다.
② 용해도가 감소한다.
③ 점도가 증가한다.
④ 폴리펩티드(Polypeptide) 사슬이 풀어진다.

> 단백질이 열에 의하여 변성되면 구형을 이루고 있던 폴리펩티드 사슬이 풀어져서 효소가 작용할 수 있는 공간이 증가한다.

026
고구마 100g이 72kcal의 열량을 낼 때, 고구마 350g은 얼마의 열량을 공급하는가?

① 234kcal
② 252kcal
③ 324kcal
④ 384kcal

> 72kcal × 3.5 = 252kcal

027
치즈 제조에 사용되는 우유 단백질을 응고시키는 효소는?

① 프로테아제(Protease) ② 레닌(Rennin)
③ 아밀라아제(Amylase) ④ 말타아제(Maltase)

> 치즈는 우유에 산, 레닌(Rennin)을 가하여 유단백질인 카제인(Casein)을 응고시킨 것이다.

028
쌀의 도정도가 증가할 때 나타나는 현상은?

① 빛깔이 좋아진다.
② 조리시간이 증가한다.
③ 소화율이 낮아진다.
④ 영양분이 증가한다.

> 도정도가 높을수록 영양소는 적어지지만 소화율은 높아진다. 또한, 도정이 이루어지는 동안 곡립 사이의 마찰력에 의해 곡립 면이 매끈하게 되고, 빛깔이 생기며 알맹이가 고르게 된다.

029
비타민에 대한 설명 중 틀린 것은?

① 카로틴은 프로비타민 A이다.
② 비타민 E는 토코페롤이라고도 한다.
③ 비타민 B_{12}는 망간(Mn)을 함유한다.
④ 비타민 C가 결핍되면 괴혈병이 발생한다.

> 비타민 B_{12}(시아노코발라민)는 Co(코발트)를 함유하고 있으며 성장촉진과 조혈작용에 관여하는 것으로 동물성 식품에만 함유되어 있다. 특히 간에 가장 풍부하며 육류, 어패류, 달걀, 우유 등도 좋은 급원식품이다.

030
생선묵의 점탄성을 부여하기 위해 첨가하는 물질은?

① 소금 ② 전분
③ 설탕 ④ 술

> 연제품은 젤(gel)화가 되도록 전분, 조미료 등을 넣어 으깨서 찌거나 굽거나 튀긴 것을 말한다.

031
육류조리에 대한 설명으로 맞는 것은?

① 목심, 양지, 사태는 건열조리에 적당하다.
② 안심, 등심, 염통, 콩팥은 습열조리에 적당하다.
③ 편육은 고기를 냉수에서 끓이기 시작한다.
④ 탕류는 고기를 찬물에 넣고 끓이며, 끓기 시작하면 약한 불에서 끓인다.

> 목심, 양지, 사태는 습열조리에 적당하고 안심, 등심 등은 건열조리에 적당하다. 또한, 편육은 냉수에서 끓이기 시작하면 표면의 단백질이 응고되기 전에 많은 수용성 성분이 유출되어 색과 맛이 좋지 못하므로 끓는 물에 넣고 삶아야 한다.

032
냄새나 증기를 배출시키기 위한 환기시설은?

① 트랩
② 트랜치
③ 후드
④ 컨베이어

> 조리장의 경우 환기장치는 후드(food)를 설치하되 사방 개방형이 가장 효율이 높다.

033
시금치 나물을 조리할 때 1인당 80g이 필요하다면, 식수인원 1,500명에 적합한 시금치 발주량은?(단, 시금치 폐기율은 5%이다.)

① 100kg
② 122kg
③ 127kg
④ 132kg

> 총발주량 = $\dfrac{정미중량 \times 100}{100 - 폐기율} \times 인원수$
> = $\dfrac{80 \times 100}{100 - 5} \times 1500 ≒ 127kg$

034
신체의 근육이나 혈액을 합성하는 구성영양소는?

① 단백질 ② 무기질
③ 물 ④ 비타민

> 단백질의 기능
> • 성장 및 체조직의 구성 : 체조직, 혈액단백질, 피부, 효소, 항체, 호르몬 구성
> • 에너지 공급원 : 1g당 4kcal
> • 생리 조절 : 삼투압, 체내의 수분함량, 체내의 pH 조절

035
단당류에서 부제탄소원자가 3개 존재하면 이론적인 입체이성체수는?

① 2개 ② 4개
③ 6개 ④ 8개

> 부제탄소원자란 서로 다른 4개의 원자 또는 원자단과 결합하고 있는 탄소원자를 말하며, 부제탄소원자가 n개 존재하면 이론적인 입체이성체수는 2^n개가 된다. 따라서, 부제탄소원자가 3개 존재하면 $8(=2^3)$개의 이론적인 입체이성체수가 존재한다.

036
전분의 호화와 점성에 대한 설명 중 옳은 것은?

① 곡류는 서류보다 호화온도가 낮다.
② 전분의 입자가 클수록 빨리 호화된다.
③ 소금은 전분의 호화와 점도를 촉진시킨다.
④ 산 첨가는 가수분해를 일으켜 호화를 촉진시킨다.

> • 전분 입자가 작고 단단한 구조를 가지는 곡류보다 서류의 호화온도가 낮다.
> • 소금의 양이 많은 경우 점도나 팽윤도를 저하시키며, 암모니아염, 티오시안염은 반대로 팽윤도를 상승시킨다.
> • 알칼리성에서 전분의 팽윤과 호화가 촉진된다.

037
점성이 없고 보슬보슬한 메쉬드 포테이토(Mashed Potato)용 감자로 가장 알맞은 것은?

① 충분히 숙성한 분질의 감자
② 전분의 숙성이 불충분한 수확 직후의 햇감자
③ 소금 1컵 : 물 11컵의 소금물에서 표면에 뜨는 감자
④ 10℃ 이하의 찬 곳에 저장한 감자

> 분질감자
> • 굽거나 찌거나 으깨어 먹는 요리에 적당하다.
> • 메쉬드 포테이토(Mashed Potato), 분이 나게 감자를 삶을 때 적합하다.
> • 단, 분질종이라도 햇감자인 경우 점질에 가깝고, 분이 잘 나지 않는다.

038
김치를 담근 배추와 무가 물러졌을 때 그 원인에 해당되지 않는 것은?

① 김치 담글 때 배추와 무를 충분히 씻지 않았다.
② 김치 국물이 적어 국물 위로 김치가 노출되었다.
③ 김치를 꺼낼 때마다 꾹꾹 눌러 놓지 않았다.
④ 김치 숙성의 적기가 경과되었다.

> 김치가 물러지는 연부현상은 배추 등의 조직을 구성하는 펙틴(Pectin)이 주로 김치 숙성의 후반기에 왕성하게 번식하는 락토바실루스에 의해 생성되는 펙틴 분해효소에 의해 분해되어 나타나는 현상으로 보기 중 ①항과는 큰 관련이 없다.

039
난백의 기포성에 관한 설명으로 옳은 것은?

① 신선한 달걀의 난백이 기포 형성이 잘된다.
② 수양난백이 농후난백보다 기포 형성이 잘된다.
③ 난백거품을 낼 때 다량의 설탕을 넣으면 기포 형성이 잘된다.
④ 실온에 둔 것보다 냉장고에서 꺼낸 난백의 기포 형성이 쉽다.

> 신선한 달걀일수록 농후난백이 많고 수양난백이 적다. 수양난백이 많은 달걀, 즉 오래된 달걀이 거품은 잘 일어나지만 안정성은 적다. 또한, 냉장고에서 바로 꺼낸 달걀보다 실온에 두었던 달걀이 거품을 내는데 좋다.

040
식품의 감별법 중 틀린 것은?

① 감자 – 병충해, 발아, 외상, 부패 등이 없는 것
② 송이버섯 – 봉오리가 크고 줄기가 부드러운 것
③ 생과일 – 성숙하고 신선하며 청결한 것
④ 달걀 – 표면이 거칠고 광택이 없는 것

송이버섯은 봉오리(갓)이 피지 않아 봉오리가 자루보다 약간 굵고 은백이 선명한 것일수록 좋은 제품이다. 일반적으로 1등급의 송이는 길이 8cm 이상으로 봉오리는 퍼지지 않고 자루는 굵기가 균일한 것이다.

041
식물성 유지가 아닌 것은?

① 올리브유　　② 면실유
③ 피마자유　　④ 버터

버터는 우유에서 유지방을 모아 굳힌 것으로 동물성 유지에 해당된다.

042
조리기기 및 기구와 그 용도의 연결이 틀린 것은?

① 필러(peeler) – 채소의 껍질을 벗길 때
② 믹서(mixer) – 재료를 혼합할 때
③ 슬라이서(slicer) – 채소를 다질 때
④ 육류파운더(meat pounder) – 육류를 연화시킬 때

슬라이서는 일반적으로 육류를 저며낼 때 사용하는 육류 절단기이다.

043
알칼로이드성 물질로 커피의 자극성을 나타내고 쓴맛에도 영향을 미치는 성분은?

① 주석산(Tartaric acid)
② 카페인(Caffein)
③ 탄닌(Tannin)
④ 개미산(Formic acid)

커피의 쓴맛은 카페인에서, 떫은맛은 탄닌에서, 신맛은 지방산에서, 단맛은 당질에서 비롯된다.

044
전분을 주재료로 이용하여 만든 음식이 아닌 것은?

① 도토리묵
② 크림수프
③ 두부
④ 죽

두부는 콩 가공품으로 단백질의 급원식품이다.

045
에너지 전달에 대한 설명으로 틀린 것은?

① 물체가 열원에 직접적으로 접촉됨으로써 가열되는 것을 전도라고 한다.
② 대류에 의한 열의 전달은 매개체를 통해서 일어난다.
③ 대부분의 음식은 전도, 대류, 복사 등 복합적 방법에 의해 에너지가 전달되어 조리된다.
④ 열의 전달 속도는 대류가 가장 빨라 복사, 전도보다 효율적이다.

열의 전달 속도는 복사가 가장 빠르며 그 다음이 전도, 대류의 순이다.

046
냉동 육류를 해동시키는 방법 중 영양소 파괴가 가장 적은 것은?

① 실온에서 해동한다.
② 40℃의 미지근한 물에 담근다.
③ 냉장고에서 해동한다.
④ 비닐봉지에 싸서 물속에 담근다.

냉동육을 해동시키는 방법 중 가장 바람직한 것은 요리하기 하루 전에 냉동육을 냉장실로 옮겨놓고 서서히 해동될 때까지 기다리는 것이다.

047
쌀을 지나치게 문질러서 씻을 때 가장 손실이 큰 비타민은?

① 비타민 A
② 비타민 B_1
③ 비타민 D
④ 비타민 E

> 쌀을 씻을 때 20~40%의 비타민 B1이 유출되어 밥이 다 되었을 때의 비타민 B1 잔존율은 60% 정도이다.

048
단체급식의 문제점이 아닌 것은?

① 영양가의 산출 오류나 조리 기술의 부족은 영양 저하를 일으킬 수 있다.
② 식중독 및 유독물질이나 세균의 혼입으로 위생사고가 발생할 수 있다.
③ 짧은 시간 내에 다량의 음식을 준비하므로 다양한 음식의 개발이 어렵다.
④ 국가의 식량정책에 협조하여 식단을 작성하므로 제철식품의 사용이 어렵다.

049
생선조리 방법으로 적합하지 않은 것은?

① 탕을 끓일 경우 국물을 먼저 끓인 후에 생선을 넣는다.
② 생강은 처음부터 넣어야 어취 제거에 효과적이다.
③ 생선조림은 양념장을 끓이다가 생선을 넣는다.
④ 생선 표면을 물로 씻으면 어취가 감소된다.

> 생강은 단백질이 익어서 변성이 된 후에 넣는 것이 탈취효과에 효과적이다.

050
육류의 사후강직과 숙성에 대한 설명으로 틀린 것은?

① 사후강직은 근섬유가 미오글로빈(Myoglobin)을 형성하여 근육이 수축되는 상태이다.
② 도살 후 글리코겐이 혐기적 상태에서 젖산을 생성하여 pH가 저하된다.
③ 사후강직 시기에는 보수성이 저하되고 육즙이 많이 유출된다.
④ 자가분해효소인 카텝신(Cathepsin)에 의해 연해지고 맛이 좋아진다.

> 사후강직은 근섬유가 액토미오신(actomyosin)을 형성하여 근육이 수축되는 상태이다.

051
감염병의 병원체를 내포하고 있어 감수성 숙주에게 병원체를 전파시킬 수 있는 근원이 되는 모든 것을 의미하는 용어는?

① 감염경로 ② 병원소
③ 감염원   ④ 미생물

> 감염원은 병원체와 병원체가 생활·증식하면서 질병이 전파될 수 있는 상태로 저장되는 장소인 병원소를 모두 포함하는 개념이다.

052
채소류로부터 감염되는 기생충은?

① 동양모양선충, 편충
② 회충, 무구조충
③ 십이지장충, 선모충
④ 요충, 유구조충

> 매개체에 따른 기생충
> • 채소류로부터 감염되는 기생충 : 회충, 구충, 요충, 편충, 동양모양선충 등
> • 육류로부터 감염되는 기생충 : 유구조충, 무구조충, 선모충 등
> • 어패류로부터 감염되는 기생충 : 폐디스토마, 간디스토마

053
모기에 의해 전파되는 감염병은?

① 콜레라 ② 장티푸스
③ 말라리아 ④ 결핵

모기가 전파하는 감염병은 일본뇌염, 황열(말레이), 말라리아, 사상충증, 뎅구열이다.

054
광화학적 오염물질에 해당하지 않는 것은?

① 오존
② 케톤
③ 알데히드
④ 탄화수소

대기오염의 1차 오염물질은 어느 곳에서나 발생되어 대기로 배출되는 오염 물질로 소각할 때 발생되는 검댕, 이산화황, 일산화탄소, 산화질소, 탄화수소 등이며, 2차 오염물질은 1차 오염물질이 대기 중에서 물리, 화학적 반응에 의해 생성된 물질로 오존(O_3), 케톤, 알데히드 등이 대표적이다. 여기서 대기오염의 2차 오염물질을 광화학적 오염물질이라고도 한다.

055
소음에 있어서 음의 크기를 측정하는 단위는?

① 데시벨(dB)
② 폰(phon)
③ 실(SIL)
④ 주파수(Hz)

소음의 측정단위인 데시벨(dB)은 음의 강도를, 폰(phon)은 감각적인 음의 크기를 나타내는 양이다.

056
모체로부터 태반이나 수유를 통해 얻어지는 면역은?

① 자연능동면역 ② 인공능동면역
③ 자연수동면역 ④ 인공수동면역

후천성 면역
• 자연능동면역 : 질병 감염 후 획득
• 인공능동면역 : 예방접종으로 획득
• 자연수동면역 : 모체로부터 태반이나 모유를 통해 얻어지는 면역
• 인공수동면역 : 치료목적의 항체를 주입, 4~6주면 소멸

057
질병을 매개하는 위생해충과 그 질병의 연결이 틀린 것은?

① 모기 – 사상충증, 말라리아
② 파리 – 장티푸스, 발진티푸스
③ 진드기 – 유행성출혈열, 쯔쯔가무시증
④ 벼룩 – 페스트, 발진열

발진티푸스는 리케차에 의해 감염되는 급성 열성 질환으로 사람 몸에 기생하는 이가 옮기는 질병이다.

058
다수인이 밀집한 실내 공기가 물리, 화학적 조성의 변화로 불쾌감, 두통, 권태, 현기증 등을 일으키는 것은?

① 자연독
② 진균독
③ 산소중독
④ 군집독

군집독은 환기가 이루어지지 않는 실내에 다수가 밀집되어 있을 경우 산소(O_2)가 감소하고 이산화탄소(CO_2)가 증가함으로써 나타나는 대기오염현상이다.

059
온열요소가 아닌 것은?

① 기온 ② 기습
③ 기류 ④ 기압

감각온도의 3요소는 기온, 기습, 기류이며, 온열인자는 기온, 기습, 기류, 복사열이다.

060
공중보건에 대한 설명으로 틀린 것은?

① 목적은 질병예방, 수명연장, 정신적 신체적 효율의 증진이다.
② 공중보건의 최소단위는 지역사회이다.
③ 환경위생 향상, 감염병 관리 등이 포함된다.
④ 주요 사업대상은 개인의 질병치료이다.

공중보건의 대상은 개인이 아닌 지역사회의 인간집단, 더 나아가 국민 전체를 대상으로 하며 공중보건의 3대 요소는 질병예방, 수명연장, 건강증진이며 치료는 그 사업과 거리가 멀다.

06회 【정답】 공단 기출문제

001	002	003	004	005
②	④	③	③	④
006	007	008	009	010
②	②	②	③	①
011	012	013	014	015
③	②	②	④	③
016	017	018	019	020
②	②	①	①	①
021	022	023	024	025
④	①	②	④	①
026	027	028	029	030
②	②	①	③	②
031	032	033	034	035
④	③	③	①	③
036	037	038	039	040
②	①	①	②	②
041	042	043	044	045
④	③	②	③	②
046	047	048	049	050
③	②	④	②	①
051	052	053	054	055
③	①	③	④	③
056	057	058	059	060
③	②	④	④	④

제 07회 공단 기출문제

※ 2013년 9월 28일 시행된 기사 제4회 필기시험부터 문제지 답항이 ①②③④항에서 ①②③④항으로 변경되었습니다. 이에 수험생 여러분들의 혼동이 없으시기를 바랍니다.

001
빵을 비롯한 밀가루제품에서 밀가루를 부풀게 하여 적당한 형태를 갖추게 하기 위하여 사용되는 첨가물은?

① 팽창제
② 유화제
③ 피막제
④ 산화방지제

- 유화제 : 서로 혼합이 잘되지 않는 두 종류의 액체를 분리되지 않도록 하고 안정화하기 위해 사용(계면활성제)
- 피막제 : 과실, 채소 등의 표면에 피막을 형성시킴으로써 호흡작용을 억제하고 수분 증발을 막아 저장 중에 외관을 좋게 하고 신선도를 유지시킬 목적으로 사용
- 산화방지제 : 공기 중의 산소에 의해 일어나는 식품의 변질 등을 방지하기 위해 사용(항산화제)

002
곰팡이에 의해 생성되는 독소가 아닌 것은?

① 아플라톡신(aflatoxin)
② 시트리닌(citrinin)
③ 엔테로톡신(enterotoxin)
④ 파툴린(patulin)

엔테로톡신은 포도상구균이 식품에 오염되어 생성하는 독소로 식중독을 유발한다.

003
사용목적별 식품첨가물의 연결이 틀린 것은?

① 착색료 : 철클로로필린나트륨
② 소포제 : 초산비닐수지
③ 표백제 : 메타중아황산칼륨
④ 감미료 : 삭카린나트륨

초산비닐수지 : 껌 및 인삼껌 기초제, 과실류 또는 과채류 표피의 피막제 이외의 용도에 사용 불가

004
열경화성 합성수지제 용기의 용출시험에서 가장 문제가 되는 유독 물질은?

① methanol(CH_3OH)
② 아질산염($NaNO_2$)
③ formaldehyde(HCHO)
④ 연산(Pb_3O_4)

멜라민, 페놀수지, 요소수지 등은 발암 물질인 포름알데히드를 함유하고 있다.

005
식품취급자가 손을 씻는 방법으로 적합하지 않은 것은?

① 살균효과를 증대시키기 위해 역성비누액에 일반 비누액을 섞어 사용한다.
② 팔에서 손으로 씻어 내려온다.
③ 손을 씻은 후 비눗물을 흐르는 물에 충분히 씻는다.
④ 역성비누원액을 몇 방울 손에 받아 30초 이상 문지르고 흐르는 물에 씻는다.

역성비누(양성비누)는 보통 비누와 함께 사용하거나 유기물이 존재하면 살균효과가 떨어진다.

006
히스타민(histamine) 함량이 많아 가장 알레르기성 식중독을 일으키기 쉬운 어육은?

① 가다랑어 ② 대구
③ 넙치   ④ 도미

> 알레르기성 식중독은 어육(꽁치, 고등어, 정어리, 참치, 방어 등 붉은살 계통의 생선)에 다량으로 함유되어 있는 히스티딘에 원인균이 부착하여 증식함으로써 다량의 히스타민과 유해한 아민계 물질을 생성함으로써 발생한다.

007
사시, 동공확대, 언어장해 등 특유의 신경마비증상을 나타내며 비교적 높은 치사율을 보이는 식중독 원인균은?

① 클로스트리디움 보툴리늄균
② 황색 포도상구균
③ 병원성 대장균
④ 바실러스 세레우스균

> 보툴리누스 식중독의 가장 특징적인 증상은 구역질, 구토나 시력장애, 동공확대, 언어장애 등의 신경마비이다.

008
육류의 부패 과정에서 pH가 약간 저하되었다가 다시 상승하는데 관계하는 것은?

① 암모니아   ② 비타민
③ 글리코겐   ④ 지방

> 호기성 세균에 의해 단백질이 분해되는 것을 부패라 하며 이때 아민과 아민산이 생산되며, 황화수소, 메르캅탄(mercaptan), 암모니아, 메탄 등과 같은 악취가 나는 가스가 생성된다.

009
동물성 식품에서 유래하는 식중독 유발 유독성분은?

① 아마니타톡신(amanitatoxin)
② 솔라닌(solanine)
③ 베네루핀(venerupin)
④ 시큐톡신(cicutoxin)

> - 아마니타톡신(amanitatoxin) – 독버섯
> - 솔라닌(solanine) – 감자의 싹, 녹색부분
> - 베네루핀(venerupin) – 모시조개 등의 조개류
> - 시큐톡신(cicutoxin) – 독미나리

010
황색 포도상구균에 의한 독소형 식중독과 관계되는 독소는?

① 장독소   ② 간독소
③ 혈독소   ④ 암독소

> 엔테로톡신(enterotoxin)은 독소형 식중독의 원인균인 포도상구균이 생성하는 장독소이다.

011
식품 등의 표시기준에 의해 표시해야 하는 대상성분이 아닌 것은?(단, 강조표시를 하고자 하는 영양 성분은 제외)

① 나트륨   ② 지방
③ 열량   ④ 칼슘

> 영양표시 대상 식품은 열량·탄수화물(당류), 단백질, 지방(포화지방, 트랜스지방), 콜레스테롤, 나트륨, 그 밖에 강조표시를 하고자 하는 영양성분에 대하여 명칭, 함량 및 영양소 기준치에 대한 비율(%)을 표시하여야 한다.

012
다음 영업의 종류 중 식품접객업이 아닌 것은?

① 식품위생법령이 정하는 식품을 제조·가공 업소 내에서 직접 최종소비자에게 판매하는 영업
② 음식류를 조리·판매하는 영업으로서 식사와 함께 부수적으로 음주행위가 허용되는 영업
③ 집단급식소를 설치·운영하는 자와의 계약에 의하여 그 집단급식소 내에서 음식류를 조리하여 제공하는 영업
④ 주로 주류를 판매하는 영업으로서 유흥종사자를 두거나 유흥시설을 설치할 수 있고 노래를 부르거나 춤을 추는 행위가 허용되는 영업

식품접객업의 종류에는 휴게음식점영업, 일반음식점영업, 단란주점영업, 유흥주점영업, 위탁급식영업, 제과점영업이 있다. 참고로 식품을 제조·가공 업소 내에서 직접 최종소비자에게 판매하는 영업은 즉석판매제조·가공업에 해당된다.

013
식품 등을 판매하거나 판매할 목적으로 취급할 수 있는 것은?

① 병을 일으키는 미생물에 오염되었거나 그 염려가 있어 인체의 건강을 해칠 우려가 있는 식품
② 포장에 표시된 내용량에 비하여 중량이 부족한 식품
③ 영업의 신고를 하여야 하는 경우에 신고하지 아니한 자가 제조한 식품
④ 썩거나 상하거나 설익어서 인체의 건강을 해칠 우려가 있는 식품

판매 및 판매 목적의 취급 금지 대상
• 썩거나 상하거나 설익어서 인체의 건강을 해칠 우려가 있는 것
• 유독·유해물질이 들어 있거나 묻어 있는 것 또는 그러할 염려가 있는 것(단, 식품의약품안전처장이 인체의 건강을 해칠 우려가 없다고 인정하는 것은 제외)
• 병을 일으키는 미생물에 오염되었거나 그러할 염려가 있어 인체의 건강을 해칠 우려가 있는 것
• 불결하거나 다른 물질이 섞이거나 첨가된 것 또는 그 밖의 사유로 인체의 건강을 해칠 우려가 있는 것
• 안전성 평가 대상인 농·축·수산물 등 가운데 안전성 평가를 받지 아니하였거나 안전성 평가에서 식용으로 부적합하다고 인정된 것
• 수입이 금지된 것 또는 수입신고를 하지 아니하고 수입한 것
• 영업자가 아닌 자가 제조·가공·소분한 것

014
식품공전상 표준온도라 함은 몇 ℃인가?

① 5℃
② 10℃
③ 15℃
④ 20℃

식품공전상 표준온도는 20℃, 상온은 15~25℃, 실온은 1~35℃, 미온은 30~40℃를 말한다.

015
식품위생법상 조리사가 면허취소 처분을 받은 경우 반납하여야 할 기간은?

① 지체없이
② 5일
③ 7일
④ 15일

조리사가 법에 따라 그 면허의 취소처분을 받은 경우에는 지체 없이 면허증을 특별자치도지사·시장·군수·구청장에게 반납하여야 한다.

016
신선한 생육의 환원형 미오글로빈이 공기와 접촉하면 분자상의 산소와 결합하여 옥시미오글로빈으로 되는데 이때의 색은?

① 어두운 적자색
② 선명한 적색
③ 어두운 회갈색
④ 선명한 분홍색

암적색의 고기는 차츰 선명한 적색으로 변하는데, 이것은 미오글로빈이 공기 중의 산소와 결합하여 옥시미오글로빈으로 변화하기 때문에 생기는 현상이다. 또한, 선명한 적색의 고기는 시간이 지남에 따라 갈색으로 변한다. 이것은 옥시미오글로빈이 다시 공기 중의 산소와 결합하여 매트미오글로빈으로 변화하기 때문이다.

017
돼지의 지방조직을 가공하여 만든 것은?

① 헤드치즈
② 라아드
③ 젤라틴
④ 쇼트닝

돼지고기의 지방조직을 정제하거나 녹여서 얻는 라드(Lard)는 약 98%의 지방을 함유한 흰색의 고체이며 부드럽고 좋은 풍미와 향기가 있다.

018
과실 주스에 설탕을 섞은 농축액 음료수는?

① 탄산음료
② 스쿼시(squash)
③ 시럽(syrup)
④ 젤리(jelly)

농축음료 중 과즙에 펄프분을 사용한 농축음료를 스쿼시라고 하고, 과즙에 펄프분을 가하여 그대로 마실 수 있는 상태로 한 음료도 스쿼시의 명칭으로 쓰이는 경우가 있다.

019
필수아미노산만으로 짝지어진 것은?

① 트립토판, 메티오닌
② 트립토판, 글리신
③ 라이신, 글루타민산
④ 루신, 알라닌

필수아미노산
- 성인이 필요한 필수아미노산 : 트립토판, 발린, 트레오닌, 이소루신, 루신, 리신, 페닐알라닌, 메티오닌
- 성장기 어린이, 노인에게 필요한 필수아미노산 : 성인 필수 아미노산 8가지 + 알기닌, 히스티딘

020
다음 물질 중 동물성 색소는?

① 클로로필(chlorophyll)
② 플라보노이드(flavonoid)
③ 헤모글로빈(hemoglobin)
④ 안토잔틴(anthoxanthin)

식품의 색깔
- 식물성 색소 : 클로로필, 카로티노이드, 플라보노이드, 안토시안
- 동물성 색소 : 미오글로빈, 헤모글로빈, 헤모시아닌, 아스타산틴

021
감자는 껍질을 벗겨 두면 색이 변화되는데 이를 막기 위한 방법은?

① 물에 담근다.
② 냉장고에 보관한다.
③ 냉동시킨다.
④ 공기 중에 방치한다.

감자는 물에 담가, 사과는 설탕물에 담가 갈변을 억제할 수 있다. 또한, 냉동채소는 전처리로 블렌칭(Blanching)을 하여 갈변을 억제할 수 있다.

022
대두에 관한 설명으로 틀린 것은?

① 콩 단백질의 주요 성분인 글리시닌(glycinin)은 글로불린(globulin)에 속한다.
② 아미노산의 조성은 메티오닌(methionine), 시스테인(cystein)이 많고, 라이신(lysine), 트립토판(trypthphan)이 적다.
③ 날콩에는 트립신 저해재(trypsin inhibitor)가 함유되어 생식할 경우 단백질 효율을 저하시킨다.
④ 두유에 $MgCl_2$나 $CaCO_3$를 첨가하여 단백질을 응고시킨 것이 두부이다.

대두에는 필수아미노산이 골고루 분포되어 있고, 특히 곡류에 적은 라이신(lysine), 트립토판(tryptophan)이 비교적 많이 포함되어 있으며, 메티오닌(methionine)의 함량은 적다.

023
달걀을 삶은 직후 찬물에 넣어 식히면 노른자 주위의 암녹색의 황화철(FeS)이 적게 생기는데 그 이유는?

① 찬물이 스며들어가 황을 희석시키기 때문
② 황화수소가 난각을 통하여 외부로 발산되기 때문
③ 찬물이 스며들어가 철분을 희석하기 때문
④ 외부의 기압이 낮아 황과 철분이 외부로 빠져 나오기 때문

달걀의 단백질이 가열되어 분해될 때 미량의 황화수소가 생기는데 이 황화수소가 난황의 철과 반응하여 황화철이 되어 녹색을 띠게 된다. 이를 방지하기 위해서는 삶은 후 찬물에 담가주면 된다.

024
적자색 양배추를 채썰어 물에 장시간 담가 두었더니 탈색되었다. 이 현상의 원인이 되는 색소와 그 성질을 바르게 연결한 것은?

① 안토시아닌(anthocyanin)계 색소 : 수용성
② 플라보노이드(flavonoid)계 색소 : 지용성
③ 헴(heme)계 색소 : 수용성
④ 클로로필(chlorophyll)계 색소 : 지용성

수용성의 안토시아닌(anthocyanin) 색소는 식품의 꽃, 과일, 잎의 색소로 적색, 자색, 청색을 나타내며 산성에서 붉은 색, 중성에서 보라색, 알칼리성 용액에서는 청색을 띤다.

025

( )에 알맞은 용어가 순서대로 나열된 것은?

> 당면은 감자, 고구마, 녹두 가루에 첨가물을 혼합, 성형하여 ( )한 후 건조, 냉각하여 ( )시킨 것으로 반드시 열을 가해 ( )하여 먹는다.

① α화 – β화 – α화
② α화 – α화 – β화
③ β화 – β화 – α화
④ β화 – α화 – β화

> 당면은 감자, 고구마, 녹두 등의 가루에 첨가물을 넣어 혼합 성형하여 건조시킨 것으로, 글루텐이 거의 없는 전분질을 반죽하고 녹말을 부은 후 끓는 물에 넣어 익힌 것이다. 녹말의 α화가 냉동 후 β화되어 있으므로 반드시 가열하여 α화하는 과정이 필요하다.

026

고등어 100g당 단백질량이 20g, 지방량이 14g이라 할 때 고등어 150g의 단백질량과 지방량의 합은?

① 34g　　　② 51g
③ 54g　　　④ 68g

> • 150g의 단백질량 = 20×(150/100) = 30g
> • 150g의 지방량 = 14×(150/100) = 21g

027

전분에 대한 설명으로 틀린 것은?

① 아밀로즈와 아밀로펙틴의 비율이 2:8이다.
② 식혜, 엿은 전분의 효소작용을 이용한 식품이다.
③ 동물성 탄수화물로 열량을 공급한다.
④ 가열하면 팽윤되어 점성을 갖는다.

> 전분은 식물성 탄수화물로 열량을 공급한다.

028

박력분에 대한 설명 중 옳은 것은?

① 마카로니 제조에 쓰인다.
② 우동 제조에 쓰인다.
③ 단백질 함량이 9% 이하이다.
④ 글루텐의 탄력성과 점성이 강하다.

> 글루텐 함량에 따른 밀가루의 종류
> • 강력분 : 글루텐 13% 이상(식빵, 마카로니, 스파게티 등)
> • 중력분 : 글루텐 10~13%(국수, 만두피 등)
> • 박력분 : 글루텐 10% 이하(케이크, 튀김옷, 카스테라, 약과 등)

029

아래에서 설명하는 영양소는?

> – 원소기호는 (I)이다.
> – 인체의 미량원소로 주로 갑상선호르몬인 싸이록신과 트리아이오도싸이록신의 구성원소로 갑상선에 들어있다.

① 요오드
② 철
③ 마그네슘
④ 셀레늄

> 요오드의 원소기호는 I로 갑상선 호르몬의 구성원소이며 해조류, 미역, 다시마 등이 급원식품이다.

030

천연 산화방지제가 아닌 것은?

① 아스코르브산
② 안식향산
③ 토코페롤
④ BHT

> 안식향산(benzoic acid)은 보존료로 사용된다.

031

닭튀김을 하였을 때 살코기 색이 분홍색을 나타내는 것은?

① 변질된 닭이므로 먹지 못한다.
② 병에 걸린 닭이므로 먹어서는 안된다.
③ 근육성분의 화학적 반응이므로 먹어도 된다.
④ 닭의 크기가 클수록 분홍색 변화가 심하다.

닭튀김을 하였을 때 살코기 색이 연한 핑크색을 나타내는 것은 근육성분의 화학적 반응으로 어린 닭일수록 핑크색이 잘 나타난다.

032
매월 고정적으로 포함해야 하는 경비는?

① 지급운임 ② 감가상각비
③ 복리후생비 ④ 수당

감가상각비는 고정자산의 감가를 일정한 내용 년수에 일정한 비율로 할당하여 비용으로 계산한 것으로 매월 고정적으로 포함해야 하는 경비에 해당된다.

033
급식시설 종류별 단체급식의 목적으로 틀린 것은?

① 학교급식 – 심신의 건전한 발달과 올바른 식습관의 형성
② 군대급식 – 체력 및 건강증진으로 사기를 유지하고 규칙적인 식생활로 체력단련 유도
③ 사회복지시설 – 작업능률을 높이고, 효과적인 생산성의 향상
④ 병원급식 – 환자상태에 따라 특별식이를 급식하여 질병 치료나 증상 회복을 촉진

작업능률을 높이고 효과적인 생산성의 향상을 기대하는 것은 기업체급식의 목적에 해당된다.

034
다음 자료에 의해서 총원가를 산출하면 얼마인가?

• 직접재료비	170,000원
• 간접재료비	55,000원
• 직접노무비	80,000원
• 간접노무비	50,000원
• 직접경비	5,000원
• 간접경비	65,000원
• 판매경비	5,500원
• 일반관리비	10,000원

① 425,000원
② 430,500원
③ 435,000원
④ 440,500원

총원가는 판매원가에서 이익을 제외한 부분이므로 제시된 자료의 모두 더하면 총원가가 된다.

			이 익
		판매관리비	
	제조간접비		총원가
직접 재료비 직접 노무비 직접 경비	직접 원가	제조 원가	
직접 원가	제조 원가	총 원 가	판매 가격

035
표준 조리레시피를 만들 때 포함되어야 할 사항이 아닌 것은?

① 메뉴명
② 조리시간
③ 1일 단가
④ 조리방법

- 표준 조리레시피 : 식품명, 분량, 조리과정, 영양 등을 기재
- 식단표 : 요리명, 식품명, 중량, 대치식품, 단가 등을 기재한 식단표를 작성

036
달걀 삶기에 대한 설명 중 틀린 것은?

① 달걀을 완숙하려면 98 ~ 100℃의 온도에서 12분 정도 삶아야 한다.
② 삶은 달걀을 냉수에 즉시 담그면 부피가 수축하여 난각과의 공간이 생기므로 껍질이 잘 벗겨진다.
③ 달걀을 오래 삶으면 난황 주위에 생기는 황화수소는 녹색이며 이로 인해 녹변이 된다.
④ 달걀을 70℃ 이상의 온도에서 난황과 난백이 모두 응고한다.

난백의 황화수소(H_2S)는 무색으로 난황의 철분(Fe)과 결합하여 녹색의 황화철(FeS)을 생성한다.

037
달걀의 이용이 바르게 연결된 것은?

① 농후제 – 크로켓
② 결합제 – 만두속
③ 팽창제 – 커스터드
④ 유화제 – 푸딩

> 달걀의 이용
> • 농후제 – 알찜, 소스, 커스터드, 푸딩
> • 결합제 – 만두속, 크로켓, 전
> • 팽창제 – 스펀지 케이크, 엔젤 케이크
> • 유화제 – 마요네즈, 아이스크림

038
식미에 긴장감을 주고 식욕을 증진시키며 살균작용을 돕는 매운맛 성분의 연결이 틀린 것은?

① 마늘 – 알리신(allicin)
② 생강 – 진저롤(gingerol)
③ 산초 – 호박산(succinic acid)
④ 고추 – 캡사이신(capsaicin)

> 산초의 매운맛 성분은 산쇼올(sanshool)이다.

039
일반적으로 젤라틴이 사용되지 않는 것은?

① 양갱
② 아이스크림
③ 마시멜로우
④ 족편

> 양갱, 양장피는 해조가공품인 한천이 원료이다.

040
오이피클 제조 시 오이의 녹색이 녹갈색으로 변하는 이유는?

① 클로로필리드가 생겨서
② 클로로필린이 생겨서
③ 페오피틴이 생겨서
④ 잔토필이 생겨서

> 녹색 야채의 녹색 색소(클로로필, Chlorophyll)는 산에 약하므로 식초를 사용하면 갈색인 페오피틴(Pheophytin)으로 변한다.

041
다음 식품 중 직접 가열하는 급속해동법이 많이 이용되는 것은?

① 생선
② 소고기
③ 냉동피자
④ 닭고기

> 조리냉동식품은 동결상태 그대로 다소 높은 온도에서 단시간 가열하여 해동한다.

042
마요네즈가 분리되는 경우가 아닌 것은?

① 기름의 양이 많았을 때
② 기름을 첨가하고 천천히 저어주었을 때
③ 기름의 온도가 너무 낮을 때
④ 신선한 마요네즈를 조금 첨가했을 때

> 신선한 난황이나 신선한 약간의 마요네즈를 분리된 마요네즈에 조금식 첨가하면서 계속 저어주면 분리된 마요네즈가 재생된다.

043
과일이 성숙함에 따라 일어나는 성분변화가 아닌 것은?

① 과육은 점차로 연해진다.
② 엽록소가 분해되면서 푸른색은 옅어진다.
③ 비타민 C와 카로틴 함량이 증가한다.
④ 탄닌은 증가한다.

> 떫은 맛을 내는 탄닌은 일반적으로 미숙한 과실에 많이 함유되지만 성숙해감에 따라 감소한다.

044
감자 150g을 고구마로 대치하려면 고구마 약 몇 g이 있어야 하는가?(당질 함량은 100g 당 감자 15g, 고구마 32g)

① 21g
② 44g
③ 66g
④ 70g

대치식품량 = $\frac{원래\ 식품함량}{대치\ 식품함량}$ × 원래 식품량

= $\frac{15}{32}$ × 150 ≒ 70g

045

두부를 새우젓국에 끓이면 물에 끓이는 것보다 더 _____. 밑줄 친 부분에 맞는 것은?

① 단단해진다.
② 부드러워진다.
③ 구멍이 많이 생긴다.
④ 색깔이 하얗게 된다.

두부찌개를 끓일 때 두부를 미리 1%의 소금물에 담가두거나 이미 간을 한 국물에서 조리하면 두부가 수축하거나 단단하지 않고 부드럽게 조리된다. 이는 나트륨(Na)이 두부 속에 있는 미결합 상태의 칼슘(ca)이 단백질과 결합되는 것을 방해하기 때문이다.

046

일반적으로 맛있게 지어진 밥은 쌀 무게의 약 몇 배 정도의 물을 흡수하는가?

① 1.2~1.4배   ② 2.2~2.4배
③ 3.2~4.4배   ④ 4.2~5.4배

쌀 종류에 따른 물의 분량

쌀의 종류	쌀의 중량에 대한 물의 분량	체적(부피)에 대한 물의 분량
백미(보통)	쌀 중량의 1.5배	쌀 용량의 1.2배
햅쌀	쌀 중량의 1.4배	쌀 용량의 1.1배
찹쌀	쌀 중량의 1.1~1.2배	쌀 용량의 0.9~1배
불린쌀(침수)	쌀 중량의 1.2배	쌀 용량과 같은 양

047

일반적으로 생선의 맛이 좋아지는 시기는?

① 산란기 몇 개월 전   ② 산란기 때
③ 산란기 직후   ④ 산란기 몇 개월 후

생선은 대체로 산란기 1~2개월 전인 경우가 가장 맛이 좋다.

048

식품조리의 목적과 가장 거리가 먼 것은?

① 식품이 지니고 있는 영양소 손실을 최대한 적게 하기 위해
② 각 식품의 성분이 잘 조화되어 풍미를 돋우게 하기 위해
③ 외관상으로 식욕을 자극하기 위해
④ 질병을 예방하고 치료하기 위해

조리의 목적
• 기호성 : 식품의 외관을 좋게 하여 맛있게 하기 위하여 행한다.
• 영양성 : 소화를 용이하게 하며 식품의 영양효율을 높이기 위하여 행한다.
• 안전성 : 위생상 안전한 음식으로 만들기 위하여 행한다.
• 저장성 : 저장성을 높이기 위하여 행한다.

049

식품구입 시 감별방법으로 틀린 것은?

① 육류가공품인 소시지의 색은 담홍색이며 탄력성이 없는 것
② 밀가루는 잘 건조되고 덩어리가 없으며 냄새가 없는 것
③ 감자는 굵고 상처가 없으며 발아되지 않은 것
④ 생선은 탄력이 있으며 아가미는 선홍색이고 눈알이 맑은 것

소시지는 포장용기와 내용물이 유리되어 있지 않으며 손으로 눌러 탄력성이 있는 것이 좋다.

050

전자레인지의 주된 조리 원리는?

① 복사   ② 전도
③ 대류   ④ 초단파

가열조리
• 습열에 의한 조리 : 삶기, 찌기, 끓이기
• 건열에 의한 조리 : 굽기, 볶기, 튀기기
• 전자레인지에 의한 조리 : 초단파 이용

051
DPT 예방접종과 관계없는 감염병은?

① 페스트 ② 디프테리아
③ 백일해 ④ 파상풍

> DPT는 디프테리아, 백일해, 파상풍 예방접종으로 국가필수예방접종으로 정해져 있다.

052
하수처리방법 중에서 처리의 부산물로 메탄가스 발생이 많은 것은?

① 활성오니법 ② 살수 여상법
③ 혐기성 처리법 ④ 산화지법

> 산소가 없는 장소에서 생존하는 혐기성 세균을 이용하여 정화하는 방법을 혐기성 처리법이라 하며 부패조법과 임호프법이 대표적이다. 혐기성 처리시 분해의 산물로 암모니아, 질소, 탄산가스, 메탄가스, 유화물 등이 방출된다.

053
곤충을 매개로 간접전파되는 감염병과 가장 거리가 먼 것은?

① 재귀열 ② 말라리아
③ 인플루엔자 ④ 쯔쯔가무시병

> 인플루엔자는 바이러스에 의하여 감염된다.

054
예방접종이 감염병 관리상 갖는 의미는?

① 병원소의 제거
② 감염원의 제거
③ 환경의 관리
④ 감수성 숙주의 관리

> 감염병의 대책
> • 감염원대책 : 환자의 조기발견과 격리
> • 감염경로대책 : 감염경로 차단(식품위생, 환경위생관리)
> • 감수성숙주대책 : 예방접종실시

055
인공능동면역에 의하여 면역력이 강하게 형성되는 감염병은?

① 이질 ② 말라리아
③ 폴리오 ④ 폐렴

> 제2급 법정감염병인 폴리오(소아마비)는 생균백신의 접종을 통해 면역력이 강하게 형성된다.

056
영아사망률을 나타낸 것으로 옳은 것은?

① 1년간 출생수 1000명당 생후 7일 미만의 사망수
② 1년간 출생수 1000명당 생후 1개월 미만의 사망수
③ 1년간 출생수 1000명당 생후 1년 미만의 사망수
④ 1년간 출생수 1000명당 전체 사망수

> 영아사망률은 출생 1,000명에 대한 생후 1년 미만의 사망 영·유아 수를 나타내는 것으로 한 국가의 공중보건 수준을 나타내는 가장 대표적인 지표이다.

057
미생물에 대한 살균력이 가장 큰 것은?

① 적외선
② 가시광선
③ 자외선
④ 라디오파

> 태양광선의 3부분 중 파장이 가장 짧은 자외선은 260nm(2,600Å) 부근에서 가장 강한 살균력을 나타낸다.

058
군집독의 가장 큰 원인은?

① 실내 공기의 이화학적 조성의 변화 때문이다.
② 실내의 생물학적 변화 때문이다.
③ 실내공기 중 산소의 부족 때문이다.
④ 실내기온이 증가하여 너무 덥기 때문이다.

환기가 이루어지지 않는 실내에 다수의 사람이 장시간 밀집되어 있을 경우 나타나는 군집독은 O_2는 감소하고 CO_2는 증가하는 이화학적 조성의 변화 때문에 초래된다.

059

감염병과 주요한 감염경로의 연결이 틀린 것은?

① 직접 접촉감염 – 성병
② 공기 감염 – 폴리오
③ 비말 감염 – 홍역
④ 절지동물 매개 – 황열

폴리오(소아마비)의 병원체는 바이러스로 감염원 및 감염경로는 환자, 불현성 감염자의 분변의 바이러스에 의해 오염된 음식물을 통해 경구감염된다.

060

우리나라에서 사회보험에 해당되지 않는 것은?

① 생명보험　　　② 국민연금
③ 고용보험　　　④ 건강보험

우리나라의 4대 사회보험제도는 업무상의 재해에 대한 산업재해보상보험, 질병과 부상에 대한 건강보험 또는 질병보험, 폐질·사망·노령 등에 대한 연금보험, 실업에 대한 고용보험제도이다.

07회 【정답】				공단 기출문제
001	002	003	004	005
①	③	②	③	①
006	007	008	009	010
①	①	①	③	①
011	012	013	014	015
④	①	②	④	①
016	017	018	019	020
②	②	②	①	③
021	022	023	024	025
①	②	②	①	①
026	027	028	029	030
②	③	③	①	②
031	032	033	034	035
③	②	③	④	③
036	037	038	039	040
③	②	③	①	③
041	042	043	044	045
③	④	④	④	②
046	047	048	049	050
①	①	④	①	④
051	052	053	054	055
①	③	③	④	③
056	057	058	059	060
③	③	①	②	①

제 08 회 공단 기출문제

CHECK POINT QUESTION

001
생육이 가능한 최저수분활성도가 가장 높은 것은?

① 내건성 포자　　② 세균
③ 곰팡이　　　　 ④ 효모

> 미생물 증식에 필요한 수분활성도(Aw)는 세균 0.94, 효모 0.88, 곰팡이 0.80이다. 또한, 건조된 환경에서 생육하는 미생물 중 Aw 0.98 이상에서는 증식할 수 없고 최저 Aw가 0.90 이하의 것을 호건성, 최적 Aw가 0.980이상이며 최저 Aw가 0.90 이하의 것을 내건성으로 부르기도 한다.

002
발아한 감자와 청색 감자에 많이 함유된 독성분은?

① 리신
② 엔테로톡신
③ 무스카린
④ 솔라닌

> · 리신(ricin) – 피마자씨
> · 엔테로톡신(enterotoxin) – 포도상구균
> · 무스카린(muscarine) – 광대버섯

003
식품첨가물과 사용목적을 표시한 것 중 잘못된 것은?

① 초산비닐수지 – 껌기초제
② 글리세린 – 용제
③ 탄산암모늄 – 팽창제
④ 규소수지 – 이형제

> 규소수지는 식품 제조공정에서 농축, 발효시킬 때 생기는 거품을 소멸 또는 억제시키는 소포제로 사용된다.

004
다음 중 국내에서 허가된 인공감미료는?

① 둘신(Dulcin)
② 삭카린나트륨(Sodium saccharin)
③ 사이클라민산나트륨(Sodium cyclamate)
④ 에틸렌글리콜(Ethylene glycol)

> 삭카린나트륨(Sodium Saccharin)은 젓갈류, 절임식품, 조리식품, 김치류, 음료류, 어육가공품, 시리얼류 등에 사용될 수 있으며, 사용기준을 준수해야 한다.

005
바이러스(Virus)에 의하여 발병되지 않는 것은?

① 돈단독증
② 유행성 간염
③ 급성회백수염
④ 감염성 설사증

> 돈단독증은 돈단독균에 오염된 돼지를 통해 전파되는 인수공통감염병이며 돈단독균은 세균이다.

006
식품의 부패과정에서 생성되는 불쾌한 냄새물질과 거리가 먼 것은?

① 암모니아
② 포르말린
③ 황화수소
④ 인돌

> 식품의 부패란 단백질식품이 미생물에 의하여 분해되어 악취가 나고 인체에 유해한 물질이 생성되는 현상을 말한다. 참고로 포르말린은 소독제로 사용된다.

007
과일이나 과채류를 채취 후 선도유지를 위해 표면에 막을 만들어 호흡조절 및 수분증발 방지의 목적에 사용되는 것은?

① 품질개량제 ② 이형제
③ 피막제 ④ 강화제

피막제(Coating Agents)는 과실, 채소 등의 표면에 피막을 형성시킴으로써 호흡작용을 억제하고 수분 증발을 막아 저장 중에 외관을 좋게 하고 신선도를 유지시킬 목적으로 사용되는 물질로 몰포린지 방산염(Morpholine Salts of Fatty Acids)이 있다.

008
식품과 독성분의 연결이 틀린 것은?

① 복어 - 테트로도톡신
② 미나리 - 시큐톡신
③ 섭조개 - 베네루핀
④ 청매 - 아미그달린

섭조개 속에 들어있으면서 특히 신경계통의 마비증상을 유발하는 독성분은 삭시톡신이다. 참고로 베네루핀은 모시조개, 바지락, 굴 등의 유독 성분이다.

009
호염성의 성질을 가지고 있는 식중독 세균은?

① 황색포도상구균(Staphylococcus aureus)
② 병원성 대장균(E. coli O157:H7)
③ 장염 비브리오(Vibrio parahaemolyticus)
④ 리스테리아 모노사이토제네스(Listeria monocytogenes)

Vibrio 속에 포함되는 장염 비브리오균은 생육에 식염을 필요로 하며 식염 농도 범위는 0.5~8%로 2~3%에서 가장 왕성하게 생육한다.

010
미생물의 생육에 필요한 조건과 거리가 먼 것은?

① 수분
② 산소
③ 온도
④ 자외선

자외선의 작용
- 파장이 2,800~3,200Å(옴스트롱)일 때 인체에 유익한 작용을 한다.
- 비타민 D 형성을 촉진시켜 구루병을 예방한다.
- 2,600Å 부근의 파장인 경우 살균작용이 가장 강하다.
- 피부의 홍반, 색소침착 및 피부암을 유발한다.
- 신진대사 촉진, 적혈구생성 촉진, 혈압강하 작용을 한다.

011
식품위생법상에 명시된 식품위생감시원의 직무가 아닌 것은?

① 과대광고 금지의 위반 여부에 관한 단속
② 조리사 및 영양사의 법령 준수사항 이행 여부 확인·지도
③ 생산 및 품질관리일지의 작성 및 비치
④ 시설기준의 적합 여부의 확인·검사

식품위생감시원의 직무
- 식품등의 위생적인 취급에 관한 기준의 이행 지도
- 수입·판매 또는 사용 등이 금지된 식품등의 취급 여부에 관한 단속
- 표시기준 또는 과대광고 금지의 위반 여부에 관한 단속
- 출입·검사 및 검사에 필요한 식품등의 수거
- 시설기준의 적합 여부의 확인·검사
- 영업자 및 종업원의 건강진단 및 위생교육의 이행 여부의 확인·지도
- 조리사 및 영양사의 법령 준수사항 이행 여부의 확인·지도
- 행정처분의 이행 여부 확인
- 식품등의 압류·폐기 등
- 영업소의 폐쇄를 위한 간판 제거 등의 조치
- 그 밖에 영업자의 법령 이행 여부에 관한 확인·지도

012
영업을 하려는 자가 받아야 하는 식품위생에 관한 교육시간으로 옳은 것은?

① 식품제조·가공업 : 36시간
② 식품운반업 : 12시간
③ 단란주점영업 : 6시간
④ 용기류제조업 : 8시간

- 영업자와 종업원이 받아야 하는 식품위생교육 시간
  - 식품위생영업의 영업자(단, 식용얼음판매업자 및 식품자동판매기영업자는 제외) : 3시간
  - 유흥주점영업의 유흥종사자 : 2시간
  - 집단급식소를 설치 · 운영하는 자 : 3시간
- 영업을 하려는 자가 받아야 하는 식품위생교육 시간
  - 식품제조 · 가공업, 식품첨가물제조업, 공유주방 운영업을 하려는 자 : 8시간
  - 식품운반업, 식품소분 · 판매업, 식품보존업, 용기 · 포장류제조업을 하려는 자 : 4시간
  - 즉석판매제조 · 가공업, 식품접객업을 하려는 자 : 6시간
  - 집단급식소를 설치 · 운영하려는 자 : 6시간

013
식품위생법상 허위표시 · 과대광고로 보지 않는 것은?

① 수입신고한 사항과 다른 내용의 표시 · 광고
② 식품의 성분과 다른 내용의 표시 · 광고
③ 인체의 건전한 성장 및 발달과 건강한 활동을 유지하는데 도움을 준다는 표현의 표시 · 광고
④ 외국어 사용 등으로 외국제품으로 혼동할 우려가 있는 표시 · 광고

허위표시, 과대광고, 비방광고 및 과대포장의 범위
- 수입신고한 사항이나 허가받거나 신고 또는 보고한 사항과 다른 내용의 표시 · 광고
- 질병의 예방 또는 치료에 효능이 있다는 내용의 표시 · 광고
- 식품등의 명칭 · 제조방법, 품질 · 영양표시, 식품이력추적표시, 식품 또는 식품첨가물의 영양가 · 원재료 · 성분 · 용도와 다른 내용의 표시 · 광고
- 제조 연월일 또는 유통기한을 표시함에 있어서 사실과 다른 내용의 표시 · 광고
- 제조방법에 관하여 연구하거나 발견한 사실로서 식품학 · 영양학 등의 분야에서 공인된 사항 외의 표시 · 광고. 다만, 제조방법에 관하여 연구하거나 발견한 사실에 대한 식품학 · 영양학 등의 문헌을 인용하여 문헌의 내용을 정확히 표시하고, 연구자의 성명, 문헌명, 발표 연월일을 명시하는 표시 · 광고는 제외
- 각종 상장 · 감사장 등을 이용하거나 "인증" · "보증" 또는 "추천"을 받았다는 내용을 사용하거나 이와 유사한 내용을 표현하는 광고. 다만, 다음 각 목에 해당하는 내용을 사용하는 경우는 제외한다.
  - 정부표창규정에 따라 제품과 직접 관련하여 받은 상장
  - 중앙행정기관 · 특별지방행정기관 및 그 부속기관, 지방자치단체 또는 공공기관으로부터 받은 인증 · 보증
  - 식품산업진흥법에 따른 전통식품 품질인증, 산업표준화법에 따른 제품인증 등 다른 법령에 따라 받은 인증 · 보증
- 외국어의 사용 등으로 외국제품으로 혼동할 우려가 있는 표시 · 광고 또는 외국과 기술제휴한 것으로 혼동할 우려가 있는 내용의 표시 · 광고

- 다른 업소의 제품을 비방하거나 비방하는 것으로 의심되는 표시 · 광고나 "주문 쇄도" 등 제품의 제조방법 · 품질 · 영양가 · 원재료 · 성분 또는 효과와 직접적인 관련이 적은 내용 또는 사용하지 않은 성분을 강조함으로써 다른 업소의 제품을 간접적으로 다르게 인식하게 하는 표시 · 광고
- 미풍양속을 해치거나 해칠 우려가 있는 저속한 도안, 사진 등을 사용하는 표시 · 광고 또는 미풍양속을 해치거나 해칠 우려가 있는 음향을 사용하는 광고
- 화학적 합성품의 경우 그 원료의 명칭 등을 사용하여 화학적 합성품이 아닌 것으로 혼동할 우려가 있는 광고
- 판매사례품 또는 경품 제공 · 판매 등 사행심을 조장하는 내용의 표시 · 광고(독점규제 및 공정거래에 관한 법률에 따라 허용되는 경우는 제외)
- 소비자가 건강기능식품으로 오인 · 혼동할 수 있는 특정 성분의 기능 및 작용에 관한 표시 · 광고
- 체험기를 이용하는 광고

014
식품 등의 표시기준상 영양성분에 대한 설명으로 틀린 것은?

① 한 번에 먹을 수 있도록 포장 · 판매되는 제품은 총 내용량을 1회 제공량으로 한다.
② 영양성분함량은 식물의 씨앗, 동물의 뼈와 같은 비가식부위도 포함하여 산출한다.
③ 열량의 단위는 킬로칼로리(kcal)로 표시한다.
④ 탄수화물에는 당류를 구분하여 표시하여야 한다.

영양성분함량은 비가식부위를 제외한 가식부위로 산출해야 한다.

015
식품위생법상 영업신고를 하여야 하는 업종은?

① 유흥주점영업
② 즉석판매제조 · 가공업
③ 식품조사처리업
④ 단란주점영업

영업허가, 신고 및 등록업종
- 영업허가 업종 : 식품조사처리업, 단란주점영업, 유흥주점영업
- 영업신고 업종 : 휴게음식점영업, 일반음식점영업, 위탁급식영업, 제과점영업, 즉석판매제조 · 가공업, 식품운반업, 식품소분 · 판매업, 식품냉동 · 냉장업, 용기 · 포장류제조업
- 영업등록 업종 : 식품제조 · 가공업, 식품첨가물제조업

016
글루텐을 형성하는 단백질을 가장 많이 함유하는 것은?

① 밀
② 쌀
③ 보리
④ 옥수수

글루텐(Gluten)은 글리아딘(Gliadin)과 글루테닌(Glutenin)이 합쳐서 형성되는 밀가루 단백질을 말한다.

017
비타민 E에 대한 설명으로 틀린 것은?

① 물에 용해되지 않는다.
② 항산화작용이 있어 비타민 A나 유지 등의 산화를 억제해 준다.
③ 버섯 등에 에르고스테롤(ergosterol)로 존재한다.
④ 알파 토코페롤(α-tocopherol)이 가장 효력이 강하다

에르고스테롤은 효모나 맥각을 비롯하여 표고버섯 등 균류에 들어 있는 스테로이드로 자외선의 작용에 의해 비타민 D₂가 되는 프로비타민 D이다.

018
청과물의 저장 시 변화에 대하여 옳게 설명한 것은?

① 청과물은 저장중이거나 유통과정 중에도 탄산가스와 열이 발생한다.
② 신선한 과일의 보존기간을 연장시키는데 저장이 큰 역할을 하지 못한다.
③ 과일이나 채소는 수확하면 더 이상 숙성하지 않는다.
④ 감의 떫은맛은 저장에 의해서 감소되지 않는다.

019
달걀의 가공 적성이 아닌 것은?

① 열응고성
② 기포성
③ 쇼트닝성
④ 유화성

쇼트닝성은 쿠키나 파이 등을 무르고 부서지기 쉽게 하는 성질로 밀가루의 글루텐 형성을 방해하는 유지나 설탕의 배합비율에 의해 좌우된다.

020
식품의 갈변 현상 중 성질이 다른 것은?

① 고구마 절단면의 갈색
② 홍차의 적색
③ 간장의 갈색
④ 다진 양송이의 갈색

간장의 갈색은 비효소적 갈변에 해당된다.

021
매운맛 성분과 소재 식품의 연결이 올바르게 된 것은?

① 알릴 이소티오시아네이트(Allyl isothiocyanate) – 흑겨자
② 캡사이신(Capsaicin) – 마늘
③ 진저롤(Gingerol) – 고추
④ 차비신(Chavicine) – 생강

캡사이신 – 고추, 진저롤 – 생강, 차비신 – 후추

022
클로로필(Chlorophyll)에 관한 설명으로 틀린 것은?

① 포르피린환(Porphyrin ring)에 구리(Cu)가 결합되어 있다.
② 김치의 녹색이 갈변하는 것은 발효 중 생성되는 젖산 때문이다.
③ 산성식품과 같이 끓이면 갈색이 된다.
④ 알칼리 용액에서는 청록색을 유지한다.

클로로필은 식물의 잎과 줄기의 녹색 색소로 마그네슘(Mg)을 함유하고 있다.

023
참기름이 다른 유지류보다 산패에 대하여 비교적 안정성이 큰 이유는 어떤 성분 때문인가?

① 레시틴(Lecithin)
② 세사몰(Sesamol)
③ 고시폴(Gossypol)
④ 인지질(Phospholipid)

산패란 산화에 의한 부패로 참기름에 들어있는 특수성분인 세사몰은 천연 항산화제이다.

024
우유에 함유된 단백질이 아닌 것은?

① 락토오스(Lactose)
② 카제인(Casein)
③ 락토알부민(Lactoalbumin)
④ 락토글로불린(Lactoglobulin)

락토오스는 유당 혹은 젖당이라고도 하며 포도당과 갈락토오스가 결합된 이당류로 포유류의 젖 특히 초유에 많이 함유되어 있다.

025
유지의 산패도를 나타내는 값으로 짝지어진 것은?

① 비누화가, 요오드가
② 요오드가, 아세틸가
③ 과산화물가, 비누화가
④ 산가, 과산화물가

산가는 유리지방산의 양, 과산화물가는 유지 속에 들어있는 과산화물의 양을 나타내는 것으로 유지의 산패도를 나타내는 값으로 사용된다.

026
결합수의 특성이 아닌 것은?

① 수증기압이 유리수보다 낮다.
② 압력을 가해도 제거하기 어렵다.
③ 0℃에서 매우 잘 언다.
④ 용질에 대해서 용매로서 작용하지 않는다.

결합수와 유리수	
결합수	유리수(자유수)
용질에 대하여 용매로 작용하지 않는다.	전해질을 잘 녹인다.
0℃ 이하에서도 동결하지 않는다.	0℃ 이하에서 쉽게 동결한다.
건조되지 않는다.	쉽게 건조된다.
미생물이 번식에 이용하지 못한다.	미생물이 생육, 번식에 이용할 수 있다.
압력을 가해도 제거되지 않는다.	비중과 비열이 크다.
100℃ 이상 가열해도 제거되지 않는다.	표면장력과 점성이 크다.
유리수에 비해 밀도가 크다.	비점과 융점이 높다.

027
훈연에 대한 설명으로 틀린 것은?

① 햄, 베이컨, 소시지가 훈연제품이다.
② 훈연 목적은 육제품의 풍미와 외관향상이다.
③ 훈연재료는 침엽수인 소나무가 좋다.
④ 훈연하면 보존성이 좋아진다.

훈연법은 수지가 적은 활엽수(벚나무, 떡갈나무, 참나무)를 불완전 연소시킴으로써 훈연 속의 살균력이 있는 포름알데히드, 메틸알코올, 페놀 등을 식품조직에 침투시켜 저장하는 방법이다.

028
탄수화물이 아닌 것은?

① 젤라틴
② 펙틴
③ 섬유소
④ 글리코겐

젤라틴(Gelatin)은 동물의 가죽, 힘줄, 연골 등을 구성하는 천연 단백질인 콜라겐(Collagen)의 가수분해로 얻어지는 유도 단백질의 한 종류이다.

029
소시지 100g 당 단백질 13g, 지방 21g, 당질 5.5g이 함유되어 있을 경우, 소시지 150g의 열량은?

① 158kcal
② 263kcal
③ 322kcal
④ 395kcal

단백질과 당질은 1g당 4kcal, 지방은 1g당 9kcal의 열량을 생산한다.

030
우유를 높은 온도로 가열하면 Maillard 반응이 일어난다. 이때 가장 많이 손실되는 성분은?

① Lysine ② Arginine
③ Sucrose ④ Ca

비효소적 갈변인 Maillard 반응은 가열에 의해 촉진되는 단백질과 당의 결합 반응으로 우유를 높은 온도에서 가열하면 우유에 포함되어 있는 필수 아미노산인 라이신(Lysine)이 가장 많이 손실된다.

031
사과나 딸기 등이 잼에 이용되는 가장 중요한 이유는?

① 과숙이 잘되어 좋은 질감을 형성하므로
② 펙틴과 유기산이 함유되어 잼 제조에 적합하므로
③ 색이 아름다워 잼의 상품가치를 높이므로
④ 새콤한 맛 성분이 잼 맛에 적합하므로

잼은 펙틴의 응고성을 이용하는 것으로 젤리화의 3요소는 펙틴, 유기산, 당분이다. 따라서, 펙틴과 산이 많은 사과, 포도, 딸기 등이 잼에 이용되는 것이다.

032
음식의 온도와 맛의 관계에 대한 설명으로 틀린 것은?

① 국은 식을수록 짜게 느껴진다.
② 커피는 식을수록 쓰게 느껴진다.
③ 차게 먹을수록 신맛이 강하게 느껴진다.
④ 녹은 아이스크림보다 얼어 있는 것의 단맛이 약하게 느껴진다.

맛을 가장 잘 느낄 수 있는 온도

종류	온도(℃)	종류	온도(℃)
단맛·신맛	20~50℃	짠맛	30~40℃
쓴맛	40~50℃	매운맛	50~60℃

033
재고회전율이 표준치보다 낮은 경우에 대한 설명으로 틀린 것은?

① 긴급구매로 비용발생이 우려된다.
② 종업원들이 심리적으로 부주의하게 식품을 사용하여 낭비가 심해진다.
③ 부정유출이 우려된다.
④ 저장기간이 길어지고 식품손실이 커지는 등 많은 자본이 들어가 이익이 줄어든다.

재고회전율이 낮다는 것은 매출에 비하여 과다한 재고를 보유하고 있다는 것을 의미한다. 따라서, 이 경우 긴급구매로 인한 비용발생의 우려는 없다.

034
채소조리 시 색의 변화로 맞는 것은?

① 시금치는 산을 넣으면 녹황색으로 변한다.
② 당근은 산을 넣으면 퇴색된다.
③ 양파는 알칼리를 넣으면 백색으로 된다.
④ 가지는 산에 의해 청색으로 된다.

• 당근의 카로티노이드 색소는 산이나 알칼리에 변화되지 않으며, 물에 녹지 않고 기름에 녹는다.
• 양파의 플라보노이드 색소는 산성에서 백색이 된다.
• 가지의 안토시안 색소는 산성에서 선명한 적색, 중성에서 보라색, 알칼리에서 청색을 띈다.

035
돼지고기편육을 할 때 고기를 삶는 방법으로 가장 적합한 것은?

① 한 번 삶아서 찬물에 식혔다가 다시 삶는다.
② 물이 끓으면 고기를 넣어서 삶는다.
③ 찬물에 고기를 넣어서 삶는다.
④ 생강은 처음부터 같이 넣어야 탈취효과가 크다.

돼지고기 편육을 할 때는 물이 끓을 때 덩어리째 넣고 강한 불로 삶아야 한다. 또한, 생강은 끓고 난 다음에 넣어야 탈취효과가 크다.

036
소금의 용도가 아닌 것은?

① 채소 절임 시 수분제거
② 효소 작용 억제
③ 아이스크림 제조 시 빙점 강하
④ 생선구이 석쇠 금속의 부착방지

> 생선구이 석쇠 금속의 부착을 방지하기 위해서는 기름을 발라주어야 한다.

037
생선조리 시 식초를 적당량 넣었을 때 장점이 아닌 것은?

① 생선의 가시를 연하게 해준다.
② 어취를 제거한다.
③ 살을 연하게 하여 맛을 좋게 한다.
④ 살균효과가 있다.

> 어육 단백질은 식초 등과 같은 산에 의해 응고되어 단단해진다.

038
가식부율이 70%인 식품의 출고계수는?

① 1.25
② 1.43
③ 1.64
④ 2.00

> 출고계수 = 100/가식부율 = 100/70 ≒ 1.43

039
비타민 A가 부족할 때 나타나는 대표적인 증세는?

① 괴혈병   ② 구루병
③ 불임증   ④ 야맹증

> 괴혈병 – 비타민 C, 구루병 – 비타민 D, 불임증 – 비타민 E

040
배추김치를 만드는데 배추 50kg이 필요하다. 배추 1kg의 값은 1,500원이고, 가식부율은 90%일 때 배추구입 비용은 약 얼마인가?

① 67,500원
② 75,000원
③ 82,500원
④ 83,400원

> 필요비용 = 필요량 × $\frac{100}{가식부율}$ × 1kg당의 단가
> ∴ 50kg × $\frac{100}{90}$ × 1500 ≒ 83400원

041
토마토 크림 스프를 만들 때 일어나는 우유의 응고현상을 바르게 설명한 것은?

① 산에 의한 응고
② 당에 의한 응고
③ 효소에 의한 응고
④ 염에 의한 응고

> 토마토의 산 성분에 의해 우유의 단백질인 카제인(casein)이 응고되는 것이다.

042
기름을 여러번 재가열할 때 일어나는 변화에 대한 설명으로 맞는 것은?

> ㉠ 풍미가 좋아진다.
> ㉡ 색이 진해지고, 거품 형성 현상이 생긴다.
> ㉢ 산화중합반응으로 점성이 높아진다.
> ㉣ 가열분해로 황산화물질이 생겨 산패를 억제한다.

① ㉠, ㉡   ② ㉠, ㉢
③ ㉡, ㉢   ④ ㉢, ㉣

> 기름을 여러번 재가열하면 발연점이 낮아지고, 산패도가 높아질 뿐 아니라 기름 색이 진해지고, 거품이 발생한다.

043
조리식품이나 반조리식품의 해동방법으로 가장 적합한 방법은?

① 상온에서의 자연 해동
② 냉장고를 이용한 저온 해동
③ 흐르는 물에 담그는 청수 해동
④ 전자레인지를 이용한 해동

> 냉동된 육류 및 어류는 자연해동이 바람직하지만, 조리 또는 반조리 식품은 가열해동이 가장 좋다.

044
조리 시 센 불로 가열한 후 약한 불로 세기를 조절하지 않는 것은?

① 생선조림
② 된장찌개
③ 밥
④ 새우튀김

045
단체급식 시설별 고유의 목적과 거리가 먼 것은?

① 학교급식 – 편식 교정
② 병원급식 – 건강회복 및 치료
③ 산업체급식 – 작업능률향상
④ 군대급식 – 복지향상

> 군대급식은 군인의 건강증진과 영양개선을 주된 목적으로 한다.

046
생선튀김의 조리법으로 가장 알맞은 것은?

① 180℃에서 2~3분간 튀긴다.
② 150℃에서 4~5분간 튀긴다.
③ 130℃에서 5~6분간 튀긴다.
④ 200℃에서 7~8분간 튀긴다.

> 튀김은 일반적으로 고온에서 단시간에 튀겨내는 것이 좋다.

047
당근 등의 녹황색 채소를 조리할 경우 기름을 첨가하는 조리방법을 선택하는 주된 이유는?

① 색깔을 좋게 하기 위하여
② 부드러운 맛을 위하여
③ 비타민 C의 파괴를 방지하기 위하여
④ 지용성 비타민의 흡수를 촉진하기 위하여

> 시금치, 당근 등의 녹황색채소는 지용성 비타민인 비타민 A의 프로비타민인 카로틴을 많이 함유하고 있어 기름을 첨가하여 흡수를 촉진한다.

048
고기를 요리할 때 사용되는 연화제는?

① 소금
② 참기름
③ 파파인(Papain)
④ 염화칼슘

> 파파인은 파파야의 과즙에 들어 있는 단백질 분해 효소이다.

049
달걀의 기포성을 이용한 것은?

① 달걀찜
② 푸딩(Pudding)
③ 머랭(Meringue)
④ 마요네즈(Mayonnaise)

> 달걀의 가공은 응고성(수란), 기포성(스펀지 케이크, 케이크의 장식, 머랭 등), 유화성(마요네즈, 프렌치 드레싱, 크림스프, 케이크 반죽 등)을 이용한다.

050
단백질의 구성 단위는?

① 아미노산　　② 지방산
③ 과당　　　　④ 포도당

> 단백질의 최종 분해 산물은 아미노산(amino acid)이다.

051
동물과 관련된 감염병의 연결이 틀린 것은?

① 소 – 결핵
② 고양이 – 디프테리아
③ 개 – 광견병
④ 쥐 – 페스트

> 디프테리아는 주로 호흡기를 통해 감염되는 세균성 질환으로 제1급 법정감염병에 속한다.

052
잠함병의 발생과 가장 밀접한 관계를 갖고 있는 환경 요소는?

① 고압과 질소
② 저압과 산소
③ 고온과 이산화탄소
④ 저온과 이산화탄소

> 잠함병(잠수병)은 고압환경에서 감압 시 나타나는 증상으로 몸 속으로 들어간 질소가스(N₂)가 체내에서 기포화되어 혈관폐색이나 여러 조직의 압박을 초래하는 질환이다.

053
감염병의 예방 및 관리에 관한 법률상 제2급 감염병이 아닌 것은?

① 콜레라
② 디프테리아
③ 장티푸스
④ 폴리오

> 디프테리아는 제1급 감염병에 해당된다.

054
진개(쓰레기)처리법과 가장 거리가 먼 것은?

① 위생적 매립법
② 소각법
③ 비료화법
④ 활성슬러지법

> 활성슬러지법은 폐수처리에 사용되는 생물학적 방법이다.

055
국가의 보건수준이나 생활수준을 나타내는데 가장 많이 이용되는 지표는?

① 병상이용률
② 의료보험 수혜자수
③ 영아사망률
④ 조출생률

> 영아사망률은 출생아 1,000명당 1년간 생후 1년 미만 영아의 사망자수 비율로 한 국가의 건강수준을 나타내는 가장 대표적인 지표로 사용된다.

056
접촉감염지수가 가장 높은 질병은?

① 유행성이하선염
② 홍역
③ 성홍열
④ 디프테리아

> 질병별 감수성 지수 : 두창·홍역(95%) > 백일해(60~80%) > 성홍열(40%) > 디프테리아(10%) > 폴리오(유행성소아마비, 0.1%)

057
중간숙주 없이 감염이 가능한 기생충은?

① 아니사키스
② 회충
③ 폐흡충
④ 간흡충

> 감염경로
> • 아니사키스 : 바다 갑각류 → 해산어류 → 사람
> • 폐흡충 : 다슬기 → 민물 게·가재 → 사람
> • 간흡충 : 왜우렁이 → 민물고기 → 사람

058
소음으로 인한 피해와 거리가 먼 것은?

① 불쾌감 및 수면장애
② 작업능률 저하
③ 위장기능 저하
④ 맥박과 혈압의 저하

> 소음의 영향 : 수면 방해, 불안증, 작업 방해, 식욕감퇴, 정신적 불안정, 불쾌감, 불필요한 긴장, 두통 등

059
기생충과 인체감염원인 식품의 연결이 틀린 것은?

① 유구조충 – 돼지고기
② 무구조충 – 민물고기
③ 동양모양선충 – 채소류
④ 아나사키스 – 바다생선

무구조충은 소가 중간숙주이다.

060
모성사망률에 관한 설명으로 옳은 것은?

① 임신, 분만, 산욕과 관계되는 질병 및 합병증에 의한 사망률
② 임신 4개월 이후의 사태아 분만률
③ 임신 중에 일어난 모든 사망률
④ 임신 28주 이후 사산과 생후 1주 이내 사망률

모성사망률은 임신, 분만, 산욕 등으로 산모가 사망하는 비율로 국가의 보건 수준을 대변하는 주요 지표로 사용된다.

08회 【정답】 공단 기출문제

001	002	003	004	005
②	④	④	②	①
006	007	008	009	010
②	③	③	③	④
011	012	013	014	015
③	③	③	②	②
016	017	018	019	020
①	③	①	③	③
021	022	023	024	025
①	①	②	①	④
026	027	028	029	030
③	③	①	④	①
031	032	033	034	035
②	③	①	①	②
036	037	038	039	040
④	③	②	④	④
041	042	043	044	045
①	③	④	④	④
046	047	048	049	050
①	④	③	③	①
051	052	053	054	055
②	①	②	④	③
056	057	058	059	060
②	②	④	②	①

제 09 회 공단 기출문제

001
도마의 사용방법에 관한 설명 중 잘못된 것은?

① 합성세제를 사용하여 43~45℃의 물로 씻는다.
② 염소소독, 열탕살균, 자외선살균 등을 실시한다.
③ 식재료 종류별로 전용의 도마를 사용한다.
④ 세척, 소독 후에는 건조시킬 필요가 없다.

> 도마를 세척하거나 소독한 후에는 반드시 건조시켜야 한다. 특히 햇빛에 건조시키면 자외선 살균효과도 있다.

002
과채, 식육 가공 등에 사용하여 식품 중 색소와 결합하여 식품 본래의 색을 유지하게 하는 식품첨가물은?

① 식용타르색소
② 천연색소
③ 발색제
④ 표백제

> 발색제란 자체에는 색이 없으나 식품 중의 성분과 반응하여 식품의 색을 안정화하고 선명하게하거나 또는 발색시키는 역할을 하는 물질을 말한다.

003
카드뮴이나 수은 등의 중금속 오염 가능성이 가장 큰 식품은?

① 육류　　　　② 어패류
③ 식용유　　　④ 통조림

> 공장폐수 중 수은(Hg), 납(Pb), 카드뮴(Cd), 크롬(Cr) 등은 수질과 토양을 오염시키므로 먹이사슬에 따라 물고기 등 각종 음식물을 통하여 몸 속으로 이동, 축적되며 아울러 중금속에 의한 신경마비, 언어장애, 사지마비 등 무서운 질병을 일으킨다.

004
곰팡이 독소와 독성을 나타내는 곳을 잘못 연결한 것은?

① 오크라톡신(Ochratoxin) - 간장독
② 아플라톡신(Aflatoxin) - 신경독
③ 시트리닌(Citrinin) - 신장독
④ 스테리그마토시스틴(Sterigmatocystin) - 간장독

> 아플라톡신(Aflatoxin) - 간장독

005
식품에 오염된 미생물이 증식하여 생성한 독소에 의해 유발되는 대표적인 식중독은?

① 황색 포도상구균 식중독
② 살모넬라균 식중독
③ 장염 비브리오 식중독
④ 리스테리아 식중독

> 독소형 식중독 : 포도상구균 식중독, 보툴리누스(Botulinus) 식중독, 클로스트리디움 퍼프린젠스 식중독

006
식품의 부패 시 생성되는 물질과 거리가 먼 것은?

① 암모니아(Ammonia)
② 트리메틸아민(Trimethylamine)
③ 글리코겐(Glycogen)
④ 아민(Amine)류

> 글리코겐(Glycogen)은 동물의 저장 탄수화물로 간, 근육, 콩팥, 조개류에 많이 함유되어 있다.

007
통조림관의 주성분으로 과일이나 채소류 통조림에 의한 식중독을 일으키는 것은?

① 주석
② 아연
③ 구리
④ 카드뮴

> 통조림관(깡통)에 도금된 주석이 산성이 강한 내용물(과일, 채소 등)에 의해 용출되어 중독되는 것이 주석(Sn)에 의한 식중독이다.

008
살모넬라균에 의한 식중독의 특징 중 틀린 것은?

① 장독소(Enterotoxin)에 의해 발생한다.
② 잠복기는 보통 12~24시간이다.
③ 주요증상은 메스꺼움, 구토, 복통, 발열이다.
④ 원인식품은 대부분 동물성 식품이다.

> 장독소(Enterotoxin)에 의해 발생하는 것은 대표적인 독소형 식중독인 황색 포도상구균 식중독이다.

009
복어와 모시조개 섭취 시 식중독을 유발하는 독성물질을 순서대로 나열한 것은?

① 엔테로톡신(Enterotoxin), 사포닌(Saponin)
② 엔테로톡신(Enterotoxin), 아플라톡신(Aflatoxin)
③ 테트로도톡신(Tetrodotoxin), 둘린(Dhurrin)
④ 테트로도톡신(Tetrodotoxin), 베네루핀(Venerupin)

> • 테트로도톡신(Tetrodotoxin) – 복어
> • 베네루핀(Venerupin) – 모시조개

010
식품과 독성분의 연결이 틀린 것은?

① 매실 – 베네루핀(Venerupin)
② 섭조개 – 삭시톡신(Saxitoxin)
③ 독버섯 – 무스카린(Muscarine)
④ 독보리 – 테뮬린(Temuline)

> 베네루핀(Venerupin)은 모시조개와 관련이 있으며, 아미그달린(Amygdalin)은 청매, 살구씨, 복숭아씨 등과 관련된다.

011
수출을 목적으로 하는 식품 또는 식품첨가물의 기준과 규격은 식품위생법의 규정 외에 어떤 기준과 규칙에 의할 수 있는가?

① 수입자가 요구하는 기준과 규격
② 국립검역소장이 정하여 고시한 기준과 규격
③ FDA의 기준과 규격
④ 산업통상자원부장관의 별도 허가를 득한 기준과 규격

> 수출을 목적으로 하는 식품 또는 식품첨가물의 기준과 규격은 수입자가 요구하는 기준과 규격에 의할 수 있다.

012
식품위생법상 식품 등의 위생적 취급에 관한 기준으로 틀린 것은?

① 식품 등의 보관 운반 진열 시에는 식품 등의 기준 및 규격이 정하고 있는 보존 및 유통기준에 적합하도록 관리하여야 한다.
② 식품 등의 제조·가공·조리에 직접 사용되는 기계·기구 및 음식기는 세척·살균하는 등 항상 청결하게 유지 관리하여야 하며, 어류·육류·채소류를 취급하는 칼·도마는 공통으로 사용한다.
③ 식품 등의 제조·가공·조리 또는 포장에 직접 종사하는 자는 위생모를 착용하는 등 개인위생 관리를 철저히 하여야 한다.
④ 제조·가공(수입품 포함)하여 최소판매 단위로 포장된 식품 또는 식품첨가물을 영업허가 또는 신고하지 아니하고 판매의 목적으로 포장을 뜯어 분할하여 판매하여서는 아니된다.

식품 등의 제조·가공·조리에 직접 사용되는 기계·기구 및 음식기는 사용 후에 세척·살균하는 등 항상 청결하게 유지·관리해야 하며, 어류·육류·채소류를 취급하는 칼·도마는 각각 구분하여 사용해야 한다.

013
식품위생법상 판매를 목적으로 하거나 영업상 사용하는 식품 및 영업시설 등 검사에 필요한 최소량의 식품 등을 무상으로 수거할 수 없는 자는?

① 식품의약품안전처장 ② 시·도지사
③ 시장·군수·구청장 ④ 국립의료원장

식품의약품안전처장, 시·도지사 또는 시장·군수·구청장은 식품 등의 위해방지·위생관리와 영업질서의 유지를 위하여 필요하면 영업소에 출입하여 판매를 목적으로 하거나 영업에 사용하는 식품 또는 영업시설 등에 대한 검사를 위하여 최소량의 식품 등을 무상 수거하거나 영업에 관계되는 장부 또는 서류를 열람할 수 있다.

014
식품접객업소의 조리판매 등에 대한 기준 및 규격에 의한 조리용 칼·도마 식기류의 미생물 규격은?(단, 사용 중의 것은 제외한다.)

① 살모넬라 음성, 대장균 양성
② 살모넬라 음성, 대장균 음성
③ 황색포도상구균 양성, 대장균 음성
④ 황색포도상구균 음성, 대장균 양성

식품공전에 따르면 사용 중인 것을 제외한 칼, 도마 및 식기류의 미생물 규격은 살모넬라와 대장균 모두 음성이어야 한다.

015
다음 중 식품위생법상 식품위생의 대상은?

① 식품, 약품, 기구, 용기, 포장
② 조리법, 조리시설, 기구, 용기, 포장
③ 조리법, 단체급식, 기구, 용기, 포장
④ 식품, 식품첨가물, 기구, 용기, 포장

식품위생이라 함은 식품, 식품첨가물, 기구 또는 용기·포장을 대상으로 하는 음식에 관한 위생을 말한다.

016
인산을 함유하는 복합지방질로서 유화제로 사용되는 것은?

① 레시틴 ② 글리세롤
③ 스테롤 ④ 글리콜

레시틴(lecithin)은 인지질(燐脂質)의 한가지로 세포막 구성의 중요한 성분으로 난황, 콩기름, 간장 등에 많이 들어 있으며, 강한 유화작용을 갖고 있어 지방질 식품들의 유화제로서 사용되고 있다.

017
달걀 저장 중에 일어나는 변화로 옳은 것은?

① pH 저하
② 중량 감소
③ 난황계수 증가
④ 수양난백 감소

달걀은 저장하는 동안 표면의 기공을 통해 수분이 증발하기 때문에 중량이 감소한다.

018
전분의 호정화를 이용한 식품은?

① 식혜 ② 치즈
③ 맥주 ④ 뻥튀기

전분에 물을 가하지 않고 160℃ 이상으로 가열하면 여러 단계의 가용성 전분을 거쳐 덱스트린(호정)으로 분해되는데, 이를 전분의 호정화라 한다. 미숫가루, 튀밥(뻥튀기), 루(Roux) 등이 대표적인 예이다.

019
생식기능 유지와 노화방지의 효과가 있고 화학명이 토코페롤(Tocopherol)인 비타민은?

① 비타민 A ② 비타민 C
③ 비타민 D ④ 비타민 E

비타민 A : Retinol, 비타민 C : Ascorbic acid, 비타민 E : Tocopherol

020
두류 가공품 중 발효과정을 거치는 것은?

① 두유 ② 피넛 버터
③ 유부 ④ 된장

- 두유 : 불린 콩을 마쇄한 후 콩 무게의 2~3배 물을 넣고 가열하여 만든 가공품
- 피넛 버터(땅콩버터) : 땅콩을 으깨어 이겨서 버터 모양으로 만들어 맛을 낸 식품
- 유부 : 두부의 수분을 뺀 뒤 기름에 2번 튀긴 것
- 된장 : 전분질의 원료를 쪄서 종국(황곡균)을 넣고 국자를 만들어 소금에 섞어 놓았다가 콩을 쪄서 국자와 혼합한 후 마쇄하여 통에 담아 발효시킨 것

021
다음 중 레토르트식품의 가공과 관계없는 것은?

① 통조림 ② 파우치
③ 플라스틱 필름 ④ 고압솥

레토르트식품은 조리 가공한 여러 가지 식품을 파우치(pouch)에 넣어 밀봉한 후 고압살균솥(retort)에 넣어 고온에서 가열·살균하여 장기간 보존할 수 있도록 만든 가공 저장식품이다.

022
젤라틴의 원료가 되는 식품은?

① 한천 ② 과일
③ 동물의 연골 ④ 쌀

젤라틴은 동물의 가죽·힘줄·연골 등을 구성하는 천연 단백질인 콜라겐을 뜨거운 물로 처리하면 얻어지는 유도 단백질의 한 종류이다.

023
어묵의 탄력과 가장 관계 깊은 것은?

① 수용성 단백질 – 미오겐
② 염용성 단백질 – 미오신
③ 결합 단백질 – 콜라겐
④ 색소 단백질 – 미오글로빈

어묵은 어류의 염용성 단백질인 미오신이 소금에 용해되는 성질을 이용하여 만든 식품이다.

024
영양소와 급원식품의 연결이 옳은 것은?

① 동물성 단백질 – 두부, 쇠고기
② 비타민 A – 당근, 미역
③ 필수지방산 – 대두유, 버터
④ 칼슘 – 우유, 치즈

025
사과를 깎아 방치했을 때 나타나는 갈변현상과 관계없는 것은?

① 산화효소 ② 산소
③ 페놀류 ④ 섬유소

사과를 깎아 방치했을 때 나타나는 갈변현상은 페놀계의 화합물(냄새나 맛이나 색깔을 내는 요소)이 산화효소와 공기의 영향으로 갈색의 물질로 변하는 것을 말한다.

026
하루 필요 열량이 2,700kcal일 때 이중 14%에 해당하는 열량을 지방에서 얻으려 할 때 필요한 지방의 양은?

① 36g ② 42g
③ 81g ④ 94g

지방 1g당 9kcal의 열량을 생산하므로
2,700kcal × 0.14(14%) ÷ 9 = 42g이다.

027
다음 당류 중 케톤기를 가진 것은?

① 플락토오스(Fructose)
② 만노오스(Mannose)
③ 갈락토오스(Galactose)
④ 글루코오스(Glucose)

단당류 중에서 제1탄소에 알데히드기(–CHO)를 갖는 것을 알도오스(aldose), 제2탄소 또는 그 이하의 탄소에 카르보닐기(케톤기, –CO–)를 갖는 것을 케토오스(ketose)라고 한다. 케톤기를 갖는 대표적인 단당류는 플락토오스(Fructose, 과당)이며, 알데히드기를 갖는 단당류는 글루코오스(Glucose)이다.

028
다음 중 알리신(Allicin)이 가장 많이 함유된 식품은?

① 마늘
② 사과
③ 고추
④ 무

> 마늘의 매운맛 성분인 알리신(allicin)에 의한 것으로 알리신은 비타민 B_1의 흡수를 도와준다.

029
염지에 의해서 원료육의 미오글로빈으로부터 생성되며 비가열 식육제품인 햄 등의 고정된 육색을 나타내는 것은?

① 니트로소헤모글로빈(Nitrosohemoglobin)
② 옥시미오글로빈(Oxymyoglobin)
③ 니트로소미오글로빈(Nitrosomyoglobin)
④ 메트미오글로빈(Metmyoglobin)

> 미오글로빈은 적자색의 색소로 산소가 결합하면 선홍색의 옥시미오글로빈으로 된다. 또한, 발색제인 아질산나트륨을 쇠고기 가공 시 첨가하면 고기 속의 미생물의 작용으로 아질산으로 된 후에 환원되어 니트로(nitro)기를 생성하는 데 이렇게 생성된 니트로기가 미오글로빈과 반응하여 선홍색의 니트로소미오글로빈(Nitrosomyoglobin)으로 된다.

030
다음 중 과일, 채소의 호흡작용을 조절하여 저장하는 방법은?

① 건조법
② 냉장법
③ 통조림법
④ 가스저장법

> 가스저장법(CA 저장)은 미숙한 과일의 후숙작용을 억제하기 위하여 CO_2 또는 N_2 가스를 주입시켜 효소를 불활성시켜 호흡속도를 줄이고 미생물의 생육과 번식을 억제시켜 저장하는 방법이다.

031
아래에서 설명하는 조미료는?

> - 수란을 뜰 때 끓는 물에 이것을 넣고 달걀을 넣으면 난백의 응고를 돕는다.
> - 작은 생선을 사용할 때 이것을 소량 가하면 뼈가 부드러워진다.
> - 기름기 많은 재료에 이것을 사용하면 맛이 부드럽고 산뜻해진다.

① 설탕
② 후추
③ 식초
④ 소금

> 식초를 달걀 삶을 때 넣으면 난백의 응고를 돕고, 생선을 조리할 때 소량 첨가하면 육질의 탄력성을 높여주는 효과가 있다.

032
달걀의 열 응고성에 대한 설명 중 옳은 것은?

① 식초는 응고를 지연시킨다.
② 소금은 응고온도를 낮추어 준다.
③ 설탕은 응고온도를 내려주어 응고물을 연하게 한다.
④ 온도가 높을수록 가열시간이 단축되고 응고물은 연해진다.

> 식초는 응고를 빠르게 하며, 설탕은 넣으면 응고온도가 높아져 부드럽게 된다. 또한, 달걀의 난백은 80℃ 내외에서, 난황은 85℃ 내외에서 응고되므로 텍스쳐를 부드럽게 하려면 천천히 가열하는 것이 좋다.

033
육류의 가열 변화에 의한 설명으로 틀린 것은?

① 생식할 때보다 풍미와 소화성이 향상된다.
② 근섬유와 콜라겐은 45℃에서 수축하기 시작한다.
③ 가열한 고기의 색은 메트미오글로빈(Metmyoglobin)이다.
④ 고기의 지방은 근수축과 수분손실을 적게 한다.

일반적으로 육류의 콜라겐 수축은 65℃에서 일어나며, 75~85℃를 넘으면 젤라틴화가 급속히 진행된다.

034

고기를 연화시키려고 생강, 키위, 무화과 등을 사용할 때 관련된 설명으로 틀린 것은?

① 단백질의 분해를 촉진시킴으로써 연화시키는 방법이다.
② 두꺼운 로스트용 고기에 적당하다.
③ 즙을 뿌린 후 포크로 찔러주고 일정시간 둔다.
④ 가열 온도가 85℃ 이상이 되면 효과가 없다.

로스트(roast)용 고기에 연화 과정은 적당하지 않다.

035

자색 양배추, 가지 등 적색채소를 조리할 때 색을 보존하기 위한 가장 바람직한 방법은?

① 뚜껑을 열고 다량의 조리수를 사용한다.
② 뚜껑을 열고 소량의 조리수를 사용한다.
③ 뚜껑을 덮고 다량의 조리수를 사용한다.
④ 뚜껑을 덮고 소량의 조리수를 사용한다.

적색채소의 안토시안계 색소는 수용성으로 조리 시 색을 보존하기 위해서는 뚜껑을 덮고 소량의 조리수를 사용하는 것이 바람직하다. 이와 달리 시금치 등의 녹색채소를 데칠 때는 많은 양의 끓는 물에 뚜껑을 열고 단시간에 데쳐야 한다.

036

조리용 기기의 사용법이 틀린 것은?

① 필러(Peeler) : 채소 다지기
② 슬라이서(Slicer) : 일정한 두께로 썰기
③ 세미기 : 쌀 세척하기
④ 블랜더(Blenader) : 액체 교반하기

- 필러(Peeler) : 감자, 당근 등의 껍질을 벗기기
- 휘퍼(Whipper) : 계란, 생크림 등의 혼합·교반에 사용
- 초퍼(Chopper) : 고기나 야채를 잘게 썰 때 사용

037

호화와 노화의 대한 설명으로 옳은 것은?

① 쌀과 보리는 물이 없어도 호화가 잘된다.
② 떡의 노화는 냉장고보다 냉동고에서 더 잘 일어난다.
③ 호화된 전분을 80℃ 이상에서 급속히 건조하면 노화가 촉진된다.
④ 설탕의 첨가는 노화를 지연시킨다.

전분의 노화(베타화=β화) 억제 방법
- α화한 전분을 80℃ 이상에서 급속히 건조시키거나 0℃ 이하에서 급속 냉동하여 수분 함량을 15% 이하로 유지
- 설탕을 다량 첨가
- 환원제나 유화제를 첨가

038

생선을 씻을 때 주의사항으로 틀린 것은?

① 물에 소금을 10% 정도 타서 씻는다.
② 냉수를 사용한다.
③ 체표면에 점액을 잘 씻도록 한다.
④ 어체에 칼집을 낸 후에는 씻지 않는다.

생선을 씻을 때 바닷물 농도의 소금물(바닷물의 소금농도는 약 3.5%)을 사용하면 생선 특유의 비린내를 없앨 수 있다.

039

녹색채소를 데칠 때 소다를 넣을 경우 나타나는 현상이 아닌 것은?

① 채소의 질감이 유지된다.
② 채소의 색을 푸르게 고정시킨다.
③ 비타민 C가 파괴된다.
④ 채소의 섬유질을 연화시킨다.

녹색 채소를 데칠 때 소다를 넣으면 녹색은 선명히 유지되나 섬유소를 분해하여 질감이 물러지고, 비타민 C가 파괴된다.

040
전분의 가수분해에 해당되지 않는 것은?

① 식혜, 엿 등이 전분의 가수분해의 결과이다.
② 전분의 당화이다.
③ 효소를 넣어 최적온도를 유지시키면 탈수축합 반응에 의해 당이 된다.
④ 전분을 산과 함께 가열하면 가수분해 되어 당이 된다.

> 탈수축합 반응은 물을 방출하면서 결합하는 반응을 말한다. 이와 달리 가수분해 반응은 물이 첨가되면서 결합이 깨지는 과정을 의미한다.

041
식단작성 시 고려할 사항으로 틀린 것은?

① 피 급식자의 영양소요량을 충족시켜야 한다.
② 좋은 식품의 선택을 위해서 식재료 구매는 예산의 1.5배 정도로 계획한다.
③ 급식인원수와 형태(단일식단, 복수식단)를 고려해야 한다.
④ 기호에 따른 양과 질, 변화, 계절을 고려해야 한다.

> 식단을 작성할 때는 경제성 즉, 신선하고 값이 싼 식품 또는 제철 식품을 이용하고 식재료 구매는 예산 범위 내에서 계획하여야 한다.

042
감자의 효소적 갈변 억제 방법이 아닌 것은?

① 아스코르빈산 첨가 ② 아황산 첨가
③ 질소 첨가 ④ 물에 침지

043
조리 시 나타나는 현상과 그 원인 색소의 연결이 옳은 것은?

① 산성성분이 많은 물로 지은 밥의 색이 누렇다. - 클로로필계
② 식초를 가한 양배추의 색이 짙은 갈색이다. - 플라보노이드계
③ 커피를 경수로 끓여 그 표면이 갈색이다. - 탄닌계
④ 데친 시금치 나물이 누렇게 되었다. - 안토시안계

044
쌀 전분을 빨리 α-화 하려고 할 때 조치사항은?

① 아밀로펙틴 함량이 많은 전분을 사용한다.
② 수침시간을 짧게 한다.
③ 가열온도를 높인다.
④ 산성의 물을 사용한다.

> 전분의 호화란 소화가 안 되는 생전분(β-전분)을 물로 끓이면 물분자가 전분의 속에 들어가 팽윤된 상태를 말하며, 이를 통해 규칙적인 분자 구조가 파괴되어 소화가 잘되는 전분의 α-화가 진행된다. 호화 정도는 전분의 종류에 따라 달라지며 가열온도가 높을수록, 오래 불릴수록 호화가 잘 진행된다.

045
단체급식소에서 식수인원 400명의 풋고추조림을 할 때 풋고추의 총 발주량은 약 얼마인가?(단, 풋고추 1인분 30g, 풋고추의 폐기율 6%)

① 12kg ② 13kg
③ 15kg ④ 16kg

> • 총발주량 = $\frac{정미중량 \times 100}{100 - 폐기율} \times 인원수$
> • 풋고추의 폐기율 = 6%
> • 총발주량 = $\frac{30 \times 100}{100 - 6} \times 400$ = 12766g = 약 13(kg)

046
전분의 효소를 작용시키면 가수분해되어 단맛이 증가하여 조청, 물엿이 만들어지는 과정은?

① 호화 ② 노화
③ 호정화 ④ 당화

> 효소 또는 산의 작용으로 녹말 등 무미한 다당류를 가수분해하여 감미가 있는 당으로 바꾸는 반응을 당화라 하며 포도당 및 맥아당은 녹말의 효소 당화로, 물엿 및 가루엿은 산 당화로 제조된다.

047
유지를 가열할 때 유지 표면에서 엷은 푸른 연기가 나기 시작할 때의 온도는?

① 팽창점
② 연화점
③ 용해점
④ 발연점

> 유지는 발연점 이상에서 청백색의 연기와 함께 자극성 취기가 발생한다. 발연점은 여러 번 반복하여 기름을 사용할수록, 유지의 정제도나 순도가 낮을수록, 유리지방산의 함량이 높을수록, 기름을 담은 그릇이 넓을수록 낮아진다.

048
원가계산의 목적으로 틀린 것은?

① 가격결정의 목적
② 원가관리의 목적
③ 예산편성의 목적
④ 기말재고량 측정의 목적

> 원가계산의 목적 : 가격결정의 목적, 원가관리의 목적, 예산편성의 목적, 재무제표 작성의 목적

049
냉동 보관에 대한 설명으로 틀린 것은?

① 냉동된 닭을 조리할 때 뼈가 검게 변하기 쉽다.
② 떡의 장시간 노화방지를 위해서는 냉동 보관하는 것이 좋다.
③ 급속 냉동 시 얼음 결정이 크게 형성되어 식품의 조직파괴가 크다.
④ 서서히 동결하면 해동 시 드립(drip) 현상을 초래하여 식품의 질을 저하시킨다.

> 완만 냉동은 서서히 동결됨에 따라 얼음결정이 성장하여 크기가 크며, 분포가 불규칙하여 해동 시 조직의 손상이 크며, 얼음결정의 크기만큼 드립(Drip)의 발생량이 많아진다. 이를 방지하기 위해서는 냉동 시 급속 냉동으로 최대 얼음결정 생성대를 빠르게 통과시키는 것이 좋다.

050
단체급식소에서 식품 구입량을 정하여 발주하는 식으로 옳은 것은?

① 발주량 = $\dfrac{1인분\ 순사용량}{가식률} \times 100 \times 식수$

② 발주량 = $\dfrac{100인분\ 순사용량}{가식률} \times 100$

③ 발주량 = $\dfrac{1인분\ 순사용량}{폐기율} \times 100 \times 식수$

④ 발주량 = $\dfrac{100인분\ 순사용량}{폐기율} \times 100$

> • 총발주량 = $\dfrac{정미중량 \times 100}{100 - 폐기율} \times 인원수$
> • 정미중량 = 1인분 순사용량, 가식률(%) = 100 - 폐기율(%)

051
쥐와 관계가 가장 적은 감염병은?

① 발진티푸스
② 신증후군출혈열(유행성출혈열)
③ 페스트
④ 렙토스피라증

> 발진티푸스는 리케차에 의해 감염되는 급성 열성 질환으로 사람 몸에 기생하는 이가 옮기는 질병이다.

052
하수 오염도 측정 시 생화학적 산소요구량(BOD)을 결정하는 가장 중요한 인자는?

① 물의 경도
② 수중의 유기물량
③ 하수량
④ 수중의 광물질량

> 생화학적 산소요구량(BOD)은 호기성 미생물이 일정 기간 동안 물속에 있는 유기물을 분해할 때 사용하는 산소의 양을 말하는 것으로 20℃에서 5일간 측정한다.

053
다수인이 밀집한 장소에서 발생하며 화학적 조성이나 물리적 조성의 큰 변화를 일으켜 불쾌감, 두통, 권태, 현기증, 구토 등의 생리적 이상을 일으키는 현상은?

① 빈혈
② 일산화탄소 중독
③ 분압 현상
④ 군집독

환기가 이루어지지 않는 실내에 다수의 사람이 장시간 밀집되어 있을 경우 나타나는 군집독은 O_2 감소, CO_2 증가, 고온·고습의 상태에서 유해가스 및 취기, 구취, 체취, 공기의 조성변화 등에 의해 발생한다.

054
음식물로 매개될 수 있는 감염병이 아닌 것은?

① 유행성 감염
② 폴리오
③ 일본뇌염
④ 콜레라

일본뇌염은 바이러스를 보유한 모기에 의해서 일어나는 질병으로 두통, 발열을 동반하여 심하면 뇌성마비, 경련, 지능 및 언어장애 등의 무서운 후유증을 남기게 된다.

055
직업병과 관련 원인의 연결이 틀린 것은?

① 미나마타병 – 수은
② 난청 – 소음
③ 진폐증 – 석면
④ 잠함병 – 자외선

잠함병은 고압환경에서 감압 시 나타나는 것으로 질소(N_2)와 관련이 있다.

056
먹는 물에서 다른 미생물이나 분변오염을 추측할 수 있는 지표는?

① 대장균
② 탁도
③ 경도
④ 증발잔류량

대장균은 그람음성균으로서 아포를 형성하지 않으며 호기성 또는 통성 혐기성인 간균을 총칭한다. 위생 지표균으로 활용하는 이유는 병원성은 없으나, 이 균이 검출되면 같은 장내 세균과에 속하며 병원성이 있는 균의 존재 가능성이 있기 때문이다.

057
세균성이질을 앓고 난 아이가 얻는 면역에 대한 설명으로 옳은 것은?

① 인공면역을 획득한다.
② 수동면역을 획득한다.
③ 영구면역을 획득한다.
④ 면역이 거의 획득되지 않는다.

제2급 법정감염병에 속하는 세균성이질은 면역이 거의 획득되지 않기 때문에 몇 번이라도 감염될 수 있다.

058
작업장의 조명 불량으로 발생될 수 있는 질환이 아닌 것은?

① 결막염
② 안정피로
③ 안구진탕증
④ 근시

결막염은 안구를 외부에서 감싸고 있는 결막에 염증이 생기는 증상으로 감염성과 알레르기성 결막염과 같은 비감염성 요인에 의해 발생하는 것으로 조명과는 관련이 없다.

059
고온작업환경에서 작업할 경우 말초혈관의 순환장애로 혈관신경의 부조절, 심박출량 감소가 생길 수 있는 열중증은?

① 열허탈증
② 열경련
③ 열쇠약증
④ 울열증

고온작업환경에서의 장해
- 열허탈증 : 말초혈관 순환장애(혈관 장해)
- 열경련 : 과도한 염분 손실
- 열쇠약증 : 비타민 B_1 결핍
- 열탈진 : 체내 수분 및 염분 손실
- 열사병(울열증) : 체온조절 장해

060

감염경로와 질병과의 연결이 틀린 것은?

① 음식물감염 – 폴리오
② 비말감염 – 인플루엔자
③ 우유감염 – 결핵
④ 공기감염 – 공수병

공수병(광견병)은 개와 사람에게 공통으로 발병되는 바이러스 매개 전염병이다.

09회【정답】				공단 기출문제
001	002	003	004	005
④	③	②	②	①
006	007	008	009	010
③	①	①	④	①
011	012	013	014	015
①	②	④	②	④
016	017	018	019	020
①	②	④	④	④
021	022	023	024	025
①	③	②	④	④
026	027	028	029	030
②	①	①	③	④
031	032	033	034	035
③	②	②	②	④
036	037	038	039	040
①	④	①	①	③
041	042	043	044	045
②	③	③	③	②
046	047	048	049	050
④	④	④	③	①
051	052	053	054	055
①	②	④	③	④
056	057	058	059	060
①	④	①	①	④

제 10 회 공단 기출문제

001
식물성 자연독 성분이 아닌 것은?

① 무스카린(muscarine)
② 테트로도톡신(tetrodotoxin)
③ 솔라닌(solanine)
④ 고시폴(gossypol)

> 복어의 알, 간, 난소 및 껍질 등에 들어있는 테트로도톡신(tetrodotoxin)은 난소에 가장 많이 들어있으며, 산란기인 5~6월에 특히 강하게 작용한다.

002
독미나리에 함유된 유독성분은?

① 무스카린(muscarine)
② 솔라닌(solanine)
③ 아트로핀(atropine)
④ 시큐톡신(cicutoxin)

> 무스카린 – 독버섯, 솔라닌 – 감자, 아트로핀 – 미치광이풀

003
장염비브리오 식중독균(V. parahaemolyticus)의 특징으로 틀린 것은?

① 해수에 존재하는 세균이다.
② 3~4%의 식염농도에서 잘 발육한다.
③ 특정 조건에서 사람의 혈구를 용혈시킨다.
④ 그람양성균이며 아포를 생성하는 구균이다.

> 장염비브리오 식중독균은 그람음성 간균이다.

004
화학물질에 의한 식중독으로 일반 중독증상과 시신경의 염증으로 실명의 원인이 되는 물질은?

① 납
② 수은
③ 메틸알코올
④ 청산

> 메틸알코올(메탄올)에 중독된 경우 일반적으로 두통, 현기증, 구토, 복통, 설사 및 시신경 이상 증세를 유발한다.

005
세균성 식중독에 속하지 않는 것은?

① 노로바이러스 식중독
② 비브리오 식중독
③ 병원성대장균 식중독
④ 장구균 식중독

> 노로바이러스는 사람에게 장염을 일으키는 바이러스성 식중독으로 바이러스의 크기가 매우 작고 항생제로 치료가 되지 않으며, 대부분의 사람은 1~2일 내에 증세가 호전된다. 감염원은 감염자의 분변이 구토물이며 다양한 경로를 통해 감염되는 것으로 알려져 있다.

006
어패류의 신선도 판정시 초기부패의 기준이 되는 물질은?

① 삭시톡신(saxitoxin)
② 베네루핀(vanerupin)
③ 트리메틸아민(trimethylamine)
④ 아플라톡신(aflatoxin)

> 생선이 오래되면 트리메틸아민(TMA)이 발생하는 데 이것이 생선 비린내(어취)의 원인물질이다.

007

식품의 제조공정 중에 발생하는 거품을 제거하기 위해 사용되는 식품첨가물은?

① 소포제　　② 발색제
③ 살균제　　④ 표백제

> 소포제(Antifoaming Agents, Defoaming Agents) : 식품 제조공정에서 농축·발효시킬 때 생기는 거품을 소멸 또는 억제시키는 물질로 규소수지(실리콘수지, Silicon Resin)가 사용된다.

008

미생물의 발육을 억제하여 식품의 부패나 변질을 방지할 목적으로 사용되는 것은?

① 안식향산나트륨　　② 호박산이나트륨
③ 글루타민산나트륨　　④ 유동파라핀

> 식품 중의 미생물 발육을 억제하여 부패를 방지하고 식품의 선도를 유지하기 위하여 사용하는 보존료(방부제)로는 안식향산(Benzoic Acid), 안식향산나트륨(Sodium Benzoate), 안식향산칼륨(Potassium Benzoate), 안식향산칼슘(Calcium Benzoate) 등이 사용된다.

009

중금속에 관한 설명으로 옳은 것은?

① 해독에 사용되는 약을 중금속 길항약이라고 한다.
② 중금속과 결합하기 쉽고 체외로 배설하는 약은 없다.
③ 중독증상으로 대부분 두통, 설사, 고열을 동반한다.
④ 무기중금속은 지질과 결합하여 불용성 화합물을 만들고 산화작용을 나타낸다.

010

경구감염과 비교하여 세균성 식중독이 가지는 일반적인 특성은?

① 소량의 균으로도 발병한다.
② 잠복기가 짧다.
③ 2차 발병률이 매우 높다.
④ 수인성 발생이 크다.

세균성 식중독과 경구(소화기계)감염병

구분	세균성 식중독	경구(소화기계)감염병
섭취균량	다량(대부분 음식물 중에서 증식)	극소량(주로 체내 증식)
잠복기	아주 짧다.	일반적으로 길다.
경과	대체로 짧다.	대체로 길다.
감염성	거의 없다.	강하다.

011

식품등의 표시기준상 열량표시에서 몇 kcal 미만을 "0"으로 표시할 수 있는가?

① 2 kcal　　② 5 kcal
③ 7 kcal　　④ 10 kcal

> 식품의약품안전청이 고시하는 「식품등의 표시기준」에 따르면 열량의 단위는 킬로칼로리(kcal)로 표시하되, 그 값을 그대로 표시하거나 그 값에 가장 가까운 5kcal 단위로 표시하여야 한다. 이 경우 5kcal 미만은 "0"으로 표시할 수 있다.

012

식품위생법상 용어의 정의에 대한 설명 중 틀린 것은?

① "집단급식소"라 함은 영리를 목적으로 하는 급식시설을 말한다.
② "식품"이라 함은 의약으로 섭취하는 것을 제외한 모든 음식물을 말한다.
③ "표시"라 함은 식품, 식품첨가물, 기구 또는 용기 포장에 기재하는 문자·숫자 또는 도형을 말한다.
④ "용기·포장"이라 함은 식품을 넣거나 싸는 것으로서 식품을 주고받을 때 함께 건네는 물품을 말한다.

> 집단급식소란 영리를 목적으로 하지 아니하고 계속적으로 특정 다수인에게 음식물을 공급하는 기숙사·학교·병원 기타 후생기관 등의 급식시설로서 대통령령이 정하는 것을 말한다.

013
식품위생법상 소비자식품위생감시원의 직무가 아닌 것은?

① 식품접객업을 하는 자에 대한 위생관리 상태 점검
② 유통 중인 식품등의 허위표시 또는 과대광고 금지 위반 행위에 관한 관할 행정관청에의 신고 또는 자료제공
③ 식품위생감시원이 행하는 식품등에 대한 수거 및 검사 지원
④ 영업장소에 대한 위생관리상태를 점검하고, 개선사항에 대한 권고 및 불이행시 위촉기관에 보고

보기 중 ④항은 시민식품감시인의 직무에 해당된다.

014
식품위생법상 영업의 신고 대상 업종이 아닌 것은?

① 일반음식점영업
② 단란주점영업
③ 휴게음식점영업
④ 식품제조ㆍ가공업

영업의 종류
- 허가업종 : 식품조사처리업, 단란주점영업, 유흥주점영업
- 신고업종 : 즉석판매제조ㆍ가공업, 식품운반업, 식품소분ㆍ판매업, 식품냉동ㆍ냉장업, 용기ㆍ포장류제조업(자신의 제품을 포장하기 위하여 용기ㆍ포장류를 제조하는 경우는 제외), 휴게음식점영업, 일반음식점영업, 위탁급식영업, 제과점영업
- 등록업종 : 식품제조ㆍ가공업, 식품첨가물제조업

015
식품위생법상 조리사를 두어야 할 영업이 아닌 것은?

① 지방자치단체가 운영하는 집단급식소
② 복어조리 판매업소
③ 식품첨가물 제조업소
④ 병원이 운영하는 집단급식소

집단급식소 운영자와 식품접객업 중 복어를 조리ㆍ판매하는 영업을 하는 경우 조리사를 두어야 한다.

016
자유수의 성질에 대한 설명으로 틀린 것은?

① 수용성 물질의 용매로 사용된다.
② 미생물 번식과 성장에 이용되지 못한다.
③ 비중은 4℃에서 최고이다.
④ 건조로 쉽게 제거 가능하다.

자유수(유리수)는 식품 중에 유리 상태로 존재하는 보통의 물을 말하는 것으로 미생물 번식과 성장에 이용된다.

017
과일의 주된 향기성분이며 분자량이 커지면 향기도 강해지는 냄새성분은?

① 알코올
② 에스테르류
③ 유황화합물
④ 휘발성 질소화합물

과일은 여러 가지 휘발성 방향물질에 의해 향기가 나는데 특히 에스테르 화합물이 주된 성분이며, 이 외에도 알데히드, 알코올도 향기성분이다.

018
일반적으로 꽃 부분을 주요 식용부위로 하는 화채류는?

① 죽순(bamboo shoot)
② 파슬리(parsley)
③ 콜리플라워(cauliflower)
④ 아스파라거스(aspargus)

죽순은 뿌리, 파슬리는 잎이나 줄기, 아스파라거스는 줄기를 식용부위로 한다. 꽃 부분을 주요 식용부위로 하는 화채류에는 아티초크, 콜리플라워, 브로콜리 등이 있다.

019
현미는 벼의 어느 부위를 벗겨낸 것인가?

① 과피와 종피
② 겨층
③ 겨층과 배아
④ 왕겨층

> 벼는 현미 80%와 왕겨 20%로 구성되며, 현미는 벼에서 왕겨층을 제거한 것으로 배아, 배유, 섬유소를 포함하고 있다. 현미의 주성분은 당질(탄수화물)로 71.8% 정도 차지한다.

020
유화(emulsion)에 의해 형성된 식품이 아닌 것은?

① 우유
② 마요네즈
③ 주스
④ 잣죽

> 유화(Emulsion)
> • 수중유적형(O/W) : 물 중에 기름이 분산되어 있는 형태(우유, 마요네즈, 잣죽, 아이스크림, 프렌치드레싱, 크림수프 등)
> • 유중수적형(W/O) : 기름 중에 물이 분산되어 있는 형태(버터, 마가린 등)

021
달걀의 보존 중 품질변화에 대한 설명으로 틀린 것은?

① 수분의 증발
② 농후난백의 수양화
③ 난황막의 약화
④ 산도(pH)의 감소

> 신선한 난백의 pH는 7.6이며, 시간이 지남에 따라 이산화탄소가 기공을 통해 증발되어 2~3일 내에 pH 9.0 내지는 9.7로 증가한다.

022
유지 중에 존재하는 유리 수산기(-OH)의 함량을 나타내는 것은?

① 아세틸가(Acetyl value)
② 폴렌스케가(Polenske value)
③ 헤너가(Hehner value)
④ 라이켈-마이슬가(Reicher-Meissl value)

> 아세틸가(Acetyl value)는 유지 중에 들어있는 수산기(-OH)를 가진 지방산의 함량을 나타내는 특성치이다. 신선한 유지의 아세틸가는 10 이하이며, 산성유지나 피마자유는 일반적으로 높다.

023
생선의 자가소화 원인은?

① 세균의 작용
② 단백질 분해효소
③ 염류
④ 질소

> 생선 및 육류의 사후 자가소화 과정은 단백질 분해효소에 의해 단백질이 분해되는 과정이다.

024
식품과 대표적인 맛성분(유기산)을 연결한 것 중 틀린 것은?

① 포도 – 주석산
② 감귤 – 구연산
③ 사과 – 사과산
④ 요구르트 – 호박산

> 요구르트는 락토바실러스 불가리쿠스(Lactobacillus burgaricus)와 같은 유산균을 탈지유 또는 전유에 발효시켜 증식시킨 것으로 생성된 유산에 의해 신맛을 나타낸다.

025
육류의 연화작용에 관여하지 않은 것은?

① 파파야
② 파인애플
③ 레닌
④ 무화과

> 육류의 연화효소에는 배즙, 생강의 프로테아제(Protease), 파인애플의 브로멜린(Bromelin), 무화과의 피신(Ficin), 파파야의 파파인(Papain) 등이 있다.

026
강화식품에 대한 설명으로 틀린 것은?

① 식품에 원래 적게 들어 있는 영양소를 보충한다.
② 식품의 가공 중 손실되기 쉬운 영양소를 보충한다.
③ 강화영양소로 비타민 A, 비타민 B, 칼슘(Ca) 등을 이용한다.
④ α-화 쌀은 대표적인 강화식품이다.

> 강화미는 비타민 B을 첨가하여 영양가치를 높인 것이다. 참고로 α-화란 호화를 의미한다.

027
알칼리성 식품에 해당하는 것은?

① 육류 ② 곡류
③ 해조류 ④ 어류

> 산성식품과 알칼리성식품
> • 산성식품 : 무기질 중 P, S, Cl 등이 많이 함유되어 있는 식품으로 주로 곡류, 어류, 육류 등
> • 알칼리성식품 : 무기질 중 Ca, Na, K, Mg, Fe, Cu, Mn 등이 많이 함유되어 있는 식품으로 주로 과일, 야채, 해조류, 우유 등

028
다당류와 거리가 먼 것은?

① 젤라틴(gelatin)
② 글리코겐(glycogen)
③ 펙틴(pectin)
④ 글루코만난(glucomannan)

> 젤라틴은 동물의 가죽·힘줄·연골 등을 구성하는 천연 단백질인 콜라겐을 뜨거운 물로 처리하면 얻어지는 유도 단백질의 한 종류이다.

029
식품이 나타내는 수증기압이 0.75기압이고, 그 온도에서 순수한 물의 수증기압이 1.5기압일 때 식품의 상대습도(RH)는?

① 40 ② 50
③ 60 ④ 70

> 상대 습도는 식품의 수증기압과 같은 온도에서 순수한 물의 수증기압의 비를 백분율로 나타낸 것이다. 따라서, 식품의 상대습도는 다음과 같다.
> $$RH = \frac{P(\text{식품 속의 수증기압})}{P_0(\text{순수한 물의 수증기압})} \times 100(\%)$$

030
효소에 의한 갈변을 억제하는 방법으로 옳은 것은?

① 환원성물질 첨가
② 기질 첨가
③ 산소 접촉
④ 금속이온 첨가

> 식품의 갈변은 산화효소에 의한 것으로 환원성물질을 첨가하면 갈변이 억제된다.

031
두부를 만드는 과정은 콩 단백질의 어떠한 성질을 이용한 것인가?

① 건조에 의한 변성
② 동결에 의한 변성
③ 효소에 의한 변성
④ 무기염류에 의한 변성

> 두부는 단백질인 글리시닌이 무기염류에 의해서 응고되는 성질을 이용하여 제조하며, 응고제로는 염화마그네슘($MgCl_2$), 염화칼슘($CaCl_2$), 황산마그네슘($MgSO_4$), 황산칼슘($CaSO_4$) 등이 사용된다.

032
시설위생을 위한 사항으로 적합하지 않은 것은?

① 주방냄비는 세척 후 열처리를 해둔다.
② 주방의 천정, 바닥, 벽면도 주기적으로 청소한다.
③ 나무 도마는 사용 후 깨끗이 하고 일광소독을 하도록 한다.
④ deep fryer의 경우 기름은 매주 뽑아내어 걸러 찌꺼기가 남아있는 일이 없도록 한다.

> deep fryer는 각종 튀김요리를 하는데 이용되는 기기로 사용한 기름은 고열에 빨리 산화하므로 자주 갈아 주어야 한다.

033
구매한 식품의 재고관리시 적용되는 방법 중 최근에 구입한 식품부터 사용하는 것으로 가장 오래된 물품이 재고로 남게 되는 것은?

① 선입선출법 ② 후입선출법
③ 총 평균법 ④ 최소-최대관리법

> 선입선출법은 먼저 구입한 식품부터 사용하는 것이며, 후입선출법은 나중에 구입한 식품부터 사용한다.

034
소금의 종류 중 불순물이 가장 많이 함유되어 있고 가정에서 배추를 절이거나 젓갈을 담글 때 주로 사용하는 것은?

① 호염
② 제재염
③ 식탁염
④ 정제염

> 호염은 천일염이라고도 하는데 Mg^{++}, Ca^{++}이 채소의 조직을 단단하게 해주므로 침채류에 사용된다.

035
판매가격이 5000원인 메뉴의 식재료비가 2000원인 경우 이 메뉴의 식재료비 비율은?

① 10%
② 20%
③ 30%
④ 40%

> 식재료비 비율 = $\frac{식재료비}{판매가격} \times 100(\%)$

036
젤라틴에 대한 설명으로 옳은 것은?

① 과일젤리나 양갱의 제조에 이용한다.
② 해조류로부터 얻은 다당류의 한 성분이다.
③ 산을 아무리 첨가해도 젤 강도가 저하되지 않는 특징이 있다.
④ 3~10℃에서 젤화되며 온도가 낮을수록 빨리 응고한다.

> 해조류인 우뭇가사리로부터 얻은 다당류는 한천으로 과일젤리나 양갱의 제조에 이용한다. 젤라틴은 동물의 가죽, 힘줄, 연골 등을 구성하는 콜라겐으로 부터 얻어지는 것으로 젤라틴에 산을 가하면 젤 강도는 저하된다.

037
김에 대한 설명 중 옳은 것은?

① 붉은 색으로 변한 김은 불에 잘 구우면 녹색으로 변한다.
② 건조김은 조미김보다 지질함량이 높다.
③ 김은 칼슘 및 철, 칼륨이 풍부한 알칼리성 식품이다.
④ 김의 감칠맛은 단맛과 지미를 가진 cystine, mannit 때문이다.

> 김은 칼슘, 칼륨 및 철이 풍부한 알칼리성 식품으로 생김에는 비타민 C도 많이 들어 있다.

038
물품의 검수와 저장하는 곳에서 꼭 필요한 집기류는?

① 칼과 도마
② 대형그릇
③ 저울과 온도계
④ 계량컵과 계량스푼

039
노화가 잘 일어나는 전분은 다음 중 어느 성분의 함량이 높은가?

① 아밀로오스(amylose)
② 아밀로펙틴(amylopectin)
③ 글리코겐(glycogen)
④ 한천(agar)

> 전분의 노화란 소화가 잘되는 α—전분이 소화되지 않는 β—전분으로 돌아가는 것이다. 아밀로오스 함량이 높을수록 노화가 잘 일어나고, 아밀로펙틴의 함량이 높으면 노화가 늦게 일어난다.

040
습열 조리법이 아닌 것은?

① 설렁탕
② 갈비찜
③ 불고기
④ 버섯전골

> 습열조리는 열과 수증기를 매체로 하는 조리방법으로 삶기, 데치기, 끓이기, 찜, 조림 등이 이에 속한다.

041
식혜를 당화시켜 끓일 때 설탕과 함께 소금을 조금 넣어 단맛이 강하게 느껴지는 현상은?

① 미맹현상　　② 소실현상
③ 대비현상　　④ 변조현상

> 맛의 대비현상 : 서로 다른 두 가지 맛이 작용하여 주된 맛 성분이 강해지는 현상으로, 설탕 용액에 약간의 소금을 첨가하면 단맛이 증가된다.

042
냄새제거를 위한 향신료가 아닌 것은?

① 육두구(nutmeg, 넛맥)
② 월계수잎(bay leaf)
③ 마늘(garlic)
④ 세이지(sage)

> 넛맥은 육두나무 열매의 종피를 제거한 후 건조시킨 것으로 쓴맛과 특이한 향을 가지고 있어 미각을 자극하는 향신료이다.

043
고기를 연화시키기 위해 첨가하는 식품과 단백질 분해효소가 맞게 연결된 것은?

① 배 – 파파인(papain)
② 키위 – 피신(ficin)
③ 무화과 – 액티니딘(actinidin)
④ 파인애플 – 브로멜린(bromelin)

> • 배 – 프로테아제(Protease)
> • 키위 – 액티니딘(actinidin)
> • 무화과 – 피신(Ficin)

044
유지류의 조리 이용 특성과 거리가 먼 것은?

① 열 전달매체로서의 튀김
② 밀가루제품의 연화작용
③ 지방의 유화작용
④ 결합제로서의 응고성

> 조리 이용 특성과 관련하여 응고성은 주로 단백질과 관련이 있다.

045
조리방법에 대한 설명으로 옳은 것은?

① 채소를 잘게 썰어 국을 끓이면 빨리 익으므로 수용성 영양소의 손실이 적어진다.
② 전자레인지는 자외선에 의해 음식이 조리된다.
③ 콩나물국의 색을 맑게 만들기 위해 소금으로 간을 한다.
④ 푸른색을 최대한 유지하기 위해 소량의 물에 채소를 넣고 데친다.

> ① 수용성 영양소의 손실이 많아진다. ② 전자기파에 의해 조리된다. ④ 다량의 물에 데친다.

046
단백질 함량이 14% 정도인 밀가루로 만드는 것이 가장 좋은 식품은?

① 버터 케이크　　② 튀김
③ 마카로니　　　④ 과자류

> 글루텐 함량과 밀가루
> • 강력분 : 글루텐 13% 이상 (식빵, 마카로니, 스파게티 등)
> • 중력분 : 글루텐 10~13% (국수, 만두피 등)
> • 박력분 : 글루텐 10% 이하 (케이크, 튀김옷, 카스테라, 약과 등)

047
고등어구이를 하려고 한다. 정미중량 70g을 조리하고자 할 때 1인당 발주량은 약 얼마인가?(단, 고등어 폐기율은 35%)

① 43g　　　② 91g
③ 108g　　④ 110g

> • 총발주량 = $\frac{정미중량 \times 100}{100 - 폐기율} \times 인원수$
> • 고등어의 폐기율 = 35%
> • 총발주량 = $\frac{70 \times 100}{100 - 35} \times 1$ = 107.6 ≒ 약 108(g)

048
단체급식시설의 작업장별 관리에 대한 설명으로 잘못된 것은?

① 개수대는 생선용과 채소용을 구분하는 것이 식중독균의 교차오염을 방지하는데 효과적이다.
② 가열, 조리하는 곳에는 환기장치가 필요하다.
③ 식품보관창고에 식품을 보관시 바닥과 벽에 식품이 직접 닿지 않게 하여 오염을 방지한다.
④ 자외선 등은 모든 기구와 식품내부의 완전살균에 매우 효과적이다.

> 자외선은 핵산에 작용하여 식품 표면의 세균을 죽게하지만 내부에 있는 세균에는 살균효과가 없다. 따라서, 자외선 살균은 기구, 식품의 표면, 투명한 음료수, 청량음료와 분말 식품 정도에 사용된다.

049
생선 조리방법에 대한 설명으로 틀린 것은?

① 생강과 술은 비린내를 없애는 용도로 사용한다.
② 처음 가열할 때 수분간은 뚜껑을 약간 열어 비린내를 휘발시킨다.
③ 모양을 유지하고 맛 성분이 밖으로 유출되지 않도록 양념간장이 끓을 때 생선을 넣기도 한다.
④ 선도가 약간 저하된 생선은 조미를 비교적 약하게 하여 뚜껑을 덮고 짧은 시간 내에 끓인다.

> 선도가 저하되면 비린내가 강해지므로 산 등을 첨가하여 비린내를 중화시키고 뚜껑을 열어 끓인다.

050
육류를 가열할 때 일어나는 변화 중 틀린 것은?

① 중량증가
② 풍미의 생성
③ 비타민의 손실
④ 단백질의 응고

> 육류를 가열하면 단백질 변성에 따른 고기의 수축과 육즙 방출로 인해 중량이 감소한다.

051
일반적인 인수공통감염병에 속하지 않는 것은?

① 탄저
② 고병원성조류인플루엔자
③ 홍역
④ 광견병

> 홍역은 호흡기를 통해 감염되는 바이러스성 감염병이다.

052
소음의 측정단위인 dB(decibel)은 무엇을 나타내는 단위인가?

① 음압
② 음속
③ 음파
④ 음역

> 데시벨(decibel)은 소리의 상대적 크기를 나타내는 단위(dB)이며, 일반적으로 음압의 단위로 사용된다. 현행 산업안전보건법에 따르면 1일 8시간 기준 소음허용기준은 90dB 이하이다.

053
자외선의 작용과 거리가 먼 것은?

① 피부암 유발
② 안구진탕증 유발
③ 살균 작용
④ 비타민 D 형성

> 자외선의 작용
> • 2,800~3,200 Å일 때 인체에 유익한 작용
> • 비타민 D 형성 촉진
> • 피부의 홍반, 색소침착 및 피부암 유발
> • 신진대사 촉진, 적혈구생성 촉진, 혈압강하 작용

054
환자나 보균자의 분뇨에 의해서 감염될 수 있는 경구감염병은?

① 장티푸스
② 결핵
③ 인플루엔자
④ 디프테리아

> 장티푸스는 소화기계(경구) 감염병에 해당되며, 결핵, 인플루엔자, 디프테리아는 호흡기계 감염병에 해당된다.

055
과량 조사시에 열사병의 원인이 될 수 있는 것은?

① 마이크로파 ② 적외선
③ 자외선   ④ 엑스선

> 일사병은 고열의 직사광선의 적외선을 장시간 받아서 일어난다.

056
하천수에 용존산소가 적다는 것은?

① 유기물 등이 잔류하여 오염도가 높다.
② 물이 비교적 깨끗하다.
③ 오염과 무관하다.
④ 호기성 미생물과 어패류의 생존에 좋은 환경이다.

> 유기물 오염이 심할 경우에는 물 속에 녹아있는 산소가 적어진다. 이는 오염도가 높다는 것을 의미한다.

057
채소류 매개 감염 기생충이 아닌 것은?

① 회충   ② 유구조충
③ 구충   ④ 편충

> 유구조충 – 돼지고기

058
실내공기의 오염 지표로 사용하는 기체와 그 서한량이 바르게 짝지어진 것은?

① $CO - 0.1\%$ ② $SO_2 - 0.01\%$
③ $CO_2 - 0.1\%$ ④ $NO_2 - 0.01\%$

> 실내공기의 오염지표로 사용되는 이산화탄소(CO_2)의 서한량은 0.1%(1000ppm)이다.

059
다음 설명 중 맞는 것은?

① 사람은 호흡시 산소를 체외로 배출하고 이산화탄소를 체내로 흡입한다.
② 수중에서 작업하는 사람은 이상기압으로 인해 참호족에 걸린다.
③ 조리장에서 작업시 적절한 환기가 필요하다.
④ 정상공기는 주로 수소와 이산화탄소로 구성되어 있다.

060
간디스토마는 제2중간숙주인 민물고기 내에서 어떤 형태로 존재하다가 인체에 감염을 일으키는가?

① 피낭유충   ② 레디아
③ 유모유충   ④ 포자유충

> 간디스토마는 제1중간 숙주인 쇠우렁이에 먹혀서 그 몸 속에서 스포로시스트, 레디아 등을 거쳐 세르카리아(cercaria)가 된다. 세르카리아는 헤엄쳐 나와 제2중간 숙주인 잉어과의 물고기(잉어·참붕어·붕어 등)에 침입하여 주머니를 형성한 메타세르카리아(metacercaria)가 된다. 메타세르카리아가 물고기와 함께 인체 내에 들어오면 약 3주만에 성충이 되어 담관에 기생한다.

10회 【정답】			공단 기출문제	
001	002	003	004	005
②	④	④	③	①
006	007	008	009	010
③	①	①	①	②
011	012	013	014	015
②	①	④	②	③
016	017	018	019	020
②	②	③	④	③
021	022	023	024	025
④	①	②	④	③
026	027	028	029	030
④	③	①	②	①
031	032	033	034	035
④	④	②	①	④
036	037	038	039	040
④	③	③	①	③
041	042	043	044	045
③	①	④	④	③
046	047	048	049	050
③	③	④	④	①
051	052	053	054	055
③	①	②	②	②
056	057	058	059	060
①	②	③	③	①

제 11 회 공단 기출문제

001
식품을 조리 또는 가공할 때 생성되는 유해물질과 그 생성 원인을 잘못 짝지은 것은?

① 엔-니트로소아민(N-Nitrosoamine) - 육가공품의 발색제 사용으로 인한 아질산과 아민과의 반응 생성물
② 다환방향족탄화수소(Polycyclic Aromatic Hydrocarbon) - 유기물질을 고온으로 가열할 때 생성되는 단백질이나 지방의 분해생성물
③ 아크릴아미드(Acrylamide) - 전분식품 가열 시 아미노산과 당의 열에 의한 결합반응 생성물
④ 헤테로고리아민(Heterocyclic Amine) - 주류 제조시 에탄올과 카바밀기의 반응에 의한생성물

> 헤테로고리아민(HCA)은 음식을 고온에서 요리할 때 생기는 발암물질이다.

002
복어 중독을 일으키는 독성분은?

① 테트로도톡신(Tetrodotoxin)
② 솔라닌(Solanine)
③ 베네루핀(Venerupin)
④ 무스카린(Muscarine)

> 테트로도톡신(Tetrodotoxin)은 복어의 난소, 간, 내장, 피부 등에 존재하는 맹독성 물질로 독성이 강하여 가열해도 파괴되지 않을 뿐 아니라 독성이 청산가리의 1,000배에 달해 치사율도 50~80%에 이른다.

003
과일 통조림으로부터 용출되어 구토, 설사, 복통의 중독 증상을 유발할 가능성이 있는 물질은?

① 안티몬
② 주석
③ 크롬
④ 구리

> 통조림 관(깡통)에 도금된 주석이 산성이 강한 내용물(과일, 채소 등)에 의해 용출되어 중독되는 것이 주석(Sn)에 의한 식중독이다.

004
화학성 식중독의 원인이 아닌 것은?

① 설사성 패류 중독
② 환경오염에 기인하는 식품 유독성분 중독
③ 중금속에 의한 중독
④ 유해성 식품첨가물에 의한 중독

> 설사성 패류독소는 유독성 플랑크톤을 섭취한 패류 섭취 후 발생하며, 중독증상은 설사, 메스꺼움, 복통 등 소화기계 이상 등이다.

005
안식향산(Benzoic Acid)의 사용 목적은?

① 식품의 산미를 내기 위하여
② 식품의 부패를 방지하기 위하여
③ 유지의 산화를 방지하기 위하여
④ 식품의 향을 내기 위하여

> 식품 중의 미생물 발육을 억제하여 부패를 방지하고 식품의 선도를 유지하기 위하여 사용하는 보존료(방부제)로는 안식향산(Benzoic Acid), 안식향산나트륨(Sodium Benzoate), 안식향산칼륨(Potassium Benzoate), 안식향산칼슘(Calcium Benzoate) 등이 사용된다.

006
식중독 중 해산어류를 통해 많이 발생하는 식중독은?

① 살모넬라균 식중독
② 클로스트리디움 보툴리늄균 식중독
③ 황색포도상구균 식중독
④ 장염비브리오균 식중독

식중독과 발생원인 식품
- 살모넬라균 – 육류 및 가공품 등
- 클로스트리디움 보툴리늄균 – 살균이 불충분한 통조림 등
- 황색포도상구균 – 유가공품 등
- 장염비브리오균 – 어패류 등

007
색소를 함유하고 있지는 않지만 식품 중의 성분과 결합하여 색을 안정화시키면서 선명하게 하는 식품첨가물은?

① 착색료
② 보존료
③ 발색제
④ 산화방지제

발색제의 종류
- 식물발색제 : 황산제일철, 글루콘산철, 소명반
- 육류발색제 : 아질산나트륨, 질산나트륨, 질산칼륨

008
식품의 부패 또는 변질과 관련이 적은 것은?

① 수분 ② 온도
③ 압력 ④ 효소

미생물 증식의 3대 조건은 영양소, 수분, 온도이다.

009
세균으로 인한 식중독 원인물질이 아닌 것은?

① 살모넬라균 ② 장염비브리오균
③ 아플라톡신 ④ 보툴리늄독소

식중독 유형
- 살모넬라, 장염비브리오 – 감염형 세균성 식중독
- 보툴리늄독소 – 독소형 세균성 식중독
- 아플라톡신 – 곰팡이 독소

010
중온균(Mesophilic Bacteria) 증식의 최적온도는?

① 10~12℃ ② 25~37℃
③ 55~60℃ ④ 65~75℃

최적온도
- 저온균 : 15~20℃
- 중온균 : 25~37℃
- 고온균 : 50~60℃

011
업종별 시설기준으로 틀린 것은?

① 휴게음식점에는 다른 객석에서 내부가 보이도록 하여야 한다.
② 일반음식점의 객실에는 잠금장치를 설치할 수 있다.
③ 일반음식점의 객실 안에는 무대장치, 우주볼 등의 특수조명시설을 설치하여서는 아니 된다.
④ 일반음식점에는 손님이 이용할 수 있는 자동반주장치를 설치하여서는 아니 된다.

일반음식점에 객실을 설치하는 경우 객실에는 잠금장치를 설치할 수 없다.

012
HACCP의 7가지 원칙에 해당하지 않는 것은?

① 위해요소분석
② 중요관리점(CCP)결정
③ 개선조치방법 수립
④ 회수명령의 기준설정

HACCP 관리의 수행 단계
1. 위해요소 분석 → 2. 중요관리점 결정 → 3. 한계기준 설정 → 4. 모니터링 체계 확립 → 5. 개선조치 방법 수립 → 6. 검증 절차 및 방법 수립 → 7. 문서화 및 기록 유지

013

판매의 목적으로 식품 등을 제조·가공·소분·수입 또는 판매한 영업자가 해당 식품이 식품 등의 위해와 관련이 있는 규정을 위반하여 유통 중인 당해 식품 등을 회수하고자 할 때 회수계획을 보고해야 하는 대상이 아닌 것은?

① 시·도지사
② 식품의약품안전처장
③ 보건소장
④ 시장·군수·구청장

영업자는 회수계획을 식품의약품안전처장, 시·도지사 또는 시장·군수·구청장에게 미리 보고해야 하며, 회수결과를 보고받은 시·도지사 또는 시장·군수·구청장은 이를 지체 없이 식품의약품안전처장에게 보고해야 한다.

014

식품위생법에 명시된 목적이 아닌 것은?

① 위생상의 위해 방지
② 건전한 유통·판매 도모
③ 식품영양의 질적 향상 도모
④ 식품에 관한 올바른 정보 제공

식품위생법은 식품으로 인하여 생기는 위생상의 위해(危害)를 방지하고 식품영양의 질적 향상을 도모하며 식품에 관한 올바른 정보를 제공하여 국민보건의 증진에 이바지함을 목적으로 한다.

015

식품위생법상 영업에 종사하지 못하는 질병의 종류가 아닌 것은?

① 비감염성 결핵
② 세균성이질
③ 장티푸스
④ 화농성질환

영업에 종사하지 못하는 질병의 종류
• 콜레라, 장티푸스, 파라티푸스, 세균성이질, 장출혈성대장균감염증, A형간염 감염환자 및 감염성 결핵환자(비감염성 결핵인 경우는 제외)
• 피부병 또는 그 밖의 화농성질환
• 후천성면역결핍증(성병에 관한 건강진단을 받아야 하는 영업에 종사하는 자에 한함)

016

우유 가공품이 아닌 것은?

① 치즈
② 버터
③ 마시멜로우
④ 액상발효유

마시멜로우(Marshmallow)는 당류의 가공품이다.

017

육류의 사후경직을 설명한 것 중 틀린 것은?

① 근육에서 호기성 해당과정에 의해 산이 증가된다.
② 해당과정으로 생성된 산에 의해 pH가 낮아진다.
③ 경직 속도는 도살 전의 동물의 상태에 따라 다르다.
④ 근육의 글리코겐이 젖산으로 된다.

동물이 도살되면 호흡과 혈액순환이 정지되기 때문에 각 조직에 전해지던 산소 공급이 중단된다. 따라서 초기 과정에서는 산소가 없는 혐기상태에서 당이 분해되고 이러한 불완전 연소에 의해 젖산이 생성되는 것이다.

018

효소의 주된 구성성분은?

① 지방
② 탄수화물
③ 단백질
④ 비타민

효소(enzyme)는 각종 화학반응에서 자신은 변화하지 않으나 반응속도를 빠르게 하는 단백질을 말하는 것으로 단백질로 만들어진 생체 내 촉매라고 할 수 있다.

019

다음 냄새 성분 중 어류와 관계가 먼 것은?

① 트리메틸아민(Trimethylamine)
② 암모니아(Ammonia)
③ 피페리딘(Piperidine)
④ 디아세틸(Diacetyl)

디아세틸(Diacetyl)은 세균의 작용에 의해 생성되는 신선한 버터의 향기 성분이다.

020
식품에 존재하는 물의 형태 중 자유수에 대한 설명으로 틀린 것은?

① 식품에서 미생물의 번식에 이용된다.
② -20℃에서도 얼지 않는다.
③ 100℃에서 증발하여 수증기가 된다.
④ 식품을 건조시킬 때 쉽게 제거된다.

유리수와 결합수

유리수(자유수)	결합수
미생물 생육이 가능하다.	미생물 생육이 불가능하다.
건조로 쉽게 분리할 수 있다.	쉽게 건조되지 않는다.
0℃ 이하에서 동결된다.	0℃ 이하에서도 동결되지 않는다.
비점과 융점이 높다.	100℃ 이상에서 끓지 않는다.
비중과 비열이 크다.	유리수보다 밀도가 크다.
수용성 물질을 녹일 수 있다.	물질을 녹일 수 없다.

021
전분의 노화를 억제하는 방법으로 적합하지 않은 것은?

① 수분함량 조절　② 냉동
③ 설탕의 첨가　　④ 산의 첨가

호화된 전분을 80℃ 이상에서 열풍 건조시키거나 0℃ 이하의 온도에서 냉동 건조시켜 노화를 방지할 수 있으며, 노화는 산성일수록, 온도가 60℃ 이하에서, 수분이 30~60% 사이에서 촉진된다.

022
우유 100ml에 칼슘이 180mg 정도 들어있다면 우유 250ml에는 칼슘이 약 몇 mg 정도 들어있는가?

① 450mg　② 540mg
③ 595mg　④ 650mg

계산방법
100 : 180 = 250 : x
100x = 180mg × 250
∴ x = 180mg × 250ml / 100ml = 450mg

023
찹쌀의 아밀로오스와 아밀로펙틴에 대한 설명 중 맞는 것은?

① 아밀로오스 함량이 더 많다.
② 아밀로오스함량과 아밀로펙틴의 함량이 거의 같다.
③ 아밀로펙틴으로 이루어져 있다.
④ 아밀로펙틴은 존재하지 않는다.

찹쌀은 대부분이 아밀로펙틴이고 아밀로스는 거의 함유되어 있지 않으며, 멥쌀은 약 20%의 아밀로스(Amylose)와 약 80%의 아밀로펙틴(Amylopectin)을 함유하고 있다.

024
과일향기의 주성분을 이루는 냄새 성분은?

① 알데히드(Aldehyde)류
② 함유황화합물
③ 테르펜(Terpene)류
④ 에스테르(Ester)류

과일은 여러 가지 휘발성 방향물질에 의해 향기가 나는데 특히 에스테르 화합물이 주된 성분이며 이외에도 알데히드, 알코올도 향기성분이다.

025
불건성유에 속하는 것은?

① 들기름　② 땅콩기름
③ 대두유　④ 옥수수기름

요오드가
• 건성유(요오드가 130 이상) : 들깨, 아마인유, 호도 등
• 반건성유(요오드가 100~130) : 대두유, 면실유, 유채기름, 해바라기씨기름, 참기름 등
• 불건성유(요오드가 100 이하) : 낙화생(땅콩)유, 동백기름, 올리브유 등

026
채소의 가공 시 가장 손실되기 쉬운 비타민은?

① 비타민 A　② 비타민 D
③ 비타민 C　④ 비타민 E

비타민 C는 수용성으로 열에 의해 쉽게 파괴되고, 조리 시 가장 많이 손실된다.

027

일반적으로 포테이토칩 등 스낵류에 질소충전 포장을 실시할 때 얻어지는 효과로 가장 거리가 먼 것은?

① 유지의 산화 방지
② 스낵의 파손 방지
③ 세균의 발육 억제
④ 제품의 투명성 유지

질소충전 포장은 호기적 미생물의 발육을 억제하고, 식품성분의 산화에 의한 열화를 방지, 식품에 함유된 산소 제거뿐만 아니라 제품의 운송 시 물리적 손상도 방지할 수 있다.

028

달걀흰자로 거품을 낼 때 식초를 약간 첨가하는 것은 다음 중 어떤 것과 가장 관계가 깊은가?

① 난백의 등전점
② 용해도 증가
③ 향 형성
④ 표백효과

달걀흰자의 주성분인 오브알부민의 양이온의 농도와 음이온의 농도가 같아지는 상태 즉, 등전점 pH 4.6~4.7로 소량의 산을 첨가하여 pH를 등전점 부근으로 해주면 기포형성에 도움이 된다.

029

붉은 양배추를 조리할 때 식초나 레몬즙을 조금 넣으면 어떤 변화가 일어나는가?

① 안토시아닌계 색소가 선명하게 유지된다.
② 카로티노이드계 색소가 변색되어 녹색으로 된다.
③ 클로로필계 색소가 선명하게 유지된다.
④ 플라보노이드계 색소가 변색되어 청색으로 된다.

수용성의 안토시아닌(anthocyanin) 색소는 식품의 꽃, 과일, 잎의 색소로 적색, 자색, 청색을 나타내며 산성에서 붉은 색, 중성에서 보라색, 알칼리성 용액에서는 청색을 띤다.

030

단맛을 갖는 대표적인 식품과 가장 거리가 먼 것은?

① 사탕무
② 감초
③ 벌꿀
④ 곤약

곤약은 토란과 식물인 곤약의 뿌리를 건조시켜 분쇄한 가루에 물을 넣고 삶은 후 석회유를 넣어 젤화시켜 제조한 식품으로 수분이 약 95%, 당질이 약 3%인 저칼로리식품이다.

031

신선한 달걀의 감별법으로 설명이 잘못된 것은?

① 햇빛(전등)에 비출 때 공기집의 크기가 작다.
② 흔들 때 내용물이 잘 흔들린다.
③ 6% 소금물에 넣으면 가라앉는다.
④ 깨뜨려 접시에 놓으면 노른자가 볼록하고 흰자의 점도가 높다.

신선한 달걀의 감별법
- 껍질이 꺼칠꺼칠한 것이 신선한 것이고, 반질반질한 것은 오래된 것이다.
- 빛에 비춰봤을 때 밝게 보이는 것은 신선하고 어둡게 보이는 것은 오래된 것이다.
- 6%의 식염수에 넣었을 때 가라앉는 것은 신선한 것이고 뜨는 것은 오래된 것이다.
- 알을 깨뜨렸을 때 노른자의 높이가 높고, 흰자가 퍼지지 않는 것이 신선한 것이다.
- 흔들어서 소리가 나지 않는 것이 좋다.

032

열량급원 식품이 아닌 것은?

① 감자
② 쌀
③ 풋고추
④ 아이스크림

033

마늘에 함유된 황화합물로 특유의 냄새를 가지는 성분은?

① 알리신(Allicin)
② 디메틸설파이드(Dimethyl Sulfide)
③ 머스타드 오일(Mustard Oil)
④ 캡사이신(Capsaicin)

034

당근의 구입단가는 kg당 1,300원이다. 10kg 구매 시 표준수율이 86%이라면, 당근 1인분(80g)의 원가는 약 얼마인가?

① 51원 ② 121원
③ 151원 ④ 181원

> 계산방법
> 필요비용 = 필요량 × $\frac{100}{가식부율}$ × 1kg당의 단가
> 1kg × $\frac{100}{86}$ × 1300 ≒ 1511원
> ∴ 1511 × 0.08 ≒ 121원

035

다음 조리법 중 비타민 C 파괴율이 가장 적은 것은?

① 시금치 국 ② 무생채
③ 고사리 무침 ④ 오이지

> 비타민 C는 수용성으로 물에 잘 녹고 열에 의해 쉽게 파괴되기 때문에 생채나 쥬스 등과 같이 생것 그대로 조리하는 것이 좋다.

036

조리 시 일어나는 비타민, 무기질의 변화 중 맞는 것은?

① 비타민 A는 지방음식과 함께 섭취할 때 흡수율이 높아진다.
② 비타민 D는 자외선과 접하는 부분이 클수록, 오래 끓일수록 파괴율이 높아진다.
③ 색소의 고정효과로는 Ca^{++}이 많이 사용되며 식물색소를 고정시키는 역할을 한다.
④ 과일을 깎을 때 쇠칼을 사용하는 것이 맛, 영양가, 외관상 좋다.

> 비타민 A는 지용성으로 기름을 이용한 조리법을 사용하면 흡수율이 높아진다.

037

급식 시설에서 주방면적을 산출할 때 고려해야 할 사항으로 가장 거리가 먼 것은?

① 피급식자의 기호
② 조리 기기의 선택
③ 조리 인원
④ 식단

> 주방면적은 식단, 배식 수, 조리기기의 종류, 조리인원 등을 고려하여 설정하여야 한다.

038

다음 급식시설 중 1인 1식 사용 급수량이 가장 많이 필요한 시설은?

① 학교급식
② 보통급식
③ 산업체급식
④ 병원급식

> 필요 급수량은 1인 1식당 병원급식은 10~20ℓ, 학교급식은 4~6ℓ, 기숙사급식은 7~15ℓ, 공장급식은 5~10ℓ이며 일반적인 급식시설의 경우에는 6~10ℓ 정도이다.

039

생선의 비린내를 억제하는 방법으로 부적합한 것은?

① 물로 깨끗이 씻어 수용성 냄새 성분을 제거한다.
② 처음부터 뚜껑을 닫고 끓여 생선을 완전히 응고시킨다.
③ 조리 전에 우유에 담가 둔다.
④ 생선 단백질이 응고된 후 생강을 넣는다.

> 생선은 선도가 저하될수록 어취의 원인인 트리메틸아민(TMA)이 많이 생성되므로 뚜껑을 열고 충분히 가열하여 어취를 제거해야 한다.

040
총원가는 제조원가에 무엇을 더한 것인가?

① 제조간접비
② 판매관리비
③ 이익
④ 판매가격

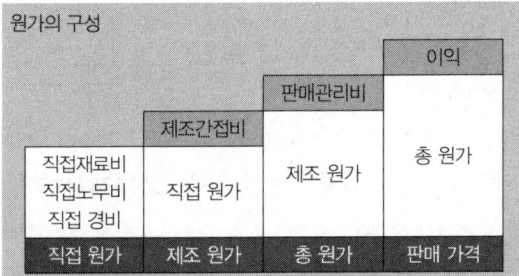

041
조리 시 첨가하는 물질의 역할에 대한 설명으로 틀린 것은?

① 식염 – 면 반죽의 탄성 증가
② 식초 – 백색채소의 색 고정
③ 중조 – 펙틴 물질의 불용성 강화
④ 구리 – 녹색채소의 색 고정

중조의 첨가는 펙틴의 불용성을 약화시킬 뿐 아니라 펙틴질의 중합도를 저분자화시켜 조직을 연화시킨다.

042
쇠고기의 부위 중 탕, 스튜, 찜 조리에 가장 적합한 부위는?

① 목심
② 설도
③ 양지
④ 사태

사태는 운동량이 많아 육색이 짙고 근막이나 힘줄과 같은 결체조직의 함량이 높기 때문에 국, 찌개, 찜, 불고기 등에 주로 이용한다.

043
유지의 발연점이 낮아지는 원인에 대한 설명으로 틀린 것은?

① 유리지방산의 함량이 낮은 경우
② 튀김기의 표면적이 넓은 경우
③ 기름에 이물질이 많이 들어 있는 경우
④ 오래 사용하여 기름이 지나치게 산패된 경우

유지는 발연점 이상에서 청백색의 연기와 함께 자극성 취기가 발생한다. 발연점은 여러 번 반복하여 기름을 사용할수록, 유지의 정제도나 순도가 낮을수록, 유리지방산의 함량이 높을수록, 기름을 담은 그릇이 넓을수록 낮아진다.

044
김치 저장 중 김치조직의 연부현상이 일어나는 이유에 대한 설명으로 가장 거리가 먼 것은?

① 조직을 구성하고 있는 펙틴질이 분해되기 때문에
② 미생물이 펙틴분해효소를 생성하기 때문에
③ 용기에 꼭 눌러 담지 않아 내부에 공기가 존재하여 호기성 미생물이 성장번식하기 때문에
④ 김치가 국물에 잠겨 수분을 흡수하기 때문에

김치가 물러지는 연부현상은 배추 등의 조직을 구성하는 펙틴(Pectin)이 주로 김치 숙성의 후반기에 왕성하게 번식하는 호기성 미생물에 의해 생성되는 펙틴 분해효소에 의해 분해되어 나타나는 현상이다.

045
편육을 끓는 물에 삶아 내는 이유는?

① 고기 냄새를 없애기 위해
② 육질을 단단하게 하기 위해
③ 지방 용출을 적게 하기 위해
④ 국물에 맛 성분이 적게 용출되도록 하기 위해

편육은 냉수에서 끓이기 시작하면 표면의 단백질이 응고되기 전에 많은 수용성 성분이 유출되어 색과 맛이 좋지 못하므로 끓는 물에 덩어리째 넣고 삶아야 한다.

046
에너지 공급원으로 감자 160g을 보리쌀로 대체할 때 필요한 보리쌀 양은?(단, 감자 당질함량 : 14.4%, 보리쌀 당질함량 : 68.4%)

① 20.9g ② 27.6g
③ 31.5g ④ 33.7g

> 계산방법
> 대치식품량 = $\dfrac{\text{원래 식품함량}}{\text{대치 식품함량}} \times$ 원래 식품량
> = $\dfrac{14.4g}{68.4g} \times 160g = 33.7g$

047
육류 조리 시 열에 의한 변화로 맞는 것은?

① 불고기는 열의 흡수로 부피가 증가한다.
② 스테이크는 가열하면 질겨져서 소화가 잘 되지 않는다.
③ 미트로프(Meatloaf)는 가열하면 단백질이 응고, 수축, 변성된다.
④ 쇠꼬리의 젤라틴이 콜라겐화 된다.

> 가열에 의한 육류의 변화
> • 고기의 보수성이 줄어들고 연한 정도가 감소된다.
> • 콜라겐은 젤라틴으로 변하고, 엘라스틴은 거의 변화되지 않는다.
> • 공기 중의 산소와 결합한 옥시미오글로빈이 가열에 의해 변성되어 색의 변화를 가져온다.
> • 단백질의 영양가가 손실된다.

048
차, 커피, 코코아, 과일 등에서 수렴성 맛을 주는 성분은?

① 탄닌(Tannin)
② 카로틴(Carotene)
③ 엽록소(Chlorophyll)
④ 안토시아닌(Anthocyanin)

> 탄닌(Tannin)은 혀 점막의 미각 말초신경 단백질을 응고(수렴작용)시켜 떫은맛을 느끼게 하며 일반적으로 미숙한 과실, 차, 커피, 코코아 등에 널리 분포되어 있다.

049
식단을 작성하고자 할 때 식품의 선택요령으로 가장 적합한 것은?

① 영양보다는 경제적인 효율성을 우선으로 고려한다.
② 쇠고기가 비싸서 대체식품으로 닭고기를 선정하였다.
③ 시금치의 대체식품으로 값이 싼 달걀을 구매하였다.
④ 한창 제철일 때 보다 한 발 앞서서 식품을 구입하여 식단을 구성하는 것이 새롭고 경제적이다.

> 식품의 선택요령
> • 영양을 우선적으로 고려한다.
> • 시금치의 대체식품으로는 주요 영양소가 같은 식품을 선정해야 한다.
> • 제철음식으로 식단을 구성하는 것이 경제적이다.

050
우유의 카제인을 응고시킬 수 있는 것으로 되어 있는 것은?

① 탄닌 – 레닌 – 설탕
② 식초 – 레닌 – 탄닌
③ 레닌 – 설탕 – 소금
④ 소금 – 설탕 – 식초

> 우유의 단백질 성분인 카제인(Casein)은 산이나 레닌(Rennin)에 의해 응고된다.

051
칼슘(Ca)과 인(P)이 소변 중으로 유출되는 골연화증 현상을 유발하는 유해 중금속은?

① 납   ② 카드뮴
③ 수은 ④ 주석

> 카드뮴(Cd)는 칼슘과 인의 대사 이상을 초래하여 골연화증을 유발할 뿐만 아니라, 만성중독을 일으키게 되는데 이를 이타이이타이병이라 한다.

052
실내 공기오염의 지표로 이용되는 기체는?

① 산소(O_2)
② 이산화탄소(CO_2)
③ 일산화탄소(CO)
④ 질소(N_2)

> 이산화탄소(CO_2)를 실내 공기의 오염지표로 사용하는 이유는 실내 공기조성의 전반적인 상태를 알 수 있기 때문이다.

053
기생충과 중간숙주의 연결이 틀린 것은?

① 십이지장충 – 모기
② 말라리아 – 사람
③ 폐흡충 – 가재, 게
④ 무구조충 – 소

> 십이지장충은 분변으로부터 외계에 나온 구충란이 부화, 탈피한 후 유충이 경피침입 또는 경구침입하여 소장 상부에 기생한다.

054
감염병 중에서 비말감염과 관계가 먼 것은?

① 백일해
② 디프테리아
③ 발진열
④ 결핵

> 비말감염이란 기침이나 재채기, 대화 등을 통해 감염되는 경우로 호흡기계 감염의 보편적인 감염방식이다. 보기 중 발진열은 리케차에 의해 발생되는 감염병이다.

055
환경위생의 개선으로 발생이 감소되는 감염병과 가장 거리가 먼 것은?

① 장티푸스
② 콜레라
③ 이질
④ 인플루엔자

> 인플루엔자는 바이러스에 의한 호흡기계 감염병이다.

056
우리나라의 법정 감염병이 아닌 것은?

① 말라리아
② 유행성이하선염
③ 매독
④ 야맹증

> 야맹증은 어두운 곳에 들어갔을 때 적응을 못하거나, 희미한 불빛 아래 또는 어두운 곳에서 물건을 식별하지 못하는 눈의 상태를 말하는 것으로 비타민 A가 결핍될 때 나타난다.

057
수질의 오염정도를 파악하기 위한 BOD(생물화학적 산소요구량) 측정 시 일반적인 온도와 측정 기간은?

① 10℃에서 10일간
② 20℃에서 10일간
③ 10℃에서 5일간
④ 20℃에서 5일간

> 생물학적산소요구량(BOD)은 호기성 미생물이 일정 기간 동안 물속에 있는 유기물을 분해할 때 사용하는 산소의 양을 말하는 것으로 20℃에서 5일간 측정한다.

058
지역사회나 국가사회의 보건수준을 나타낼 수 있는 가장 대표적인 지표는?

① 모성사망률
② 평균수명
③ 질병이환율
④ 영아사망률

> 영아사망률은 출생아 1,000명당 1년간 생후 1년 미만 영아의 사망자수 비율로 한 국가의 건강수준을 나타내는 가장 대표적인 지표로 사용된다.

059
자외선에 의한 인체 건강 장해가 아닌 것은?

① 설안염
② 피부암
③ 폐기종
④ 결막염

> 폐기종은 흡연이나 직업적으로 분진이나 화학물질, 대기오염 등에 지속적으로 노출되었을 때 나타날 수 있는 만성 폐쇄성 폐질환이다.

060
고열장해로 인한 직업병이 아닌 것은?

① 열경련　　② 일사병
③ 열쇠약　　④ 참호족

> 침호족(침족병)은 신체의 일부분이 동상에 걸린 상태를 말하며 15℃ 이하의 찬물에 지속적으로 노출된 후에 발생하는데 오랜 시간 동안 신체의 일부가 차가운 물이나 얼음에 접촉하거나 한겨울 도보 여행자, 군인, 산악인들에게 발생하는 경우가 많다.

11회【정답】　　　공단 기출문제

001	002	003	004	005
④	①	②	①	②
006	007	008	009	010
④	③	③	③	②
011	012	013	014	015
②	④	③	②	①
016	017	018	019	020
③	①	③	④	②
021	022	023	024	025
④	①	③	④	②
026	027	028	029	030
③	④	①	①	④
031	032	033	034	035
②	③	①	②	②
036	037	038	039	040
①	①	④	②	②
041	042	043	044	045
③	④	①	④	④
046	047	048	049	050
④	③	①	②	②
051	052	053	054	055
②	②	①	③	④
056	057	058	059	060
④	④	④	③	④

제 12 회 공단 기출문제

001
사람이 평생 동안 매일 섭취하여도 아무런 장해가 일어나지 않는 최대량으로 1일 체중 kg당 mg 수로 표시 하는 것은?

① 최대무작용량(NOEL)
② 1일 섭취 허용량(ADI)
③ 50% 치사량(LD_{50})
④ 50% 유효량(ED_{50})

> 1일 섭취 허용량(Acceptable Daily Intake, ADI)은 인간이 평생 섭취해도 관찰할 수 있는 유해 영향이 나타나지 않는 1인당 1일 최대허용섭취량을 말한다. 단위는 mg/kg, bw/day 등이다.

002
바지락 속에 들어 있는 독성분은?

① 베네루핀(Venerupin)
② 솔라닌(Solanine)
③ 무스카린(Muscarine)
④ 아마니타톡신(Amanita toxin)

> 식품과 유해성분
> • 감자 – 솔라닌
> • 독버섯 – 무스카린, 아마니타톡신

003
다음 중 잠복기가 가장 짧은 식중독은?

① 황색포도상구균 식중독
② 살모넬라균 식중독
③ 장염 비브리오 식중독
④ 장구균 식중독

> 황색포도상구균 식중독은 식품 중에서 균이 증식되면서 생산된 독소에 의해 중독되기 때문에 잠복기가 1~6시간 정도로 가장 짧다.

004
세균 번식이 잘되는 식품과 가장 거리가 먼 것은?

① 온도가 적당한 식품
② 수분을 함유한 식품
③ 영양분이 많은 식품
④ 산이 많은 식품

> 미생물 발육에 필요한 조건은 수분, 온도, 영양소이다.

005
세균성식중독과 병원성소화기계감염병을 비교한 것으로 틀린 것은?

	세균성식중독	병원성소화기계식중독
①	많은 균량으로 발병	균량이 적어도 발병
②	2차 감염이 빈번함	2차 감염이 없음
③	식품위생법으로 관리	감염병예방법으로 관리
④	비교적 짧은 잠복기	비교적 긴 잠복기

> 세균성식중독과 소화기계감염병의 비교
>
> | | 세균성 식중독 | 소화기계 감염병 |
> |---|---|---|
> | 섭취 균량 | 다량(대부분 음식물 중에서 증식) | 극소량 (주로 체내 증식) |
> | 잠복기 | 아주 짧다. | 일반적으로 길다. |
> | 경과 | 대체로 짧다. | 대체로 길다. |
> | 감염성 | 거의 없다. | 강하다. |

006
관능을 만족시키는 식품첨가물이 아닌 것은?

① 동클로로필린나트륨
② 질산나트륨
③ 아스파탐
④ 소르빈산

> 소르빈산은 치즈, 식육가공품, 된장, 고추장, 과실주 등에 사용되는 보존료(방부제)이다.

007
생선 및 육류의 초기부패 판정 시 지표가 되는 물질에 해당되지 않는 것은?

① 휘발성염기질소(VBN)
② 암모니아(Ammonia)
③ 트리메틸아민(Trimethylamine)
④ 아크롤레인(Acrolein)

> 아크롤레인은 유지의 고온가열에 의해서 발생하며, 튀김할 때 기름에서 나오는 자극적인 냄새 성분의 하나이다.

008
중금속에 대한 설명으로 옳은 것은?

① 비중이 4.0 이하의 금속을 말한다.
② 생체기능유지에 전혀 필요하지 않다.
③ 다량이 축적될 때 건강장해가 일어난다.
④ 생체와의 친화성이 거의 없다.

> 유해 중금속은 식품의 조리, 보존에 사용된 기구나 용기, 포장재에서 용출되어 식품을 오염시킨다. 또한 오염된 물이나 토양에 의해 농작물이나 수산물이 오염되며, 식품이 유해 중금속에 오염되어 만성 중독을 일으킨다.

009
이타이이타이병과 관계있는 중금속 물질은?

① 수은(Hg)   ② 카드뮴(Cd)
③ 크롬(Cr)   ④ 납(Pb)

> **중금속**
> - 수은 : 미나마타병 유발, 주요증상은 신경마비, 사지마비, 언어장애
> - 카드뮴 : 이타이이타이병 유발, 주요증상은 신장기능 장애, 전신통증, 골연화증
> - 크롬 : 자극성 피부염, 비중격천공, 폐암
> - 납 : 빈혈 등 조혈장애

010
오래된 과일이나 산성 채소 통조림에서 유래되는 화학성 식중독의 원인물질은?

① 칼슘   ② 주석
③ 철분   ④ 아연

> 통조림 관(깡통)에 도금된 주석이 산성이 강한 내용물(과일, 채소 등)에 의해 용출되어 중독되는 것이 주석(Sn)에 의한 식중독이다.

011
조리사 또는 영양사 면허의 취소처분을 받고 그 취소된 날부터 얼마의 기간이 경과되어야 면허를 받을 자격이 있는가?

① 1개월   ② 3개월
③ 6개월   ④ 1년

> 조리사 또는 영양사 면허의 취소처분을 받고 그 취소된 날부터 1년이 지나지 아니한 자는 조리사 또는 영양사의 면허를 받을 수 없다.

012
식품위생법상 출입·검사·수거에 대한 설명 중 틀린 것은?

① 관계 공무원은 영업소에 출입하여 영업에 사용하는 식품 또는 영업시설 등에 대하여 검사를 실시한다.
② 관계 공무원은 영업상 사용하는 식품 등을 검사를 위하여 필요한 최소량이라 하더라도 무상으로 수거할 수 없다.
③ 관계 공무원은 필요에 따라 영업에 관계되는 장부 또는 서류를 열람 할 수 있다.

④ 출입·검사·수거 또는 열람하려는 공무원은 그 권한을 표시하는 증표를 지니고 이를 관계인에 내보여야 한다.

> 식품의약품안전처장, 시·도지사 또는 시장·군수·구청장은 식품 등의 위해방지·위생관리와 영업질서의 유지를 위하여 필요하면 영업소에 출입하여 판매를 목적으로 하거나 영업에 사용하는 식품 또는 영업시설 등에 대한 검사를 위하여 최소량의 식품 등을 무상 수거하거나 영업에 관계되는 장부 또는 서류를 열람할 수 있다.

013
일반음식점의 모범업소의 지정기준이 아닌 것은?

① 화장실에 1회용 위생종이 또는 에어타월이 비치되어 있어야 한다.
② 주방에는 입식조리대가 설치되어 있어야 한다.
③ 1회용 물컵을 사용하여야 한다.
④ 종업원은 청결한 위생복을 입고 있어야 한다.

> 1회용 물컵, 1회용 숟가락, 1회용 젓가락 등을 사용하지 않아야 한다.

014
우리나라 식품위생법 등 식품위생 행정업무를 담당하고 있는 기관은?

① 환경부
② 고용노동부
③ 보건복지부
④ 식품의약품안전처

> 식품위생 행정업무는 총리실 산하 식품의약품안전처가 담당하고 있다.

015
소분업 판매를 할 수 있는 식품은?

① 전분
② 식용유지
③ 식초
④ 빵가루

> 어육제품, 식용유지, 특수용도식품, 통·병조림 제품, 레토르트식품, 전분, 장류 및 식초는 소분판매가 금지되는 식품에 해당된다.

016
탄수화물의 조리가공 중 변화되는 현상과 가장 관계 깊은 것은?

① 거품생성
② 호화
③ 유화
④ 산화

> 전분의 호화란 소화가 안 되는 생전분(β-전분)을 물로 끓이면 물 분자가 전분의 속에 들어가 팽윤된 상태를 말하며, 이를 통해 규칙적인 분자 구조가 파괴되어 소화가 잘되는 전분의 α-화가 진행된다.

017
색소를 보존하기 위한 방법 중 틀린 것은?

① 녹색채소를 데칠 때 식초를 넣는다.
② 매실지를 담글 때 소엽(차조기 잎)을 넣는다.
③ 연근을 조릴 때 식초를 넣는다.
④ 햄 제조 시 질산칼륨을 넣는다.

> 녹색 야채의 녹색 색소(클로로필, Chlorophyll)는 산에 약하므로 식초를 사용하면 갈색인 피오피틴(Pheophytin)으로 변한다.

018
효소적 갈변반응에 의해 색을 나타내는 식품은?

① 분말 오렌지
② 간장
③ 캐러멜
④ 홍차

> 효소적 갈변반응은 일반적으로 식품의 품질을 떨어뜨리지만, 그 효과가 긍정적인 경우도 있으며 가장 대표적인 예가 바로 홍차 제조 시 나타나는 탄닌(tannin)의 산화 갈변이다.

019
단맛성분에 소량의 짠맛성분을 혼합할 때 단맛이 증가하는 현상은?

① 맛의 상쇄현상
② 맛의 억제현상
③ 맛의 변조현상
④ 맛의 대비현상

> 맛의 대비현상이란 서로 다른 두 가지 맛이 작용하여 주된 맛 성분이 강해지는 현상을 말한다.

020
브로멜린(Bromelin)이 함유되어 있어 고기를 연화시키는 이용되는 과일은?

① 사과
② 파인애플
③ 귤
④ 복숭아

> 육류의 연화효소에는 배즙, 생강의 프로테아제(Protease), 파인애플의 브로멜린(Bromelin), 무화과의 피신(Ficin), 파파야의 파파인(Papain) 등이 있다.

021
지방의 경화에 대한 설명으로 옳은 것은?

① 물과 지방이 서로 섞여 있는 상태이다.
② 불포화지방산에 수소를 첨가하는 것이다.
③ 기름을 7.2℃까지 냉각시켜서 지방을 여과하는 것이다.
④ 반죽 내에서 지방층을 형성하여 글루텐 형성을 막는 것이다.

> 쇼트닝과 마가린은 지방질이 100%로서 불포화지방산에 수소(H)를 첨가하고 니켈(Ni)과 백금(Pt)을 촉매제로 하여 액체유를 고체유로 만든 유지이다.

022
어류의 염장법 중 건염법(마른간법)에 대한 설명 중 틀린 것은?

① 식염의 침투가 빠르다.
② 품질이 균일하지 못하다.
③ 선도가 낮은 어류로 염장을 할 경우 생산량이 증가한다.
④ 지방질의 산화로 변색이 쉽게 일어난다.

023
대두를 구성하는 콩단백질의 주성분은?

① 글리아딘(Gliadin)
② 글루테닌(Glutenin)
③ 글루텐(Gluten)
④ 글리시닌(Glycinin)

> 콩 단백질의 주요 성분은 글리시닌(glycinin)이며, 필수아미노산으로 곡류에 적은 라이신(lysine), 트립토판(tryptophan)이 비교적 많이 포함되어 있으며, 메티오닌(methionine)의 함량은 적다.

024
간장, 다시마 등의 감칠맛을 내는 주된 아미노산은?

① 알라닌(alanine)
② 글루탐산(glutamic acid)
③ 리신(lysine)
④ 트레오닌(threonine)

> 감칠 맛
> - 이노신산 : 가다랭이 말린 것 멸치
> - 글루타민산 : 다시마, 된장
> - 시스테인, 리신 : 육류, 어류
> - 호박산 : 패류

025
열에 의해 가장 쉽게 파괴되는 비타민은?

① 비타민 C
② 비타민 A
③ 비타민 E
④ 비타민 K

> 비타민 C는 수용성으로 물에 잘 녹고 열에 의해서도 쉽게 파괴된다.

026
가열에 의해 고유의 냄새성분이 생성되지 않는 것은?

① 장어구이
② 스테이크
③ 커피
④ 포도주

> 식품 중의 단백질과 당의 결합으로 인해 일어나는 비효소적 갈변반응인 마이얄 반응(또는 아미노-카르보닐 반응)은 가열에 의해 촉진된다. 이 반응의 과정에서 생성된 각종 휘발성 성분이 그 고유한 향의 원인으로 빵, 커피, 땅콩, 볶은 차 등의 식물성 식품이나 소금구이, 장어구이, 불고기 등의 동물성 식품들이 대표적인 예이다.

027
연제품 제조에서 탄력성을 주기위해 꼭 첨가해야 하는 것은?

① 소금　　　　② 설탕
③ 펙틴　　　　④ 글루타민산소다

> 소금은 어육단백질인 미오신에 대해서 농도가 낮을 때에는 용해하도록, 농도가 높을 때에는 응고시키도록 작용한다.

028
어떤 단백질의 질소함량이 18%라면 이 단백질의 질소계수는 약 얼마인가?

① 5.56　　　　② 6.30
③ 6.47　　　　④ 6.67

> 질소계수 = 100 / 18 = 5.56

029
맥아당은 어떤 성분으로 구성되어 있는가?

① 포도당 2분자가 결합된 것
② 과당과 포도당 각 1분자가 결합된 것
③ 과당 2분자가 결합된 것
④ 포도당과 전분이 결합된 것

> 맥아당은 이당류로 포도당과 포도당이 결합된 것이다.

030
1g당 발생하는 열량이 가장 큰 것은?

① 당질　　　　② 단백질
③ 지방　　　　④ 알코올

> 단백질과 당질은 1g당 4kcal, 알코올은 7kcal, 지방은 9kcal의 열량을 생산한다.

031
냉동생선을 해동하는 방법으로 위생적이며 영양 손실이 가장 적은 경우는?

① 18~22℃의 실온에 둔다.
② 40℃의 미지근한 물에 담가둔다.
③ 냉장고 속에 해동한다.
④ 23~25℃의 흐르는 물에 담가둔다.

> 냉동육을 해동시키는 방법 중 가장 바람직한 것은 요리하기 하루 전에 냉동육을 냉장실로 옮겨놓고 서서히 해동될 때까지 기다리는 것이다.

032
식품의 감별법 중 틀린 것은?

① 쌀알은 투명하고 앞니로 씹었을 때 강도가 센 것이 좋다.
② 생선은 안구가 돌출되어 있고 비늘이 단단하게 붙어 있는 것이 좋다.
③ 닭고기의 뼈(관절) 부위가 변색된 것은 변질된 것으로 맛이 없다.
④ 돼지고기의 색이 검붉은 것은 늙은 돼지에서 생산된 고기일 수 있다.

033
다음 중 신선한 달걀은?

① 달걀을 흔들어서 소리가 나는 것
② 삶았을 때 난황의 표면이 암녹색으로 쉽게 변하는 것
③ 껍질이 매끈하고 윤기가 있는 것
④ 깨보면 많은 양의 난백이 난황을 에워싸고 있는 것

> 신선한 달걀의 감별법
> - 껍질이 꺼칠꺼칠한 것이 신선한 것이고, 반질반질한 것은 오래된 것이다.
> - 빛에 비춰봤을 때 밝게 보이는 것은 신선하고 어둡게 보이는 것은 오래된 것이다.
> - 6%의 식염수에 넣었을 때 가라앉는 것은 신선한 것이고 뜨는 것은 오래된 것이다.
> - 알을 깨뜨렸을 때 노른자의 높이가 높고, 흰자가 퍼지지 않는 것이 신선한 것이다.
> - 흔들어서 소리가 나지 않는 것이 좋다.

034
식혜를 만들 때 엿기름을 당화시키는데 가장 적합한 온도는?

① 10~20℃   ② 30~40℃
③ 50~60℃   ④ 70~80℃

> 식혜를 만들 때는 당화효소인 β-amylase(β-아밀라아제)의 작용을 활발하게 하기 위한 최적온도인 50~60℃를 유지해야 한다.

035
많이 익은 김치(신김치)는 오래 끓여도 쉽게 연해지지 않는 이유는?

① 김치에 존재하는 소금에 의해 섬유소가 단단해지기 때문이다.
② 김치에 존재하는 소금에 의해 팽압이 유지되기 때문이다.
③ 김치에 존재하는 산에 의해 섬유소가 단단해지기 때문이다.
④ 김치에 존재하는 산에 의해 팽압이 유지되기 때문이다.

036
조리대 배치형태 중 환풍기와 후드의 수를 최소화 할 수 있는 것은?

① 일렬형   ② 병렬형
③ ㄷ자형   ④ 아일랜드형

> 아일랜드형은 조리기기를 한 곳으로 모아 놓았기 때문에 환풍기나 후드의 수를 최소한으로 줄일 수 있다.

037
우유를 데울 때 가장 좋은 방법은?

① 냄비에 담고 끓기 시작할 때까지 강한 불로 데운다.
② 이중냄비에 넣고 젓지 않고 데운다.
③ 냄비에 담고 약한 불에서 젓지 않고 데운다.
④ 이중냄비에 넣고 저으면서 데운다.

> 우유를 높은 온도에서 가열하면 우유에 포함되어 있는 필수 아미노산인 라이신(Lysine)이 가장 많이 손실되므로 중탕으로 데운다.

038
아래의 조건에서 당질 함량을 기준으로 고구마 180g을 쌀로 대치하려면 필요한 쌀의 양은?

- 고구마 100g의 당질 함량 29.2g
- 쌀 100g의 당질 함량 31.7g

① 165.8g   ② 170.6g
③ 177.5g   ④ 184.7g

> 계산방법
> 대치식품량 = $\frac{\text{원래 식품함량}}{\text{대치 식품함량}} \times \text{원래 식품량}$
> = $\frac{29.2g}{31.7g} \times 180g ≒ 165.8g$

039
아래 [보기] 중 단체급식 조리장을 신축할 때 우선적으로 고려할 사항 순으로 배열된 것은?

| 가. 위생 | 나. 경제 | 다. 능률 |

① 다→나→가   ② 나→가→다
③ 가→나→다   ④ 나→다→가

> 급식시 최우선 사항은 위생이며, 그 다음은 조리작업의 능률성이다.

040
스파게티와 국수 등에 이용되는 문어나 오징어 먹물의 색소는?

① 타우린(Taurine)
② 멜라닌(Melanin)
③ 미오글로빈(Myoglobin)
④ 히스타민(Histamine)

> 스파게티나 국수에 이용되는 문어나 오징어 먹물은 멜라닌 색소이다.

041
수분 70g, 당질 40g, 섬유질 7g, 단백질 5g, 무기질 4g, 지방 3g이 들어있는 식품의 열량은?

① 165kcal ② 178kcal
③ 198kcal ④ 207kcal

> 당질과 단백질은 1g당 4kcal, 지방은 9kcal의 열량을 생산하므로 (40×4)+(5×4)+(3×9) = 207kcal 이다.

042
조리장의 입지조건으로 적당하지 않은 곳은?

① 급·배수가 용이하고 소음, 악취, 분진, 공해 등이 없는 곳
② 사고발생시 대피하기 쉬운 곳
③ 조리장이 지하층에 위치하여 조용한 곳
④ 재료의 반입, 오물의 반출이 편리한 곳

> 조리장은 지상에 위치하는 좋으며, 부득이하게 지하나 반지하에 위치할 경우 공조 및 환기시설, 배수, 채광 등이 원활한 구조로 설치되어야 한다.

043
버터 대용품으로 생산되고 있는 식물성 유지는?

① 쇼트닝 ② 마가린
③ 마요네즈 ④ 땅콩버터

> 버터는 우유의 유지방을 주성분으로 하는 식품이며, 마가린은 버터의 대용품으로 유지방이 아닌 식물성 유지이다.

044
조미의 기본 순서로 가장 옳은 것은?

① 설탕 → 소금 → 간장 → 식초
② 설탕 → 식초 → 간장 → 소금
③ 소금 → 식초 → 간장 → 설탕
④ 간장 → 설탕 → 식초 → 소금

> 조미의 기본 순서 : 설탕 → 소금 → 간장 → 식초

045
편육을 할 때 가장 적합한 삶기 방법은?

① 끓는 물에 고기를 덩어리째 넣고 삶는다.
② 끓는 물에 고기를 잘게 썰어 넣고 삶는다.
③ 찬물에서부터 고기를 넣고 삶는다.
④ 찬물에서부터 고기와 생강을 넣고 삶는다.

> 편육은 냉수에서 끓이기 시작하면 표면의 단백질이 응고되기 전에 많은 수용성 성분이 유출되어 색과 맛이 좋지 못하므로 끓는 물에 덩어리째 넣고 삶아야 한다.

046
단체급식의 목적이 아닌 것은?

① 피급식자의 건강의 회복, 유지, 증진을 도모한다.
② 피급식자의 식비를 경감한다.
③ 피급식자에게 물질적 충족을 준다.
④ 영양교육과 음식의 중요성을 교육함으로써 바람직한 급식을 실현한다.

047
소화흡수가 잘 되도록 하는 방법으로 가장 적절한 것은?

① 짜게 먹는다.
② 동물성 식품과 식물성 식품을 따로따로 먹는다.
③ 식품을 잘고 연하게 조리하여 먹는다.
④ 한꺼번에 많은 양을 먹는다.

> 소화흡수가 잘 되도록 하는 조리방법은 씹고 삼키기 쉬운 촉촉한 음식을 먹고 식품을 부드럽고 연해지도록 조리하는 것이다.

048
젤라틴과 한천에 관한 설명으로 틀린 것은?

① 한천은 보통 28~35℃에서 응고되는데 온도가 낮을수록 빨리 굳는다.
② 한천은 식물성 급원이다
③ 젤라틴은 젤리, 양과자 등에서 응고제로 쓰인다.
④ 젤라틴에 생파인애플을 넣으면 단단하게 응고한다.

젤라틴에 과즙을 첨가하면 과즙의 유기산에 의해 가수분해를 일으켜 겔이 약화된다.

049
밀가루 반죽 시 넣는 첨가물에 관한 설명으로 옳은 것은?

① 유지는 글루텐 구조형성을 방해하여 반죽을 부드럽게 한다.
② 소금은 글루텐 단백질을 연화시켜 밀가루 반죽의 점탄성을 떨어뜨린다.
③ 설탕은 글루텐 망사구조를 치밀하게 하여 반죽을 질기고 단단하게 한다.
④ 달걀을 넣고 가열하면 단백질의 연화작용으로 반죽이 부드러워 진다.

설탕은 밀가루 반죽의 연화작용을 도와주고, 소금은 점탄성을 높인다. 또한, 달걀을 넣고 가열하면 반죽이 질겨진다.

050
원가계산의 목적으로 옳지 않은 것은?

① 원가의 절감 방안을 모색하기 위해서
② 제품의 판매가격을 결정하기 위해서
③ 경영손실을 제품가격에서 만회하기 위해서
④ 예산편성의 기초자료로 활용하기 위해서

원가계산의 목적 : 가격결정의 목적, 원가관리의 목적, 예산편성의 목적, 재무제표 작성의 목적

051
다음의 상수처리 과정에서 가장 마지막 단계는?

① 급수   ② 취수
③ 정수   ④ 도수

상수처리 과정 : 취수(집수) → 도수 → 정수 → 송수 → 배수 → 급수

052
규폐증에 대한 설명으로 틀린 것은?

① 먼지 입자의 크기가 0.5~5.0μm일 때 잘 발생한다.
② 대표적인 진폐증이다.
③ 암석가공업, 도자기공업, 유리제조업의 근로자들이 주로 많이 발생한다.
④ 일반적으로 위험요인에 노출된 근무 경력이 1년 이후부터 자각 증상이 발생한다.

규폐증은 유리규산의 미립자가 섞여 있는 공기를 장기간 마심으로써 증세가 발생하는 만성질환으로 발병까지 15~20년이 걸리지만, 분진의 농도가 상승함에 따라 발병까지의 기간은 단축된다.

053
공중보건학의 목표에 관한 설명으로 틀린 것은?

① 건강 유지
② 질병 예방
③ 질병 치료
④ 지역사회 보건수준 향상

윈슬로우(C.E.A Winslow)에 따르면 공중보건이란 조직적인 지역사회의 공동 노력을 통하여 질병을 예방하고 생명을 연장시키며 신체적, 정신적 효율을 증진시키는 기술이요 과학이다.

054
생균(live vaccine)을 사용하는 예방접종으로 면역이 되는 질병은?

① 파상풍   ② 콜레라
③ 폴리오   ④ 백일해

제2급 법정감염병인 폴리오(소아마비)는 생균백신의 접종을 통해 면역력이 강하게 형성된다.

055
돼지고기를 날 것으로 먹거나 불완전하게 가열하여 섭취할 때 감염될 수 있는 기생충은?

① 유구조충   ② 무구조충

③ 광절열두조충   ④ 간디스토마

무구조충 – 소, 광절열두조충 – 어패류, 간디스토마 – 민물고기

056
소음의 측정단위는?

① dB   ② kg
③ Å   ④ ℃

데시벨(decibel)은 소리의 상대적 크기를 나타내는 단위(dB)이며, 일반적으로 음압의 단위로 사용된다. 현행 산업안전보건법에 따르면 1일 8시간 기준 소음허용기준은 90dB 이하이다.

057
인수공통감염병으로 그 병원체가 세균인 것은?

① 일본뇌염   ② 공수병
③ 광견병   ④ 결핵

병원체에 따른 질병
- 바이러스 : 인플루엔자, 천연두, 뇌염, 홍역, 급성회백수염(소아마비, 폴리오), 전염성간염, 트라콤, 전염성설사병, 풍진, 광견병(공수병), 유행성이하선염
- 세균 : 결핵, 콜레라, 성홍열, 디프테리아, 백일해, 페스트, 이질, 파라티푸스, 유행성 뇌척수막염, 장티푸스, 파상풍, 폐렴, 나병, 수막구균성 수막염
- 리케차 : 발진열, 발진티푸스, 양충병

058
음식물이나 식수에 오염되어 경구적으로 침입되는 감염병이 아닌 것은?

① 유행성이하선염   ② 파라티푸스
③ 세균성 이질   ④ 폴리오

유행성이하선염은 주로 비말감염에 의해 전파되는 호흡기계 감염병에 해당된다.

059
적외선에 속하는 파장은?

① 200nm   ② 400nm
③ 600nm   ④ 800nm

적외선(열선)
- 태양광선의 약 52%
- 지상에 복사열을 주어 온실효과와 백내장, 일사병 등을 유발
- 3부분 중 파장이 가장 길며, 파장 범위는 780nm(7,800Å) 이상

060
매개 곤충과 질병이 잘못 연결된 것은?

① 이 – 발진티푸스
② 쥐벼룩 – 페스트
③ 모기 – 사상충증
④ 벼룩 – 렙토스피라증

렙토스피라증 – 들쥐

12회 【정답】				공단 기출문제
001	002	003	004	005
②	①	①	④	②
006	007	008	009	010
④	④	③	②	②
011	012	013	014	015
④	②	③	④	④
016	017	018	019	020
②	①	④	④	②
021	022	023	024	025
②	③	④	②	①
026	027	028	029	030
④	①	①	①	③
031	032	033	034	035
③	③	③	③	③
036	037	038	039	040
④	④	①	③	②
041	042	043	044	045
④	③	②	①	①
046	047	048	049	050
③	③	④	①	③
051	052	053	054	055
①	④	③	③	①
056	057	058	059	060
①	④	①	④	④

제 13 회 공단 기출문제

001
식품에 존재하는 유기물질을 고온으로 가열할 때 단백질이나 지방이 분해되어 생기는 유해물질은?

① 에틸카바메이트(ethylcarbamate)
② 다환방향족탄화수소(polycyclic aromatic hydrocarbon)
③ 엔-니트로소아민(N-nitrosoamine)
④ 메탄올(methanol)

> 다환방향족탄화수소(PAHs)는 여러 개의 벤젠고리를 지닌 방향족 탄화수소로 유기물의 불완전연소시 발생하며 미량으로도 암을 유발시킬 수 있는 발암물질과 신경 독성물질을 통칭한다.

002
식품의 위생과 관련된 곰팡이의 특징이 아닌 것은?

① 건조식품을 잘 변질시킨다.
② 대부분 생육에 산소를 요구하는 절대 호기성 미생물이다.
③ 곰팡이독을 생성하는 것도 있다.
④ 일반적으로 생육속도가 세균에 비하여 빠르다.

> 곰팡이의 성장속도는 세균에 비하여 느리다.

003
다음 중 대장균의 최적 증식온도 범위는?

① 0~5℃   ② 5~10℃
③ 30~40℃ ④ 55~75℃

> 대장균은 그램음성균으로서 아포를 형성하지 않으며 호기성 또는 통성 혐기성인 간균을 총칭한다. 위생 지표균으로 활용하며 최적 증식온도는 37℃이다.

004
모든 미생물을 제거하여 무균 상태로 하는 조작은?

① 소독   ② 살균
③ 멸균   ④ 정균

> 용어 설명
> • 소독 : 병원 미생물을 사멸시키거나 약화시켜 감염의 위험을 제거하는 것
> • 멸균 : 강한 살균력을 작용시켜 병원균, 비병원균, 아포 등 모든 미생물을 완전 사멸시키는 것

005
60℃에서 30분간 가열하면 식품 안전에 위해가 되지 않는 세균은?

① 살모넬라균
② 클로스트리디움 보툴리늄균
③ 황색 포도상구균
④ 장구균

> 살모넬라균은 60℃에서 30분 동안 가열하면 사멸한다. 참고로 식품접객업소의 경우 사용 중인 것을 제외한 칼, 도마 및 식기류의 미생물 규격은 살모넬라와 대장균 모두 음성이어야 한다.

006
육류의 발색제로 사용되는 아질산염이 산성 조건에서 식품 성분과 반응하여 생성되는 발암성 물질은?

① 지질 과산화물(aldehyde)

② 벤조피렌(benzopyrene)
③ 니트로사민(nitrosamine)
④ 포름알데히드(formaldehyde)

> 아질산나트륨(아질산염)은 단백질의 분해산물인 아민류와 반응하여 니트로사민이라는 발암 물질을 형성한다. 또한, 니트로사민을 다량으로 섭취할 경우 구토, 빈혈 등의 부작용을 일으킬 수 있으며 혈관 확장 및 혈액의 효소 운반을 방해하기도 한다.

007
사용이 허가된 산미료는?
① 구연산
② 계피산
③ 말톨
④ 초산 에틸

> 산미료(Acidulants) 또는 산미제는 식품에 신맛(산미)을 부여하기 위해 사용되는 첨가물로 초산, 아디핀산, 인산, 구연산, L-주석산, DL-주석산, 글루코노 델타 락톤, 글루콘산, 젖산, 푸마르산, 푸마르산-1-나트륨, DL-사과산, 이산화탄소(Carbon Dioxide) 등이 허가되어 있다.

008
식품과 자연독의 연결이 맞는 것은?
① 독버섯 – 솔라닌(solanine)
② 감자 – 무스카린(muscarine)
③ 살구씨 – 파세오루나틴(phaseolunatin)
④ 목화씨 – 고시폴(gossypol)

> 독버섯 – 무스카린, 감자 – 솔라닌, 살구씨 – 아미그달린

009
식품첨가물 중 보존료의 목적을 가장 잘 표현한 것은?
① 산도 조절
② 미생물에 의한 부패 방지
③ 산화에 의한 변패 방지
④ 가공과정에서 파괴되는 영양소 보충

> 식품 중의 미생물 발육을 억제하여 부패를 방지하고 식품의 선도를 유지하기 위하여 사용하는 보존료(방부제)로는 안식향산, 안식향산나트륨, 안식향산칼륨, 안식향산칼슘 등이 사용된다.

010
알레르기성 식중독을 유발하는 세균은?
① 병원성 대장균(E.coli 0157:H7)
② 모르가넬라 모르가니(Morganella morganii)
③ 엔테로박터 사카자키(Enterobacter sakazakii)
④ 비브리오 콜레라(Vibiro cholerae)

> 알레르기성 식중독의 원인균은 Proteus morganii(프로테우스 모르가니)라는 단백질부패세균으로 히스티딘(histidine) 함유량이 많은 어육에 부착, 증식하여 다량의 히스타민(histamine)과 유해 아민(amine)계 물질을 생성함으로써 유발된다.

011
식품위생법상 식품위생 수준의 향상을 위하여 필요한 경우 조리사에게 교육을 받을 것을 명할 수 있는 자는?
① 관할 시장
② 보건복지부장관
③ 식품의약품안전처장
④ 관할 경찰서장

> 식품의약품안전처장은 식품위생 수준 및 자질의 향상을 위하여 필요한 경우 조리사와 영양사에게 교육(조리사의 경우 보수교육을 포함)을 받을 것을 명할 수 있다. 다만, 집단급식소에 종사하는 조리사와 영양사는 2년마다 교육을 받아야 한다.

012
식품위생법의 정의에 따른 "기구"에 해당하지 않는 것은?
① 식품 섭취에 사용되는 기구
② 식품 또는 식품첨가물에 직접 닿는 기구
③ 농산품 채취에 사용되는 기구
④ 식품 운반에 사용되는 기구

"기구"란 다음의 어느 하나에 해당하는 것으로서 식품 또는 식품첨가물에 직접 닿는 기계·기구나 그 밖의 물건(농업과 수산업에서 식품을 채취하는 데에 쓰는 기계·기구나 그 밖의 물건은 제외)을 말한다.
- 음식을 먹을 때 사용하거나 담는 것
- 식품 또는 식품첨가물을 채취·제조·가공·조리·저장·소분·운반·진열할 때 사용하는 것

013
즉석판매제조·가공업소 내에서 소비자에게 원하는 만큼 덜어서 직접 최종 소비자에게 판매하는 대상식품이 아닌 것은?

① 된장
② 식빵
③ 우동
④ 어육 제품

어육제품, 식용유지, 특수용도식품, 통·병조림 제품, 레토르트식품, 전분, 장류 및 식초는 소비자가 원하는 만큼 덜어서 직접 최종 소비자에게 판매하는 소분 판매가 금지되는 식품이다.

014
식품위생법상 조리사가 식중독이나 그 밖에 위생과 관련한 중대한 사고 발생의 직무상 책임에 대한 1차 위반시 행정처분기준은?

① 시정명령
② 업무정지 1개월
③ 업무정지 2개월
④ 면허취소

1차 – 업무정지 1월, 2차 – 업무정지 2월, 3차 – 면허취소

015
식품위생법상 식품접객업 영업을 하려는 자는 몇 시간의 식품위생교육을 미리 받아야 하는가?

① 2시간
② 4시간
③ 6시간
④ 8시간

영업을 하려는 자가 받아야 하는 식품위생교육 시간
- 식품제조·가공업, 식품첨가물제조업, 공유주방 운영업을 하려는 자 : 8시간
- 식품운반업, 식품소분·판매업, 식품보존업, 용기·포장류제조업을 하려는 자 : 4시간
- 즉석판매제조·가공업, 식품접객업을 하려는 자 : 6시간
- 집단급식소를 설치·운영하려는 자 : 6시간

016
카제인(casein)은 어떤 단백질에 속하는가?

① 당단백질
② 지단백질
③ 유도단백질
④ 인단백질

카제인은 화학적 분류로는 인과 결합된 복합단백질이며, 영양학적 분류로는 완전단백질에 속한다.

017
전분 식품의 노화를 억제하는 방법으로 적합하지 않은 것은?

① 설탕을 첨가한다.
② 식품을 냉장 보관한다.
③ 식품의 수분함량을 15% 이하로 한다.
④ 유화제를 사용한다.

전분의 노화(β화) 억제 방법
- α화한 전분을 80℃ 이상에서 급속히 건조시키거나 0℃ 이하에서 급속 냉동하여 수분 함량을 15% 이하로 유지
- 설탕을 다량 첨가
- 환원제나 유화제를 첨가

018
과실 저장고의 온도, 습도, 기체 조성 등을 조절하여 장기간 동안 과실을 저장하는 방법은?

① 산 저장
② 자외선 저장
③ 무균포장 저장
④ CA 저장

가스저장법(CA 저장)은 미숙한 과일의 후숙작용을 억제하기 위하여 CO_2 또는 N_2 가스를 주입시켜 효소를 불활성화하고 호흡속도를 줄여 미생물의 생육과 번식을 억제시켜 저장하는 방법이다.

019
유지를 가열할 때 생기는 변화에 대한 설명으로 틀린 것은?

① 유리지방산의 함량이 높아지므로 발연점이 낮아진다.
② 연기성분으로 알데히드(aldehyde), 케톤(ketone) 등이 생성된다.
③ 요오드값이 높아진다.
④ 중합반응에 의해 점도가 증가된다.

유지를 가열하면 요오드가는 낮아지고, 산가와 검화가 그리고 과산화물가는 높아진다. 또한, 점도와 비중은 증가하고 발연점은 낮아진다.

020
완두콩 통조림을 가열하여도 녹색이 유지되는 것은 어떤 색소 때문인가?

① chlorophyll(클로로필)
② Cu-chlorophyll(구리-클로로필)
③ Fe-chlorophyll(철-클로로필)
④ chlorophylline(클로로필린)

클로로필 분자 중 마그네슘은 구리나 철 이온들과 함께 치환하면 선명한 청록색의 구리 또는 철 클로로필이 된다. 이러한 구리의 클로로필 안정화 효과는 완두콩 통조림 제조 시 황산구리($CuSO_4$)를 넣으면 가열·살균 시의 변색이 억제된다.

021
신맛성분과 주요 소재식품의 연결이 틀린 것은?

① 구연산(citric acid) - 감귤류
② 젖산(lactic acid) - 김치류
③ 호박산(succinic acid) - 늙은 호박
④ 주석산(tartaric acid) - 포도

호박산은 조개류의 감칠맛 성분이다.

022
미생물의 생육에 필요한 수분활성도의 크기로 옳은 것은?

① 세균 > 효모 > 곰팡이
② 곰팡이 > 세균 > 효모
③ 효모 > 곰팡이 > 세균
④ 세균 > 곰팡이 > 효모

미생물 증식에 필요한 수분활성도(Aw)는 세균 0.94, 효모 0.88, 곰팡이 0.80이다.

023
달걀 100g 중에 당질 5g, 단백질 8g, 지질 4.4g이 함유되어 있다면 달걀 5개의 열량은 얼마인가?(단, 달걀 1개의 무게는 50g이다.)

① 91.6 kcal
② 229 kcal
③ 274 kcal
④ 458 kcal

계산방법
달걀(100g) = (5×4)+(8×4)+(4.4×9)=91.6kcal
∴ 91.6×2.5=229kcal(달걀 5개, 250g의 열량)

024
근채류 중 생식하는 것 보다 기름에 볶는 조리법을 적용하는 것이 좋은 식품은?

① 무
② 고구마
③ 토란
④ 당근

시금치, 당근 등은 지용성인 비타민 A를 많이 함유하고 있으므로 기름을 이용한 조리법을 사용하면 영양흡수가 더 잘된다.

025
다음 중 단백가가 가장 높은 것은?

① 쇠고기
② 달걀
③ 대두
④ 버터

달걀은 최고의 단백질 효율을 100으로 볼 때 93.7로 여러 식품 중에서 단백가가 가장 높은 식품이다.

026
가정에서 많이 사용되는 다목적 밀가루는?

① 강력분 ② 중력분
③ 박력분 ④ 초강력분

> 가정에서 많이 사용되는 밀가루는 중력분으로 글루텐 함량은 10~13% 정도이다.

027
산성식품에 해당하는 것은?

① 곡류 ② 사과
③ 감자 ④ 시금치

> 산성식품과 알칼리성식품
> • 산성식품 : 무기질 중 P, S, Cl 등이 많이 함유되어 있는 식품으로 주로 곡류, 어류, 육류 등
> • 알칼리성식품 : 무기질 중 Ca, Na, K, Mg, Fe, Cu, Mn 등이 많이 함유되어 있는 식품으로 주로 과일, 야채, 해조류, 우유 등

028
아미노산, 단백질 등이 당류와 반응하여 갈색물질을 생성하는 반응은?

① 폴리페놀옥시다아제(polyphenol oxidase) 반응
② 마이얄(Maillard)반응
③ 캐러멜화(caramelization)반응
④ 티로시나아제(tyrosinase)반응

> 마이야르 반응은 비효소적 갈변으로 단백질과 당의 결합으로 인해 자연적으로 일어나는 반응으로 열에 의해 촉진된다.

029
제조 과정 중 단백질 변성에 의한 응고작용이 일어나지 않는 것은?

① 치즈 가공 ② 두부 제조
③ 달걀 삶기 ④ 딸기잼 제조

> 잼은 펙틴의 응고성을 이용하는 것으로 젤리화의 3요소는 펙틴, 유기산, 당분이다.

030
난황에 주로 함유되어 있는 색소는?

① 클로로필 ② 안토시아닌
③ 카로티노이드 ④ 플라보노이드

> 난황의 색은 담황색에서 진한 오렌지색까지 있는데, 주된 색소는 카로티노이드(carotinoid) 색소의 일종인 크산토필(xanthophyll)이다.

031
튀김옷의 재료에 관한 설명으로 틀린 것은?

① 중조를 넣으면 탄산가스가 발생하면서 수분도 증발되어 바삭하게 된다.
② 달걀을 넣으면 달걀 단백질의 응고로 수분 흡수가 방해되어 바삭하게 된다.
③ 글루텐 함량이 높은 밀가루가 오랫동안 바삭한 상태를 유지한다.
④ 얼음물에 반죽을 하면 점도를 낮게 유지하여 바삭하게 된다.

> 글루텐 함량이 높은 밀가루는 튀김옷이 바삭하지 않고 질겨진다. 이러한 이유로 튀김옷에는 글루텐 함량이 10% 이하인 박력분을 사용한다.

032
식품구매시 폐기율을 고려한 총발주량을 구하는 식은?

① 총발주량 = (100−폐기율)×100×인원수
② 총발주량 = ($\frac{정미중량 - 폐기율}{100 - 가식율}$)×100
③ 총발주량 = (1인당사용량 − 폐기율)×인원수
④ 총발주량 = ($\frac{정미중량}{100 - 폐기율}$)×100×인원수

033
달걀의 기능을 이용한 음식의 연결이 잘못된 것은?

① 응고성 − 달걀찜

② 팽창제 – 시폰 케이크
③ 간섭제 – 맑은 장국
④ 유화성 – 마요네즈

> 달걀의 가공은 응고성(수란, 달걀찜), 기포성(스펀지케이크, 케이크의 장식, 머랭 등), 유화성(마요네즈, 프렌치드레싱, 크림스프, 케이크 반죽 등)을 이용한다.

034
냉장고 사용방법으로 틀린 것은?
① 뜨거운 음식은 식혀서 냉장고에 보관한다.
② 문을 여닫는 횟수를 가능한 줄인다.
③ 온도가 낮으므로 식품을 장기간 보관해도 안전하다.
④ 식품의 수분이 건조되므로 밀봉하여 보관한다.

> 식품별로 냉장보관 가능한 기간은 그리 길지 않으며, 햄버거나 익히지 않은 식육 및 어패류의 경우 1~2일, 달걀은 3~5주, 버터 같은 경우도 1~3달 정도이다.

035
식품을 고를 때 채소류의 감별법으로 틀린 것은?
① 오이는 굵기가 고르며 만졌을 때 가시가 있고 무거운 느낌이 나는 것이 좋다.
② 당근은 일정한 굵기로 통통하고 마디나 뿔이 없는 것이 좋다.
③ 양배추는 가볍고 잎이 얇으며 신선하고 광택이 있는 것이 좋다.
④ 우엉은 껍질이 매끈하고 수염뿌리가 없는 것으로 굵기가 일정한 것이 좋다.

> 양배추는 보기에 비해 무거운 것이 속이 꽉 찬 것이다.

036
조리장의 설비에 대한 설명 중 부적합한 것은?
① 조리장의 내벽은 바닥으로부터 5cm 까지 수성 자재로 한다.
② 충분한 내구력이 있는 구조이어야 한다.

③ 조리장에는 식품 및 식기류의 세척을 위한 위생적인 세척시설을 갖춘다.
④ 조리원 전용의 위생적 수세시설을 갖춘다.

> 조리장 바닥과 바닥으로부터의 1m까지는 내벽은 타일, 콘크리트 등의 내수성 자재를 사용해야 한다.

037
고추장에 대한 설명으로 틀린 것은?
① 고추장은 곡류, 메주가루, 소금, 고춧가루, 물을 원료로 제조한다.
② 고추장의 구수한 맛은 단백질이 분해하여 생긴 맛이다.
③ 고추장은 된장보다 단맛이 더 약하다.
④ 고추장의 전분원료로 찹쌀가루, 보리가루, 밀가루를 사용한다.

> 고추장은 전분이 당화한 단맛, 단백질이 분해하여 생긴 구수한 맛, 소금의 짠맛, 그리고 고추의 매운맛이 조화된 우리나라 고유의 식품으로 된장보다 단맛이 더 강하다.

038
다음 원가의 구성에 해당하는 것은?

직접원가 + 제조간접비

① 판매가격　　② 간접원가
③ 제조원가　　④ 총원가

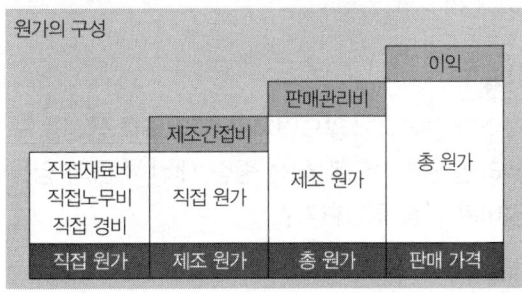
원가의 구성

039
조리 시 일어나는 현상과 그 원인으로 연결이 틀린 것은?

① 장조림 고기가 단단하고 잘 찢어지지 않음 – 물에서 먼저 삶은 후 양념간장을 넣어 약한 불로 서서히 졸였기 때문
② 튀긴 도넛에 기름 흡수가 많음 – 낮은 온도에서 튀겼기 때문
③ 오이무침의 색이 누렇게 변함 – 식초를 미리 넣었기 때문
④ 생선을 굽는데 석쇠에 붙어 잘 떨어지지 않음 – 석쇠를 달구지 않았기 때문

장조림을 할 때 처음부터 고기를 간장에 넣고 끓이면 고기가 단단하고 잘 찢어지지 않는다.

040
식단을 작성할 때 구비해야 하는 자료로 가장 거리가 먼 것은?

① 계절 식품표
② 설비, 기기 위생점검표
③ 대치 식품표
④ 식품영양 구성표

표준 조리레시피와 식단표 작성
• 표준 조리레시피 : 식품명, 분량, 조리과정, 영양 등을 기재
• 식단표 : 요리명, 식품명, 중량, 대치식품, 단가 등을 기재한 식단표를 작성

041
탈수가 일어나지 않으면서 간이 맞도록 생선을 구우려면 일반적으로 생선 중량 대비 소금의 양은 얼마가 가장 적당한가?

① 0.1% ② 2%
③ 16% ④ 20%

생선구이의 경우 생선 중량 대비 2~3%의 소금을 뿌리면 탈수도 일어나지 않고 간도 적절해진다.

042
쇠고기 40g을 두부로 대체하고자 할 때 필요한 두부의 양은 약 얼마인가?(단, 100g 당 쇠고기 단백질양은 20.1g, 두부 단백질양은 8.6g 으로 계산한다)

① 70g
② 74g
③ 90g
④ 94g

계산방법
$$\text{대치식품량} = \frac{\text{원래 식품함량}}{\text{대치 식품함량}} \times \text{원래 식품량}$$
$$= \frac{20.1g}{8.6g} \times 40g ≒ 94g$$

043
약과를 반죽할 때 필요 이상으로 기름과 설탕을 많이 넣으면 어떤 현상이 일어나는가?

① 매끈하고 모양이 좋아진다.
② 튀길 때 둥글게 부푼다.
③ 튀길 때 모양이 풀어진다.
④ 켜가 좋게 생긴다.

약과를 반죽할 때 필요 이상으로 기름과 설탕을 넣으면 기름에 튀길 때 풀어져서 모양이 생기지 않는다.

044
육류조리에 대한 설명으로 맞는 것은?

① 육류를 오래 끓이면 질긴 지방조직인 콜라겐이 젤라틴화되어 국물이 맛있게 된다.
② 목심, 양지, 사태는 건열조리에 적당하다.
③ 편육을 만들 때 고기는 처음부터 찬물에서 끓인다.
④ 육류를 찬물에 넣어 끓이면 맛성분 용출이 용이해져 국물 맛이 좋아진다.

목심, 양지, 사태는 습열조리에 적당하고 안심, 등심 등은 건열조리에 적당하다. 편육은 끓는 물에 넣고 삶아야 한다. 또한, 젤라틴은 결합조직인 콜라겐이 가수분해되는 것으로 맛 성분이 아니다.

045

단체급식에서 식품의 재고관리에 대한 설명으로 틀린 것은?

① 각 식품에 적당한 재고기간을 파악하여 이용하도록 한다.
② 식품의 특성이나 사용 빈도 등을 고려하여 저장 장소를 정한다.
③ 비상시를 대비하여 가능한 많은 재고량을 확보할 필요가 있다.
④ 먼저 구입한 것은 먼저 소비한다.

> 각 식품의 재고기간을 파악하여 적정한 재고량을 유지하여야 한다.

046

식혜에 대한 설명으로 틀린 것은?

① 전분이 아밀라아제에 의해 가수분해되어 맥아당과 포도당을 생성한다.
② 밥을 지은 후 엿기름을 부어 효소반응이 잘 일어나도록 한다.
③ 80℃의 온도가 유지되어야 효소반응이 잘 일어나 밥알이 뜨기 시작한다.
④ 식혜 물에 뜨기 시작한 밥알은 건져내어 냉수에 헹구어 놓았다가 차게 식힌 식혜에 띄워 낸다.

> 식혜를 만들 때는 당화효소인 β-amylase(β-아밀라아제)의 작용을 활발하게 하기 위한 최적온도인 50~60℃를 유지해야 한다.

047

중조를 넣어 콩을 삶을 때 가장 문제가 되는 것은?

① 비타민 B_1의 파괴가 촉진됨
② 콩이 잘 무르지 않음
③ 조리수가 많이 필요함
④ 조리시간이 길어짐

> 콩을 삶을 때 식용소다(중조)를 첨가하여 삶으면 콩이 쉽게 무르지만 비타민 B(티아민)의 손실이 크다.

048

고기를 연하게 하기 위해 사용하는 과일에 들어있는 단백질 분해효소가 아닌 것은?

① 피신(ficin)
② 브로멜린(bromelin)
③ 파파인(papain)
④ 아밀라제(amylase)

> 육류의 연화효소에는 배즙, 생강의 프로테아제(Protease), 파인애플의 브로멜린(Bromelin), 무화과의 피신(Ficin), 파파야의 파파인(Papain) 등이 있다.

049

찹쌀떡이 멥쌀떡보다 더 늦게 굳는 이유는?

① pH가 낮기 때문에
② 수분함량이 적기 때문에
③ 아밀로오스의 함량이 많기 때문에
④ 아밀로펙틴의 함량이 많기 때문에

> 멥쌀은 아밀로펙틴과 아밀로오스의 구성비가 80:20인 반면에 찹쌀은 거의 대부분이 아밀로펙틴만으로 구성되어 있다. 전분의 노화는 아밀로오스의 함량이 높을수록 빠르기 때문에 멥쌀보다 찹쌀이 더 늦게 굳는다.

050

다음 중 일반적으로 폐기율이 가장 높은 식품은?

① 쇠살코기
② 달걀
③ 생선
④ 곡류

> 폐기율은 총식품량에서 가식부량을 제외한 폐기량을 백분율로 환산(폐기량÷총식품량) × 100]한 것이다. 평균 폐기율은 생선(통째)이 38% 정도로 폐기율이 가장 높으며, 계란 등의 난류는 13%, 곡류는 10% 이하이다.

051

하수오염 조사 방법과 관련이 없는 것은?

① THM의 측정
② COD의 측정
③ DO의 측정
④ BOD의 측정

하수오염 조사 : 생화학적산소요구량(BOD), 화학적산소요구량(COD), 용존산소량(DO)

052
다음 중 가장 강한 살균력을 갖는 것은?

① 적외선
② 자외선
③ 가시광선
④ 근적외선

자외선의 작용
- 파장이 2,800~3,200Å(옴스트롱)일 때 인체에 유익한 작용을 한다.
- 비타민 D 형성을 촉진시켜 구루병을 예방한다.
- 2,600Å 부근의 파장인 경우 살균작용이 가장 강하다.
- 피부의 홍반, 색소침착 및 피부암을 유발한다.
- 신진대사 촉진, 적혈구생성 촉진, 혈압강하 작용을 한다.

053
호흡기계 감염병이 아닌 것은?

① 폴리오
② 홍역
③ 백일해
④ 디프테리아

폴리오(소아마비)의 병원체는 바이러스로 감염원 및 감염경로는 환자, 불현성 감염자의 분변의 바이러스에 의해 오염된 음식물을 통해 경구감염된다.

054
학교급식의 교육 목적으로 옳지 않은 것은?

① 편식 교육
② 올바른 식생활 교육
③ 빈곤아동들의 급식 교육
④ 영양에 대한 올바른 교육

학교급식의 교육 목적 : 편식 교육, 올바른 식생활 교육, 영양에 대한 올바른 교육, 사회성 향상 등

055
채소로부터 감염되는 기생충으로 짝지어진 것은?

① 편충, 동양모양선충
② 폐흡충, 회충
③ 구충, 선모충
④ 회충, 무구조충

매개체에 따른 기생충
- 채소류로부터 감염되는 기생충 : 회충, 구충, 요충, 편충, 동양모양선충 등
- 육류로부터 감염되는 기생충 : 유구조충, 무구조충, 선모충 등
- 어패류로부터 감염되는 기생충 : 폐디스토마, 간디스토마

056
감각온도의 3요소가 아닌 것은?

① 기온
② 기습
③ 기류
④ 기압

감각온도의 3요소는 기온, 기습, 기류이며, 온열인자는 기온, 기습, 기류, 복사열이다.

057
인수공통감염병에 속하지 않는 것은?

① 광견병
② 탄저
③ 고병원성조류인플루엔자
④ 백일해

광견병 – 개, 탄저 – 소·말·돼지 등, 고병원성조류인플루엔자 – 조류

058
아메바에 의해서 발생되는 질병은?

① 장티푸스
② 콜레라
③ 유행성 간염
④ 이질

이질 중 아메바성 이질은 환자나 보균자의 분변을 통해 배출된 원충이나 낭포를 통해 경구감염된다.

059
폐기물 소각 처리시의 가장 큰 문제점은?

① 악취가 발생되며 수질이 오염된다.
② 다이옥신이 발생한다.
③ 처리방법이 불쾌하다.
④ 지반이 약화되어 균열이 생길 수 있다.

쓰레기 처리를 위한 소각장 가동으로 발생하는 대기오염과 환경호르몬인 다이옥신 방출은 심각한 사회문제 중의 하나이다.

060
공중보건사업과 거리가 먼 것은?
① 보건교육　　　② 인구보건
③ 감염병 치료　　④ 보건행정

윈슬로우(C.E.A Winslow)에 따르면 공중보건이란 조직적인 지역사회의 공동 노력을 통하여 질병을 예방하고 생명을 연장시키며 신체적, 정신적 효율을 증진시키는 기술이요 과학이다.

13회 【정답】				공단 기출문제
001	002	003	004	005
②	④	③	③	①
006	007	008	009	010
③	①	④	②	②
011	012	013	014	015
③	③	④	②	③
016	017	018	019	020
④	②	④	③	②
021	022	023	024	025
③	①	③	④	②
026	027	028	029	030
②	①	②	④	③
031	032	033	034	035
③	④	③	③	③
036	037	038	039	040
①	③	③	①	②
041	042	043	044	045
②	④	③	④	③
046	047	048	049	050
③	①	④	④	③
051	052	053	054	055
①	②	①	③	①
056	057	058	059	060
④	④	④	②	③

제 14 회 공단 기출문제

001
식품의 변화현상에 대한 설명 중 틀린 것은?
① 산패 : 유지식품의 지방질 산화
② 발효 : 화학물질에 의한 유기화합물의 분해
③ 변질 : 식품의 품질 저하
④ 부패 : 단백질과 유기물이 부패미생물에 의해 분해

> 발효란 탄수화물이 미생물의 분해 작용을 받아서 유기산, 알코올 등이 생성되는 현상으로 식생활에 유용하게 이용된다.

002
파라치온(parathion), 말라치온(malathion)과 같이 독성이 강하지만 빨리 분해되어 만성중독을 일으키지 않는 농약은?
① 유기인제 농약
② 유기염소제 농약
③ 유기불소제 농약
④ 유기수은제 농약

> 농약에 의한 식중독
> • 유기인제 : 파라티온, 말라치온, 다이아지논, 테프 등
> • 유기염소제 : DDT, BHC, 알드린 등
> • 유기수은제 : 메틸염화수은, 메틸요오드화수은, EMP, PMA EMD
> • 비소화합물 : 비산, 칼슘 등

003
소시지 등 가공육 제품의 육색을 고정하기 위해 사용하는 식품첨가물은?
① 발색제
② 착색제
③ 강화제
④ 보존제

> 발색제란 자체에는 색이 없으나 식품 중의 성분과 반응하여 식품의 색을 안정화하고 선명하게 하는 식품첨가물을 말한다.

004
과거 일본 미나마타병의 집단발병원인이 되는 중금속은?
① 카드뮴
② 납
③ 수은
④ 비소

> • 수은 – 미나마타병
> • 카드뮴 – 이타이이타이병

005
소독의 지표가 되는 소독제는?
① 석탄산
② 크레졸
③ 과산화수소
④ 포르마린

> 석탄산(페놀, phenol)은 3%의 수용액을 사용하며, 산성도가 높고 고온일수록 소독 효과가 크다. 또한, 석탄산은 소독약의 살균력을 비교하는 기준이 된다.

006
어패류의 선도 평가에 이용되는 지표성분은?
① 헤모글로빈
② 트리메틸아민
③ 메탄올
④ 이산화탄소

> 생선에서 비린내가 나는 이유는 생선의 신선도가 떨어지면서 생기는 트리메틸아민(TMA)이라는 물질 때문이다.

007
식품에서 자연적으로 발생하는 유독물질을 통해 식중독을 일으킬 수 있는 식품과 가장 거리가 먼 것은?
① 피마자
② 표고버섯
③ 미숙한 매실
④ 모시조개

- 피마자 – 리신
- 모시조개 – 베네루핀
- 미숙한 매실 – 아미그달린

008
섭조개에서 문제를 일으킬 수 있는 독소성분은?

① 테트로도톡신(tetrodotoxin)
② 셉신(sepsine)
③ 베네루핀(venerupin)
④ 삭시톡신(saxitoxin)

- 복어 – 테트로도톡신
- 셉신 – 감자의 부패에 관여하는 물질
- 베네루핀 – 모시조개, 바지락
- 삭시톡신 – 검은조개, 섭조개

009
황색 포도상구균의 특징이 아닌 것은?

① 균체가 열에 강함
② 독소형 식중독 유발
③ 화농성 질환의 원인균
④ 엔테로톡신(enterotoxin) 생성

황색 포도상구균은 대표적인 독소형 식중독 원인균으로 균체 자체는 열에 약하나, 독소인 엔테로톡신은 120℃에서 20분간 처리해도 파괴되지 않는다.

010
식품첨가물의 주요용도 연결이 옳은 것은?

① 삼이산화철 – 표백제
② 이산화티타늄 – 발색제
③ 명반 – 보존료
④ 호박산 – 산도조절제

- 삼이산화철 – 착색료
- 명반 – 팽창제
- 이산화티타늄 – 착색료
- 호박산 – 산도조절제

011
식품위생법상 식중독 환자를 진단한 의사는 누구에게 이 사실을 제일 먼저 보고하여야 하는가?

① 보건복지부장관
② 경찰서장
③ 보건소장
④ 관할 시장·군수·구청장

식중독 환자 또는 그 의심이 있는 자를 진단하였거나 그 사체를 검안한 의사 또는 한의사는 지체없이 관할 시장·군수·구청장에게 보고하여야 하며, 이를 보고받은 시장·군수·구청장은 지체없이 그 사실을 식품의약품안전처장 및 시·도지사에게 보고하여야 한다.

012
조리사 면허 취소에 해당하지 않는 것은?

① 식중독이나 그 밖에 위생과 관련한 중대한 사고 발생에 직무상의 책임이 있는 경우
② 면허를 타인에게 대여하여 사용하게 한 경우
③ 조리사가 마약이나 그 밖의 약물에 중독이 된 경우
④ 조리사 면허의 취소처분을 받고 그 취소된 날부터 2년이 지나지 아니한 경우

조리사 면허의 취소처분을 받고 그 취소된 날부터 1년이 지나지 아니한 경우 조리사 면허의 결격 사유가 된다.

013
식품위생법상 허위표시, 과대광고, 비방광고 및 과대포장의 범위에 해당하지 않는 것은?

① 허가·신고 또는 보고한 사항이나 수입신고한 사항과 다른 내용의 표시·광고
② 제조방법에 관하여 연구하거나 발견한 사실로서 식품학·영양학등의 분야에서 공인된 사항의 표시
③ 제품의 원재료 또는 성분과 다른 내용의 표시·광고
④ 제조연월일 또는 유통기한을 표시함에 있어서 사실과 다른 내용의 표시·광고

식품영양학적으로 공인된 사실의 표시는 허용된다.

014

식품위생법상 "식품을 제조·가공 또는 보존하는 과정에서 식품에 넣거나 섞는 물질 또는 식품을 적시는 등에 사용하는 물질"로 정의된 것은?

① 식품첨가물 ② 화학적합성품
③ 항생제 ④ 의약품

- 식품첨가물 : 식품을 제조·가공 또는 보존하는 과정에서 식품에 넣거나 섞는 물질 또는 식품을 적시는 등에 사용되는 물질을 말한다. 이 경우 기구(器具)·용기·포장을 살균·소독하는 데에 사용 되어 간접적으로 식품으로 옮아갈 수 있는 물질을 포함한다.
- 화학적 합성품 : 화학적 수단으로 원소(元素) 또는 화합물에 분해 반응 외의 화학 반응을 일으켜서 얻은 물질을 말한다.

015

식품위생법상 식품 등의 위생적인 취급에 관한 기준이 아닌 것은?

① 식품 등을 취급하는 원료보관실·제조가공실·조리실·포장실 등의 내부는 항상 청결하게 관리하여야 한다.
② 식품 등의 원료 및 제품 중 부패·변질되기 쉬운 것은 냉동·냉장시설에 보관·관리하여야 한다.
③ 유통기한이 경과된 식품 등을 판매하거나 판매의 목적으로 진열·보관하여서는 아니 된다.
④ 모든 식품 및 원료는 냉장·냉동시설에 보관·하여야 한다.

식품 등의 원료 및 제품 중 부패·변질이 되기 쉬운 것은 냉동·냉장시설에 보관·관리하여야 한다.

016

중성지방의 구성 성분은?

① 탄소와 질소 ② 아미노산
③ 지방산과 글리세롤 ④ 포도당과 지방산

중성지방은 생체 내 피하지방의 주성분으로 글리세롤(glycerol)과 지방산의 에스테르(ester) 화합물이다.

017

과실의 젤리화 3요소와 관계없는 것은?

① 젤라틴 ② 당
③ 펙틴 ④ 산

젤리화의 3요소
- 펙틴 : 1.0~1.5%
- 유기산 : pH 3.46, 0.5%
- 당분 : 60~65%

018

황함유 아미노산이 아닌 것은?

① 트레오닌(threonine)
② 시스틴(cystine)
③ 메티오닌(methionine)
④ 시스테인(cysteine)

트레오닌은 필수 아미노산의 하나로 단백질 속에서는 인산에스테르의 형태로 존재한다.

019

조리와 가공 중 천연색소의 변색요인과 거리가 먼 것은?

① 산소 ② 효소
③ 질소 ④ 금속

천연색소의 변색은 산소, 효소, 금속 및 pH 등에 의해 이루어진다.

020

우유의 균질화(homogenization)에 대한 설명이 아닌 것은?

① 지방구 크기를 $0.1~2.2\mu m$ 정도로 균일하게 만들 수 있다.
② 탈지유를 첨가하여 지방의 함량을 맞춘다.
③ 큰 지방구의 크림층 형성을 방지한다.
④ 지방의 소화를 용이하게 한다.

유화상태가 깨지면 지방은 물보다 비중이 낮아 위에 뜨게 되어 크림층을 형성하게 되는데 이를 방지하는 것이 우유의 균질화 과정이다. 일반적으로 140~170kg/cm²의 고압하에서 우유를 미세한 구멍에 통과시켜 큰 지방구를 작은 지방구(0.1~2.2μm)로 만든다.

021
요구르트 제조는 우유 단백질의 어떤 성질을 이용하는가?

① 응고성　　② 용해성
③ 팽윤　　　④ 수화

요구르트는 유산균에 의해 생성되는 유산에 의해 pH가 저하되어 산에 의해 우유 단백질이 응고되는 성질을 이용하여 제조한다.

022
β-전분이 가열에 의해 α-전분으로 되는 현상은?

① 호화　　② 호정화
③ 산화　　④ 노화

- 호화(α-화) : β-전분이 가열에 의해 α-전분으로 되는 현상
- 노화(β-화) : 호화된 전분을 방치하면 점점 생전분에 가까운 상태로 되는 현상
- 호정화(덱스트린화) : 전분을 160~170℃ 건열로 가열하면 덱스트린(호정)으로 분해

023
CA저장에 가장 적합한 식품은?

① 육류　　② 과일류
③ 우유　　④ 생선류

CA저장법은 과일, 채소 등의 호흡 작용, 산화 작용 등에 의한 식품의 성분변화를 방지하는 방법으로 CO_2 또는 N_2 가스를 이용한다.

024
알칼리성 식품에 대한 설명으로 옳은 것은?

① Na, K, Ca, Mg 이 많이 함유되어 있는 식품
② S, P, Cl 이 많이 함유되어 있는 식품
③ 당질, 지질, 단백질 등이 많이 함유되어 있는 식품
④ 곡류, 육류, 치즈 등의 식품

- 산성 식품 : 무기질 중 P, S, Cl 등이 많이 함유되어 있는 식품으로 주로 곡류, 어류, 육류 등
- 알칼리성 식품 : 무기질 중 Ca, Na, K, Mg, Fe, Cu, Mn 등이 많이 함유되어 있는 식품으로 주로 과일, 야채, 해조류, 우유 등

025
탄수화물의 분류 중 5탄당이 아닌 것은?

① 갈락토스(galactose)
② 자일로스(xylose)
③ 아라비노스(arabinose)
④ 리보오스(ribose)

갈락토오스(Galactose)의 분자식은 $C_6H_{12}O_6$으로 6탄당에 속하며, 젖당(유당)의 구성성분이다.

026
레드캐비지로 샐러드를 만들 때 식초를 조금 넣은 물에 담그면 고운 적색을 띠는 것은 어떤 색소 때문인가?

① 안토시아닌(anthocyanin)
② 클로로필(chlorophyll)
③ 안토잔틴(anthoxanthin)
④ 미오글로빈(myoglobin)

레드캐비지(red cabbage, 적채)는 양배추의 한 종류로 붉은색을 나타내며, 이는 안토시아닌(anthocyanin) 계열의 색소가 풍부하기 때문이다. 안토시아닌은 산성에서 붉은 색, 중성에서 보라색, 알칼리성 용액에서는 청색을 띤다.

027
하루 필요열량이 2500kcal일 경우 이중의 18%에 해당하는 열량을 단백질에서 얻으려 한다면, 필요한 단백질의 양은 얼마인가?

① 50.0g　　② 112.5g
③ 121.5g　　④ 171.3g

2500kg의 18%는 450g이며, 단백질은 1g당 4kcal의 열량을 생산하므로 450/4 = 112.5g이다.

028
결합수의 특징이 아닌 것은?

① 전해질을 잘 녹여 용매로 작용한다.
② 자유수보다 밀도가 크다.
③ 식품에서 미생물의 번식과 발아에 이용되지 못한다.
④ 동·식물의 조직에 존재할 때 그 조직에 큰 압력을 가하여 압착해도 제거되지 않는다.

유리수와 결합수

유리수(자유수)	결합수
미생물 생육이 가능하다.	미생물 생육이 불가능하다.
건조로 쉽게 분리할 수 있다.	쉽게 건조되지 않는다.
0℃ 이하에서 동결된다.	0℃ 이하에서도 동결되지 않는다.
비점과 융점이 높다.	100℃ 이상에서 끓지 않는다.
비중과 비열이 크다.	유리수보다 밀도가 크다.
수용성 물질을 녹일 수 있다.	물질을 녹일 수 없다.

029
섬유소와 한천에 대한 설명 중 틀린 것은?

① 산을 첨가하여 가열하면 분해되지 않는다.
② 체내에서 소화되지 않는다.
③ 변비를 예방한다.
④ 모두 다당류이다.

한천은 갈락토오스(galactose)로 구성된 분자량이 큰 다당류로 산성 상태에서 오래 가열하면 가수분해가 일어난다.

030
젓갈의 숙성에 대한 설명으로 틀린 것은?

① 농도가 묽으면 부패하기 쉽다.
② 새우젓의 소금 사용량은 60% 정도가 적당하다.
③ 자기소화 효소작용에 의한 것이다.
④ 호염균의 작용이 일어날 수 있다.

새우젓의 소금 사용량은 여름철 35~40%, 가을철 30% 정도가 적당하다.

031
쇠고기의 부위별 용도와 조리법 연결이 틀린 것은?

① 앞다리 – 불고기, 육회, 장조림
② 설도 – 탕, 샤브샤브, 육회
③ 목심 – 불고기, 국거리
④ 우둔 – 산적, 장조림, 육포

설도(Butt & Rump)는 산적, 장조림, 육포에 적합하다.

032
젤라틴의 응고에 관한 설명으로 틀린 것은?

① 젤라틴의 농도가 높을수록 빨리 응고된다.
② 설탕의 농도가 높을수록 응고가 방해된다.
③ 염류는 젤라틴의 응고를 방해한다.
④ 단백질 분해효소를 사용하면 응고력이 약해진다.

산은 젤라틴의 응고를 방해하고, 염류는 젤라틴이 물을 흡수하는 것을 막아 응고에 도움을 준다.

033
생선에 레몬즙을 뿌렸을 때 나타나는 현상이 아닌 것은?

① 신맛이 가해져서 생선이 부드러워진다.
② 생선의 비린내가 감소한다.
③ pH가 산성이 되어 미생물의 증식이 억제된다.
④ 단백질이 응고된다.

레몬즙은 산성으로 산성 물질은 단백질을 응고시켜 단단하게 하는 성질이 있다.

034
소금절임시 저장성이 좋아지는 이유는?

① pH가 낮아져 미생물이 살아갈 수 없는 환경이 조성된다.
② pH가 높아져 미생물이 살아갈 수 없는 환경이 조성된다.

③ 고삼투성에 의한 탈수효과로 미생물의 생육이 억제된다.
④ 저삼투성에 의한 탈수효과로 미생물의 생육이 억제된다.

> 소금 절임은 수분활성을 낮게, 삼투압을 높게 하여 미생물의 생육을 억제하는 방법이다.

035
조리기구의 재질 중 열전도율이 커서 열을 전달하기 쉬운 것은?

① 유리
② 도자기
③ 알루미늄
④ 석면

> 일반적으로 금속의 열전도율이 크다.

036
전자레인지의 주된 조리 원리는?

① 복사
② 전도
③ 대류
④ 초단파

> 전자레인지는 마이크로파(초단파)의 성질을 이용하여 식품을 가열한다.

037
조리에 사용하는 냉동식품의 특성이 아닌 것은?

① 완만 동결하여 조직이 좋다.
② 미생물 발육을 저지하여 장기간 보존이 가능하다.
③ 저장 중 영양가 손실이 적다.
④ 산화를 억제하여 품질저하를 막는다.

> 완만 냉동은 서서히 동결됨에 따라 얼음결정이 성장하여 크기가 크며, 분포가 불규칙하여 해동 시 조직의 손상이 크고, 얼음결정의 크기만큼 드립(Drip)의 발생량이 많아진다. 이를 방지하기 위해서는 냉동 시 급속 냉동으로 최대 얼음결정 생성대를 빠르게 통과시키는 것이 좋다.

038
계량방법이 잘못된 것은?

① 된장, 흑설탕은 꼭꼭 눌러 담아 수평으로 깎아서 계량한다.
② 우유는 투명기구를 사용하여 액체 표면의 윗부분을 눈과 수평으로 하여 계량한다.
③ 저울은 반드시 수평한 곳에서 0으로 맞추고 사용한다.
④ 마가린은 실온일 때 꼭꼭 눌러 담아 평평한 것으로 깎아 계량한다.

> 우유는 투명기구를 사용하여 액체 표면의 아랫부분을 눈과 수평으로 하여 계량한다.

039
밀가루의 용도별 분류는 어느 성분을 기준으로 하는가?

① 글리아딘
② 글로블린
③ 글루타민
④ 글루텐

> • 강력분 : 글루텐 13% 이상(식빵, 마카로니, 스파게티 등)
> • 중력분 : 글루텐 10~13%(국수, 만두피 등)
> • 박력분 : 글루텐 10% 이하(케이크, 튀김옷, 카스테라, 약과 등)

040
닭고기 20kg으로 닭강정 100인분을 판매한 매출액이 1,000,000원이다. 닭고기의 kg당 단가를 12,000원에 구입하였고 총양념 비용으로 80,000원이 들었다면 식재료의 원가 비율은?

① 24%
② 28%
③ 32%
④ 40%

> 닭고기 20kg의 구입비는 240,000원(20kg×12,000원), 총양념비용 80,000원 이므로 총원가는 320,000원이다. 따라서, 매출액 대비 원가 비율은 32%에 해당된다.

041
생선의 조리 방법에 관한 설명으로 옳은 것은?

① 생선은 결체조직의 함량이 많으므로 습열조리법을 많이 이용한다.
② 지방함량이 낮은 생선보다는 높은 생선으로 구이를 하는 것이 풍미가 더 좋다.
③ 생선찌개를 할 때 생선 자체의 맛을 살리기 위해서 찬물에 넣고 은근히 끓인다.
④ 선도가 낮은 생선은 조림국물의 양념을 담백하게 하여 뚜껑을 닫고 끓인다.

- 생선은 결체조직의 함량이 적어 연하고 조리 시 부스러지기 쉬우므로 건열조리법을 사용하는 것이 좋다.
- 습열조리 시에는 물이 끓을 때 생선을 넣어 모양을 유지하도록 한다.
- 선도가 낮은 생선은 어취를 제거하기 위해 뚜껑을 열고 충분히 가열하여 끓인다.

042
튀김의 특징이 아닌 것은?

① 고온단시간 가열로 영양소의 손실이 적다.
② 기름의 맛이 더해져 맛이 좋아진다.
③ 표면이 바삭바삭해 입안에서의 촉감이 좋아진다.
④ 불미성분이 제거된다.

일반적으로 불미성분은 끓이거나 삶는 조리 과정에서 제거된다.

043
수라상의 찬품 가짓수는?

① 5첩　　　　　② 7첩
③ 9첩　　　　　④ 12첩

밥을 주식으로 하는 상차림인 반상은 반찬의 수에 따라 3첩, 5첩, 7첩, 9첩, 12첩 반상으로 나뉘며, 조선조 임금의 수라상은 12첩, 신하는 9첩이 최고였다.

044
과일의 일반적인 특성과는 다르게 지방함량이 가장 높은 과일은?

① 아보카도　　　② 수박
③ 바나나　　　　④ 감

멕시코가 원산지인 아보카도는 비타민과 미네랄이 풍부한 과일로 '숲에서 나는 버터'라 불릴 만큼 지방함량이 높다.

045
덩어리 육류를 건열로 표면에 갈색이 나도록 구워 내부의 육즙이 나오지 않게 한 후 소량의 물, 우유와 함께 습열조리하는 것은?

① 브레이징(braising)　　② 스튜잉(stewing)
③ 브로일링(broiling)　　④ 로스팅(roasting)

- 스튜잉 : 건식열과 습식열을 겸해서 사용하는 조리방법으로 작은 덩어리의 육류를 높은 열로 표면에 색을 낸 다음 습식열로 조리
- 브로일링 : 석쇠구이
- 로스팅 : 육류 또는 가금류 등을 통째로 오븐에서 조리

046
대상집단의 조직체가 급식운영을 직접하는 형태는?

① 준위탁급식　　　② 위탁급식
③ 직영급식　　　　④ 협동조합급식

- 위탁급식 : 대상집단의 조직체가 급식시설을 갖추고 운영은 전문업체에 위탁하는 방식
- 직영급식 : 대상집단의 조직체가 급식시설을 갖추고 운영 또한 직접하는 방식

047
한천젤리를 만든 후 시간이 지나면 내부에서 표면으로 수분이 빠져나오는 현상은?

① 삼투현상(osmosis)
② 이장현상(sysnersis)
③ 님비현상(NIMBY)
④ 노화현상(retrogradation)

한천젤리는 시간이 지남에 따라 서서히 망상구조가 수축되면서 표면으로 수분이 빠져나오는 데 이를 이장현상 혹은 이액현상이라 한다. 한천 농도가 1% 이상이고, 설탕농도가 60% 이상이면 이장현상은 일어나지 않는다.

048
총원가에 대한 설명으로 맞는 것은?

① 제조간접비와 직접원가의 합이다.
② 판매관리비와 제조원가의 합이다.
③ 판매관리비, 제조간접비, 이익의 합이다.
④ 직접재료비, 직접노무비, 직접경비, 직접원가, 판매관리비의 합이다.

원가의 구성			
			이익
		판매관리비	
	제조간접비		
직접재료비 직접노무비 직접 경비	직접 원가	제조 원가	총 원가
직접 원가	제조 원가	총 원가	판매 가격

049
식품검수방법의 연결이 틀린 것은?

① 화학적 방법 : 영양소의 분석, 첨가물, 유해성분 등을 검출하는 방법
② 검경적 방법 : 식품의 중량, 부피, 크기 등을 측정하는 방법
③ 물리학적 방법 : 식품의 비중, 경도, 점도, 빙점 등을 측정하는 방법
④ 생화학적 방법 : 효소반응, 효소 활성도, 수소이온농도 등을 측정하는 방법

• 물리학적 방법 : 식품의 중량, 부피, 크기 등을 측정하는 방법
• 검경적 방법 : 식품의 세포나 조직의 모양, 병원균, 기생충란의 존재를 검사하는 방법

050
달걀을 이용한 조리식품과 관계가 없는 것은?

① 오믈렛　　　② 수란
③ 치즈　　　　④ 커스터드

치즈는 우유에 산, 레닌(Rennin)을 가하여 유단백질인 카제인(Casein)을 응고시킨 것이다.

051
무구조충(민촌충) 감염의 올바른 예방대책은?

① 게나 가재의 가열섭취
② 음료수의 소독
③ 채소류의 가열섭취
④ 쇠고기의 가열섭취

무구조충은 소를 매개로 하는 기생충 질환이다.

052
인분을 사용한 밭에서 특히 경피적 감염을 주의해야 하는 기생충은?

① 십이지장충
② 요충
③ 회충
④ 말레이사상충

십이지장충은 분변으로부터 외계에 나온 구충란이 부화, 탈피한 후 유충이 경피침입 또는 경구침입하여 소장 상부에 기생한다.

053
중금속과 중독 증상의 연결이 잘못된 것은?

① 카드뮴 – 신장기능장애
② 크롬 – 비중격천공
③ 수은 – 홍독성 홍반
④ 납 – 섬유화 현상

• 납 – 빈혈 등의 조혈장애　　• 석면 – 섬유화 현상

054
눈 보호를 위해 가장 좋은 인공조명 방식은?

① 직접조명　　　② 간접조명
③ 반직접조명　　④ 전반확산조명

간접조명은 빛을 천장이나 벽에 반사시켜 조명하므로 빛이 매우 온화하고, 눈의 보호를 위해 가장 좋은 조명에 해당된다.

055
국가의 보건 수준 평가를 위하여 가장 많이 사용하고 있는 지표는?

① 조사망률 ② 성인병 발생률
③ 결핵 이환율 ④ 영아 사망률

> 영아사망률은 출생아 1,000명당 1년간 생후 1년 미만 영아의 사망자 수 비율로 한 국가의 건강수준을 나타내는 가장 대표적인 지표로 사용된다.

056
쓰레기 처리 방법 중 미생물까지 사멸할 수는 있으나 대기오염을 유발할 수 있는 것은?

① 소각법
② 투기법
③ 매립법
④ 재활용법

> 쓰레기 처리를 위한 소각장 가동으로 발생하는 대기오염과 환경호르몬인 다이옥신 방출은 심각한 사회문제 중의 하나이다.

057
디피티(D.P.T) 기본접종과 관계없는 질병은?

① 디프테리아 ② 풍진
③ 백일해 ④ 파상풍

> 디피티(D.P.T)는 디프테리아, 백일해, 파상풍을 예방하는 혼합 백신이다.

058
국소진동으로 인한 질병 및 직업병의 예방대책이 아닌 것은?

① 보건교육 ② 완충장치
③ 방열복 착용 ④ 작업시간 단축

> 진동이 심한 작업을 하는 사람에게 국소진동 장애로 생길 수 있는 직업병으로 레이노드병이 있으며, 방열복 착용은 진동 작업과 관련이 없다.

059
사람이 예방접종을 통하여 얻는 면역은?

① 선천면역 ② 자연수동면역
③ 자연능동면역 ④ 인공능동면역

> - 자연수동면역 : 모체로부터 태반이나 모유를 통해 얻어지는 면역
> - 자연능동면역 : 질병 감염 후 획득
> - 인공능동면역 : 예방접종으로 획득

060
쥐에 의하여 옮겨지는 감염병은?

① 유행성이하선염 ② 페스트
③ 파상풍 ④ 일본뇌염

> 페스트는 쥐를 매개로 사람에게 전파되는 인수공통감염병에 속한다.

14회 【정답】 공단 기출문제

001	002	003	004	005
②	①	①	③	①
006	007	008	009	010
②	②	④	①	④
011	012	013	014	015
④	④	②	①	④
016	017	018	019	020
③	①	①	③	②
021	022	023	024	025
①	③	②	①	①
026	027	028	029	030
①	②	①	①	②
031	032	033	034	035
②	④	①	③	③
036	037	038	039	040
④	①	②	④	③
041	042	043	044	045
②	④	④	①	①
046	047	048	049	050
③	②	②	②	③
051	052	053	054	055
④	①	④	④	④
056	057	058	059	060
①	②	③	④	②

제 15 회 공단 기출문제

001
경구감염병과 세균성 식중독의 주요 차이점에 대한 설명으로 옳은 것은?

① 경구감염병은 다량의 균으로, 세균성 식중독은 소량의 균으로 발병한다.
② 세균성 식중독은 2차 감염이 많고, 경구감염병은 거의 없다.
③ 경구감염병은 면역성이 없고, 세균성 식중독은 있는 경우가 많다.
④ 세균성 식중독은 잠복기가 짧고, 경구 감염병은 일반적으로 길다.

세균성 식중독과 경구감염병의 비교		
구분	세균성 식중독	경구전염병
섭취균량	다량(대부분 음식물 중에서 증식)	극소량(주로 체내 증식)
잠복기	아주 짧다.	일반적으로 길다.
경과	대체로 짧다.	대체로 길다.
감염성	거의 없다.	강하다.

002
중온세균의 최적발육온도는?

① 0~10℃
② 17~25℃
③ 25~37℃
④ 50~60℃

최적발육온도
• 저온균 : 15~20℃, 저온에 저장하는 식품에 부패를 일으키는 세균 등
• 중온균 : 25~37℃, 대부분의 세균, 곰팡이, 효모
• 고온균 : 55~60℃, 유황 온천 세균, 젖산균 등

003
살모넬라균의 식품 오염원으로 가장 중요시되는 것은?

① 사상충
② 곰팡이
③ 오염된 가금류
④ 선모충

살모넬라 식중독의 원인식품은 식육류나 그 가공품, 어패류, 달걀, 우유 및 유제품 등이며, 잠복기는 균종에 따라 다양하지만 일반적으로 8~48시간 정도이다.

004
인공감미료에 대한 설명으로 틀린 것은?

① 삭카린나트륨은 사용이 금지되었다.
② 식품에 감미를 부여할 목적으로 첨가된다.
③ 화학적합성품에 해당된다.
④ 천연물유도체도 포함되어 있다.

삭카린나트륨(sodium saccharin)은 젓갈류, 절임식품, 조리식품, 김치류, 음료류, 어육가공품, 시리얼류 등에 사용될 수 있으며, 사용기준을 준수해야 한다.

005
다음 식품첨가물 중 유지의 산화방지제는?

① 소르빈산칼륨
② 차아염소산나트륨
③ 비타민 E
④ 아질산나트륨

비타민 E(토코페롤)
• d-토코페롤(혼합형) : 식용식물성기름에서 얻어진 d-토코페롤의 농축물로 비타민 E와 동시에 항산화제로 이용
• d-α-토코페롤 : 식용식물성기름에서 얻는 비타민 E의 한 형태로 항산화제로 이용

006
식품과 그 식품에 유래될 수 있는 독성물질의 연결이 틀린 것은?

① 복어 – 테트로도톡신
② 모시조개 – 베네루핀
③ 맥각 – 에르고톡신
④ 은행 – 말토리진

> 말토리진(maltoryzine)은 신경독을 유발하는 곰팡이 독소이다.

007
육류의 직화구이나 훈연 중에 발생하는 발암물질은?

① 아크릴아마이드(acrylamide)
② 니트로사민(N-nitrosamine)
③ 에틸카바메이트(ethylcarbamate)
④ 벤조피렌(benzopyrene)

> 벤조피렌(benzopyrene)은 식품을 가열하는 과정에서 필연적으로 생성되는 물질로 세계보건기구와 국제암연구소가 규정한 발암물질로 알려져 있다.

008
식중독을 일으킬 수 있는 화학물질로 보기 어려운 것은?

① 포르말린(formalin) ② 만니톨(mannitol)
③ 붕산(boric acid) ④ 승홍

> 만니톨(mannitol)은 백색의 결정성 분말로 냄새가 없으며 단맛을 가지고 있어 식품의약품안전처에 의해 감미료로 사용이 허가되어 있다.

009
과실류나 채소류 등 식품의 살균목적 이외에 사용하여서는 아니 되는 살균소독제는?(단, 참깨에는 사용 금지)

① 차아염소산나트륨 ② 양성비누
③ 과산화수소수 ④ 에틸알코올

> 살균료(소독제)
> • 차아염소산나트륨(sodium hypochlorite) : 참깨에는 사용할 수 없음
> • 차아염소산수(hypochlorous acid water) : 과실류, 채소류 등의 식품 살균을 목적으로 사용하며, 최종식품의 완성 전에 제거하여야 함
> • 표백분(bleaching powder), 고도표백분(calcium hypochlorite)
> • 이염화이소시아뉼산나트륨(sodium dichloroisocyanurate)
> • 과산화수소(hydrogen peroxide) : 표백제로도 사용, 최종 식품의 완성 전에 분해하거나 제거하여야 함

010
단백질 식품이 부패할 때 생성되는 물질이 아닌 것은?

① 레시틴 ② 암모니아
③ 아민류 ④ 황화수소(H_2S)

> 육류, 어류 등의 단백질, 아미노산, 핵산 등 함질소화합물이 분해되면 암모니아, 황화수소(H_2S), 인돌(indole), 메르캅탄(mercaptan), 아민(amine) 등이 생성되어 악취가 난다.

011
식품공전에 규정되어 있는 표준온도는?

① 10℃ ② 15℃
③ 20℃ ④ 25℃

> 식품공전상의 일반원칙
> • 중량백분율을 표시할 때에는 %의 기호를 쓴다.
> • 표준온도는 20℃, 상온은 15~25℃, 실온은 1~35℃, 미온은 30~40℃ 이다.
> • 따로 규정이 없는 한 찬물은 15℃ 이하, 온탕 60~70℃, 열탕은 약 100℃의 물을 말한다.
> • 검체를 취하는 양에 "약"이라고 한 것은 따로 규정이 없는 한 기재량의 90~110%의 범위 내에서 취하는 것을 말한다.

012
영업의 허가 및 신고를 받아야 하는 관청이 다른 것은?

① 식품운반업 ② 식품조사처리업
③ 단란주점영업 ④ 유흥주점영업

> • 식품운반업 : 특별자치도지사 또는 시장·군수·구청장에게 신고
> • 식품조사처리업 : 식품의약품안전처장의 허가
> • 단란주점영업 : 특별자치도지사 또는 시장·군수·구청장의 허가
> • 유흥주점영업 : 특별자치도지사 또는 시장·군수·구청장의 허가

013
식품등의 표시기준에 명시된 표시사항이 아닌 것은?

① 업소명 및 소재지 ② 판매자 성명
③ 성분명 및 함량 ④ 유통기한

식품등의 표시기준 표시사항
- 주표시면 : 제품명, 내용량(내용량에 해당하는 열량)
- 일괄표시면 : 식품의 유형, 제조연월일, 유통기한 또는 품질유지기한, 원재료명 및 함량, 성분명 및 함량
- 기타표시면 : 업소명 및 소재지, 영양성분, 주의사항, 기타사항

014
식품위생법상 집단급식소 운영자의 준수사항으로 틀린 것은?

① 실험 등의 용도로 사용하고 남은 동물을 처리하여 조리해서는 안 된다.
② 지하수를 먹는 물로 사용하는 경우 수질검사의 모든 항목 검사는 1년마다 하여야 한다.
③ 식중독이 발생한 경우 원인규명을 위한 행위를 방해하여서는 아니 된다.
④ 동일 건물에서 동일 수원을 사용하는 경우 타 업소의 수질검사결과로 갈음할 수 있다.

수돗물이 아닌 지하수 등을 먹는 물 또는 식품의 조리·세척 등에 사용하는 경우에는 먹는물 수질검사기관에서 다음의 구분에 따라 검사를 받아 마시기에 적합하다고 인정된 물을 사용하여야 한다. 다만, 같은 건물에서 같은 수원을 사용하는 경우에는 같은 건물 안에 하나의 업소에 대한 시험결과를 같은 건물 안의 타 업소에 대한 시험결과로 갈음할 수 있다.
- 일부항목 검사 : 1년마다(모든 항목 검사를 하는 연도의 경우를 제외) 마을상수도의 검사기준에 따른 검사(잔류염소에 관한 검사를 제외). 다만, 시·도지사가 오염의 우려가 있다고 판단하여 지정한 지역에서는 먹는 물의 수질기준에 따른 검사를 하여야 한다.
- 모든 항목 검사 : 2년마다 먹는 물의 수질기준에 따른 검사

015
식품위생법상 식품위생감시원의 직무가 아닌 것은?

① 영업소의 폐쇄를 위한 간판 제거 등의 조치
② 영업의 건전한 발전과 공동의 이익을 도모하는 조치
③ 영업자 및 종업원의 건강진단 및 위생교육의 이행 여부의 확인·지도
④ 조리사 및 영양사의 법령 준수사항 이행 여부의 확인·지도

식품위생감시원의 직무
- 식품등의 위생적인 취급에 관한 기준의 이행 지도
- 수입·판매 또는 사용 등이 금지된 식품등의 취급 여부에 관한 단속
- 표시기준 또는 과대광고 금지의 위반 여부에 관한 단속
- 출입·검사 및 검사에 필요한 식품등의 수거
- 시설기준의 적합 여부의 확인·검사
- 영업자 및 종업원의 건강진단 및 위생교육의 이행 여부의 확인·지도
- 조리사 및 영양사의 법령 준수사항 이행 여부의 확인·지도
- 행정처분의 이행 여부 확인
- 식품등의 압류·폐기 등
- 영업소의 폐쇄를 위한 간판 제거 등의 조치
- 그 밖에 영업자의 법령 이행 여부에 관한 확인·지도

016
훈연시 발생하는 연기성분에 해당하지 않는 것은?

① 페놀(phenol)
② 포름알데히드(formaldehyde)
③ 개미산(formic acid)
④ 사포닌(saponin)

훈연법은 나무를 불완전 연소시켜 발생한 연기인 포름알데히드, 메틸알코올, 페놀, 개미산(formic acid)에 그을리는 방법으로 식품의 풍미를 향상시키고 외관의 색을 변화시키며 저장성을 높여준다.

017
알칼리성 식품에 해당하는 것은?

① 송이버섯 ② 달걀
③ 보리 ④ 쇠고기

산성 식품과 알칼리성 식품
- 산성 식품 : P(인), S(황), Cl(염소), N(질소) 등을 함유하고 있는 식품(곡류, 어류, 알류, 육류 등)
- 알칼리성 식품 : Na(나트륨), K(칼륨), Ca(칼슘), Mg(마그네슘) 등을 함유하고 있는 식품(해조류, 채소, 과일, 우유 등)

018
수확한 후 호흡작용이 상승되어 미리 수확하여 저장하면서 호흡작용을 인공적으로 조절할 수 있는 과일류와 가장 거리가 먼 것은?

① 아보카도　　② 망고
③ 바나나　　　④ 레몬

> 가스저장법(CA 저장)은 미숙한 과일의 후숙작용을 억제하기 위하여 CO_2 또는 N_2 가스를 주입시켜 효소를 불활성시켜 호흡속도를 줄이고 미생물의 생육과 번식을 억제시켜 저장하는 방법으로 사과, 배, 바나나, 감, 토마토 등의 과일에 가장 적당하며, 레몬, 오렌지 등에는 적당하지 않다.

019
하루 동안 섭취한 음식 중에 단백질 70g, 지질 40g, 당질 400g이 있었다면 이 때 얻을 수 있는 열량은?

① 1995kcal
② 2195kcal
③ 2240kcal
④ 2295kcal

> 1g당 발생 열량은 단백질과 탄수화물(당질) 4kcal, 지질 9kcal, 알코올 7kcal이다.

020
단백질의 열변성에 대한 설명으로 옳은 것은?

① 보통 30℃에서 일어난다.
② 수분이 적게 존재할수록 잘 일어난다.
③ 전해질이 존재하면 변성속도가 늦어진다.
④ 단백질에 설탕을 넣으면 응고온도가 높아진다.

> 단백질에 설탕을 넣으면 단백질이 수화되기 쉬운 상태가 되어 응고를 방해하고 응고온도는 높아지게 된다.

021
자유수와 결합수의 설명으로 맞는 것은?

① 결합수는 자유수보다 밀도가 작다.
② 자유수는 0℃에서 비중이 제일 크다.
③ 자유수는 표면장력과 점성이 작다.
④ 결합수는 용질에 대해 용매로 작용하지 않는다.

유리수와 결합수	
유리수(자유수)	결합수
미생물 생육이 가능하다.	미생물 생육이 불가능하다.
건조로 쉽게 분리할 수 있다.	쉽게 건조되지 않는다.
0℃ 이하에서 동결된다.	0℃ 이하에서도 동결되지 않는다.
비점과 융점이 높다.	100℃ 이상에서 끓지 않는다.
비중과 비열이 크다.	유리수보다 밀도가 크다.
수용성 물질을 녹일 수 있다.	물질을 녹일 수 없다.

022
지방에 대한 설명으로 틀린 것은?

① 동·식물에 널리 분포되어 있으며 일반적으로 물에 잘 녹지 않고 유기용매에 녹는다.
② 에너지원으로서 1g당 9kcal의 열량을 공급한다.
③ 포화지방산은 이중 결합을 가지고 있는 지방산이다.
④ 포화정도에 따라 융점이 달라진다.

> 지방산의 종류
> • 포화지방산 : 상온에서 고체로 존재, 이중 결합이 없는 지방산(팔미틴산, 스테아린산)
> • 불포화지방산 : 융점이 낮아 상온에서 액체로 존재하며, 이중 결합이 있는 지방산(올레인산, 리놀레인산, 리놀레닌산, 아라키도닉산)

023
탄수화물 식품의 노화를 억제하는 방법과 가장 거리가 먼 것은?

① 항산화제의 사용
② 수분함량 조절
③ 설탕의 첨가
④ 유화제의 사용

> 노화 억제 : 건조(수분 15% 이하), 냉동(0℃ 이하), 설탕 첨가, 유화제 첨가

024
카로티노이드(carotenoid) 색소와 소재 식품의 연결이 틀린 것은?

① 베타카로틴(β-carotene) - 당근, 녹황색 채소
② 라이코펜(lycopene) - 토마토, 수박
③ 아스타잔틴(astaxanthin) - 감, 옥수수, 난황
④ 푸코크잔틴(fucoxanthin) - 다시마, 미역

아스타잔틴(astaxanthin)은 새우나 게와 같은 갑각류의 피부에 함유된 카로티노이드 계열의 청록색 색소로 가열시 산화되어 적색의 아스타신(astacin)으로 변한다.

025
육류 조리시의 향미성분과 관계가 먼 것은?

① 질소함유물
② 유기산
③ 유리아미노산
④ 아밀로오스

아밀로오스(Amylose)와 아밀로펙틴(Amylopectin)은 일반적인 전분의 입자를 구성하고 있는 성분이다.

026
동물성 식품의 냄새성분과 거리가 먼 것은?

① 아민류
② 암모니아류
③ 시니그린
④ 카르보닐화합물

시니그린(sinigrine)은 겨자의 매운맛 성분이다.

027
우유의 가공에 관한 설명으로 틀린 것은?

① 크림의 주성분은 우유의 지방성분이다.
② 분유는 전지유, 탈지유 등을 건조시켜 분말화한 것이다.
③ 저온 살균법은 63~65℃에서 30분간 가열하는 것이다.
④ 무당연유는 살균과정을 거치지 않고, 가당연유만 살균과정을 거친다.

연유는 우유를 농축시켜 만든 우유의 가공품으로 16%의 설탕을 첨가하여 약 1/3의 부피로 농축시킨 가당연유와 우유를 그대로 1/3 부피로 농축시킨 무당연유로 구분하며, 제조 공정상 모두 살균과정을 거친다.

028
설탕을 포도당과 과당으로 분해하여 전화당을 만드는 효소는?

① 아밀라아제(amylase)
② 인버타아제(invertase)
③ 리파아제(lipase)
④ 피타아제(phytase)

이당류인 설탕은 분해효소인 인버타아제(Invertase)에 의해 단당류인 포도당과 과당의 동량 혼합물이 되며, 이를 전화당이라 한다. 전화당은 설탕보다 약 30% 정도 더 단맛을 갖는다.

029
체내에서 열량원으로 보다 여러 가지 생리적 기능에 관여하는 것은?

① 탄수화물, 단백질
② 지방, 비타민
③ 비타민, 무기질
④ 탄수화물, 무기질

비타민과 무기질은 체내 생리작용을 조절하여 대사를 원활하게 하는 조절 영양소이다.

030
단맛을 가지고 있어 감미료로도 사용되며, 포도당과 이성체(isomer) 관계인 것은?

① 한천
② 펙틴
③ 과당
④ 전분

과당(Fructose)은 당류 중 가장 단맛이 강하며 벌꿀의 과즙 구성성분인 단당류로 포도당과 화학식은 $C_6H_{12}O_6$으로 같지만, 체인구조와 고리구조가 다른 이성질체이다.

031
전분의 호정화에 대한 설명으로 틀린 것은?

① 색과 풍미가 바뀌어 비효소적 갈변이 일어난다.
② 호화된 전분보다 물에 녹기 쉽다.
③ 전분을 150~190℃에서 물을 붓고 가열할 때 나타나는 변화이다.
④ 호정화되면 텍스트린이 생성된다.

전분의 호정화란 전분에 물을 가하지 않고 160~170℃의 건열로 가열하면 여러 단계의 가용성 전분을 거쳐 덱스트린으로 분해되는 현상으로 수분이 들어가지 않는다는 점에서 호화(α화)와 차이가 있으며 물리적 변화인 호화에 화학적 변화가 같이 일어난다.

032
다음 중 단체급식 식단에서 가장 우선적으로 고려해야 할 사항은?

① 영양성, 위생성
② 기호도 충족
③ 경비절감
④ 합리적인 작업관리

집단 급식시의 고려사항
• 급식대상자의 영양량을 산출한다.
• 지역적인 식습관을 고려하여 새로운 식습관을 개발한다.
• 피급식자의 생활시간 조사에 따른 3식의 영양량을 배분한다.
• 집단 급식에서 가장 우선적으로 공급되어야 할 영양소는 단백질로 단백질 양의 1/3은 양질의 단백질로 섭취한다(동물성 단백질).

033
육류의 가열 조리시 나타나는 현상이 아닌 것은?

① 색의 변화
② 수축 및 중량감소
③ 풍미의 증진
④ 부피의 증가

육류 가열에 의한 고기 변화
• 고기 단백질의 응고, 고기의 수축, 분해
• 중량 및 보수성의 감소
• 결합 조직의 연화(콜라겐 → 젤라틴화)
• 지방의 용해
• 색의 변화
• 풍미의 변화

034
냉매와 같은 저온 액체 속에 넣어 냉각, 냉동시키는 방법으로 닭고기 같은 고체 식품에 적합한 냉동법은?

① 침지식 냉동법
② 분무식 냉동법
③ 접촉식 냉동법
④ 송풍 냉동법

침지식 냉동법은 식품을 냉매와 같은 저온액체 속에 침지하여 냉동시키는 방법으로 표면전열계수가 높고 급속냉동이 필요한 닭고기 같은 고체식품에 이용된다.

035
연화 작용력이 가장 적은 것은?

① 버터
② 마가린
③ 쇼트닝
④ 라드

연화 작용력의 크기 : 라드 > 쇼트닝 > 버터 > 마가린

036
급식인원이 500명인 단체급식소에서 가지조림을 하려고 한다. 가지 1인당 중량이 30g이고, 폐기율이 6%일 때 총 발주량은?

① 약 14kg
② 약 16kg
③ 약 20kg
④ 약 25kg

계산방법
• 총발주량 $= \dfrac{\text{정미중량} \times 100}{100 - \text{폐기율}} \times \text{인원수}$

$= \dfrac{30 \times 100}{100 - 6} \times 500 = 15957g ≒ 16kg$

037
조미료는 분자량이 큰 것부터 넣어야 침투가 잘 되어 맛이 좋아지는데 분자량이 큰 순서대로 넣는 순서가 맞는 것은?

① 소금→ 설탕→ 식초
② 소금→ 식초→ 설탕

③ 설탕→소금→식초
④ 설탕→식초→소금

> 조미료의 침투속도를 고려하면 설탕 → 소금 → 간장 → 식초 → 참기름 순으로 넣도록 한다.

038
육류의 연화방법으로 바람직하지 않은 것은?

① 근섬유와 결합조직을 두들겨 주거나 잘라준다.
② 배즙 음료, 파인애플 통조림으로 고기를 재워 놓는다.
③ 간장이나 소금(1.3~1.5%)을 적당량 사용하여 단백질의 수화를 증가시킨다.
④ 토마토, 식초, 포도주 등으로 수분 보유율을 높인다.

> 육류의 연화법
> - 기계적 방법 : 고기를 결 반대로 썰거나, 칼로 다지거나, 칼집을 넣으면 근육과 결합조직 사이가 끊어져서 연해진다.
> - 단백질 분해효소 첨가 : 배즙, 생강의 프로테아제(Protease), 파인애플의 브로멜린(Bromelin), 무화과의 피신(Ficin), 파파야의 파파인(Papain)을 첨가한다.
> - 동결 : 고기를 얼리면 세포의 수분이 단백질보다 먼저 얼어서 용적이 팽창하여 세포가 파괴되므로 고기가 연해진다.
> - 숙성 : 숙성기간을 거치면 단백질 분해효소의 작용으로 고기가 연해진다.
> - 가열조리방법 : 결체 조직이 많은 고기는 장시간 물에 끓이면 콜라겐이 가수분해되어 연해진다.
> - 설탕 첨가 : 육류의 단백질이 연화된다.
> ※ 다만, 통조림 제품의 경우 제조 시 열을 가하는 과정에서 단백질 분해효소가 파괴되기 때문에 이를 사용하더라도 육류가 연화되지 않는다.

039
영양소의 손실이 가장 큰 조리법은?

① 바삭바삭한 튀김을 위해 튀김옷에 중조를 첨가한다.
② 푸른색 채소를 데칠 때 약간의 소금을 첨가한다.
③ 감자를 껍질째 삶은 후 절단한다.
④ 쌀을 담가놓았던 물을 밥물로 사용한다.

> 중조는 섬유소를 쉽게 파괴하며, 비타민 B₁과 B₆의 손실을 가져올 뿐 아니라, 비타민 C도 파괴된다.

040
생선비린내를 제거하는 방법으로 틀린 것은?

① 우유에 담가두거나 물로 씻는다.
② 식초로 씻거나 술을 넣는다.
③ 소다를 넣는다.
④ 간장, 된장을 사용한다.

> 생선의 어취(비린내)는 트리메틸아민옥사이드가 환원되어 트리메틸아민(TMA)으로 된 것으로 이를 제거하기 위해서는 찬물로 씻고, 식초·과즙산 첨가, 술, 간장·된장·고추장, 파·마늘·생강·고추냉이·겨자, 무·샐러리·당근, 우유를 사용하고, 신선하지 않은 생선은 뜨거운 물을 끼얹어 열탕 처리한 후 냉수로 씻어 조리를 하며, 파·마늘·생강은 생선이 익은 후에 넣어야 한다.

041
1kg당 20000원 하는 불고기용 돼지고기를 구입하여 1인당 100g씩 배식하려한다. 식재료 원가 비율을 40% 수준으로 유지하려 할 때 적절한 판매 가격은?(단, 1인당 불고기 양념비는 400원이며 조리 후 중량 감소는 무시함)

① 5000원   ② 5500원
③ 6000원   ④ 6500원

> 계산방법
> 식자재비율% = $\dfrac{식자재비}{판매가격}$ · 판매가격 = $\dfrac{식자재비}{식자재비율%}$
> 식자재비 = $\dfrac{20000}{10}$ + 400 = 2400원
> ∴ 판매가격 = $\dfrac{2400}{0.4}$ = 6000원

042
전분 호화에 영향을 미치는 인자와 가장 거리가 먼 것은?

① 전분의 종류   ② 가열온도
③ 수분   ④ 회분

> 전분의 호화란 β-전분을 소화가 용이한 α-전분으로 만드는 과정을 말한다. 이 과정은 β-전분에 물을 넣고 가열하는 것으로 전분의 종류, 가열온도, 수분의 양, 전분입자의 크기, pH 등에 따라 영향을 받는다.

043
가열조리를 위한 기기가 아닌 것은?

① 프라이어(fryer)
② 로스터(roaster)
③ 브로일러(broiler)
④ 미트초퍼(meat chopper)

미트초퍼(meat chopper)는 고기 등을 잘게 가는데 사용되는 고기 분쇄기로 스크루로 고기를 밀어내고 절단기와 판에 의하여 잘게 분쇄시킨다.

044
달걀프라이를 하기 위해 프라이팬에 달걀을 깨뜨려 놓았을 때 다음 중 가장 신선한 것은?

① 난황이 터져 나왔다.
② 난백이 넓게 퍼졌다.
③ 난황은 둥글고 주위에 농후난백이 많았다.
④ 작은 혈액 덩어리가 있었다.

달걀을 깨뜨려 봐서 난백의 교질성, 난황의 높이, 냄새, 반점의 유무 등을 보고 신선도를 알아낸다. 난황(노른자)은 구형이며, 난백(흰자)은 퍼지지 않아야 신선한 달걀이다.

045
식초를 첨가하였을 때 얻어지는 효과가 아닌 것은?

① 방부성
② 콩의 연화
③ 생선 가시 연화
④ 생선의 비린내 제거

콩의 단백질인 글리시닌은 수용성으로 산성인 pH 4~5에서는 거의 불용성 상태가 된다.

046
두부에 대한 설명으로 틀린 것은?

① 두부는 두유를 만들어 80~90°C에서 응고제를 조금씩 넣으면서 저어 단백질을 응고시킨 것이다.
② 응고된 두유를 굳히기 전은 순두부라 하고 일반 두부와 순두부 사이의 경도를 갖는 것은 연두부라 한다.
③ 두부를 데칠 경우는 가열하는 물에 식염을 조금 넣으면 더 부드러운 두부가 된다.
④ 응고제의 양이 적거나 가열 시간이 짧으면 두부가 딱딱해진다.

응고제의 양이 너무 적으면 굳지 않고 너무 많으면 두부가 딱딱해진다. 또한, 가열시간이 짧으면 비린맛이 남고 너무 길면 콩 자체의 풍미가 없어진다.

047
채소를 데치는 요령으로 적합하지 않은 것은?

① 1~2% 식염을 첨가하면 채소가 부드러워지고 푸른색을 유지할 수 있다.
② 연근을 데칠 때 식초를 3~5% 첨가하면 조직이 단단해져서 씹을 때의 질감이 좋아진다.
③ 죽순을 쌀뜨물에 삶으면 불미 성분이 제거된다.
④ 고구마를 삶을 때 설탕을 넣으면 잘 부스러지지 않는다.

048
튀김시 기름에 일어나는 변화를 설명한 것 중 틀린 것은?

① 기름은 비열이 낮기 때문에 온도가 쉽게 상승하고 쉽게 저하된다.
② 튀김재료의 당, 지방 함량이 많거나 표면적이 넓을 때 흡유량이 많아진다.
③ 기름의 열용량에 비하여 재료의 열용량이 클 경우 온도의 회복이 빠르다.
④ 튀김옷으로 사용하는 밀가루는 글루텐의 양이 적은 것이 좋다.

열용량이란 어떤 물체의 온도를 1°C 올리는데 필요한 열량(단위는 kcal/°C 또는 J/°C)으로 기름의 열용량에 비하여 재료의 열용량이 작을 경우 온도의 회복이 빠르다.

049
과일의 과육 전부를 이용하여 점성을 띠게 농축한 잼(Jam)제조 조건과 관계없는 것은?

① 펙틴과 산이 적당량 함유된 과일이 좋다.
② 펙틴의 함량은 0.1%일 때 잘 형성된다.
③ 최적의 산(pH)은 3.0~3.3 정도이다.
④ 60~65%의 설탕이 필요하다.

> 젤리화의 3요소 : 펙틴(1.0~1.5%), 유기산(0.5%, pH 3~4), 당분(60~65%)

050
식품감별법 중 옳은 것은?

① 오이는 가시가 있고 가벼운 느낌이 나며, 절단했을 때 성숙한 씨가 있는 것이 좋다.
② 양배추는 무겁고 광택이 있는 것이 좋다.
③ 우엉은 굽고 수염뿌리가 있는 것으로 외피가 딱딱한 것이 좋다.
④ 토란은 겉이 마르지 않고 잘랐을 때 점액질이 없는 것이 좋다.

051
자외선이 인체에 주는 작용이 아닌 것은?

① 살균 작용
② 구루병 예방
③ 열사병 예방
④ 피부 색소 침착

> 자외선의 작용
> • 파장이 2,800~3,200Å(옴스트롱)일 때 인체에 유익한 작용을 한다.
> • 비타민 D 형성을 촉진시켜 구루병을 예방한다.
> • 2,600Å 부근의 파장인 경우 살균작용이 가장 강하다.
> • 피부의 홍반, 색소침착 및 피부암 등을 유발하기도 한다.
> • 신진대사 촉진, 적혈구생성 촉진, 혈압강하 작용을 한다.

052
기생충과 중간숙주와의 연결이 틀린 것은?

① 구충 – 오리
② 간디스토마 – 민물고기
③ 무구조충 – 소
④ 유구조충 – 돼지

> 구충(십이지장충)은 분변으로부터 외계에 나온 구충란이 부화·탈피한 후 유충이 경피감염 또는 경구감염을 통해 전파된다.

053
하수의 생물학적 처리방법 중 호기성 처리에 속하지 않는 것은?

① 부패조 처리
② 살수여과법
③ 활성오니법
④ 산화지법

> 하수처리방법
> • 호기성처리 : 활성오니법, 살수여과법, 산화지법
> • 혐기성처리 : 부패조처리법, 임호프탱크법

054
잠함병의 직접적인 원인은?

① 혈중 CO 농도 증가
② 체액의 질소기포 증가
③ 백혈구와 적혈구 증가
④ 체액의 CO_2 증가

> 잠함병(잠수병)은 고압환경에서 감압 시 나타나는 것으로 질소(N_2)와 관련이 있다.

055
환기효과를 높이기 위한 중성대(neutral zone)의 위치로 가장 적합한 것은?

① 방바닥 가까이
② 방바닥과 천장의 중간
③ 방바닥과 천장 사이의 1/3 정도의 높이
④ 천장 가까이

> 유입되는 공기는 하부로, 유출되는 공기는 상부로 이루어지는데, 그 중간에 압력이 0인 지대를 중성대라 하며, 중성대가 높은 위치에 형성될수록 환기량이 크다.

056
소음에 의하여 나타나는 피해로 적절하지 않은 것은?

① 불쾌감
② 대화방해
③ 중이염
④ 소음성 난청

중이염은 귓속의 중이강 내에 일어나는 염증을 말하며, 미생물에 의한 감염이 원인이다.

057
평균수명에서 질병이나 부상으로 인하여 활동하지 못하는 기간을 뺀 수명은?

① 기대수명
② 건강수명
③ 비례수명
④ 자연수명

• 기대수명 : 어느 연령에 도달한 사람이 그 이후 몇 년 동안 생존할 수 있는가를 계산한 평균생존년수
• 건강수명 : 평균수명에서 질병이나 부상으로 인하여 활동하지 못한 기간을 뺀 기간의 수명

058
감염병과 감염경로의 연결이 틀린 것은?

① 성병 – 직접 접촉
② 폴리오 – 공기 감염
③ 결핵 – 개달물 감염
④ 백일해 – 비말 감염

폴리오는 소화기계를 통해 침투하여 신경계에 작용하는 것으로 제2급 감염병에 해당된다.

059
바이러스의 감염에 의하여 일어나는 감염병이 아닌 것은?

① 콜레라
② 홍역
③ 일본뇌염
④ 유행성 간염

병원체에 따른 감염병의 분류
• 바이러스(Virus) : 인플루엔자, 천연두, 뇌염, 홍역, 급성회백수염(소아마비, 폴리오), 유행성 간염, 트라콤, 감염성 설사병, 풍진, 광견병(공수병), 유행성이하선염
• 리케차(Rickettsia) : 발진열, 발진티푸스, 양충병
• 세균(Bacteria) : 콜레라, 성홍열, 디프테리아, 백일해, 페스트, 이질, 파라티푸스, 유행성 뇌척수막염, 장티푸스, 파상풍, 결핵, 폐렴, 나병, 수막구균성 수막염
• 스피로헤타(Spirochaetales) : 매독, 서교증, 와일씨병, 재귀열
• 원충(Protozoa) : 말라리아, 아메바성이질, 트리파노조마(수면병)

060
모기가 매개하는 감염병이 아닌 것은?

① 황열
② 뎅기열
③ 디프테리아
④ 사상충증

디프테리아는 파리가 매개하는 호흡기계 감염병으로 제1급 감염병에 속한다.

15회 【정답】 공단 기출문제

001	002	003	004	005
④	③	③	①	③
006	007	008	009	010
④	④	②	①	①
011	012	013	014	015
③	②	②	②	②
016	017	018	019	020
④	①	④	③	④
021	022	023	024	025
④	③	①	③	④
026	027	028	029	030
③	④	②	③	③
031	032	033	034	035
③	①	④	①	②
036	037	038	039	040
②	③	②	①	③
041	042	043	044	045
③	④	④	③	②
046	047	048	049	050
④	④	③	②	②
051	052	053	054	055
③	①	①	②	④
056	057	058	059	060
③	②	②	①	③

제 16 회 공단 기출문제

001
부적절하게 조리된 햄버거 등을 섭취하여 식중독을 일으키는 O157:H7균은 다음 중 무엇에 속하는가?

① 살모넬라균 ② 리스테리아균
③ 대장균   ④ 비브리오균

> O157:H7균은 제2급 법정감염병인 장출혈성대장균감염증의 주된 원인균으로 감시시 출혈을 동반한 설사와 신장기능 마비 등의 증세가 나타나며, 심한 경우 사망에 이를 수 있다.

002
식품 등의 표시기준에 명시된 표시사항이 아닌 것은?

① 업소명 소재지   ② 성분명 및 함량
③ 판매자 성명   ④ 유통기한

> 표시기준은 식품의 제품명, 식품의 유형, 업소명 소재지, 제조년월일, 유통기한, 내용량, 원재료명 및 함량, 성분명 및 함량, 영양성분 등이다.

003
감염형 세균성 식중독에 해당하는 것은?

① 살모넬라 식중독
② 수은 식중독
③ 클로스트리디움 보툴리늄 식중독
④ 아플라톡신 식중독

> ② - 중금속 / ③ - 독소형 세균성 / ④ - 자연독(곰팡이 독소)

004
용어에 대한 설명 중 틀린 것은?

① 소독 : 병원성 세균을 제거하거나 감염력을 없애는 것
② 방부 : 모든 세균을 완전히 제거하여 부패를 방지하는 것
③ 멸균 : 모든 세균을 제거하는 것
④ 자외선 살균 : 살균력이 가장 큰 2500~2600Å 의 파장을 써서 미생물을 제거하는 것

> 방부란 미생물의 발육을 저지 또는 정지시켜 부패나 발효를 방지하는 방법을 말하는 것으로 모든 세균을 완전히 제거할 수 없다.

005
다음 미생물 중 곰팡이가 아닌 것은?

① 아스퍼질러스(Aspergillus) 속
② 페니실리움(Penicillium) 속
③ 클로스트리디움(Clostridium) 속
④ 리조푸스(Rhizopus) 속

> 클로스트리디움속은 감염을 유발하는 세균으로 파상풍균, 보툴리누스 식중독균 등이 이에 해당한다.

006
식품의 위생적인 준비를 위한 조리장의 관리로 부적합한 것은?

① 조리장의 위생해충은 약제사용을 1회만 실시하면 영구적으로 박멸된다.
② 조리장에 음식물과 음식물 찌꺼기를 함부로 방치하지 않는다.
③ 조리장의 출입구에 신발을 소독할 수 있는 시설을 갖춘다.
④ 조리사의 손을 소독할 수 있도록 손소독기를 갖춘다.

> 조리장의 위생해충은 정기적인 점검 및 구제 대책이 필요하다.

007
주로 부패한 감자에 생성되어 중독을 일으키는 물질은?
① 셉신(sepsine)
② 아미그달린(amygdalin)
③ 시큐톡신(cicutoxin)
④ 마이코톡신(mycotoxin)

아미그달린 – 청매, 살구씨, 복숭아씨 등 / 시큐톡신 – 독미나리 / 마이코톡신 – 곰팡이 독소

008
살모넬라(Salmonella)에 대한 설명으로 틀린 것은?
① 내열성이 강한 독소를 생성한다.
② 그람음성, 간균으로 동·식물계에 널리 분포하고 있다.
③ 발육 적온은 37℃이며, 10℃ 이하에서는 거의 발육하지 않는다.
④ 살모넬라균에는 장티푸스를 일으키는 것도 있다.

살모넬라균은 육류, 계란 등을 조리할 경우 65℃에서 30분 가열한 후 섭취하면 예방할 수 있다.

009
Cholinesterase의 작용을 억제하여 마비 등 신경독성을 나타내는 농약류는?
① DDT
② BHC
③ Propoxar
④ Parathion

콜린에스테라제의 작용을 억제하는 것은 유기인계 농약으로 클로르피리포스(Chlorpyritos), 다이아지논(Diazinon), EPN, 말라티온(Malathion), 메티다티온(Methidathion), 파라티온(Parathion)이 있다.

010
식품첨가물의 사용제한 기준이 아닌 것은?
① 사용할 수 있는 식품의 종류 제한
② 식품에 대한 사용량 제한
③ 사용 방법에 대한 제한
④ 사용 장소에 대한 제한

식품첨가물공전은 총칙, 제조기준, 첨가물의 일반사용기준, 품목별 규격 및 기준, 일반시험법, 시약·시액·용량분석용표준용액 및 표준용액, 부록으로 구성되어 있다.

011
허위표시, 과대광고의 범위에 해당되지 않는 것은?
① 다른 업소의 제품을 비방하거나 비방하는 것으로 의심되는 광고
② 외국어의 사용 등으로 외국제품으로 혼동할 우려가 있는 표시·광고
③ 질병의 치료에 효능이 있다는 내용 또는 의약품으로 혼동할 우려가 있는 내용의 표시·광고
④ 제조방법에 관하여 연구 또는 발견한 사실로서 식품학·영양학 등의 분야에서 공인된 사항의 표시·광고

제조방법에 관하여 연구 또는 발견한 사실에 대한 식품학·영양학 등의 문헌을 이용하여 문헌의 내용을 정확히 표시하고, 연구자의 성명·문헌명·발표년월일을 명시하는 표시·광고는 허위표시·과대광고 범위에 속하지 아니한다.

012
식품 등의 표시기준을 수록한 식품 등의 공전을 작성, 보급하여야 하는 자는?
① 식품의약품안전처장
② 보건소장
③ 시·도지사
④ 식품위생감시원

식품위생법에 따르면 식품의약품안전처장은 규정에 의하여 정하여진 식품·식품첨가물의 기준·규격, 기구 및 용기·포장의 기준·규격, 식품 등의 표시기준을 수록한 식품 등의 공전을 작성·보급하여야 한다.

013
일반음식점의 영업신고는 누구에게 하는가?
① 동사무소장
② 시장·군수·구청장
③ 식품의약품안전처장
④ 보건소장

> 일반음식점, 휴게음식점의 영업은 시장·군수·구청장에게 신고를 하여야 한다.

014
식품위생법상 식품을 제조, 가공 또는 보존함에 있어 식품에 첨가, 혼합, 침윤 기타의 방법으로 사용되는 물질(기구 및 용기, 포장의 살균, 소독의 목적에 사용되어 간접적으로 식품에 이행될 수 있는 물질을 포함한다)이라 함은 무엇에 대한 정의인가?
① 식품
② 식품첨가물
③ 화학적 합성품
④ 기구

> "식품첨가물"이란 식품을 제조·가공 또는 보존하는 과정에서 식품에 넣거나 섞는 물질 또는 식품을 적시는 등에 사용되는 물질을 말한다. 이 경우 기구(器具)·용기·포장을 살균·소독하는 데에 사용되어 간접적으로 식품으로 옮아갈 수 있는 물질을 포함한다.

015
식품위생법상 식품을 제조·가공단계부터 판매단계까지 각 단계별로 정보를 기록·관리하여 그 식품의 안전성 등에 문제가 발생할 경우 그 식품을 추적하여 원인을 규명하고 필요한 조치를 할 수 있도록 관리하는 것을 무엇이라 하는가?
① 식품생산추적관리
② 식품안전관리
③ 식품위생관리
④ 식품이력추적관리

> "식품이력추적관리"란 식품을 제조·가공단계부터 판매단계까지 각 단계별로 정보를 기록·관리하여 그 식품의 안전성 등에 문제가 발생할 경우 그 식품을 추적하여 원인을 규명하고 필요한 조치를 할 수 있도록 관리하는 것을 말한다.

016
지방 산패 촉진인자가 아닌 것은?
① 빛
② 지방분해효소
③ 비타민 E
④ 산소

> 유지의 산패를 촉진시키는 인자는 광선, 산소, 철, 구리 등 금속이다. 이와 달리 비타민 E(토코페롤)는 천연 항산화제로 사용된다.

017
식품의 분류에 대한 설명으로 틀린 것은?
① 식품은 수분과 고형물로 나눌 수 있다.
② 고형물은 유기질과 무기질로 나누어진다.
③ 유기질은 조단백질, 조지방, 탄수화물, 비타민으로 나누어진다.
④ 조단백질은 조섬유와 당질로 나누어진다.

> 조섬유와 당질로 나누어지는 것은 탄수화물이다.

018
식품의 산성 및 알칼리성을 결정하는 기준 성분은?
① 필수지방산 존재 여부
② 필수아미노산 존재 유무
③ 구성 탄수화물
④ 구성 무기질

> 구성 무기질이 체내에서 분해되어 어떤 성격을 갖느냐에 따라 산성식품과 알칼리성식품으로 구분한다.

019
영양섭취기준 중 권장섭취량을 구하는 식은?
① 평균필요량 + 표준편차 × 2
② 평균필요량 + 표준편차
③ 평균필요량 + 충분섭취량 × 2
④ 평균필요량 + 충분섭취량

> 권장섭취량(R)은 대다수의 필요량을 충족시키는 수준으로 평균필요량(EAR, 건강한 사람들의 일일 영양필요량의 중앙값)에 표준편차의 2배를 더하여 정해진 값이다.

020
다음 중 황함유 아미노산은?

① 메티오닌
② 프로린
③ 글리신
④ 트레오닌

메티오닌(methionine)은 황을 함유하는 α-아미노산의 일종으로 대부분의 단백질 속에 함유되어 있는 필수아미노산 중의 하나이다. 황함유 아미노산에는 이외에도 시스테인(cysteine)과 시스틴(cystine)이 있다.

021
다음 중 물에 녹는 비타민은?

① 레티놀(retinol)
② 토코페롤(tocopherol)
③ 리보플라빈(riboflavin)
④ 칼시페롤(calciferol)

비타민 B군 및 비타민 C, 나이아신은 수용성 비타민에 해당된다. 리보플라빈은 비타민 B_2이다. 또한, 비타민 A(레티놀), 비타민 D(칼시페롤), 비타민 E(토코페롤), 비타민 K(필로퀴논)은 지용성 비타민에 해당된다.

022
비타민에 관한 설명 중 틀린 것은?

① 카로틴은 프로비타민 A이다.
② 비타민 E는 토코페롤이라고도 한다.
③ 비타민 B_{12}는 코발트(Co)를 함유한다.
④ 비타민 C가 결핍되면 각기병이 발생한다.

각기병은 비타민 B_1의 결핍증이며, 비타민 C의 결핍증은 괴혈병이다.

023
전통적인 식혜 제조방법에서 엿기름에 대한 설명이 잘못된 것은?

① 엿기름의 효소는 수용성이므로 물에 담그면 용출된다.
② 엿기름을 가루로 만들면 효소가 더 쉽게 용출된다.
③ 엿기름가루를 물에 담가 두면서 주물러 주면 효소가 더 빠르게 용출된다.
④ 식혜 제조에 사용되는 엿기름의 농도가 낮을수록 당화 속도가 빨라진다.

식혜 제조시 엿기름의 농도가 높을수록 당화 속도가 빨라진다.

024
다음 중 화학 조미료는?

① 구연산
② HAP(hydrolyzed animail protein)
③ 글루타민산나트륨
④ 효모

글루타민산나트륨(MSG)은 가장 널리 사용되고 있는 화학조미료이다.

025
다음 색소 중 동물성 색소는?

① 안토시안(Anthocyan)
② 클로로필(Chlorophyll)
③ 헤모글로빈(Hemoglobin)
④ 플라보노이드(Flavonoid)

동물성 색소 : 헤모글로빈(철이 함유된 혈액색소), 미오글로빈(근육색소), 헤모시아닌(문어, 오징어 등에 포함), 아스타산틴(피조개의 붉은살, 새우, 가재, 게 등)

026
100℃ 내외의 온도에서 2~4시간 동안 훈연하는 방법은?

① 냉훈법
② 온훈법
③ 배훈법
④ 전기훈연법

배훈법(roast smoking)은 95~120℃에서 2~4시간 훈연처리하여 바로 먹을 수 있는 상태로 만드는 훈연법을 말한다.

027
조리방법에 대한 설명 중 틀린 것은?

① 무 초절이쌈을 할 때 얇게 썰은 무를 식소다 물에 담가 두면 무의 색소성분이 알칼리에 의해 더욱 희게 유지된다.
② 양파를 썬 후 강한 향을 없애기 위해 식초를 뿌려 효소작용을 억제 시켰다.
③ 사골의 핏물을 우려내기 위해 찬물에 담가 혈색소인 수용성 헤모글로빈을 용출시켰다.
④ 모양을 내어 썬 양송이에 레몬즙을 뿌려 색이 변하는 것을 억제시켰다.

무의 플라보노이드 색소는 산성에서 흰색으로 변하며, 알칼리성에서 진한 황색으로 변한다.

028
일반적으로 비스킷 및 튀김의 제품적성에 가장 적합한 밀가루는?

① 강력분　　② 반강력분
③ 중력분　　④ 박력분

글루텐 함량과 밀가루
- 강력분 : 글루텐 13% 이상 (식빵, 마카로니, 스파게티 등)
- 중력분 : 글루텐 10~13% (국수, 만두피 등)
- 박력분 : 글루텐 10% 이하 (케이크, 튀김옷, 카스테라, 약과 등)

029
기름을 오랫동안 저장하여 산소, 빛, 열에 노출되었을 때 색깔, 맛, 냄새 등이 변하게 되는 현상은?

① 발효　　② 부패
③ 산패　　④ 변질

산패는 변패(變敗)라고도 하며 유지를 공기 속에 오래 방치해 두었을 때 산성이 되어 불쾌한 냄새가 나고, 맛이 나빠지거나 빛깔이 변하는 것이다. 유지의 산패를 촉진시키는 인자는 광선, 산소와 철, 구리 등의 금속이다.

030
다음 중 유도지질(derived lipids)은?

① 왁스(wax)
② 인지질(phospholipid)
③ 지방산(fatty acid)
④ 단백지질(proteolipid)

유도지질이란 단순 지질과 복합 지질의 전구 물질로, 이를 가수 분해할 때 유도되는 지방산과 스테롤 등이 이에 해당된다.

031
체온유지 등을 위한 에너지 형성에 관계하는 영양소는?

① 탄수화물, 지방, 단백질
② 물, 비타민, 무기질
③ 무기질, 탄수화물, 물
④ 비타민, 지방, 단백질

탄수화물, 지방, 단백질은 인체 활동에 필요한 에너지를 공급하는 열량 영양소이다.

032
붉은 살 어류에 대한 일반적인 설명으로 맞는 것은?

① 흰살 어류에 비해 지질 함량이 적다.
② 흰살 어류에 비해 수분 함량이 적다.
③ 해저 깊은 곳에 살면서 운동량이 적은 것이 특징이다.
④ 조기, 광어, 가자미 등이 해당된다.

일반적으로 표층에 서식하는 어류에 붉은 살 생선이 많고, 해저 깊은 곳에 살면서 운동량이 적은 어류에 흰 살 생선이 많다. 붉은 살 어류는 흰 살 어류에 비해 지질 함량은 많고, 수분 함량은 적다.

033
다음 중 필수 지방산이 아닌 것은?

① 리놀레산(linoleic acid)
② 스테아르산(stearic acid)
③ 리놀렌산(linolenic acid)
④ 아라키돈산(arachidonic acid)

> 신체의 성장 유지·생리적 과정에는 꼭 필요하지만 동물체내에서 합성이 되지 않거나 합성되는 양이 불충분해서 반드시 식사로 공급되어야 하는 지방산을 필수지방산이라 하며 리놀레산, 리놀렌산, 아라키돈산이 이에 속한다.

034
다음 중 유지의 산패에 영향을 미치는 인자에 대한 설명으로 맞는 것은?

① 유지의 불포화도가 높을수록 산패가 활발하게 일어난다.
② 광선은 산패를 촉진하나 그 중 자외선은 산패에 영향을 미치지 않는다.
③ 구리, 철은 산패를 촉진하나 납, 알루미늄은 산패에 영향을 미치지 않는다.
④ 저장 온도가 0℃ 이하가 되면 산패가 방지된다.

> 유지의 산패
> • 광선은 산패를 촉진시키며, 에너지가 큰 자외선은 더욱 큰 영향이 미친다.
> • 구리, 철은 물론 납, 알루미늄 등과 같이 산화·환원이 용이한 금속 또는 금속이온은 산패를 촉진하거나 영향을 준다.
> • 저장 온도가 낮더라도 자동산화가 진행되어 산패가 발생한다.

035
조리기기와 사용 용도의 연결이 적절하지 않은 것은?

① 살라만더 – 볶음하기
② 전자레인지 – 냉동식품의 해동
③ 블랜더 – 불린 콩 갈기
④ 압력솥 – 갈비찜 하기

> 살라만더(Salamander)는 가스 또는 전기를 열원으로 하는 하향식 구이용 기기로 생선구이나 스테이크 구이용으로 많이 사용된다.

036
우유에 들어있는 비타민 중에서 함유량이 적어 강화우유에 사용되는 지용성 비타민은?

① 비타민 D   ② 비타민 C
③ 비타민 B_1 ④ 비타민 E

> 강화우유란 우유에 비타민 또는 무기질을 강화한 것을 말한다. 비타민 A와 비타민 D, 철분 등이 사용되며, 보기 중 비타민 D가 지용성 비타민에 해당된다.

037
다음 중 고정비에 해당되는 것은?

① 노무비   ② 연료비
③ 수도비   ④ 광열비

> 고정비란 사용 여부와 관계없이 발생하는 비용으로 불변비라고도 하며, 항상 일정한 비용이 들어가는 인건비, 감가상각비, 금융비용, 제경비 등으로 이루어진다.

038
어류의 변질 현상에 대한 설명으로 틀린 것은?

① 휘발성 물질의 양이 증가한다.
② 세균에 의한 탈탄산 반응으로 아민이 생성된다.
③ 아가미가 선명한 적색이다.
④ 트리메틸아민의 양이 증가한다.

> 어류는 광택이 있으며 윤택이 나고 비늘이 고르게 밀착되어 있고, 몸에 탄력성이 있어야 하며, 눈은 투명하고 튀어나온 것이 좋고, 아가미는 선홍색이고 생선 특유의 냄새가 있는 것이 신선한 것이다.

039
어떤 음식의 직접원가는 500원, 제조원가는 800원, 총 원가는 1,000원이다. 이 음식의 판매관리비는?

① 200원   ② 300원
③ 400원   ④ 500원

> '제조원가 = 총원가 – 판매관리비' 이므로 판매관리비는 총원가에서 제조원가를 뺀 금액이다. 따라서 200원이다.

040
단체급식에 대한 설명으로 옳은 것은?

① 학교, 병원, 기숙사, 대중식당에서 특정 다수인에게 계속적으로 음식을 공급하는 것
② 학교, 병원, 공장, 사업장에서 특정 다수인에게 계속적으로 음식을 공급하는 것
③ 학교, 병원 등에서 불특정 다수인에게 계속적으로 음식을 공급하는 것
④ 사회복지시설, 고아원 등에서 불특정 다수인에게 계속적으로 음식을 공급하는 것

> 단체급식은 공장, 사업장, 학교, 병원, 기숙사와 같은 곳에서 집단으로 생활하는 특정의 여러 사람들을 대상으로 상시 1회 50인 이상에게 계속적으로 식사를 공급하는 비영리 급식시설을 말한다.

041
식품의 갈변에 대한 설명 중 잘못된 것은?

① 감자는 물에 담가 갈변을 억제할 수 있다.
② 사과는 설탕물에 담가 갈변을 억제할 수 있다.
③ 복숭아, 오렌지 등은 갈변 원인물질이 없기 때문에 미리 껍질을 벗겨 두어도 변색하지 않는다.
④ 냉동채소의 전처리로 블렌칭(Blanching)을 하여 갈변을 억제할 수 있다.

> 식품의 갈변은 페놀화합물이 산화효소인 페놀옥시다아제에 의해 갈색 색소인 멜라닌으로 전환되어 나타나는 것으로, 원인이 되는 페놀화합물은 식물계에 널리 분포되어 있다.

042
침수 조리에 대한 설명으로 틀린 것은?

① 곡류, 두류 등은 조리 전에 충분히 침수시켜 조미료의 침투를 용이하게 하고 조리시간을 단축시킨다.
② 불필요한 성분을 용출시킬 수 있다.
③ 간장, 술, 식초, 조미액, 기름 등에 담가 필요한 성분을 침투시켜 맛을 좋게 해준다.
④ 당장법, 염장법 등은 보존성을 높일 수 있고, 식품을 장시간 담가둘수록 영양성분이 많이 침투되어 좋다.

> 침수란 수분함량이 적은 건조식품을 조리 시 물에 담가 불리는 조작으로 수분함유량을 증대시켜 조직연화, 식품성분의 용출, 효소작용의 저지는 물론 불미성분의 제거에 이용된다.

043
굵은 소금이라고도 하며, 오이지를 담글 때나 김장 배추를 절이는 용도로 사용하는 소금은?

① 재제염
② 천일염
③ 정제염
④ 꽃소금

> 천일염, 호염, 굵은 소금은 모두 같은 것으로 염도가 낮아 김치절임용이나 젓갈 및 된장 등의 장류를 담글 때 쓴다.

044
급속냉동법의 특징이 아닌 것은?

① 단백질의 변질이 적다.
② 식품의 원상 유지가 어느 정도 가능하다.
③ 비타민의 손실을 줄인다.
④ 식품과 얼음의 분리가 심하게 나타난다.

> 급속냉동법을 사용하면 세포나 식품조직 중에 생기는 얼음의 결정이 미세하여 세포나 조직이 파괴되지 않는다.

045
다음 중 조리를 하는 목적으로 적합하지 않은 것은?

① 소화흡수율을 높여 영양효과를 증진
② 식품 자체의 부족한 영양성분을 보충
③ 풍미, 외관을 향상시켜 기호성을 증진
④ 세균 등의 위해 요소로부터 안전성 확보

> 조리의 목적
> - 기호성 : 식품의 외관을 좋게 하여 맛있게 하기 위하여 행한다.
> - 영양성 : 소화를 용이하게 하며 식품의 영양효율을 높이기 위하여 행한다.
> - 안전성 : 위생상 안전한 음식으로 만들기 위하여 행한다.
> - 저장성 : 저장성을 높이기 위하여 행한다.

046
식단 작성의 순서가 바르게 연결된 것은?

| A. 영양필요량 산출 | B. 식품량 산출 |
| C. 3식 영양배분 | D. 식단표 작성 |

① B-C-A-D
② D-A-B-C
③ A-B-C-D
④ C-D-A-B

표준 식단 작성의 순서 : 영양 기준량의 산출 → 식품 섭취량의 산출 → 3식의 배분 결정 → 음식수 및 요리명 결정 → 식단 작성 주기 결정 → 식량 배분 계획 → 식단표 작성

047
우유를 응고시키는 요인과 거리가 먼 것은?

① 가열
② 레닌(rennin)
③ 산
④ 당류

우유의 응고는 가열, 효소(rennin), 알코올, 염류, 산, 페놀화합물 등에 의해 나타난다.

048
다음 중 단맛의 강도가 가장 강한 당류는?

① 설탕
② 젖당
③ 포도당
④ 과당

단맛의 정도 : 과당 > 전화당 > 설탕(자당) > 포도당 > 맥아당 > 갈락토오스 > 유당(젖당)

049
지방에 대한 설명으로 틀린 것은?

① 에너지가 높고 포만감을 준다.
② 모든 동물성 지방은 고체이다.
③ 기름으로 식품을 가열하면 풍미를 향상시킨다.
④ 지용성 비타민의 흡수를 좋게 한다.

동물성 지방은 고체와 액체 상태로 모두 존재한다.

050
급식인원이 1000명인 단체 급식소에서 점심급식으로 닭조림을 하려고 한다. 닭조림에 들어가는 닭 1인 분량은 50g이며 닭의 폐기율이 15%일 때 발주량은 약 얼마인가?

① 50kg
② 60kg
③ 70kg
④ 80kg

계산방법
• 총발주량 = $\dfrac{정미중량 \times 100}{100 - 폐기율} \times 인원수$
• 닭의 폐기율 = 15%
• 총발주량 = $\dfrac{50 \times 100}{100 - 15} \times 1,000$ = 약 58,823(kg)

051
WHO가 규정한 건강의 정의는?

① 질병이 없고, 육제적으로 완전한 상태
② 육체적, 정신적, 사회적 안녕의 완전한 상태
③ 육체적 완전과 사회적 안녕이 유지되는 상태
④ 육체적, 정신적으로 완전한 상태

WHO의 정의에 따르면 "건강이란 단순히 질병이나 허약의 부재 상태만이 아니라 신체적·정신적 및 사회적 안녕의 완전한 상태"이다.

052
하천수에 대한 설명 중 틀린 것은?

① 하천수의 구성성분은 계절, 배수지역의 지형에 따라 다르다.
② 홍수시에는 하천 유량의 대부분이 표면수로 되어 있다.
③ 건기에는 지하수가 많으며 경도가 높아진다.
④ 최대유량과 최소유량 사이의 기간 동안에도 수질의 변화는 거의 없다.

최소유량 때는 수질이 악화되며, 최대유량 때는 탁도가 아주 높아지는 등 계절에 따라서도 수질은 많이 변한다.

053
다음 중 잠복기가 가장 긴 감염병은?

① 디프테리아 ② 파라티푸스
③ 콜레라 ④ 한센병

> 한센병은 병형별로 증상의 차이가 있으나, 잠복기가 긴 만성감염병으로 3~5년 정도이다.

054
감염병의 예방 및 관리에 관한 법률상 제1급 감염병에 속하는 것은?

① b형헤모필루스인플루엔자
② 중동호흡기증후군(MERS)
③ 후천성면역결핍증(AIDS)
④ 장출혈성대장균감염증

> 보기 중 b형헤모필루스인플루엔자와 장출혈성대장균감염증은 제2급 감염병, 후천성면역결핍증(AIDS)은 제3급 감염병에 속한다.

055
석탄산수(페놀)에 대한 설명으로 틀린 것은?

① 염산을 첨가하면 소독효과가 높아진다.
② 바이러스와 아포에 약하다.
③ 햇볕을 받으면 갈색으로 변하고 소독력이 없어진다.
④ 음료수의 소독에는 적합하지 않다.

> 석탄산은 산성도가 높고 고온일수록 소독효과가 크며, 살균력이 안정되어, 햇볕이나 유기물질 등에도 약화되지 않는다.

056
인공조명시 고려해야 할 사항으로 틀린 것은?

① 작업하기 충분한 조명도를 유지해야 한다.
② 균등한 조명도를 유지해야 한다.
③ 조명시 유해가스가 발생하지 않아야 한다.
④ 가급적 직접조명이 되도록 해야 한다.

> 가급적 간접조명이 되도록 한다.

057
폐흡충증의 제 1, 2 중간 숙주가 순서대로 옳게 나열된 것은?

① 왜우렁이, 붕어
② 다슬기, 참게
③ 물벼룩, 가물치
④ 왜우렁이, 송어

> 폐흡충증은 다슬기 → 민물게 또는 가재 → 사람의 감염경로를 갖는다.

058
이산화탄소(CO_2)를 실내 공기의 오탁지표로 사용하는 가장 주된 이유는?

① 유독성이 강하므로
② 일산화탄소로 변화되므로
③ 실내 공기조성의 전반적인 상태를 알 수 있으므로
④ 항상 산소량과 반비례하므로

> 환기가 이루어지지 않는 실내에 다수의 사람이 장시간 밀집되어 있을 경우 나타나는 군집독은 O_2는 감소하고 CO_2는 증가함으로써 일어난다.

059
수질의 분변 오염 지표균은?

① 장염비브리오균
② 대장균
③ 살모넬라균
④ 웰치균

> 대장균은 그램음성균으로서 아포를 형성하지 않으며 호기성 또는 통성 혐기성인 간균을 총칭한다. 위생 지표균으로 활용하는 이유는 병원성은 없으나, 이 균이 검출되면 같은 장내 세균과에 속하며 병원성이 있는 균의 존재 가능성이 있기 때문이다.

060
일반적으로 사용되는 소독약의 희석농도로 가장 부적합한 것은?

① 알코올 : 75%의 에탄올
② 크레졸 : 3~5%의 비누액
③ 석탄산 : 3~5%의 수용액
④ 승홍수 : 0.01%의 수용액

> 승홍수는 승홍의 0.1%(1,000배)수용액으로 손 또는 비금속 기구의 소독에 사용한다.

16회 【정답】 공단 기출문제

001	002	003	004	005
③	③	①	②	③
006	007	008	009	010
①	①	①	④	④
011	012	013	014	015
④	①	②	②	④
016	017	018	019	020
③	④	④	①	①
021	022	023	024	025
③	④	④	③	③
026	027	028	029	030
③	①	④	③	③
031	032	033	034	035
①	②	②	①	①
036	037	038	039	040
①	①	③	①	②
041	042	043	044	045
③	④	②	④	②
046	047	048	049	050
③	④	④	②	②
051	052	053	054	055
②	④	④	②	③
056	057	058	059	060
④	②	③	②	④

제 17 회 공단 기출문제

001
식품공전에 규정되어 있는 표준온도는?

① 10℃ ② 20℃
③ 30℃ ④ 40℃

> 식품공전에 따르면 표준온도는 20℃, 상온은 15~25℃, 실온은 1~35℃, 미온은 30~40℃로 한다.

002
어패류의 생식시 주로 나타나며, 수양성 설사증상을 일으키는 식중독의 원인균은?

① 살모넬라균
② 장염 비브리오균
③ 포도상구균
④ 클로스트리디움 보툴리늄균

> 장염비브리오 식중독은 균에 오염된 어류 및 패류의 생식이 주된 원인으로 칼, 도마, 행주 등에 의한 2차 오염이 가능하다. 이를 예방하기 위해서는 생식을 삼가고 식품의 가열조리와 저온저장을 한다.

003
다음 중 건조식품, 곡류 등에 가장 잘 번식하는 미생물은?

① 효모(Yeast)   ② 세균(Bacteria)
③ 바이러스(Virus) ④ 곰팡이(Mold)

> 곰팡이는 진균류 중 균사체를 발육기관으로 하며, 세균 또는 효모에 비해 생육에 필요한 수분량이 가장 적어 건조식품 등에서도 잘 번식한다.

004
주요용도와 식품첨가물의 연결이 옳은 것은?

① 삼이산화철 – 발색제
② 이산화티타늄 – 표백제
③ 명반 – 피막제
④ 호박산 – 산도조절제

> 삼이산화철 – 착색제, 이산화티타늄 – 착색료, 명반 – 팽창제

005
사시, 동공확대, 언어장애 등 특유의 신경마비증상을 나타내며 비교적 높은 치사율을 보이는 식중독 원인균은?

① 클로스트리디움 보툴리늄균
② 포도상구균
③ 병원성 대장균
④ 셀레우스균

> 클로스트리디움 보툴리늄균은 세균성 식중독 중 독소형으로 살균이 불충분한 통조림, 햄, 소시지, 순대, 수육류, 채소 등에서 발생하며 사시, 동공확대, 언어장애 등 특유의 신경마비 증상을 나타내며 세균성 식중독 중 치명률이 가장 높다.

006
황색포도상구균 식중독의 일반적인 특성으로 옳은 것은?

① 설사변이 혈변의 형태이다.
② 급성위장염 증세가 나타난다.
③ 잠복기가 길다.
④ 치사율이 높은 편이다.

> 황색포도상구균 식중독은 오염된 음식 속의 황색포도상구균이라는 세균이 만들어 낸 독소를 섭취함으로써 나타나는 식중독으로 심한 복통, 구토 및 설사 등과 같은 급성위장염 증세가 나타난다.

007
우유의 살균방법으로 130~150℃에서 0.5~5초간 가열하는 것은?

① 저온살균법
② 고압증기멸균법
③ 고온단시간살균법
④ 초고온순간살균법

> 우유 살균법
> • 저온장시간살균법 : 62~65℃에서 30분간 살균하는 방법
> • 고온단시간살균법 : 72~75℃에서 15~20초간 살균하는 방법
> • 초고온순간살균법 : 130~150℃에서 0.5~5초간 살균하는 방법

008
다음 미생물 중 곰팡이가 아닌 것은?

① 아스퍼질러스(Aspergillus) 속
② 페니실리움(Penicillium) 속
③ 리조푸스(Rhizopus) 속
④ 클로스트리디움(Clostridium) 속

> 포자법에 의해 증식하는 곰팡이에는 누룩곰팡이, 푸른곰팡이, 털곰팡이, 거미줄곰팡이 등이 있으며, 클로스트리디움(Clostridium)은 세균의 속명이다.

009
클로스트리디움 보툴리늄균 식중독을 일으키는 주된 원인식품은?

① 통조림 식품　　② 채소류
③ 과일류　　　　④ 곡류

> 클로스트리디움 보툴리늄 식중독은 통조림, 병조림 등의 보존 식품이 원인식품으로 신경독을 유발하는 뉴로톡신(neurotoxin)이 원인 독소이다.

010
사용이 허가된 발색제는?

① 폴리 아크릴산 나트륨
② 알긴산 프로필렌 글리콜
③ 카르복시 메틸 스티치 나트륨
④ 아질산 나트륨

> 발색제 : 아질산 나트륨, 아초산 나트륨 등이 있으며, 아질산 나트륨은 고기의 색상보존, 세균억제, 산화방지 등의 효과가 있으며 특히 햄, 소시지, 통조림 등의 식품에서 많이 증식하는 치명적 식중독균인 보툴리늄균을 억제한다.

011
식품위생법령상 영업허가를 받아야 하는 업종은?

① 식품제조 · 가공업
② 즉석판매제조 · 가공업
③ 일반음식점영업
④ 유흥주점영업

> 영업허가업종
> • 식품의약품안전처장의 허가 : 식품조사처리업
> • 시장 · 군수 · 구청장의 허가 : 단란주점영업, 유흥주점영업

012
다음 중 식품위생감시원의 직무가 아닌 것은?

① 시설기준의 적합 여부의 확인 · 검사
② 행정처분의 이행 여부 확인
③ 식품 제조방법에 대한 기준 설정
④ 영업소의 폐쇄를 위한 간판제거 등의 조치

> 식품위생감시원의 직무
> • 식품 등의 위생적인 취급에 관한 기준의 이행 지도
> • 수입 · 판매 또는 사용 등이 금지된 식품 등의 취급 여부에 관한 단속
> • 표시기준 또는 과대광고 금지의 위반 여부에 관한 단속
> • 출입 · 검사 및 검사에 필요한 식품 등의 수거
> • 시설기준의 적합 여부의 확인 · 검사
> • 영업자 및 종업원의 건강진단 및 위생교육의 이행 여부의 확인 · 지도
> • 조리사 및 영양사의 법령 준수사항 이행 여부의 확인 · 지도
> • 행정처분의 이행 여부 확인
> • 식품 등의 압류 · 폐기 등
> • 영업소의 폐쇄를 위한 간판 제거 등의 조치
> • 그 밖에 영업자의 법령 이행 여부에 관한 확인 · 지도

013
다음 중 식품위생법상 식품위생의 대상은?

① 식품, 식품첨가물, 기구, 용기, 포장
② 조리법, 조리시설, 기구, 용기, 포장
③ 조리법, 단체급식, 기구, 용기, 포장
④ 식품, 약품, 기구, 용기, 포장

"식품위생"이라 함은 식품, 식품첨가물, 기구 또는 용기·포장을 대상으로 하는 음식에 관한 위생을 말한다.

014
식품등의 표시기준상 영양성분별 세부표시방법에 의거하여 콜레스테롤의 함량을 "0"으로 표시할 수 있는 기준은?

① 성분이 검출되지 않는 경우
② 2mg 미만일 때
③ 5mg 미만일 때
④ 10mg 미만일 때

식품공전에 따르면 콜레스테롤의 단위는 밀리그램(mg)으로 표시하되, 그 값을 그대로 표시하거나, 그 값에 가장 가까운 5mg 단위로 표시하여야 한다. 이 경우 2mg 이상 5mg 미만은 "5mg" 미만으로, 2mg 미만은 "0"으로 표시할 수 있다.

015
식품위생수준 및 자질의 향상을 위하여 조리사 및 영양사에게 교육을 받을 것을 명할 수 있는 사람은?

① 식품의약품안전처장   ② 보건복지부장관
③ 보건소장   ④ 시장·군수·구청장

식품의약품안전처장은 조리사 또는 영양사의 자질향상을 위하여 필요한 경우에는 보수교육을 받을 것을 명할 수 있다.

016
다음 중 전화당의 구성 성분과 그 비율로 옳은 것은?

① 포도당 : 과당이 1 : 1인 당
② 포도당 : 맥아당이 2 : 1인 당
③ 포도당 : 과당이 3 : 1인 당
④ 포도당 : 자당이 4 : 1인 당

전화당은 자당(Sucrose)를 가수분해하여 얻은 포도당과 과당의 1 : 1 혼합물을 말한다. 즉, 이당류인 자당을 산이나 효소로 가수분해하면 포도당과 과당이 각각 1분자씩으로 되는 데 이를 전화라 하고 이때 생기는 혼합물을 전화당이라고 하는 것이다.

017
먹다 남은 찹쌀떡을 보관하려고 할 때 노화가 가장 빨리 일어나는 보관 방법은?

① 상온 보관   ② 온장고 보관
③ 냉동고 보관   ④ 냉장고 보관

호화된 전분을 80℃ 이상에서 열풍 건조시키거나 0℃ 이하의 온도에서 냉동 건조시켜 노화를 방지할 수 있으며, 노화는 산성일수록, 온도가 60℃ 이하에서, 수분이 30~60% 사이에서 촉진된다.

018
다음 중 식품의 부패와 가장 거리가 먼 것은?

① 단백질
② 미생물
③ 유기물
④ 토코페롤

식품의 부패란 미생물, 화학, 물리적 원인에 의해서 식품이 유해하게 변하는 경우와 단백질이 미생물에 의해 분해되어 유해한 물질을 형성하는 경우를 말한다. 참고로 토코페롤은 비타민 E를 말한다.

019
육가공시 햄류에 사용하는 훈연법의 장점이 아닌 것은?

① 특유한 향미를 부여한다.
② 저장성을 향상시킨다.
③ 색이 선명해지고 고정된다.
④ 양이 증가한다.

훈연법은 나무를 불완전 연소시켜 발생한 연기인 포름알데히드, 메틸알코올, 페놀, 개미산(formic acid)에 그을리는 방법으로 식품의 풍미를 향상시키고 외관의 색을 변화시키며 저장성을 높여준다.

020
50g의 달걀을 접시에 깨뜨려 놓았더니 난황 높이는 1.5cm, 난황 직경은 4cm였다. 이 달걀의 난황계수는?

① 0.188　　　　② 0.232
③ 0.336　　　　④ 0.375

> 난황계수는 난황의 최고부의 높이를 난황의 최대직경으로 나눈 값으로 신선한 달걀은 0.36~0.44의 값을 가지며, 오래된 계란일수록 그 값이 작아진다.

021
쇠고기를 가열하였을 때 생성되는 근육색소는?

① 헤모글로빈(hemoglobin)
② 미오글로빈(myoglobin)
③ 옥시헤모글로빈(oxyhemoglobin)
④ 메트미오글로빈(metmyoglobin)

> 생육 내의 미오글로빈은 공기 중의 산소와 결합하여 옥시미오글로빈이 되고, 이것은 가열에 의해 변성되어 메트미오글로빈으로 변하게 되며, 이를 통해 색의 변화가 초래된다.

022
사과를 깎아 방치했을 때 나타나는 갈변현상과 관계없는 것은?

① 산화효소　　　② 산소
③ 페놀류　　　　④ 섬유소

> 사과를 깎아 방치했을 때 나타나는 갈변현상은 페놀계의 화합물(냄새나 맛이나 색깔을 내는 요소)이 산화효소와 공기의 영향으로 갈색의 물질로 변하는 것을 말한다.

023
설탕용액에 다량의 소금을 가하여 단맛이 증가하는 현상은?

① 맛의 상쇄　　　② 맛의 변조
③ 맛의 대비　　　④ 맛의 발현

> 맛의 대비 : 서로 다른 두 가지 맛이 작용하여 주된 맛 성분이 강해지는 현상으로, 설탕 용액에 약간의 소금을 첨가하면 단맛이 증가된다.

024
카로티노이드(carotinoid) 색소와 소재식품의 연결이 틀린 것은?

① 베타카로틴(β-carotene) – 당근, 녹황색 채소
② 라이코펜(lycopene) – 토마토, 수박
③ 아스타크산틴(astaxanthin) – 감, 옥수수, 난황
④ 푸코크산틴(fucoxanthin) – 다시마, 미역

> 아스타크산틴(astaxanthin)은 새우나 게와 같은 갑각류의 피부에 함유된 카로티노이드 계열의 색소이다.

025
전분을 구성하는 주요 원소가 아닌 것은?

① 탄소(C)　　　② 수소(H)
③ 질소(N)　　　④ 산소(O)

> 전분의 최종 분해산물은 포도당(Glucose)으로 탄소(C), 수소(H), 산소(O)로 구성되어 있는 탄수화물이다.

026
무기염류에 의한 단백질 변성을 이용한 식품은?

① 곰탕　　　　② 버터
③ 두부　　　　④ 요구르트

> 두부는 단백질인 글리시닌이 무기염류에 의해서 응고되는 성질을 이용하여 제조하며, 응고제로는 염화마그네슘($MgCl_2$), 염화칼슘($CaCl_2$), 황산마그네슘($MgSO_4$), 황산칼슘($CaSO_4$) 등이 사용된다.

027
전분가루를 물에 풀어두면 금방 가라앉는데, 주된 이유는?

① 전분이 물에 완전히 녹으므로
② 전분의 호화현상 때문에
③ 전분의 비중이 물보다 무거우므로
④ 전분의 유화현상 때문에

> 전분은 물에 침전하는 성질을 갖고 있으며, 그 비중은 감자 1.694, 옥수수 1.623, 밀 1.629, 쌀 1.620으로 물보다 무겁다.

028

다음 중 난황에 들어 있으며 마요네즈 제조시 유화제 역할을 하는 성분은?

① 글로불린 ② 갈락토오스
③ 레시틴 ④ 오브알부민

> 레시틴(Lecithin)은 인지질의 한 종류로 난황, 콩기름, 간, 뇌 등에 다량으로 존재하며, 강한 유화작용을 갖고 있어 지방질 식품들의 유화제로써 사용되고 있다.

029

양질의 칼슘이 가장 많이 들어 있는 식품끼리 짝지어진 것은?

① 곡류, 서류 ② 돼지고기, 쇠고기
③ 우유, 건멸치 ④ 달걀, 오리알

> 칼슘은 골격과 치아를 구성하고, 비타민 K와 함께 혈액응고에 관여한다. 급원식품으로는 우유 및 유제품, 멸치, 뼈째 먹는 생선 등이 대표적이다.

030

다음 중 결합수의 특성이 아닌 것은?

① 수증기압이 유리수보다 낮다.
② 압력을 가해도 제거하기 어렵다.
③ 0℃에서 매우 잘 언다.
④ 용질에 대해서 용매로서 작용하지 않는다.

> 결합수는 식품 성분과 강하게 결합되어서 쉽게 제거할 수 없는 물로 0℃ 이하에서도 동결되지 않으며, 미생물이 성장에 이용할 수 없다.

031

조미료의 침투속도와 채소의 색을 고려할 때 조미료 사용 순서가 가장 합리적인 것은?

① 소금→설탕→식초
② 설탕→소금→식초
③ 소금→식초→설탕
④ 식초→소금→설탕

> 조미료의 침투속도를 고려한 사용 순서는 설탕 → 소금 → 식초의 순서이다.

032

신선도가 저하된 생선의 설명으로 옳은 것은?

① 히스타민(histamine)의 함량이 많다.
② 꼬리가 약간 치켜 올라갔다.
③ 비늘이 고르게 밀착되어 있다.
④ 살이 탄력적이다.

> 히스타민(histamine) : 히스티딘(histidine)의 탈탄산반응으로 생성되는 생체 아민의 일종으로 β-이미다졸에틸아민에 해당된다. 신선도가 저하된 꽁치, 고등어 등의 섭취로 인한 알레르기 작용 등을 일으킨다.

033

당근의 구입단가는 kg당 1300원이다. 10kg 구매시 표준수율이 86%이라면, 당근 1인분(80g)의 원가는 얼마인가?

① 51원
② 121원
③ 151원
④ 181원

> 표준수율이 86%이므로 실사용량은 8.6kg이다. 따라서, 1kg당 실 단가는 13000(원) / 8.6(kg) = 1511.628(원)이다. 이를 1인분(80g)으로 산정해야 하므로 1511.628(원) × 0.08 = 120.930(원)

034

단체급식소에서 식수인원 500명의 풋고추조림을 할 때 풋고추의 총발주량은 약 얼마인가?(단, 풋고추 1인분 30g, 풋고추의 폐기율 6%)

① 15kg ② 16kg
③ 20kg ④ 25kg

> 계산방법
>
> • 총발주량 = $\dfrac{정미중량 \times 100}{100 - 폐기율} \times 인원수$
>
> • 풋고추의 폐기율 = 6%
>
> • 총발주량 = $\dfrac{30 \times 100}{100 - 6} \times 500$ = 약 16(kg)

035
식물성 액체유를 경화 처리한 고체 기름은?

① 버터
② 라드
③ 쇼트닝
④ 마요네즈

쇼트닝과 마가린은 지방질이 100%로서 불포화지방산에 수소(H₂)를 첨가하고 니켈(Ni)과 백금(Pt)을 촉매제로 하여 액체유를 고체유로 만든 유지이다.

036
조리 작업장의 위치선정 조건으로 적합하지 않은 것은?

① 보온을 위해 지하인 곳
② 통풍이 잘 되며 밝고 청결한 곳
③ 음식의 운반과 배선이 편리한 곳
④ 재료의 반입과 오물의 반출이 쉬운 곳

조리작업장은 통풍, 채광, 배수가 잘 되고 악취, 먼지, 유독가스가 들어오지 않는 곳이어야 한다.

037
생선을 조리하는 방법에 대한 설명으로 틀린 것은?

① 생강과 술은 비린내를 없애는 용도로 사용한다.
② 처음 가열할 때 수분간은 뚜껑을 약간 열어 비린내를 휘발시킨다.
③ 모양을 유지하고 맛 성분이 밖으로 유출되지 않도록 양념간장이 끓을 때 생선을 넣기도 한다.
④ 선도가 약간 저하된 생선은 조미를 비교적 약하게 하여 뚜껑을 덮고 짧은 시간 내에 끓인다.

생선은 선도가 저하될수록 어취의 원인인 트리메틸아민(TMA)이 많이 생성되므로 뚜껑을 열고 충분히 가열하여 어취를 제거해야 한다.

038
침(타액)에 들어있는 소화효소의 작용은?

① 전분을 맥아당으로 변화시킨다.
② 단백질을 펩톤으로 분해시킨다.
③ 설탕을 포도당과 과당으로 분해시킨다.
④ 카제인을 응고시킨다.

침(타액)에 들어있는 소화효소인 아밀라아제(프티알린)는 전분을 맥아당으로 분해한다.

039
원가에 대한 설명으로 틀린 것은?

① 원가의 3요소는 재료비, 노무비, 경비이다.
② 간접비는 여러 제품의 생산에 대하여 공통으로 사용되는 원가이다.
③ 직접비에 제조 시 소요된 간접비를 포함한 것은 제조원가이다.
④ 제조원가에 관리비용만 더한 것이 총 원가이다.

총원가는 제조원가에 판매 및 일반 관리에 소요된 비용을 모두 합한 것이다.

040
우리나라의 전통적인 향신료가 아닌 것은?

① 겨자
② 생강
③ 고추
④ 팔각

팔각은 목련과 상록수의 열매를 건조하여 분말형태로 만든 것으로 중국에서 전통적으로 이용되어온 향신료이다.

041
경영형태별로 단체급식을 분류할 때 직영방식의 장점은?

① 인건비가 감소된다.
② 시설설비 투자액이 적다.
③ 영양관리와 위생관리가 철저하다.
④ 이윤의 추구가 극대화된다.

직영방식의 장점은 이윤을 남기지 않기 때문에 영양관리와 위생관리가 철저하다는 장점이 있다.

042
튀김 조리 시 흡유량에 대한 설명으로 틀린 것은?
① 흡유량이 많으면 입안에서의 느낌이 나빠진다.
② 흡유량이 많으면 소화속도가 느려진다.
③ 튀김시간이 길어질수록 흡유량이 많아진다.
④ 튀기는 식품의 표면적이 클수록 흡유량은 감소한다.

> 튀김의 흡유량에 영향을 주는 요소는 기름의 온도, 가열시간, 식품 재료의 표면적, 재료의 성분과 성질이며, 튀기는 식품의 표면적이 클수록 흡유량은 증가한다.

043
쌀의 조리에 관한 설명으로 옳은 것은?
① 쌀을 너무 문질러 씻으면 지용성 비타민의 손실이 크다.
② pH 3~4의 산성물을 사용해야 밥맛이 좋아진다.
③ 수세한 쌀은 3시간 이상 물에 담가 놓아야 흡수량이 적당하다.
④ 묵은 쌀로 밥을 할 때는 햅쌀보다 밥물량을 더 많이 한다.

> 쌀의 조리
> • 쌀을 너무 문질러 씻으면 수용성 비타민(비타민 B)의 손실이 크다.
> • 밥맛을 좋게 하기 위하여 0.03% 정도의 소금을 넣을 수 있다.
> • 쌀의 호화를 돕기 위한 최대 수분 흡수량은 20~30%이며, 침수 시간은 30분(찹쌀은 50분) 정도 소요된다.

044
동식물 조직에서 지방을 추출하여 채유하는 방법이 아닌 것은?
① 압착법
② 추출법
③ 보일링처리법
④ 건열처리법

> 유지의 채취에는 압착법, 추출법, 용출법이 이용된다. 이중 용출법은 열처리를 통해 이루어지는 것이다.

045
수분 70g, 당질 40g, 섬유질 7g, 단백질 5g, 무기질 4g, 지방 2g이 들어있는 식품의 열량은?
① 141 kcal
② 144 kcal
③ 165 kcal
④ 198 kcal

> 단백질과 당질은 1g당 4kcal, 지질(지방)은 1g당 9kcal의 열량을 발생시키므로 (40g × 4kcal) + (5 × 4kcal) + (2g × 9kcal) = 198kcal 이다.

046
외식산업의 특성에 대한 설명으로 틀린 것은?
① 소자본의 시장참여가 용이하다.
② 유통과 제조업인 동시에 서비스산업이다.
③ 내방 고객의 수요예측이 용이하다.
④ 사회, 문화환경의 변화가 소비자 기호를 변화시킨다.

> 외식산업은 생산과 판매가 동시에 이루어지는 서비스산업으로, 수요예측의 어려움이 있다. 따라서, 상권분석을 통해 경제성을 고려해야 하며, 점포의 입지에 의존하는 입지산업이라 할 수 있다.

047
미역국을 끓일 때 1인분에 사용되는 재료와 필요량, 가격이 아래와 같다면 미역국 10인분에 필요한 재료비는(단, 총 조미료의 가격 70원은 1인분 기준임)?

재료	필요량(g)	가격(원/100g당)
미역	20	150
쇠고기	60	850
총 조미료	-	70(1인분)

① 610원
② 6100원
③ 870원
④ 8700원

> 미역 200g(200 × 150/100 = 300원), 쇠고기 600g(600 × 850/100 = 5,100원), 조미료 70원 10 = 700원이므로 총 재료비는 300 + 5,100 + 700 = 6,100원이다.

048
다음 중 성인의 필수아미노산이 아닌 것은?

① 트립토판(tryptophan)
② 리신(lysine)
③ 메티오닌(methionine)
④ 티로신(tyrosine)

> 성인에게 필요한 필수아미노산 8가지는 이소루신, 루신, 리신, 트레오닌, 발린, 트립토판, 페닐알라닌, 메티오닌이다.

049
마요네즈를 제조시 분리되는 이유와 거리가 먼 것은?

① 노른자를 풀고 나서 기름을 한 방울씩 떨어뜨렸다.
② 초기의 유화액 형성이 불완전하다.
③ 유화제에 비해 기름의 비율이 너무 높다.
④ 기름을 너무 빨리 넣는다.

050
다음과 같은 자료에서 계산한 제조원가는?

- 직접재료비 : 32000원
- 직접노무비 : 68000원
- 직접경비 : 10500원
- 제조간접비 : 20000원
- 판매경비 : 10000원
- 일반관리비 : 5000원

① 130500원
② 140500원
③ 145500원
④ 155500원

> 제조원가 = 직접원가(직접재료비 + 직접노무비 + 직접경비) + 제조간접비

051
음식물 섭취와 관계가 없는 기생충은?

① 회충
② 사상충
③ 광절열두조충
④ 요충

> 사상충은 모기가 매개하여 전파되는 위생해충 매개 질병이다.

052
다음 중 DPT 예방접종과 관계가 없는 감염병은?

① 페스트
② 디프테리아
③ 백일해
④ 파상풍

> DPT는 디프테리아, 백일해, 파상풍 예방접종으로 국가필수예방접종으로 정해져 있다.

053
역성비누에 대한 설명으로 틀린 것은?

① 양이온 계면활성제이다.
② 살균제, 소독제 등으로 사용된다.
③ 자극성 및 독성이 없다.
④ 무미·무해하나 침투력이 약하다.

> 역성비누는 0.01~0.1%의 농도를 사용하며, 무미·무해·무독하면서도 침투력과 살균력이 강하여, 포도상구균, 결핵균에 유효하며 조리사의 손 소독이나 식품소독 등에 사용한다.

054
공중보건의 사업단위로 가장 알맞은 것은?

① 개인
② 지역사회
③ 가족
④ 직장

> 공중보건 사업은 개인이 아닌 지역사회의 인간집단, 더 나아가 국민 전체를 대상으로 한다.

055
자연계에 버려지면 쉽게 분해되지 않으므로 식품 등에 오염되어 인체에 축적독성을 나타내는 원인과 거리가 먼 것은?

① 수은오염
② 잔류성이 큰 유기염소제 농약 오염
③ 방사선 물질에 의한 오염
④ 콜레라와 같은 병원 미생물 오염

> 병원 미생물은 인체에 침투하여 즉각적인 또는 일정기간의 잠복기를 거쳐 질병을 나타내는 것이다.

056
병원성 미생물의 발육과 그 작용을 저지 또는 정지시켜 부패나 발효를 방지하는 조작은?

① 산화 ② 멸균
③ 방부 ④ 응고

용어 설명
- 소독 : 병원 미생물을 사멸시키거나 약화시켜 감염의 위험을 제거하는 것
- 멸균 : 강한 살균력을 작용시켜 병원균, 비병원균, 아포 등 모든 미생물을 완전 사멸시키는 것

057
생균을 이용하여 인공능동면역이 되며, 면역획득에 있어서 영구면역성인 질병은?

① 세균성 이질 ② 폐렴
③ 홍역 ④ 임질

영구면역성 질병 : 두창, 홍역, 수두, 유행성이하선염, 백일해, 성홍열, 발진티푸스, 페스트, 황열, 콜레라 등

058
수질오염 중 부영양화 현상에 대한 설명으로 틀린 것은?

① 혐기성 분해로 인한 냄새가 난다.
② 물의 색이 변한다.
③ 용존 산소가 증가한다.
④ 수면에 엷은 피막이 생긴다.

부영화란 강, 바다, 호수 등의 수중 생태계의 영양물질이 증가하여 조류가 급속히 증식하는 현상을 말한다. 따라서 부영양화 현상이 일어나면 물 속에 녹아 있는 분자 상태의 산소(용존 산소)가 줄어든다.

059
인수공통감염병으로 그 병원체가 바이러스(virus)인 것은?

① 발진열 ② 탄저
③ 광견병 ④ 결핵

광견병(공수병)은 개와 사람에게 공통으로 발병되는 바이러스 매개 감염병이다.

060
자외선에 의한 인체 건강장해가 아닌 것은?

① 설안염 ② 피부암
③ 폐기종 ④ 백내장

폐조직이 파괴된 상태인 폐기종은 대기오염과 흡연 등으로 인해 발생한다.

17회 【정답】 공단 기출문제

001	002	003	004	005
②	②	④	④	①
006	007	008	009	010
②	④	④	①	④
011	012	013	014	015
④	③	①	②	①
016	017	018	019	020
①	④	④	④	④
021	022	023	024	025
④	④	③	③	④
026	027	028	029	030
③	③	③	③	③
031	032	033	034	035
②	①	②	②	③
036	037	038	039	040
①	④	①	④	④
041	042	043	044	045
③	④	④	④	④
046	047	048	049	050
③	②	④	①	①
051	052	053	054	055
②	①	④	②	④
056	057	058	059	060
③	③	③	③	③

제 18 회 공단 기출문제

001
집단급식소를 설치·운영하는 자는 조리한 식품의 매회 1인분 분량을 식품위생법령이 정하는 바에 따라 몇 시간 이상 보관해야 하는가?

① 12시간　　② 24시간
③ 144시간　④ 1000시간

집단급식소를 설치·운영하고자 하는 자는 조리한 식품의 매회 1인분 분량을 섭씨 영하 18℃ 이하로 144시간 이상 보관해야 하며, 보관기간 중 휴무일이 있는 경우에는 해당 기간을 보관시간의 산정에서 제외하여야 한다.

002
식품 등의 표시기준상 과자류에 포함되지 않는 것은?

① 캔디류　　② 츄잉껌
③ 유바　　　④ 빙과류

식품의약품안전처장이 고시한 식품공전의 분류상 과자류는 과자, 캔디류, 츄잉껌, 빙과류가 있으며 유바는 두부류 또는 묵류에 포함된다.

003
그 질병으로 인하여 죽은 동물의 고기·뼈·젖·장기 또는 혈액을 식품으로 판매하거나 판매할 목적으로 채취·수입·가공·사용·조리·저장 또는 운반하거나 진열하지 못하는 질병과 관련이 없는 것은?

① 리스테리아병　② 살모넬라병
③ 선모충증　　　④ 아니사키스

식품위생법 시행규칙에 의해 판매 등이 금지되는 병육은 축산물가공처리법 시행규칙의 규정에 의해 도축이 금지되는 가축감염병과 리스테리아병, 살모넬라병, 파스튜렐라병, 선모충증이다.

004
다음 중 식품위생법상 판매가 금지된 식품이 아닌 것은?

① 병원미생물에 의하여 오염되어 인체의 건강을 해할 우려가 있는 식품
② 안전성 심사를 받아 식용으로 적합한 유전자 재조합 식품
③ 영업신고 또는 허가를 받지 않은 자가 제조한 식품
④ 썩거나 상하거나 설익어서 인체의 건강을 해칠 우려가 있는 식품

판매 등이 금지되는 식품
- 썩거나 상하거나 설익어서 인체의 건강을 해칠 우려가 있는 것
- 유독·유해물질이 들어 있거나 묻어 있는 것 또는 그러할 염려가 있는 것. 다만, 식품의약품안전처장이 인체의 건강을 해할 우려가 없다고 인정하는 것은 제외한다.
- 병(病)을 일으키는 미생물에 오염되었거나 그러할 염려가 있어 인체의 건강을 해할 우려가 있는 것
- 불결하거나 다른 물질이 섞이거나 첨가(添加)된 것 또는 그 밖의 사유로 인체의 건강을 해할 우려가 있는 것
- 안전성 심사 대상인 농·축·수산물 등 가운데 안전성 심사를 받지 아니하였거나 안전성 심사에서 식용(食用)으로 부적합하다고 인정된 것
- 수입이 금지된 것 또는 수입신고를 하지 아니하고 수입한 것
- 영업자가 아닌 자가 제조·가공·소분한 것

005
식품위생법령상에 따른 나트륨 함량비교 표시 대상 식품에 해당되는 것은?

① 초콜릿　　② 햄버거
③ 김밥　　　④ 어육소시지

나트륨 함량비교 표시 대상 식품
- 조미식품이 포함되어 있는 국수, 냉면, 유탕면류
- 즉석섭취식품 중 햄버거, 샌드위치

006
다음 세균성식중독 중 독소형은?

① 살모넬라 식중독
② 장염비브리오 식중독
③ 알르레기성 식중독
④ 포도상구균 식중독

세균성 식중독
- 감염형 : 살모넬라 식중독, 장염비브리오 식중독, 병원성대장균 식중독, 바실러스 세레우스 식중독
- 독소형 : 포도상구균 식중독, 보툴리누스 식중독, 웰치균(클로스트리디움 퍼프린젠스) 식중독

007
감자의 싹과 녹색 부위에서 생성되는 독성물질은?

① 솔라닌(Solanine)
② 리신(Ricin)
③ 시큐톡신(Cicutoxin)
④ 아미그달린(Amygdalin)

리신은 파마자, 아미그달린은 청매, 시큐톡신은 독미나리와 관련이 있다.

008
굴을 먹고 식중독에 걸렸을 때 관계되는 독성물질은?

① 시큐톡신(Cicutoxin)
② 베네루핀(Venerupin)
③ 테트라민(Tetramine)
④ 테무린(Temuline)

베네루핀 중독은 바지락, 굴, 고동, 모시조개 등에서 발생하는 식중독으로 그 원인 독소는 베네루틴(venerupin)이며, 사망률이 44~50%에 이른다.

009
식품의 부패시 생성되는 물질과 거리가 먼 것은?

① 암모니아(Ammonia)
② 트리메틸아민(Trimethylamine)
③ 글리코겐(Glycogen)
④ 아민(Amine)

글리코겐(glycogen)은 동물체 내에 저장되어 있는 동물성 다당류로 주로 간과 근육에 존재한다.

010
식품 등의 위생적 취급에 관한 기준으로 틀린 것은?

① 유통기한이 경과된 식품 등을 판매하거나 판매의 목적으로 진열·보관하여서는 아니 된다.
② 어류와 육류를 취급하는 칼·도마는 구분하지 않아도 된다.
③ 식품원료 중 부패·변질되기 쉬운 것은 냉동·냉장시설에 보관·관리하여야 한다.
④ 식품의 조리에 직접 사용되는 기구는 사용 후에 세척·살균하는 등 항상 청결하게 유지·관리하여야 한다.

칼과 도마는 육류용, 어류용, 야채용을 구분하여 사용하는 것이 좋다. 또한, 용도에 따라 다른 색깔로 구분하여 표시한다.

011
다음 식품첨가물 중 주요 목적이 다른 것은?

① 과산화벤조일
② 과황산암모늄
③ 이산화염소
④ 아질산나트륨

과산화벤조일, 과황산암모늄, 이산화염소는 모두 표백제에 해당된다. 참고로 아질산나트륨은 발색제로 주로 햄과 소시지 등의 제조에 사용된다.

012
일반 가열 조리법으로 예방하기 가장 어려운 식중독은?

① 살모넬라에 의한 식중독
② 웰치균에 의한 식중독
③ 포도상구균에 의한 식중독
④ 병원성 대장균에 의한 식중독

포도상구균 식중독은 황색 포도상구균이 식품 중에 증식하여 그 대사산물로 생산한 장독소를 경구 섭취하여 일어나는 독소형 식중독으로 식품 취급자의 화농성 염증이 주된 원인이다. 균은 열에 약하나 독소인 엔테로톡신은 120℃에서 20분간 처리해도 파괴되지 않는다.

013
화학 물질을 조금씩 장기간에 걸쳐 실험동물에게 투여했을 때 장기나 기관에 어떠한 장해나 중독이 일어나는가를 알아보는 시험으로, 최대무작용량을 구할 수 있는 것은?

① 급성독성시험
② 만성독성시험
③ 안전독성시험
④ 아급성독성시험

독성시험의 종류
- 급성독성시험 : 어떤 물질을 투여하여 단기간에 독성이 나타나는 강도를 시험하는 것으로 최소치사량과 반수치사량 또는 치사농도를 사용한다.
- 아급성독성시험 : 치사량 이하의 여러 용량으로 단기간 투여하였을 때 생체에 미치는 작용을 관찰하는 시험으로 만성독성시험에 투여하는 양을 결정하는 자료를 얻는 데 목적이 있다.
- 만성독성시험 : 식품의 독성 평가를 위해 많이 사용하는 시험으로 장기간에 걸쳐 시험이 이루어지며, 식품이나 식품첨가물이 인체에 끼치는 최대무작용량(maximum no effect level)을 판정하는 데 목적이 있다.

014
식품 등의 표시기준상 "유통기한"의 정의는?

① 해당식품의 품질이 유지될 수 있는 기한을 말한다.
② 해당식품의 섭취가 허용되는 기한을 말한다.
③ 제품의 출고일부터 대리점으로의 유통이 허용되는 기한을 말한다.
④ 제품의 제조일로부터 소비자에게 판매가 허용되는 기한을 말한다.

용어 설명
- 유통기한 : 제품의 제조일로부터 소비자에게 판매가 허용되는 기한
- 품질유지기한 : 식품의 특성에 맞는 적절한 보존방법이나 기준에 따라 보관할 경우 해당식품 고유의 품질이 유지될 수 있는 기한

015
식육 및 어육제품의 가공시 첨가되는 아질산과 이급아민이 반응하여 생기는 발암물질은?

① 벤조피렌(Benxopyrene)
② PCB(Polychlorinated Biphenyl)
③ 니트로소아민(N-nitrosamine)
④ 말론알데히드(Malonaldehyde)

육가공품의 발색제로 사용되는 아질산이 이급아민과 반응하면 니트로소아민이 생성된다.

016
냉장의 목적과 가장 거리가 먼 것은?

① 미생물의 사멸
② 신선도 유지
③ 미생물의 증식억제
④ 자기소화 지연 및 억제

냉장을 통해 미생물의 증식을 억제할 수는 있지만, 미생물 자체를 사멸시킬 수는 없다.

017
갈변반응으로 향기와 색이 좋아지는 식품이 아닌 것은?

① 홍차
② 간장
③ 녹차
④ 된장

한 번 우려낸 녹차를 실온에 장시간 방치하면 떫은 맛 성분인 카테킨이 산화하여 갈변현상이 일어나는 데 그 결과 맛과 향이 나빠진다.

018
경단백질로서 가열에 의해 젤라틴으로 변하는 것은?

① 케라틴(Keratin)
② 콜라겐(Collagen)
③ 엘라스틴(Elastin)
④ 히스톤(Histone)

세 가닥의 폴리펩티드가 서로 꼬여 나선구조를 이루고 있는 콜라겐은 가열에 의해 수축되는데, 계속해서 가열하면 이런 나선구조가 붕괴되고 폴리펩티드 사슬간에 이루어졌던 결합들이 끊어져 가용성의 젤라틴으로 변하여 연해진다.

019

어패류와 육류에서 일어나는 자기소화의 원인은?

① 식품 속에 존재하는 산에 의해 일어난다.
② 식품 속에 존재하는 염류에 의해 일어난다.
③ 공기 중의 산소에 의해 일어난다.
④ 식품 속에 존재하는 효소에 의해 일어난다.

자기소화란 죽은 생물체의 조직을 구성하고 있는 물질이 사후경직 또는 사후강직기를 지나 그 조직 속에 함유되어 있는 효소의 작용에 의해 분해되는 것을 말한다. 참고로 어패류는 육류에 비해 자기소화 과정이 빠르기 때문에 부패·변질이 빠르다. 또한 담수어는 해수어보다 낮은 온도에서 자기소화가 일어난다.

020

고추의 매운맛 성분은?

① 무스카린(Muscarine)
② 캡사이신(Capsaicin)
③ 뉴린(Neurine)
④ 몰핀(Morphine)

무스카린(Muscarine)과 뉴린(Neurine)은 버섯의 유독 성분이며, 몰핀(Morphine)은 아편의 주성분인 마취제이다.

021

다음 식품의 분류 중 곡류에 속하지 않는 것은?

① 보리   ② 조
③ 완두   ④ 수수

식품의 분류
- 곡류 : 쌀, 보리, 밀, 호밀, 귀리, 조, 수수, 옥수수, 메밀, 율무, 기장, 피, 퀴노아, 트리테케일 등
- 두류 : 대두, 팥, 녹두, 강낭콩, 완두, 동부, 잠두, 리마콩, 이집트콩, 그린콩, 검정콩, 렌즈콩 등
- 서류 : 감자, 고구마, 카사바, 얌, 토란, 마, 곤약 등

022

곡류에 관한 설명으로 옳은 것은?

① 강력분은 글루텐의 함량이 13% 이상으로 케이크 제조에 알맞다.
② 박력분은 글루텐의 함량이 10% 이하로 과자, 비스킷 제조에 알맞다.
③ 보리의 고유한 단백질은 오리제닌(Oryzenin)이다.
④ 압맥·할맥은 소화율을 저하시킨다.

보기의 올바른 설명
- 강력분은 글루텐의 함량이 13% 이상으로 식빵, 마카로니, 스파게티 등의 제조에 알맞다.
- 쌀의 주요 단백질은 오리제닌(Oryzenin)이라고 불리는 글루텔린으로 그 함량이 80% 전후이다.
- 할맥은 섬유소를 제거하여 조리를 간편하게 하고 소화율을 높인 보리(정맥)이다.

023

고구마 등의 전분으로 만든 얇고 부드러운 전분피로 냉채 등에 이용되는 것은?

① 양장피
② 해파리
③ 한천
④ 무

고구마 등의 전분으로 만든 전분피는 양장피이다. 참고로 한천은 우뭇가사리 등 홍조류를 삶아서 그 즙액을 젤리 모양으로 응고, 동결시킨 다음 수분을 용출시켜 건조한 해조 가공품이다.

024

난황에 들어 있으며, 마요네즈 제조시 유화제 역할을 하는 성분은?

① 레시틴   ② 오브알부민
③ 글로불린   ④ 갈락토오스

레시틴(lecithin)은 인지질(燐脂質)의 한가지로 세포막 구성의 중요한 성분으로 난황, 콩기름, 간장 등에 많이 들어 있으며, 강한 유화작용을 갖고 있어 지방질 식품들의 유화제로서 사용되고 있다.

025
철과 마그네슘을 함유하는 색소를 순서대로 나열한 것은?

① 안토시아닌, 플라보노이드
② 카로티노이드, 미오글로빈
③ 클로로필, 안토시아닌
④ 미오글로빈, 클로로필

클로로필은 식물의 잎과 줄기의 녹색 색소로 마그네슘(Mg)을, 미오글로빈은 근육색소로 철(Fe)을 함유하고 있다.

026
녹색채소를 수확 후에 방치할 때 점차 그 색이 갈색으로 변하는 이유는?

① 엽록소의 수소가 구리로 치환되었으므로
② 엽록소가 페오피틴(pheophytin)으로 변했으므로
③ 엽록소가 클로로필라이드로 변했으므로
④ 엽록소의 마그네슘이 구리로 치환되었으므로

녹색채소를 수확 후에 방치할 때 엽록소 내의 마그네슘이 수소와 치환을 하여 페오피틴(pheophytin)이라는 물질로 변하게 되며, 이에 따라 갈색으로 변하게 된다.

027
감칠맛 성분과 소재식품의 연결이 잘못된 것은?

① 베타인(Betaine) – 오징어, 새우
② 크레아티닌(Creatinine) – 어류, 육류
③ 카노신(Carnosine) – 육류, 어류
④ 타우린(Taurine) – 버섯, 죽순

타우린(Taurine)은 아미노산의 일종으로 새우, 오징어, 문어, 조개류 등 갑각류와 연체동물에 많이 들어 있으며 혈중 콜레스테롤을 감소시키고 콜레스테롤계 담석을 용해시키는 효과가 있다.

028
가공 육제품의 내포장재인 케이싱(Casing)에 대한 설명으로 옳은 것은?

① 가식성 콜라겐(Collagen) 케이싱은 동물의 콜라겐을 가공하여 튜브상으로 제조된 인조 케이싱이다.
② 셀룰로오스(Cellulose) 케이싱은 목재의 펄프와 목화의 식물성 셀룰로오스를 가공하여 다양한 크기로 만든 것으로 천연의 가식성 케이싱이다.
③ 파이브로스(Fibrous) 케이싱은 비교적 큰 직경의 육제품에 이용되는 것으로 셀룰로오스를 주재료로 가공한 천연의 케이싱이다.
④ 플라스틱(Plastic) 케이싱은 훈연제품에 이용되는 가식성 케이싱이다.

보기의 콜라겐, 셀룰로오스, 파이브로스, 플라스틱 케이싱은 모두 인조 케이싱에 해당된다. 셀룰로오스 케이싱은 비가식성 케이싱으로 훈연성과 신축성이 우수하다. 또한, 플라스틱 케이싱은 직경이 큰 소시지나 햄류에 사용되는 비가식성 케이싱이다.

029
곡물의 저장 과정에서 변화에 대한 설명으로 옳은 것은?

① 곡류는 저장시 호흡작용을 하지 않는다.
② 곡물 저장때 벌레에 의한 피해는 거의 없다.
③ 쌀의 변질에 가장 관계가 깊은 것은 곰팡이이다.
④ 수분과 온도는 저장에 큰 영향을 주지 못한다.

황변미는 푸른곰팡이가 원인으로 시트리닌, 시트리오비리딘, 아이슬랜디톡신(신장독, 신경독, 간장독) 등의 각종 독소가 발생되어 유해하다.

030
함유된 주요 영양소가 바르게 짝지어진 것은?

① 뱅어포 – 당질, 비타민 B_1
② 밀가루 – 지방, 지용성 비타민
③ 사골 – 칼슘, 비타민 B_2
④ 두부 – 지방, 철분

뱅어포 – 칼슘, 밀가루 – 탄수화물, 두부 – 단백질

031
식품을 삶는 방법에 대한 설명으로 틀린 것은?

① 연근을 엷은 식초물에 삶으면 하얗게 삶아 진다.
② 가지를 백반이나 철분이 녹아있는 물에 삶으면 색이 안정된다.
③ 완두콩은 황산구리를 적당량 넣은 물에 삶으면 푸른빛이 고정된다.
④ 시금치를 저온에서 오래 삶으면 비타민 C의 손실이 적다.

녹색 채소를 데칠 때는 뚜껑을 열고 끓는 물에서 단시간 조리한다. 특히 시금치, 근대, 아욱은 수산이 존재하므로 반드시 뚜껑을 열어서 삶아야 변색과 비타민 C의 손실을 줄일 수 있다.

032
끓이는 조리법의 단점은?

① 식품의 중심부까지 열이 전도되기 어려워 조직이 단단한 식품의 가열이 어렵다.
② 영양분의 손실이 비교적 많고 식품의 모양이 변형되기 쉽다.
③ 식품의 수용성분이 국물속으로 유출되지 않는다.
④ 가열 중 재료식품에 조미료의 충분한 침투가 어렵다.

끓이는 조리법의 장점
• 어떤 열원이라도 가능하다.
• 다량의 음식을 한번에 취급할 수 있다.
• 조미에 있어 편리하다.
• 식품의 중심부까지 열이 가해지므로 딱딱한 것을 부드럽게 할 수 있다.

033
계란 후라이를 하기 위해 후라이팬에 계란을 깨뜨려 놓았을 때 다음 중 가장 신선한 달걀은?

① 난황이 터져 나왔다.
② 난백이 넓게 퍼졌다.
③ 난황은 둥글고 주위에 농후 난백이 많았다.
④ 작은 혈액 덩어리가 있었다.

달걀을 깨뜨려 봐서 난백의 교질성, 난황의 높이, 냄새, 반점의 유무 등을 보고 신선도를 알아낸다. 노른자(난황)는 구형이며, 흰자(난백)가 퍼지지 않아야 신선한 달걀이다.

034
기존 위생관리방법과 비교하여 HACCP의 특징에 대한 설명으로 옳은 것은?

① 주로 완제품 위주의 관리이다.
② 위생상의 문제 발생 후 조치하는 사후적 관리이다.
③ 시험분석방법에 장시간이 소요된다.
④ 가능성 있는 모든 위해요소를 예측하고 대응할 수 있다.

식품위해요소중점관리기준(HACCP)은 최종 제품을 검사하여 안전성을 확보하는 개념이 아니라 식품의 생산·유통·소비의 전 과정을 통하여 지속적으로 관리함으로써 제품 또는 식품의 안전성을 확보하고 보증하는 예방차원의 개념이다.

035
신선한 달걀의 난황계수(yolk index)는 얼마 정도인가?

① 0.14~0.17
② 0.25~0.30
③ 0.36~0.44
④ 0.55~0.66

난황계수와 난백계수 측정은 달걀의 신선도를 판정하는 방법이다. 난황계수는 난황의 최고부의 높이를 난황의 최대직경으로 나눈 값으로 신선한 달걀은 0.36~0.44의 값을 가지며, 오래된 계란일수록 그 값이 작아진다.

036
비타민 B_2가 부족하면 어떤 증상이 생기는가?

① 구각염 ② 괴혈병
② 야맹증 ④ 각기병

괴혈병 – 비타민 C, 야맹증 – 비타민 A, 각기병 – 비타민 B_1

037
급식재료의 소비량을 계산하는 방법이 아닌 것은?

① 선입선출법 ② 재고조사법
③ 계속기록법 ④ 역계산법

> 재료소비량의 계산은 계속기록법, 재고조사법, 역계산법 등이 있다. 참고로 선입선출법은 재료 소비가격의 계산방법이다.

038
다음 중 집단급식소에 속하지 않는 것은?

① 초등학교의 급식시설
② 병원의 구내식당
③ 기숙사의 구내식당
④ 대중 음식점

> 집단급식소란 영리를 목적으로 하지 아니하고 계속적으로 특정 다수인에게 음식물을 공급하는 기숙사·학교·병원 기타 후생기관 등의 급식시설로서 대통령령이 정하는 것을 말한다.

039
다음 자료로 계산한 제조원가는 얼마인가?

- 직접재료비 : 180000원
- 간접재료비 : 50000원
- 직접노무비 : 100000원
- 간접노무비 : 30000원
- 직접경비 : 10000원
- 간접경비 : 100000원
- 판매관리비 : 120000원

① ₩590000 ② ₩470000
③ ₩410000 ④ ₩290000

> "제조원가 = 직접원가(직접재료비 + 직접노무비 + 직접경비) + 제조간접비" 이므로 예시 항목 중 판매관리비를 제외한 모든 비용의 합에 해당된다.

040
가공식품, 반제품, 급식 원재료 및 조미료 등 급식에 소요되는 모든 재료에 대한 비용은?

① 관리비 ② 급식재료비
③ 소모품비 ④ 노무비

> 용어 설명
> - 관리비 : 단체급식시설의 규모가 큰 경우 별도로 계산되는 간접경비
> - 소모품비 : 급식업무에 소요되는 각종 소모품의 사용에 지불되는 비용
> - 노무비 : 급식 업무에 종사하는 모든 사람들의 노동력 대가로 지불되는 비용

041
다음 중 배식하기 전 음식이 식지 않도록 보관하는 온장고 내의 유지 온도로 가장 적합한 것은?

① 15~20℃ ② 35~40℃
③ 65~70℃ ④ 105~110℃

> 온장고는 65~70℃ 정도의 온도로 유지되는 것이 좋으며, 보온시간은 3~4시간 정도가 좋다.

042
에너지 전달에 대한 설명으로 틀린 것은?

① 물체가 열원에 직접적으로 접촉됨으로써 가열되는 것을 전도라고 한다.
② 대류에 의한 열의 전달은 매개체를 통해서 일어난다.
③ 대부분의 음식은 복합적 방법에 의해 에너지가 전달되어 조리된다.
④ 열의 전달 속도는 대류가 가장 빨라 복사, 전도보다 효율적이다.

> 열의 전달 속도는 복사가 가장 빠르고 대류, 전도의 순서이다.

043
구이에 의한 식품의 변화 중 틀린 것은?

① 살이 단단해 진다.
② 기름이 녹아 나온다.
③ 수용성 성분의 유출이 매우 크다.
④ 식욕을 돋구는 맛있는 냄새가 난다.

> 수용성 성분의 유출이 큰 조리 방법은 끓이기에 해당된다.

044

구매한 식품의 재고관리시 적용되는 방법 중 최근에 구입한 식품부터 사용하는 것으로 가장 오래된 물품이 재고로 남게 되는 것은?

① 선입선출법(First-In, First-Out)
② 후입선출법(Last-In, First-Out)
③ 총 평균법
④ 최소-최대관리법

> 선입선출법은 재료의 구입순서에 따라 먼저 구입한 재료를 먼저 소비한다는 가정 아래에서 재료의 소비가격을 계산하는 방법이며, 후입선출법은 선입선출법과 정반대로 나중에 구입한 재료부터 먼저 사용한다는 가정 아래에서 재료의 소비가격을 계산하는 방법이다.

045

생선 조리 방법으로 적합하지 않은 것은?

① 탕을 끓일 경우 국물을 먼저 끓인 후에 생선을 넣는다.
② 생강은 처음부터 넣어야 어취 제거에 효과적이다.
③ 생선조림은 간장을 먼저 살짝 끓이다가 생선을 넣는다.
④ 생선 표면을 물로 씻으면 어취가 많이 감소된다.

> 어취(비린내)의 원인물질은 트리메틸아민(TMA, Trimethylamine)으로 생선 조리시 생강, 파, 마늘, 겨자 등의 향신료를 사용하여 완화시킬 수 있다. 특히 생강은 생선이 익은 후에 첨가하는 것이 효과적이다.

046

유지의 산패에 영향을 미치는 인자에 대한 설명으로 맞는 것은?

① 저장 온도가 0℃이하가 되면 산패가 방지된다.
② 광선은 산패를 촉진하나 그 중 자외선은 산패에 영향을 미치지 않는다.
③ 구리, 철은 산패를 촉진하나 납, 알루미늄은 산패에 영향을 미치지 않는다.
④ 유지의 불포화도가 높을수록 산패가 활발하게 일어난다.

> 유지의 산패는 공기 속의 산소에 의해 자동적으로 산화되는 것으로 불포화지방산이 많을수록 잘 일으키며 빛, 열, 금속 등이 이를 촉진시킨다.

047

1일 총 급여 열량 2000kcal 중 탄수화물 섭취 비율을 65%로 한다면, 하루 세끼를 먹을 경우 한 끼당 쌀 섭취량은 약 얼마인가?(단, 쌀 100g 당 371kcal)

① 98g
② 107g
③ 117g
④ 125g

> 탄수화물의 섭취 비율이 65%이므로 세끼의 쌀 섭취량은 2000kcal × 0.65(65%) = 1300kcal 이다. 또한, 100g 당 371kcal이므로 1300kcal ÷ 371kcal은 약 350.4g이다. 이를 한끼에 해당하는 양으로 나누면 350.4g ÷ 3 = 116.8g에 해당된다.

048

아래의 조건에서 1회에 750명을 수용하는 식당의 면적을 구하면?

> 피급식자 1인당 필요 면적은 1.0㎡이며, 식기 회수 공간은 필요 면적의 10%, 통로의 폭은 1.0∼1.5m이다.

① 750㎡
② 760㎡
③ 825㎡
④ 835㎡

> 1인당 필요 면적이 1.0㎡ 이므로 750명인 경우 필요 면적은 1.0㎡ × 750명 = 750㎡ 이다. 또한, 식기 회수 공간은 필요 면적의 10%이므로 750㎡ × 0.1 = 75㎡ 이다. 따라서, 식당의 면적은 750㎡ + 75㎡ = 825㎡ 이다.

049

가정에서 식품의 급속냉동방법으로 부적절한 것은?

① 충분히 식혀 냉동한다.
② 식품의 두께를 얇게 하여 냉동한다.
③ 열전도율이 낮은 용기에 넣어 냉동한다.
④ 식품 사이에 적절한 간격을 두고 냉동한다.

> 열전도율이 높은 스테인레스 스틸 용기 등에 넣어 급속냉동해야 해동시에도 최대한 처음과 같은 맛을 낼 수 있다.

050
다음 중 급식설비시 1인당 사용수 양이 가장 많은 곳은?

① 학교급식 ② 병원급식
③ 기숙사급식 ④ 사업체급식

> 필요 급수량은 1인 1식당 병원급식은 10~20ℓ, 학교급식은 4~6ℓ, 기숙사급식은 7~15ℓ, 공장급식은 5~10ℓ이며 일반적인 급식시설의 경우에는 6~10ℓ 정도이다.

051
물로 전파되는 수인성감염병에 속하지 않는 것은?

① 장티푸스 ② 홍역
③ 세균성이질 ④ 콜레라

> 홍역은 호흡기를 통해 전염되는 바이러스성 감염병이다.

052
각 환경요소에 대한 연결이 잘못된 것은?

① 이산화탄소(CO_2)의 서한량 : 5%
② 실내의 쾌감습도 : 40~70%
③ 일산화탄소(CO)의 서한량 : 0.01%
④ 실내 쾌감기류 : 0.2~0.3 m/sec

> 실내공기의 오염지표인 이산화탄소(CO_2)의 서한량은 0.1%(1000ppm)이다.

053
수인성감염병의 유행 특성에 대한 설명으로 옳지 않은 것은?

① 연령과 직업에 따른 이환율에 차이가 있다.
② 2~3일 내에 환자발생이 폭발적이다.
③ 환자발생은 급수지역에 한정되어 있다.
④ 계절에 직접적인 관계없이 발생한다.

> 수인성 감염병의 특징 중 하나는 성별·연령·직업·생활수준에 따른 발생 빈도의 차이가 없다는 점이다.

054
위생해충과 이들이 전파하는 질병과의 관계가 잘못 연결된 것은?

① 바퀴 – 사상충 ② 모기 – 말라리아
③ 쥐 – 유행성출혈열 ④ 파리 – 장티푸스

> 바퀴는 콜레라, 장티푸스, 이질, 소아마비를 전파하며, 사상충은 모기에 의해 전파된다.

055
다수인이 밀집한 장소에서 발생하며 화학적 조성이나 물리적 조성의 큰 변화를 일으켜 불쾌감, 두통, 권태, 현기증, 구토 등의 생리적 이상을 일으키는 현상은?

① 빈혈 ② 일산화탄소 중독
③ 분압 현상 ④ 군집독

> 환기가 이루어지지 않는 실내에 다수의 사람이 장시간 밀집되어있을 경우 나타나는 군집독은 O_2 감소, CO_2 증가, 고온·고습의 상태에서 유해가스 및 취기, 구취, 체취, 공기의 조성변화 등에 의해 발생한다.

056
D.P.T 예방접종과 관계없는 감염병은?

① 파상풍 ② 백일해
③ 페스트 ④ 디프테리아

> 디피티(D.P.T)는 디프테리아, 백일해, 파상풍을 예방하는 혼합 백신이다.

057
다음 감염병 중 생후 가장 먼저 예방접종을 실시하는 것은?

① 백일해 ② 파상풍
③ 홍역 ④ 결핵

> 결핵은 1회의 예방접종으로 영구면역이 가능한 질병으로 생후 4주 이내에 실시해야 한다.

058

감염병의 예방 및 관리에 관한 법률상 "생물테러감염병 또는 치명률이 높거나 집단 발생의 우려가 커서 발생 또는 유행 즉시 신고하여야 하고, 음압격리와 같은 높은 수준의 격리가 필요한 감염병"은?

① 제1급 감염병
② 제2급 감염병
③ 제3급 감염병
④ 제4급 감염병

> **법정감염병**
> - 제1급 감염병 : 생물테러감염병 또는 치명률이 높거나 집단 발생의 우려가 커서 발생 또는 유행 즉시 신고하여야 하고, 음압격리와 같은 높은 수준의 격리가 필요한 감염병
> - 2급 감염병 : 전파가능성을 고려하여 발생 또는 유행 시 24시간 이내에 신고하여야 하고, 격리가 필요한 감염병
> - 제3급 감염병 : 그 발생을 계속 감시할 필요가 있어 발생 또는 유행 시 24시간 이내에 신고하여야 하는 감염병
> - 제4급 감염병 : 제1급 감염병부터 제3급 감염병까지의 감염병 외에 유행 여부를 조사하기 위하여 표본감시 활동이 필요한 감염병

059

고열장해로 인한 직업병이 아닌 것은?

① 열경련
② 일사병
③ 열쇠약
④ 참호족

> 참호족(침족병)은 신체의 일부분이 동상에 걸린 상태를 말하며 15℃ 이하의 찬물에 지속적으로 노출된 후에 발생하는데 오랜 시간 동안 신체의 일부가 차가운 물이나 얼음에 접촉하거나 한겨울 도보여행자, 군인, 산악인들에게 발생하는 경우가 많다.

060

다음 중 자외선을 이용한 살균 시 가장 유효한 파장은?

① 250~260nm
② 350~360nm
③ 450~460nm
④ 550~560nm

> **자외선의 작용**
> - 260nm(2,600Å) 부근의 파장인 경우 살균작용이 가장 강하다.
> - 비타민 D 형성을 촉진시켜 구루병을 예방한다.
> - 피부의 홍반, 색소침착 및 피부암 유발
> - 신진대사 촉진, 적혈구생성 촉진, 혈압강하 작용을 한다.

18회 【정답】 공단 기출문제

001	002	003	004	005
③	③	④	②	②
006	007	008	009	010
④	①	②	③	②
011	012	013	014	015
④	③	②	④	③
016	017	018	019	020
①	③	②	④	②
021	022	023	024	025
③	②	①	①	④
026	027	028	029	030
②	④	①	③	③
031	032	033	034	035
①	②	③	④	③
036	037	038	039	040
①	①	④	②	②
041	042	043	044	045
③	④	③	②	④
046	047	048	049	050
④	③	③	③	②
051	052	053	054	055
②	①	③	①	④
056	057	058	059	060
③	④	①	④	①

제 19 회 공단 기출문제

001
다음 중 식품위생의 대상을 가장 적절하게 나타낸 것은 무엇인가?
① 식품 및 기구
② 식품첨가물
③ 식품
④ 식품, 식품첨가물, 기구 및 용기·포장

식품위생이란 식품, 식품첨가물, 기구 또는 용기·포장을 대상으로 하는 음식에 관한 위생을 말한다.

002
식품위생법규상 영업에 종사하지 못하는 질병의 종류에 해당하지 않는 것은?
① 장출혈성대장균감염증
② 감염성 결핵
③ 피부병 또는 그 밖의 화농성질환
④ 홍역

영업에 종사하지 못하는 질병의 종류
- 콜레라, 장티푸스, 파라티푸스, 세균성이질, 장출혈성대장균감염증, A형간염 감염환자 및 감염성 결핵환재(비감염성 결핵인 경우는 제외)
- 피부병 또는 그 밖의 화농성질환
- 후천성면역결핍증(성병에 관한 건강진단을 받아야 하는 영업에 종사하는 자에 한함)

003
주요 용도와 식품첨가물의 연결이 옳은 것은?
① 호박산 – 산도조절제
② 이산화티타늄 – 표백제
③ 명반 – 피막제
④ 삼이산화철 – 발색제

이산화티타늄 – 착색료, 명반 – 팽창제, 삼이산화철 – 착색제

004
집단급식소는 상시 1회 몇 인에게 식사를 제공하는 급식소인가?
① 5인 이상
② 10인 이상
③ 20인 이상
④ 50인 이상

집단급식소란 영리를 목적으로 하지 아니하고 계속적으로 특정 다수인(상시 1회 50인 이상)에게 음식물을 공급하는 기숙사, 학교, 병원, 기타 후생기관 등의 급식시설로서 대통령령이 정하는 것을 말한다.

005
덜 익은 매실, 살구씨 등에 들어있으며, 인체 장내에서 청산을 생산하는 것은?
① 시큐톡신(Cicutoxin)
② 솔라닌(Solanine)
③ 고시폴(Gossypol)
④ 아미그달린(Amygdalin)

청매, 살구씨, 복숭아씨 등에는 아미그달린(Amygdalin)이라는 시안(cyan) 배당체가 들어있으며, 아미그달린이 효소 작용에 의해 분해되면 유독한 청산(靑酸)이 된다.

006
식품과 관련 독소의 연결이 잘못된 것은?
① 감자 – 솔라닌(solanine)
② 목화씨 – 고시폴(gossypol)

③ 바지락 – 엔테로톡신(enterotoxin)
④ 모시조개 – 베네루핀(venerupin)

> 엔테로톡신은 포도상구균이 식품에 오염되어 생성하는 독소이며, 바지락의 독소는 베네루핀이다.

007
주로 부패한 감자에 생성되어 중독을 일으키는 물질은?

① 셉신(sepsine)
② 아미그달린(amygdalin)
③ 시큐톡신(cicutoxin)
④ 마이코톡신(mycotoxin)

> 감자의 싹에 있는 자연독은 솔라닌(solanine)이며, 감자가 썩기 시작하면 생기는 독성물질은 셉신(sepsine)이다.

008
다음 중 독소형 식중독은?

① 장염 비브리오균 식중독
② 바실러스 세레우스 식중독
③ 포도상구균 식중독
④ 살모넬라균 식중독

> 세균성 식중독
> • 감염형 : 살모넬라균, 장염 비브리오균, 병원성 대장균, 바실러스 세레우스, 여니시아, 시겔라(세균성 이질)
> • 독소형 : 포도상구균, 클로스트리디움 보툴리눔, 클로스트리디움 퍼프린젠스

009
HACCP의 의무적용 대상 식품에 해당하지 않는 것은?

① 빙과류   ② 비가열음료
③ 껌류   ④ 레토르트식품

> HACCP 준수대상 : 어육가공품 중 어묵류, 냉동수산식품 중 어류·연체류·조미가공품, 냉동식품 중 피자류·만두류·면류, 빙과류, 비가열 음료, 레토르트 식품, 김치류 중 배추김치

010
일반적으로 복어의 독성이 가장 강한 시기는?

① 2~3월
② 5~6월
③ 8~9월
④ 10~11월

> 복어의 알, 간, 난소 및 껍질 등에 들어있는 테트로도톡신(tetrodotoxin)은 난소에 가장 많이 들어있으며, 산란기인 5~6월에 특히 독성이 강하다.

011
살모넬라(salmonella)균으로 인한 식중독에 대한 설명으로 틀린 것은?

① 주요 증상으로 급성위장염을 일으킨다.
② 주로 통조림 등의 산소가 부족한 식품에서 유발된다.
③ 장내세균의 일종이다.
④ 계란, 육류 및 어육가공품이 주요 원인식품이다.

> 살모넬라균의 원인식품은 식육류나 그 가공품, 어패류, 달걀, 우유 및 유제품으로 그람(Gram) 음성균이다. 감염될 경우 발열, 구토, 설사, 복통 등의 급성위장염 증상을 유발한다.

012
빵을 비롯한 밀가루 제품에서 적당한 형태를 갖추게 하기 위해 첨가되는 첨가물은?

① 팽창제
② 유화제
③ 피막제
④ 산화방지제

> 빵이나 카스테라 등을 부풀게 하기 위해 사용되는 첨가물을 팽창제라 하며 이스트(효모), 베이킹파우더(B.P), 중조(중탄산나트륨) 등이 사용된다.

013
식품의 신선도 또는 부패의 이화학적 판정에 이용되는 항목이 아닌 것은?

① 히스타민 함량
② 당 함량
③ 휘발성 염기질소 함량
④ 트리메틸아민 함량

> 휘발성 염기질소의 함량은 육류, 트리메틸아민 함량과 히스타민 함량은 생선류의 신선도 또는 부패의 정도를 판정하는 데 사용된다.

014
노로바이러스에 대한 설명으로 틀린 것은?

① 발병 후 자연치유 되지 않는다.
② 크기가 매우 작고 구형이다.
③ 급성 위장장염을 일으키는 식중독 원인체이다.
④ 감염되면 설사, 복통, 구토 등의 증상이 나타난다.

> 노로바이러스는 사람에게 장염을 일으키는 바이러스 그룹으로 바이러스의 크기가 매우 작고 항생제로 치료가 되지 않으며, 대부분의 사람은 1~2일 내에 증세가 호전된다. 감염원은 감염자의 분변이 구토물이며 다양한 경로를 통해 감염되는 것으로 알려져 있다.

015
다음 식품첨가물 중 보존료가 아닌 것은?

① 데히드로초산(dehydroacetic acid)
② 소르빈산(sorbic acid)
③ 벤조산(benzoic acid)
④ 부틸히드록시 아니솔(butylhydroxy anisole)

> 보존료는 식품 중의 미생물 발육을 억제하여 부패를 방지하고 식품의 선도를 유지하기 위하여 사용한다. 보기 중 부틸히드록시 아니솔(BHA)은 지용성 산화방지제이다.

016
오이나 배추의 녹색이 김치를 담갔을 때 점차 갈색을 띠게 되는데 이것은 어떤 색소의 변화 때문인가?

① 카로티노이드(carotenoid)
② 클로로필(chlorophyll)
③ 안토시아닌(anthocyanin)
④ 안토크산틴(anthoxanthin)

> 녹색식물의 클로로필(엽록소, Chlorophyll)은 산성 조건 하에서 녹갈색을 띠며, 알칼리 조건 하에서는 진한 녹색을 나타낸다.

017
갈변반응으로 향기와 색이 좋아지는 식품이 아닌 것은?

① 홍차
② 간장
③ 된장
④ 녹차

> 한 번 우려낸 녹차를 실온에 장시간 방치하면 떫은 맛 성분인 카테킨이 산화하여 갈변현상이 일어나는 데 그 결과 맛과 향이 나빠진다.

018
미역에 대한 설명 중 틀린 것은?

① 탄수화물의 대부분은 난소화성이다.
② 단백질의 질이 낮다.
③ 칼슘의 함량이 많다.
④ 색소인 푸코잔틴(fucoxanthin)이 다량 함유되어 있다.

> 미역은 식이섬유(소화가 되지 않는 고분자 탄수화물)와 칼륨, 칼슘, 요오드 등이 풍부한 해조류로 갈조류에 속한다. 미역, 톳, 다시마 등과 같은 갈조류는 푸코잔틴(fucoxanthin) 색소가 함유되어 있다.

019
달걀에 대한 설명으로 틀린 것은?

① 식품 중 단백가가 가장 높다.
② 난황의 레시틴(lecithin)은 유화제이다.
③ 난백의 수분이 난황보다 많다.
④ 당질은 글리코겐(glycogen) 형태로만 존재한다.

> 달걀은 최고의 단백질 효율을 100으로 볼 때 93.7로 여러 식품 중에서 단백질 생물가가 가장 높은 식품이다. 수분의 양은 난백이 90%, 난황이 49% 정도이다.

020
다음 중 근원섬유를 구성하는 단백질은?

① 헤모글로빈
② 콜라겐
③ 미오신
④ 엘라스틴

> 어육의 단백질
> • 근형질 단백질 : 글로빈, 미오겐 등
> • 근원섬유 단백질 : 액틴, 미오신 등
> • 육기성 단백질 : 콜라겐, 엘라스틴 등

021
수분활성도(Aw)에 대한 설명으로 틀린 것은?

① 말린 과일은 생과일보다 Aw가 낮다.
② 세균은 생육최저 Aw가 미생물 중에서 가장 낮다.
③ 효소활성은 Aw가 클수록 증가한다.
④ 소금이나 설탕은 가공식품의 Aw를 낮출 수 있다.

> 미생물 증식에 필요한 수분활성도(Aw)는 세균 0.94, 효모 0.88, 곰 팡이 0.80이다.

022
칼슘과 단백질의 흡수를 돕고 정장 효과가 있는 당은?

① 설탕
② 과당
③ 유당
④ 맥아당

> 포도당과 갈락토오스가 결합된 이당류인 유당(젖당, Lactose)은 동물의 유즙에 함유되어 있으며, 유산균과 젖산균의 정장작용에 관여하고 칼슘의 흡수를 돕는다.

023
플라보노이드계 색소로 채소와 과일 등에 널리 분포해 있으며 산화방지제로도 사용되는 것은?

① 루테인(lutein)
② 케르세틴(quercetin)
③ 아스타잔틴(astaxanthin)
④ 크립토산틴(cryptoxanthin)

> 색소 물질
> • 루테인 : 카로티노이드계로 난소의 황체 세포 안에 있는 황색 색소의 호르몬으로 식물의 엽록체 속에 많이 있다.
> • 아스타잔틴 : 카로티노이드계로 새우·게 등의 갑각류를 비롯하여 수생동물에 널리 분포한다.
> • 크립토산틴 : 카로티노이드계로 과일 및 채소에 들어 있으며, 인체 내에서는 비타민 A로 전환되어 프로비타민 A로 간주된다.

024
감자류(서류)에 대한 설명으로 틀린 것은?

① 열량공급원이다.
② 수분 함량이 적어 저장성이 우수하다.
③ 탄수화물 급원식품이다.
④ 무기질 중 칼륨(K) 함량이 비교적 높다.

> 감자, 고구마와 같은 서류는 수분이 많아 저장성이 떨어진다.

025
다음 중 견과류에 속하는 식품은?

① 호두
② 살구
③ 딸기
④ 자두

> 견과류는 단단한 과피와 깍정이에 싸여 있는 나무 열매를 말하는 것으로 호두, 밤, 땅콩, 아몬드 등이 이에 해당한다.

026
과일잼 가공 시 펙틴은 주로 어떤 역할을 하는가?

① 신맛 증가
② 구조 형성
③ 향 보존
④ 색소 보존

> 펙틴(pectin)은 채소나 과실 따위에 포함된 탄수화물의 한 가지로 겔(gel)을 만드는 성질이 있어 잼, 젤리 따위의 식품이나 화장품, 약품 제조에 쓰인다.

027
다음 중 중조를 넣어 콩을 삶을 때 가장 문제가 되는 것은?

① 글리시닌의 손실이 촉진된다.
② 콩이 잘 무르지 않는다.
③ 수용성 비타민이 손실된다.
④ 조리 시간이 길어진다.

중조를 첨가하면 특히 비타민 B_1과 B_2의 손실을 초래할 뿐 가져올 뿐 아니라, 비타민 C도 파괴된다.

028
식품의 수분활성도를 올바르게 설명한 것은?

① 임의의 온도에서 식품이 나타내는 수증기압에 대한 같은 온도에 있어서 순수한 물의 수증기압의 비율
② 임의의 온도에서 식품이 나타내는 수증기압
③ 임의의 온도에서 식품의 수분함량
④ 임의의 온도에서 식품과 동량의 순수한 물의 최대 수증기압

수분활성도(Aw)는 어떤 임의의 온도에서 식품이 나타내는 수증기압을 그 온도의 순수한 물의 최대 수증기압으로 나눈 것으로 물의 수분활성도는 1.0이고, 일반 식품의 수분활성도는 항상 1보다 작다.

029
식품의 냉장효과를 가장 바르게 나타낸 것은?

① 식품의 영구 보존
② 식품의 동결로 세균의 멸균
③ 오염 세균의 사멸
④ 식품의 보존 효과 연장

냉장·냉동 보관을 통해 세균의 증식을 억제할 수는 있지만, 멸균되거나 사멸시킬 수는 없다.

030
설탕 용액에 다량의 소금을 가하여 단맛이 증가하는 현상은?

① 맛의 상쇄   ② 맛의 변조
③ 맛의 발현   ④ 맛의 대비

맛의 대비 : 서로 다른 두 가지 맛이 작용하여 주된 맛 성분이 강해지는 현상으로, 설탕 용액에 약간의 소금을 첨가하면 단맛이 증가된다.

031
직영급식과 비교하여 위탁급식의 단점에 해당하지 않는 것은?

① 인건비가 증가하고 서비스가 잘 되지 않는다.
② 기업이나 단체의 권한이 축소된다.
③ 급식경영을 지나치게 영리화하여 운영할 수 있다.
④ 영양관리에 문제가 발생할 수 있다.

위탁급식의 경우 인건비 절감과 대량 구입에 따른 식재료비 절감의 효과가 있다. 참고로 영양관리와 위생관리가 철저한 것은 직영방식의 장점에 해당된다.

032
생선의 신선도를 판별하는 방법으로 잘못된 것은?

① 생선의 육질이 단단하고 탄력성이 있는 것이 신선하다.
② 눈의 수정체가 투명하지 않고 아가미색이 어두운 것은 신선하지 않다.
③ 어체의 특유한 빛을 띄는 것이 신선하다.
④ 트리메틸아민(TMA)이 많이 생성된 것이 신선하다.

생선이 오래되면 트리메틸아민(TMA)이 발생하는데 이것이 생선비린내(어취)의 원인물질이다. 따라서, 트리메틸아민(TMA)이 적게 생성된 것이 신선하다.

033
밀가루 반죽에 첨가하는 재료 중 반죽의 점탄성을 약화시키는 것은?

① 우유   ② 설탕
③ 달걀   ④ 소금

설탕은 밀가루 반죽의 연화작용을 도와주고, 소금은 탄력성을 부여한다.

034
육류조리에 대한 설명으로 틀린 것은?

① 편육 조리 시 찬물에 넣고 끓여야 잘 익은 고기 맛이 좋다.
② 장조림 조리 시 간장을 처음부터 넣으면 고기가 단단해지고 잘 찢기지 않는다.
③ 탕 조리 시 찬물에 고기를 넣고 끓여야 추출물이 최대한 용출된다.
④ 불고기용으로는 결합조직이 되도록 적은 부위가 적당하다.

편육은 일반적으로 고기를 찬물에 담가 핏물을 뺀 후 끓는 물에 넣어 삶는다.

035
생선의 조리방법에 관한 설명으로 옳은 것은?

① 선도가 낮은 생선은 양념을 담백하게 하고 뚜껑을 닫고 잠깐 끓인다.
② 지방함량이 높은 생선보다는 낮은 생선으로 구이를 하는 것이 풍미가 더 좋다.
③ 생선조림은 오래 가열해야 단백질이 단단하게 응고되어 맛이 좋아진다.
④ 양념간장이 끓을 때 생선을 넣어야 맛 성분의 유출을 막을 수 있다.

파, 마늘, 생강 등으로 만든 양념간장이 끓을 때 생선을 넣어야 어취 제거 효과와 함께 맛 성분의 유출을 막을 수 있다.

036
튀김 기름을 여러 번 사용하였을 때 일어나는 현상이 아닌 것은?

① 불포화지방산의 함량이 감소한다.
② 흡유량이 작아진다.
③ 튀김 시 거품이 생긴다.
④ 점도가 증가한다.

반복 사용된 튀김 기름은 불포화지방산이 감소함에 따라 요오드가도 감소하며, 튀김 시 거품이 생기고, 점도와 흡유량은 증가한다.

037
달걀의 난황 속에 있는 단백질이 아닌 것은?

① 리포비텔린(lipovitellin)
② 리포비텔리닌(lipovitellenin)
③ 리비틴(livetin)
④ 레시틴(lecithin)

레시틴은 난황에 있는 인지질로 강한 유화작용을 갖고 있어 지방질 식품들의 유화제로서 사용되고 있다. 즉, 레시틴은 단백질이 아닌 인지질이다.

038
밀가루 반죽에 사용되는 물의 기능이 아닌 것은?

① 반죽의 경도에 영향을 준다.
② 소금의 용해를 도와 반죽에 골고루 섞이게 한다.
③ 글루텐의 형성을 돕는다.
④ 전분의 호화를 방지한다.

가열 시 사용되는 물의 양이 많을수록 전분의 호화는 촉진되고, 가열하기 전이라도 물에 담그는 시간이 길수록 호화는 촉진된다.

039
다음 식단 작성의 순서를 바르게 나열한 것은?

```
a. 영양기준량의 산출
b. 음식수 계획
c. 식품섭취량 3식 영양 배분 결정
d. 주·부식 구성의 결정
e. 식단표 작성
```

① a-c-d-b-e
② a-b-c-d-e
③ a-c-b-d-e
④ a-b-c-e-d

표준 식단 작성의 순서 : 영양기준량의 산출 → 식품섭취량의 산출 → 3식의 배분 결정 → 음식수 및 요리명 결정 → 식단 작성 주기 결정 → 식량 배분 계획 → 식단표 작성

040
다음 중 원가의 구성으로 틀린 것은?

① 직접원가 = 직접재료비 + 직접노무비 + 직접경비
② 제조원가 = 직접원가 + 제조간접비
③ 총 원가 = 제조원가 + 판매경비 + 일반관리비
④ 판매가격 = 총 원가 + 판매경비

판매원가 또는 판매가격은 총원가에 이익을 합하여 결정된다.

041
질이 좋은 김의 조건이 아닌 것은?

① 겨울에 생산되어 질소함량이 높다.
② 구멍이 많고 전체적으로 붉은색을 띤다.
③ 불에 구우면 선명한 녹색을 나타낸다.
④ 검은 색을 띠며 윤기가 난다.

질이 좋은 김은 빛깔이 검고 윤이 나며, 향이 좋다. 따라서, 붉은색이 나는 것은 피한다.

042
두부를 부드러운 상태로 조리하려고 할 때의 조치사항으로 적합하지 않은 것은?

① 찌개를 끓일 때에는 두부를 나중에 넣는다.
② 소금을 가하여 두부를 조리한다.
③ 칼슘이온을 첨가하여 콩단백질과의 결합을 촉진시킨다.
④ 식염수에 담가두었다가 조리한다.

염화마그네슘($MgCl_2$), 염화칼슘($CaCl_2$), 황산마그네슘($MgSO_4$), 황산칼슘($CaSO_4$) 등과 같은 무기염류는 콩단백질인 글리시닌을 응고시키는 응고제로 사용된다.

043
영리를 목적으로 계속적으로 특정 다수인에게 음식물을 공급하는 기숙사는 식품위생법규상 집단급식소에 해당하지 않는다. 그 이유는?

① 집단급식소는 계속적으로 음식물을 공급하지 않는다.
② 기숙사 식당은 급식시설에 해당하지 않는다.
③ 집단급식소는 특정 다수인에게 음식물을 공급하지 않는다.
④ 집단급식소는 영리를 목적으로 하지 않는다.

단체급식은 공장, 사업장, 학교, 병원, 기숙사와 같은 곳에서 집단으로 생활하는 특정의 여러 사람을 대상으로 상시 1회 50인 이상에게 계속적으로 식사를 공급하는 비영리 급식시설로서 급식대상자의 영양 개선을 도모한다.

044
소화효소의 주요 구성 성분은?

① 알칼로이드
② 단백질
③ 복합지방
④ 당질

효소란 각종 화학반응에서 자신은 변화하지 않으나 반응속도를 빠르게 하는 단백질을 말한다. 즉, 단백질로 만들어진 촉매라고 할 수 있다.

045
각 식품에 대한 대치식품의 연결이 적합하지 않은 것은?

① 돼지고기 – 두부, 쇠고기, 닭고기
② 고등어 – 삼치, 꽁치, 동태
③ 닭고기 – 우유 및 유제품
④ 시금치 – 깻잎, 상추, 배추

닭고기는 1군인 단백질 식품에 해당하고, 우유 및 유제품은 2군인 칼슘 식품에 해당된다.

046
식품첨가물에 대한 설명으로 틀린 것은?

① 바베큐소스와 우스터소스는 가공 조미료이다.
② 맥주의 쓴맛을 내는 호프는 고미료(苦味料)에 속한다.
③ HVP, HAP는 화학적 조미료이다.
④ 설탕은 감미료이다.

용어 설명
- HVP(식물성 단백 가수분해물) : 콩, 옥수수, 밀 등을 분해하여 얻은 아미노산
- HAP(동물성 단백 가수분해물) : 육류를 분해하여 얻은 아미노산

047
채소의 조리가공 중 비타민 C의 손실에 대한 설명으로 옳은 것은?

① 시금치를 데치는 시간이 길수록 비타민 C의 손실이 적다.
② 당근을 데칠 때 크기를 작게 할수록 비타민 C의 손실이 적다.
③ 무채를 곱게 썰어 공기 중에 장시간 방치하여도 비타민 C의 손실에는 영향이 없다.
④ 동결 처리한 시금치는 낮은 온도에 저장할수록 비타민 C의 손실이 적다.

비타민 C는 열과 광선에 의해서도 쉽게 파괴되므로 가급적 낮은 온도에서 저장하는 것이 좋다.

048
영양소의 소화효소가 바르게 연결된 것은?

① 단백질 – 리파아제
② 탄수화물 – 아밀라아제
③ 지방 – 펩신
④ 유당 – 트립신

리파아제는 지방, 펩신과 트립신은 단백질 분해효소이다.

049
다음 중 직접경비에 해당하는 항목은?

① 보험료　　② 감가상각비
③ 외주가공비　④ 통신비

감가상각비, 보험료, 수선비, 여비, 교통비, 전력비, 통신비 등은 모두 간접경비에 해당한다.

050
다음 중 비결정형 캔디가 아닌 것은?

① 캐러멜(caramel)
② 폰당(fondant)
③ 마시멜로우(marshmallow)
④ 태피(taffy)

폰당(fondant)은 설탕을 물에 녹여 끓인 뒤 다시 고운 입자로 결정화시킨 것을 말한다.

051
간디스토마는 제2중간숙주인 민물고기 내에서 어떤 형태로 존재하다가 인체에 감염을 일으키는가?

① 피낭유충(metacercaria)
② 레디아(redia)
③ 유모유충(miracidium)
④ 포자유충(sporocyst)

간디스토마는 제1중간 숙주인 쇠우렁이에 먹혀서 그 몸 속에서 스포로시스트, 레디아 등을 거쳐 세르카리아(cercaria)가 된다. 세르카리아는 헤엄쳐 나와 제2중간 숙주인 잉어과의 물고기(잉어·참붕어·붕어 등)에 침입하여 주머니를 형성한 피낭유충(metacercaria)이 된다. 메타세르카리아가 물고기와 함께 인체 내에 들어오면 약 3주만에 성충이 되어 담관에 기생한다.

052
다음 중 자외선을 이용한 살균 시 가장 유효한 파장은?

① 250~260nm
② 350~360nm
③ 450~460nm
④ 550~560nm

자외선은 3부분 중 파장이 가장 짧으며, 파장이 200~400nm(2,000~4,000Å) 범위로 2,600Å 부근의 파장인 경우 살균작용이 가장 강하다.

053
장티푸스, 디프테리아 등이 수십 년을 한 주기로 대유행되는 현상은?

① 추세 변화
② 계절적 변화
③ 순환 변화
④ 불규칙 변화

> 감염병이 2~4년을 주기로 유행이 반복되는 현상을 순환변화라 하며, 중·장기에 걸친 주기로 유행되는 현상을 추세변화라 한다.

054
일산화탄소(CO)에 대한 설명으로 틀린 것은?

① 헤모글로빈과의 친화성이 매우 강하다.
② 일반 공기 중 0.1% 정도 함유되어 있다.
③ 탄소를 함유한 유기물이 불완전연소 할 때 발생한다.
④ 제철, 도시가스 제조 과정에서 발생한다.

> 일산화탄소(CO)는 물체의 불완전 연소 시 발생하는 무색, 무취, 무미, 무자극성 가스로 위생학적 한계는 8시간 기준으로 0.01%, 4시간 기준으로 0.04%이다.

055
다음 중 이타이이타이병의 유발물질은?

① 수은(Hg)   ② 납(Pb)
③ 칼슘(Ca)   ④ 카드뮴(Cd)

> 중금속에 의한 화학적 식중독
> • 수은(Hg) : 미나마타병 유발. 주요증상은 신경마비, 사지마비, 언어장애
> • 납(Pb) : 빈혈, 관절통, 신장(콩팥)장애, 칼슘대사 이상
> • 크롬(Cr) : 자극성 피부염, 비중격천공(鼻中隔穿孔), 폐암

056
기생충과 인체 감염원인 식품의 연결이 잘못된 것은?

① 무구조충 – 연어
② 유구조충 – 돼지고기
③ 동양모양선충 – 채소류
④ 아나사키스 – 바다생선

> 무구조충은 소가 중간숙주이다.

057
중금속과 중독증상의 연결이 잘못된 것은?

① 카드뮴 – 신장기능 장애
② 크롬 – 비중격천공
③ 수은 – 홍독성 홍분
④ 납 – 섬유화 현상

> 섬유화 현상은 소화용재, 절연체, 내화직물에 주로 사용되는 석면 중독 또는 과다한 알코올 중독에 의해 나타나는 질병이다.

058
모성사망률에 관한 설명으로 옳은 것은?

① 임신 4개월 이후의 사태아 분만율
② 임신, 분만, 산욕과 관계되는 질병 및 합병증에 의한 사망률
③ 임신 중에 일어난 모든 사망률
④ 임신 28주 이후 사산과 생후 1주 이내 사망률

> • 모성사망률 : 임신, 분만, 산욕과 관계되는 질병 및 합병증에 의한 사망률
> • 영아사망률 : 1년간 출생수 1000명당 생후 1년 미만의 사망수

059
WHO에 의한 건강의 정의를 가장 잘 나타낸 것은?

① 질병이 없으며 허약하지 않은 상태
② 육체적, 정신적 및 사회적 안녕의 완전상태
③ 식욕이 좋으며 심신이 안락한 상태
④ 육체적 고통이 없고 정신적으로 편안한 상태

> 세계보건기구(WHO)의 헌장에는 "건강이란 질병이 없거나 허약하지 않은 것만 말하는 것이 아니라 신체적 정신적 사회적으로 완전히 안녕한 상태에 놓여 있는 것"이라 명시되어 있다.

060

다음 중 먹는 물 소독에 가장 적합한 것은?

① 염소제
② 알코올
③ 과산화수소
④ 생석회

> 염소소독은 소독력이 강하고, 방법이 간편할 뿐 아니라 가격이 저렴하고 잔류성이 커서 물 소독에 가장 적합하다.

19회 【정답】				공단 기출문제
001	002	003	004	005
④	④	①	④	④
006	007	008	009	010
③	①	③	③	②
011	012	013	014	015
②	①	②	①	④
016	017	018	019	020
②	④	②	④	③
021	022	023	024	025
②	③	②	②	①
026	027	028	029	030
②	③	①	④	④
031	032	033	034	035
①	④	②	①	④
036	037	038	039	040
②	④	④	③	④
041	042	043	044	045
②	③	④	②	③
046	047	048	049	050
③	④	②	③	②
051	052	053	054	055
①	①	①	②	①
056	057	058	059	060
①	④	②	②	①

제 20 회 공단 기출문제

001
식품위생법상 '표시'의 정의는?
① 식품, 식품첨가물에 적는 문자, 숫자 또는 도형을 말한다.
② 식품, 식품첨가물, 기구 또는 용기·포장에 적는 문자, 숫자를 말한다
③ 식품, 식품첨가물, 기구 또는 용기·포장에 적는 문자, 숫자 또는 도형을 말한다.
④ 식품, 식품첨가물에 적는 문자, 숫자를 말한다.

> 식품위생법상 용어의 정의
> • 식품 : 모든 음식물(의약으로 섭취하는 것은 제외한다)을 말한다.
> • 식품첨가물 : 식품을 제조·가공 또는 보존하는 과정에서 식품에 넣거나 섞는 물질 또는 식품을 적시는 등에 사용되는 물질(기구·용기·포장을 살균·소독하는 데에 사용되어 간접적으로 식품으로 옮겨갈 수 있는 물질을 포함)
> • 표시 : 식품, 식품첨가물, 기구 또는 용기·포장에 적는 문자, 숫자 또는 도형을 말한다.

002
식품위생법 법규상 수입식품의 검사결과 부적합한 식품에 대해서 수입신고인이 취해야 하는 조치가 아닌 것은?
① 수출국으로의 반송
② 식용 외의 다른 용도로의 전환
③ 관할 보건소에서 재검사 실시
④ 다른 나라로의 반출

> 수입식품 중 정밀검사 과정에서 부적합 판정을 받은 식품에 대해서는 관세청(관할세관)과 협의, 폐기·반송·식용외 용도 전환 등 필요한 조치를 취하도록 사후관리를 철저히 한다.

003
식품 등의 공전을 작성하는 자는?
① 보건환경연구원장
② 국립검역소장
③ 식품의약품안전처장
④ 농림축산식품부

> 식품위생법에 따르면 식품의약품안전처장은 규정에 의하여 정하여진 식품·식품첨가물의 기준·규격, 기구 및 용기·포장의 기준·규격, 식품 등의 표시기준을 수록한 식품 등의 공전을 작성·보급하여야 한다.

004
식품첨가물의 주요 용도 연결이 옳은 것은?
① 안식향산 – 착색료
② 소명반 – 발색제
③ 이초산나트륨 – 표백제
④ 아질산나트륨 – 피막제

> • 안식향산, 이초산나트륨 – 보존료(방부제)
> • 아질산나트륨 – 육류 발색제

005
식품위생법령이 정하는 위생등급기준에 따라 위생관리상태 등이 우수한 집단급식소를 우수업소 또는 모범업소로 지정할 수 없는 자는?
① 식품의약품안전처장 ② 보건환경연구원장
③ 시장 ④ 군수

> 식품의약품안전처장 또는 시장·군수·구청장은 식품위생법령이 정하는 위생등급기준에 따라 위생관리상태 등이 우수한 식품 등의 제조·가공업소, 식품접객업소 또는 집단급식소를 우수업소 또는 모범업소로 지정할 수 있다.

006
포도상구균의 특징이 아닌 것은?

① 감염형 식중독을 일으킨다.
② 내열성 독소를 생성한다.
③ 손에 상처가 있을 경우 식품오염 확률이 높다.
④ 주 증상은 급성위장염이다.

> 포도상구균 식중독은 황색 포도상구균이 식품 중에 증식하여 그 대사산물로 생산한 장독소를 경구섭취하여 일어나는 독소형 식중독으로 식품 취급자의 화농성 염증이 주된 원인이다.

007
용어와 그 내용이 잘못 설명된 것은?

① 부패 : 식품이 미생물에 의해 분해되어 유해물질이 생성되는 현상
② 발효 : 화학물질에 의해 식품의 유기화합물이 분해되는 현상
③ 산패 : 유지성분이 공기 중에서 산소와 결합하여 산화되는 현상
④ 변패 : 단백질 이외에 성분 즉 당질, 지방질이 미생물의 작용으로 변질되는 현상

> 발효란 탄수화물이 미생물의 분해 작용을 받아서 유기산, 알코올 등이 생성되는 현상으로 식생활에 유용하게 이용된다.

008
식품의 변질에 관계하는 세균의 발육을 억제하는 조건은?

① 중성의 pH
② 30~40℃의 온도
③ 10% 이하의 수분
④ 풍부한 아미노산

> 미생물 발육에 필요한 조건은 수분, 온도, 영양소, pH(수소이온농도), 산소이다. 식품의 수분함량이 13% 이하인 경우 일반적으로 곰팡이의 생육이 억제된다.

009
다음 보기 중 생선이나 조개류의 생식과 가장 관계 깊은 식중독은 무엇인가?

① 살모넬라 식중독
② 병원성 대장균 식중독
③ 장염비브리오 식중독
④ 포도상구균 식중독

> 장염비브리오 식중독은 균에 오염된 어류 및 패류의 생식이 주된 원인으로 칼, 도마, 행주 등에 의한 2차 오염이 가능하다. 이를 예방하기 위해서는 생식을 피하고 식품의 가열조리와 저온저장을 한다.

010
다음 복어의 부위 중 독소 양이 가장 많은 것은?

① 간장
② 안구
③ 껍질
④ 근육

> 복어의 알, 간, 난소 및 껍질 등에 들어있는 테트로도톡신은 난소에 가장 많이 들어있으며, 산란기인 5~6월에 특히 강하게 작용한다.

011
식품첨가물의 사용 목적과 첨가물이 잘못 연결된 것은?

① 착색료 : 철클로로필린 나트륨
② 산미제 : 벤조피렌
③ 표백제 : 메타중아황산칼륨
④ 감미료 : 사카린나트륨

> 벤조피렌은 식품을 가열하는 과정에서 필연적으로 생성되는 물질로 세계보건기구와 국제암연구소가 규정한 발암물질이다.

012
감자의 발아 부위와 녹색 부위에 있는 자연독은?

① 에르고톡신(ergotoxin)
② 무스카린(muscarine)
③ 테트로도톡신(tetrodotoxin)
④ 솔라닌(solanine)

> 독성 물질과 중독 현상
> • 에르고톡신(ergotoxin) : 맥각 중독
> • 무스카린(muscarine) : 독버섯중독
> • 테트로도톡신(tetrodotoxin) : 복어 중독

013
식품위생법상 소분 · 판매 할 수 있는 식품은?

① 통조림제품
② 벌꿀제품
③ 어육제품
④ 레토르트식품

> 식품위생법상 소분 · 판매할 수 있는 식품은 식품제조 · 가공업과 식품첨가물가공업의 대상이 되는 식품 또는 식품첨가물과 벌꿀(영업자가 자가채취하여 직접 소분 · 포장하는 경우를 제외)을 말하며, 어육제품, 식용유지, 특수용도식품, 통 · 병조림제품 레토르트식품, 전분, 장류 및 식초는 소분 · 판매하여서는 안 된다.

014
일반적으로 식중독을 방지하는데 기본적으로 가장 중요한 사항은?

① 취급자의 마스크 사용
② 감염자의 예방접종
③ 식품의 냉장과 냉동보관
④ 위생복의 착용

> 식중독을 방지하는데 기본은 식품의 냉장과 냉동 보관을 통해 부패 및 변질을 최소화하는 것이다.

015
식품에 있어 부패의 정도를 판단하는 것과 거리가 먼 것은?

① 아크롤레인
② 트리메틸아민
③ 휘발성염기질소
④ 생균수

> 아크롤레인(Acrolein)은 발연점 이상에서 기름이 분해될 때 생성되는 물질이다.

016
일반적으로 신선한 어패류의 수분활성도(Aw)는?

① 1.10 ~ 1.15
② 0.98 ~ 0.99
③ 0.65 ~ 0.66
④ 0.50 ~ 0.55

> 수분활성도(Aw)는 어떤 임의의 온도에서 식품이 나타내는 수증기압에 대한 그 온도에 있어서의 순수한 물의 수증기압의 비로 결정되며, 일반적으로 식품에서 수분활성도의 값은 1 미만으로 어패류와 같이 수분이 많은 것은 Aw가 0.98~0.99, 곡물류 등 건조식품은 0.60~0.64 정도이다.

017
동물 도살 후 산소 공급이 중지되어 근육 수축이 일어나 경직되는 현상은?

① 자기소화
② 산화
③ 사후경직
④ 팽화

> 동물 도살 후 산소 공급이 중지됨에 따라 젖산이 증가되어 근육수축이 먼저 일어나며(사후경직), 다음 단계에서 근육 내의 단백질 분해효소에 의해 근육 단백질이 분해되는 자가소화(숙성) 과정을 거친다. 이후 미생물에 의해 변질되기 시작한다.

018
주로 동결건조로 제조되는 식품은?

① 설탕
② 당면
③ 크림케이크
④ 분유

> 식품의 제조
> • 냉동건조법(동결건조) : 냉동시켜 저온에서 건조시키는 방법으로 당면, 한천, 건조두부 등에 이용
> • 분무건조법 : 액상을 무상(안개)으로 분무하여 열풍으로 건조시켜 가루로 만드는 법(우유 → 분유)

019
1g당 발생하는 열량이 가장 큰 것은?

① 당질
② 단백질
③ 지방
④ 알코올

> 당질(탄수화물)과 단백질은 1g당 4kcal, 알코올은 1g당 7kcal, 지방은 1g당 9kcal의 열량을 발생시킨다.

020
김치에 대한 설명 중 틀린 것은?

① 절임할 때의 소금물 농도는 10%가 적당하다.
② 배추의 염도는 약 7% 정도가 적당하다.
③ 총산함량이 0.6~0.8%일 때 김치의 맛이 가장 좋다.
④ 산막효모는 김치의 연부에 관여하는 미생물이다.

> 일반 배추김치는 염도가 2.5~3%인데 비해 묵은 김치는 3~3.7%다.

021
연제품 제조에서 어육 단백질을 용해하며 탄력성을 주기 위해 꼭 첨가해야 하는 물질은?
① 소금 ② 설탕
③ 펙틴 ④ 글로타민산 소다

> 소금은 어육 단백질인 미오신에 대해서 농도가 낮을 때에는 용해되도록, 농도가 높을 때에는 응고시키도록 작용한다.

022
달걀의 열응고성에 대한 설명으로 틀린 것은?
① 높은 온도에서 계속 가열하면 질겨진다.
② 산이나 식염을 첨가하면 응고가 촉진된다.
③ 설탕은 응고 온도를 낮추어준다.
④ 노른자는 65℃ 정도에서 응고가 시작된다.

> 달걀의 응고온도는 난백이 60~65℃, 난황이 65~70℃로 설탕을 넣으면 응고 온도가 높아지고, 소금, 우유 등의 칼슘(Ca), 산은 응고를 촉진한다.

023
다음 중 결합수의 특징이 아닌 것은?
① 용질에 대해 용매로 작용하지 않는다.
② 자유수보다 밀도가 크다.
③ 식품에서 미생물의 번식과 발아에 이용되지 못한다.
④ 대기 중에서 100℃로 가열하면 쉽게 수증기가 된다.

유리수와 결합수

구분	결합수	자유수(유리수)
정의	식품 중의 탄수화물이나 단백질 분자의 일부분을 형성하는 물	식품 중에 유리 상태로 존재하는 보통의 물
용매	용질을 녹일 수 없다.	수용성 물질을 녹일 수 있다.
동결	0℃ 이하에서도 동결되지 않는다.	0℃ 이하에서 동결된다.
증발	건조되지 않는다.	쉽게 건조된다.
미생물	미생물이 이용하지 못한다.	미생물이 생육, 번식에 이용한다.
기타	자유수에 비해 밀도가 크다.	비점과 융점이 높다.

024
다음 중 단백질 함량이 가장 높은 것은?
① 치즈
② 연유
③ 버터
④ 요구르트

> 치즈는 우유에 산, 레닌(Rennin)을 가하여 유단백질인 카제인(Casein)을 응고시킨 것이다.

025
육류의 연화작용에 관계하지 않는 것은?
① 파파야
② 파인애플
③ 레닌
④ 무화과

> 육류의 연화효소에는 배즙, 생강의 프로테아제(Protease), 파인애플의 브로멜린(Bromelin), 무화과의 피신(Ficin), 파파야의 파파인(Papain) 등이 있다.

026
어떤 단백질의 질소함량이 18%라면 이 단백질의 질소계수는 약 얼마인가?
① 5.56   ② 6.30
③ 6.47   ④ 6.67

> 질소계수 = $\frac{100}{18}$ = 5.56

027
콩, 쇠고기, 달걀 중에 공통적으로 들어있는 주급원 영양소는?
① 당질   ② 단백질
③ 비타민 ④ 무기질

> 급원식품
> • 단백질의 급원식품 : 쇠고기, 계란, 우유, 생선, 콩류 등
> • 당질의 급원식품 : 곡류, 감자류 등

028
옥수수의 필수아미노산 조성이 아래와 같을 때 옥수수의 제한아미노산과 단백가는?(mg수 / 100g 단백질)

아미노산	옥수수중의 함량	FAO 제안 필요량
루신	204	306
리신	540	270
메티오닌	216	144
트레오닌	90	188
트립토판	36	90

① 루신, 67
② 리신, 50
③ 메티오닌, 150
④ 트립토판, 40

단백질이 충분히 높은 영양가를 가지기 위해서는 필수아미노산 상호간의 비율이 일정한 범위 내에 있어야 한다. 만일 단 하나라도 필요량보다 적으면 다른 필수아미노산이 충분해도 그 적은 아미노산 때문에 영양가가 억제되고 만다. 이와 같은 아미노산을 제한아미노산이라고 한다. 위의 표에서 제한아미노산은 트립토판이며, 단백가 = (36 / 90) × 100 = 40 이다.

029
과일이 성숙함에 따라 일어나는 성분변화가 아닌 것은?

① 과육은 점차로 연해진다.
② 엽록소가 분해되면서 푸른색은 옅어진다.
③ 비타민 C와 카로틴 함량이 증가한다.
④ 탄닌은 증가한다.

떫은맛을 내는 탄닌은 일반적으로 미숙한 과실에 많이 함유되지만 성숙해감에 따라 감소한다.

030
녹색채소를 수확 후에 방치할 때 점차 그 색이 갈색으로 변하는 이유는?

① 엽록소가 페오피틴(pheophytin)으로 변했으므로
② 엽록소의 수소가 구리로 치환되었으므로
③ 엽록소가 클로로필라이드로 변했으므로
④ 엽록소의 마그네슘이 구리로 치환되었으므로

엽록소의 테트라피롤 고리에 있는 마그네슘 원자가 2개의 수소원자에 의해 치환된 화합물로서 녹색채소를 수확 후에 방치할 때 엽록소 내의 마그네슘이 수소와 치환을 하여 페오피틴(pheophytin)이라는 물질을 생성하여 녹색 채소가 녹황색, 갈색으로 변한다.

031
향신료와 그 성분이 바르게 연결된 것은?

① 생강 – 차비신(chavicine)
② 겨자 – 알리신(allicin)
③ 후추 – 시니그린(sinigrin)
④ 고추 – 캡사이신(capsaicin)

향신료와 그 성분
• 마늘 : 알리신(Alicin)
• 후추 : 차비신(Chavicine)
• 생강 : 진저론(Zingerone), 쇼가올(Shogaol)
• 겨자 : 시니그린(Sinigrine)
• 와사비 : 아릴이소티오시아네이트(Allylisothiocyanate)

032
신김치로 찌개를 조리할 때 잎의 조직이 단단해지는 주된 이유는?

① 고춧가루가 조직에 침투되기 때문에
② 김치에 함유된 산이 조직을 단단하게 하기 때문에
③ 세포간의 물질이 쉽게 용해될 수 없기 때문에
④ 함유된 단백질이 응고하기 때문에

신김치로 찌개를 하면 생배추로 찌개를 할 때와 달리 장시간 끓여도 쉽게 김치 잎이 연해지지 않는다. 이는 신김치의 조직에 있는 산 때문이다.

033
냉동 생선을 해동하는 방법으로 위생적이며 영양 손실이 가장 적은 경우는?

① 18~22℃의 실온에 방치한다.
② 40℃의 미지근한 물에 담가둔다.
③ 냉장고 속에서 해동한다.
④ 흐르는 물에 담가둔다.

육류 또는 어류를 해동할 때 높은 온도에서 해동하면 조직이 상해서 액즙(드립, Drip)이 많이 나와 맛과 영양소의 손실이 크므로 냉장고나 흐르는 냉수에서 필름에 싼 채 해동하는 것이 좋다.

034
식품에 존재하는 유기물질을 고온으로 가열할 때 단백질이나 지방이 분해되어 생기는 유해물질은?

① 에틸카바메이트(ethylcarbamate)
② 엔-니트로소아민(N-nitrosoamine)
③ 다환방향족탄화수소(polycyclic aromatic hy-drocarbon)
④ 메탄올(methanol)

다환방향족탄화수소는 석유제품과 타르의 구성성분으로 불완전 연소나 유기물의 열분해에 의해 생성되며 발암성, 돌연변이 유발성 물질이다.

035
음식점의 주방 설계 시 고려해야 할 사항으로 가장 거리가 먼 것은?

① 위생 ② 저비용
③ 효율성 ④ 안전

주방은 위생, 안전, 효율성의 원칙에 근거하여 설계해야 한다.

036
생선조림에 대해서 잘못 설명한 것은?

① 생선을 빨리 익히기 위해서 냄비뚜껑은 처음부터 닫아야 한다.
② 생강이나 마늘은 비린내를 없애는 데 좋다.
③ 가열시간이 너무 길면 어육에서 탈수작용이 일어나 맛이 없다.
④ 가시가 많은 생선을 조릴 때 식초를 약간 넣어 약한 불에서 졸이면 뼈째 먹을 수 있다.

생선을 조릴 때 처음 몇 분간은 뚜껑을 열어 비린내를 휘발시킨다.

037
식초의 기능에 대한 설명으로 틀린 것은?

① 다시마를 연하게 한다.
② 고구마를 삶을 때 넣으면 고구마색을 아름답게 한다.
③ 우엉, 연근 등의 산화를 촉진시킨다.
④ 고사리, 고비 등의 점질물질을 제거한다.

우엉, 연근 등의 갈변을 예방할 때 식초를 사용한다. 또한, 식초를 사용하면 흰색을 유지시키고 단단한 섬유를 연하게 한다.

038
기본 조리법에 대한 설명 중 틀린 것은?

① 채소를 끓는 물에 짧게 데치면 기공을 닫아 색과 영양의 손실이 적다.
② 로스팅(roasting)은 육류나 조육류의 큰 덩어리 고기를 통째로 오븐에 구워내는 조리방법을 말한다.
③ 감자, 뼈 등은 찬물에 뚜껑을 열고 끓여야 물을 흡수하여 골고루 익는다.
④ 튀김을 할 때 온도는 160~180℃가 적당하다.

육수의 주재료인 뼈, 근육, 섬유질 속에 있는 단백질, 알부민 등은 찬물에 비교적 잘 용해되며 약한 불에 서서히 끓여주어야 육수가 맑고 깨끗하게 되며, 처음부터 끝까지 뚜껑을 열고 끓이면 감자 등이 잘 익지 않는다.

039
환자의 식단 작성 시 가장 먼저 고려해야 할 점은?

① 유동식부터 주는 원칙을 고려
② 비타민이 풍부한 식단 작성
③ 균형식, 특별식, 연식, 유동식 등 식사형태의 결정
④ 양질의 단백질 공급을 위한 식단의 작성

환자의 식단 작성 시에는 가장 먼저 환자의 질병 종류 및 상태에 따라 식사형태를 우선적으로 결정해야 한다.

040

식품을 구입, 조리, 배식하는 모든 과정부터 서빙까지 같은 장소에서 이루어지는 급식제도는?

① 중앙공급식 급식제도
② 예비조리식 급식제도
③ 조합식 급식제도
④ 전통적 급식제도

> 급식제도
> - 중앙공급식 급식제도 : 여러 급식소에서 음식의 생산과정 및 시설 등을 중앙집중화하여 노동력과 경비를 절감하기 위한 제도로 공동조리장에서 식품의 구입부터 음식 생산이 이루어지고 생산된 음식은 일정한 양으로 나뉘어 각 급식소로 운반되어 그 곳에서 해동·재가열·조미 등의 과정을 거쳐 피급식자에게 배식되는 형태를 말한다.
> - 예비조리식 급식제도 : 예비저장식 급식제도라고도 하며 냉장저장급식과 냉동저장급식으로 나눈다. 음식을 생산함에 있어 종업원의 여유시간 등을 이용하여 조리과정을 끝낸 후 배식할 때까지 저장하였다가 간단한 열처리 후 피급식자에게 제공하는 형태를 말한다.
> - 조합식 급식제도 : 완전 조리된 식품을 제조회사로부터 구입하는 것으로 단지 음식을 녹이거나 데우고 분량을 조절하는 최소한의 조리만 담당하는 형태를 말한다.
> - 전통적 급식제도 : 대부분의 급식기관에서 이용하는 급식제도로 한 장소에서 식품을 구입하여 음식을 준비하고 같은 장소에서 동일한 피급식자에게 배식이 이루어지는 형태를 말한다.

041

분리된 마요네즈를 재생시키는 방법으로 옳은 것은?

① 분리된 마요네즈에 난황을 넣어 약하게 저어 준다.
② 새 난황 한 개에 분리된 마요네즈를 조금씩 넣어 힘차게 저어준다.
③ 식초를 넣으면서 계속 힘차게 저어준다.
④ 소금을 소량 넣으면서 힘차게 저어준다.

> 파괴가 일어난 마요네즈를 재생시킬 때에는 새로운 난황을 사용하여 응결된 마요네즈를 서서히 첨가하여 처음에 기름을 난황에 첨가한 것과 같은 방법으로 첨가한다.

042

채소 샐러드용 기름으로 적합하지 않은 것은?

① 올리브유
② 경화유
③ 콩기름
④ 유채유

> 경화유(硬化油, hardened oil)란 어유(魚油), 대두유, 채종유(菜種油) 등의 지방유에 수소를 첨가한 흰색 고체지방을 말하는 것으로 마가린, 쇼트닝이 이에 해당된다.

043

철(Fe)에 대한 설명으로 옳은 것은?

① 헤모글로빈의 구성 성분으로 신체의 각 조직에 산소를 운반한다.
② 골격과 치아에 가장 많이 존재하는 무기질이다.
③ 부족 시에는 갑상선종이 생긴다.
④ 철의 필요량은 남녀에게 동일하다.

> 철분(Fe)
> - 기능 : 헤모글로빈(혈색소)을 구성하는 성분이고, 혈액 생성 시 필수적인 영양소
> - 급원식품 : 간, 난황, 육류, 녹황색 채소류 등
> - 결핍증 : 철분결핍성 빈혈(영양결핍성 빈혈)

044

냉동실 사용 시 유의사항으로 맞는 것은?

① 해동시킨 후 사용하고 남은 것은 다시 냉동보관하면 다음에 사용할 때에도 위생상 문제가 없다.
② 액체류의 식품을 냉동시킬 때는 용기를 꽉 채우지 않도록 한다.
③ 육류의 냉동보관시에는 냉기가 들어갈 수 있게 밀폐시키지 않도록 한다.
④ 냉동실의 서리와 얼음 등은 더운물을 사용하여 단시간에 제거하도록 한다.

> 액체류의 식품을 냉동시키면 팽창하므로 용기를 꽉 채우지 않도록 한다.

045

조리실의 설비에 관한 설명으로 맞는 것은?

① 조리실 바닥의 물매는 청소 시 물이 빠지도록 1/10 정도로 해야 한다.
② 조리실의 바닥면적은 창 면적의 1/2 ~ 1/5로 한다.

③ 배수관의 트랩의 형태 중 찌꺼기가 많은 오수의 경우 곡선형이 효과적이다.
④ 환기설비인 후드(hood)의 경사각은 30°로, 후드의 형태는 4방 개방형이 가장 효율적이다.

> 조리실의 설비
> • 일반급식소에서 급식수 1식당 주방면적 : 0.1㎡
> • 일반급식소에서 조리장의 급수설비 용량 환산 시 1식당 물의 사용량 : 6.0~10.0L
> • 식당 넓이에 대한 조리장의 크기 : 1/3 이상
> • 급식실의 창의 면적 : 급식실 바닥 면적의 1/5 이상, 벽면적의 70%
> • 주방의 후드 : 4방개방형으로 증기, 냄새, 습기를 뽑아준다.

046
가열조리 중 건열조리에 속하는 조리법은?

① 찜　　　　　② 구이
③ 삶기　　　　④ 조림

> 습열조리 및 건열조리법
> • 습열조리법 : 끓이기와 삶기, 데치기, 찌기, 졸이기
> • 건열조리법 : 굽기, 볶기, 부치기, 튀기기

047
어떤 음식의 직접원가는 500원, 제조원가는 800원, 총원가는 1,000원이다. 이 음식의 판매관리비는?

① 200원　　　② 300원
③ 400원　　　④ 500원

> 판매관리비 + 제조원가 = 총원가, 판매관리비 = 총원가 - 제조원가

048
새우나 게 등의 갑각류에 함유되어 있으며 사후 가열되면 적색을 띠는 색소는?

① 안토시아닌(anthocyanin)
② 아스타잔틴(astaxanthin)
③ 클로로필(chlorophyll)
④ 멜라닌(melanin)

> 새우 및 게 등의 갑각류는 살아있을 때는 종류에 따라서 자줏빛 갈색, 청록색 등을 띠지만 가열하면 가열하기 전 단백질과 결합되어 있는 붉은 색소인 아스타잔틴이 열에 의해 단백질과 분리되어 적색을 띠게 된다.

049
다음 중 조리를 하는 목적으로 적합하지 않은 것은?

① 소화흡수율을 높여 영양효과를 증진
② 식품 자체의 부족한 영양성분을 보충
③ 풍미, 외관을 향상시켜 기호성을 증진
④ 세균 등의 위해요소로부터 안전성 확보

> 조리의 목적 : 기호성, 영양성, 안전성, 저장성

050
우리나라 성인의 영양섭취기준 중 탄수화물 권장량은?

① 7 ~ 20%
② 20 ~ 35%
③ 55 ~ 65%
④ 15 ~ 30%

> 영양섭취기준 중 에너지 적정비율

영양소	1~2세	3~18세	19세 이상
탄수화물	55~65%	55~65%	55~65%
단백질	7~20%	7~20%	7~20%
지질(총지방)	20~35%	15~35%	15~35%

051
기생충과 제1중간숙주와의 연결이 잘못된 것은?

① 간흡충 - 왜우렁이
② 요꼬가와흡충 - 다슬기
③ 폐흡충 - 다슬기
④ 광절열두조충 - 돼지고기

> 광절열두조충(긴촌충)은 어패류에 의해 감염되는 기생충으로 제1중간숙주는 물벼룩, 제2중간숙주는 농어, 연어 등의 반 민물고기이다.

052
감염병의 예방 및 관리에 관한 법령상 제2급 감염병에 속하는 것은?

① 디프테리아
② 일본뇌염
③ 콜레라
④ 인플루엔자

제2급 감염병 : 종류 : 결핵, 수두, 홍역, 콜레라, 장티푸스, 파라티푸스, 세균성이질, 장출혈성대장균감염증, A형간염, 백일해, 유행성이하선염, 풍진, 폴리오, 수막구균 감염증, b형헤모필루스인플루엔자, 폐렴구균 감염증, 한센병, 성홍열, 반코마이신내성황색포도알균(VRSA) 감염증, 카바페넴내성장내세균속균종(CRE) 감염증, E형간염

053
저지대에 쓰레기를 버린 후 복토하는 쓰레기 처리방법은?

① 소각법
② 퇴비화법
③ 투기법
④ 매립법

매립법은 쓰레기를 0.5~1.5m 깊이로 묻고 그 위에 0.3~0.5m 정도 흙으로 덮어 불도저로 압축을 가해 다지고 되풀이하는 방법이다.

054
소독약의 살균력 측정 지표가 되는 소독제는?

① 석탄산
② 생석회
③ 알코올
④ 크레졸

석탄산 계수(=소독약의 희석배수/석탄양의 희석배수)는 소독약의 살균력 지표로 사용된다.

055
공기 중에 먼지가 많으면 어떤 건강장해를 일으키는가?

① 진폐증
② 울열
③ 저산소증
④ 레이노드씨병

진폐증은 유기물, 무기질, 먼지, 화학자극제 등을 오랜 기간에 걸쳐 흡입함으로써 생기는 폐질환의 총칭으로 눈으로 확인할 수 없는 아주 작은 먼지가 발생하는 작업장에서 일하며 장기간 흡입했을 때 생긴다.

056
다음 중 중간숙주 없이 감염이 가능한 기생충은?

① 아니사키스
② 회충
③ 폐흡충
④ 간흡충

중간숙주가 필요 없는 기생충 : 회충, 구충(십이지장충), 요충, 편충

057
알레르기성 식중독에 관계되는 원인물질과 균은?

① 히스타민(Histamine), 모르가니균
② 지방(Fat), 장염비브리오균
③ 엔테로톡신(Enterotoxin), 포도상구균
④ 아세토인(Acetoin), 살모넬라균

알레르기(Allergy)성 식중독의 원인균은 Proteus morganii(프로테우스 모르가니)라는 단백질부패세균으로 히스티딘(histidine) 함유량이 많은 어육에 부착, 증식하여 다량의 히스타민(histamine)과 유해 아민(amine)계 물질을 생성함으로써 유발된다.

058
소화기계 질병의 가장 이상적인 관리 방법은?

① 풍부한 영양 섭취
② 외래 감염병 검역
③ 환경위생 철저
④ 보균자 관리

감염경로 대책
- 해충구제 : 감염매개 동물, 쥐, 파리, 바퀴 등 해충을 철저히 구제
- 식품의 오염방지 : 식품의 보존과 조리에 유의, 시설설비의 개선, 취급자의 위생관리와 위생교육 철저
- 소독, 살균의 철저 : 식기류 등의 자비소독, 화학적 소독 등의 실시
- 환경위생을 철저히 정비

059
바이러스성 감염은?

① 파라티푸스
② 전염성 간염
③ 세균성 이질
④ 장티푸스

병원체와 소화기계 감염병
- 세균 : 장티푸스, 파라티푸스, 콜레라, 파상열, 세균성 이질 등
- 바이러스 : 소아마비, 간염 등
- 리케차 : Q열
- 원충류 : 아메바성 이질

060
신생아는 출생 후 어느 기간까지를 말하는가?

① 생후 7일 미만 ② 생후 10일 미만
③ 생후 28일 미만 ④ 생후 365일 미만

신생아는 생후 4주일까지를 말한다. 이 기간에 신생아는 모체의 태 안에서 자동적으로 산소나 영양을 공급받고 있던 상태에서 자력으로 호흡이나 영양섭취를 하게 되는 급격한 변화가 일어난다.

20회 【정답】 공단 기출문제

001	002	003	004	005
③	③	③	②	②
006	007	008	009	010
①	②	③	③	①
011	012	013	014	015
②	④	②	③	①
016	017	018	019	020
②	③	②	③	②
021	022	023	024	025
①	③	④	①	③
026	027	028	029	030
①	②	④	④	①
031	032	033	034	035
④	②	③	③	②
036	037	038	039	040
①	③	③	③	④
041	042	043	044	045
②	②	①	②	④
046	047	048	049	050
②	①	②	②	③
051	052	053	054	055
④	③	④	①	①
056	057	058	059	060
②	①	③	②	③

조리기능사 필기
기출문제 (공통이론+기출문제)

2025년 01월 05일 인쇄
2025년 01월 20일 발행

저자 국가자격시험연구회
발행처 (주)도서출판 책과상상
등록번호 제2020-000205호
발행인 이강복
주소 경기도 고양시 일산동구 장항로 203-191
대표전화 (02)3272-1703~4
팩스 (02)3272-1705
홈페이지 www.sangsangbooks.co.kr
ISBN 979-11-6967-143-9

값 16,000원
Copyright© 2025
Book & SangSang Publishing Co.

※저자와의 협의하에 인지를 생략합니다.